InTeR

Zeitschrift zum Innovations- und Technikrecht

AI Act kompakt

Compliance, Management und Use Cases für die Unternehmenspraxis

von

Peter Hense
Rechtsanwalt, Leipzig

und

Tea Mustać
Mag. iur., Leipzig

Fachmedien Recht und Wirtschaft | dfv Mediengruppe | Frankfurt am Main

Bibliografische Information Der Deutschen Nationalbibliothek

Die Deutsche Nationalbibliothek verzeichnet diese Publikation in der Deutschen Nationalbibliografie; detaillierte bibliografische Daten sind im Internet über http://dnb.de abrufbar.

ISBN 978-3-8005-1823-4

dfv Mediengruppe

www.ruw.de

Druck: Beltz Grafische Betriebe GmbH, 99947 Bad Langensalza

Printed in Germany

Vorwort

„The first question you should ask yourself when building an AI system is; can we do it without AI?"
(Common Sense im Machine Learning)

Unser Buch ist ein Frühwerk und doch eines, das die Essenz von fast drei Jahren intensiver Auseinandersetzung mit dem AI Act in sich trägt. Die Erkenntnisse und Einsichten, die auf den folgenden Seiten von AI Act kompakt gesammelt sind, speisen sich aus unserer langjährigen Begleitung von Machine-Learning-Projekten in Forschung und Entwicklung. Von Dynamic Pricing über biometrische Identifikation bis hin zu Social CRMs und Systemen zur Sprach- und Emotionserkennung – wir haben all diese Technologien bereits auf unseren Tischen seziert. Das ist die technische Seite. Seit 2022 jedoch fokussieren wir uns auf die spezifische Regulierung von Machine Learning, also das, was heute als „künstliche Intelligenz" die Runde macht.

Die frühzeitige Organisation von Compliance entlang der AI Supply Chain für Unternehmen und Organisationen weltweit zwang uns dazu, uns schon lange vor der offiziellen Einführung des AI Acts mit Themen wie Model Disgorgement durch die FTC, Bias Audits in New York und dem ersten umfassenden AI-Gesetz, dem Colorado AI Act, zu beschäftigen. Ohne unsere enge Vernetzung mit Kolleg:innen aus verschiedensten Fachdisziplinen weltweit wären wir nicht in der Lage gewesen, die Entwicklungen zu durchdringen und entsprechend zu handeln, besonders nicht angesichts des Booms generativer AI Systems. Doch wir hatten das Glück, auf gute Freunde zählen zu können.

Teils aus Neugier, teils im Auftrag, aber stets mit Begeisterung haben wir seit 2017 bei der IEEE an der Standardisierung von Algorithmic Bias Consideration (P7003) mitgewirkt, bereits 2018 Algorithmic Impact Assessments durchgeführt, 2020 unmittelbar vor der Pandemie die ersten Fundamental Rights Impact Assessments verfasst und Ende 2022 die ersten Bias Audits von Automated Employment Decision Tools nach dem New Yorker Local Law 144 begleitet. 2023 überprüften wir das automatisierte Kreditscoring von Banken nach der Schufa auf Diskriminierungsfreiheit und zählen heute zu den Vorreitern bei der Implementierung von AI-Managementsystemen nach ISO 42001. Und dennoch fühlen wir uns angesichts der schieren Menge und Vielfalt des Themas „künstliche Intelligenz" immer wieder wie Anfänger. Mehr als einmal mussten wir unsere Annahmen revidieren und unsere Bewertungen anpassen – das Technologiefolgenrecht hinkt der Technologie selbst eben oft hinterher.

In diesem Buch geht es nicht um juristische Haarspalterei – dafür war uns die Zeit zu schade. Vielmehr wollen wir Verständnis schaffen und praxisnahe

Lösungen präsentieren für all jene, die High-Risk AI Systeme designen, entwickeln, anbieten und einsetzen. Und das sind, entgegen manchen Wunschvorstellungen, recht viele Organisationen. Mit *AI Act kompakt* erhalten Sie einen kernigen, informativen und persönlich geprägten Einblick in das, was wir dem AI Act entnehmen. Eingeflossen sind tausende Stunden Arbeit und Austausch mit Kolleg:innen aus Data Science, Statistik, ML Engineering, Cybersicherheit, Soziologie, Standardisierung und Recht. Wir nehmen für uns nicht in Anspruch, in jedem Punkt alles zu wissen. Aber unsere Leser:innen können sich darauf verlassen, dass das, was wir schreiben, wohlüberlegt ist und oft in Diskussionen mit anderen Expert:innen gereift ist.

Der AI Act ist handwerklich kein gutes Gesetz. Er wimmelt von Eigentümlichkeiten, sprachlichen Verwirrungen, Wiederholungen, Lücken und Widersprüchen. Aber die großen Linien sind erkennbar, und wir haben uns alle Mühe gegeben, nicht aus jeder sprachlichen Mücke einen rechtlichen Elefanten zu machen, sondern der Praxis eine Handreichung zu bieten, mit der Provider und Deployer den richtigen Weg einschlagen können.

Und wir hatten Freude an der Arbeit – so wie auch an unserem Podcast „RegInt: Decoding AI Regulation“, in dem wir seit 2023 monatlich diejenigen informieren und unterhalten, die an Regulierung, Technologie und den Hintergründen von AI interessiert sind. Wir haben die verfügbare Literatur der letzten Jahre gesichtet und die aktuellen Forschungsergebnisse der Jahre 2020 bis 2024 dort einbezogen, wo sie uns zum Verständnis der gesetzgeberischen Begriffe und Intentionen relevant erschienen. Der AI Act fiel nicht vom Himmel; er basiert in wesentlichen Teilen auf genau diesen Forschungsergebnissen und gesellschaftlichen Entwicklungen – dem Lobbying von Unternehmen genauso wie dem Engagement zivilgesellschaftlicher NGOs.

Einen großen Mehrwert unseres Buches sehen wir in einem weiteren Schwerpunkt: den Standards, Berichten und Guidelines von ISO, IEC, IEEE sowie CEN/CENELEC. Wir geben sogar Einblicke in solche, die sich noch im nichtöffentlichen Entwurfsstadium befinden. Warum? Weil ohne das in diesen Standards verdichtete Fachwissen die Kernanforderungen des AI Acts nur schwer zu verstehen sind. Standardisierung hat den Vorteil, dass juristische, naturwissenschaftliche und geisteswissenschaftliche Stakeholder auf eine gemeinsame Terminologie und ein gemeinsames Verständnis zurückgreifen können. Glauben Sie uns: Das Wissen um und aus interdisziplinären Standards ist bei der praktischen Umsetzung von AI-Act-Compliance deutlich wichtiger als die Lektüre der neuesten juristischen Fachzeitschrift.

Und nun, viel Spaß beim Lesen!

Leipzig, im September 2024 *Tea und Peter*

Inhaltsverzeichnis

I. Zum Einstieg

„For, usually and fitly, the presence of an introduction is held to imply that there is something of consequence and importance to be introduced.“
(*Arthur Machen*)

Bevor wir uns mit dem AI Act und den zu erwartenden praktischen Folgen für Entwickler und Anwender von „AI Systems“ befassen können, weisen wir auf folgendes hin: Dieses Buch ist ein **Handbuch für Praktikerinnen und Praktiker**, für Menschen jeder Profession, die sich mit Machine Learning und AI Systems auseinandersetzen müssen und wollen. Ein jedes Kapitel böte Stoff für das Verfassen ganzer Kommentare. Aus jedem Artikel des AI Acts könnten Dissertationen entstehen, welche die theoretischen und philosophischen Nuancen sowie die rechtlichen und technischen Diskussionen im Zusammenhang mit Machine Learning und künstlicher Intelligenz beleuchten. Das tun wir hier aber nicht. Wir versuchen vielmehr, etwas **Abstraktes fassbar, verständlich und vor allem umsetzbar** zu machen. Folglich sind die hier vorgestellten Ansichten subjektiv und erfahrungsgetrieben, aber nicht allumfassend. Das Buch soll ja lesbar bleiben. Los geht's.

1. Anwendungsbereich des AI Acts

a) AI Systems

(1) Einführung

Nach mehrfachen und grundlegenden konzeptionellen Änderungen der Definition eines AI Systems seit 2021 stützt sich der AI Act im Wesentlichen auf die von der **OECD 2023 aktualisierte Definition** von AI Systems. Dies ist aus mehreren Gründen bemerkenswert. Denn die – absichtlich oder unabsichtlich – ungenaue Übernahme der Definition erweitert den schon 2021 sehr weit gefassten Anwendungsbereich des Gesetzes. Zudem stammt die OECD-Definition aus der politischen Dimension des Rechts, ist eher ein Programmsatz aus dem Bereich **Public Policymaking** und keine trennscharfe Norm eines Gesetzgebers, die der Vivisektion durch juristische Kommentatoren standhalten soll. Für juristische Zwecke ist sie daher zu **vage**. Dessen ungeachtet definiert Art. 3.1 des AI Acts ein „AI System“ nun als:

- ein maschinengestütztes System,
- das für einen in unterschiedlichem Grade autonomen Betrieb ausgelegt ist und
- das nach seiner Betriebsaufnahme anpassungsfähig sein kann und

- das aus den erhaltenen Eingaben für explizite oder implizite Ziele ableitet, wie Ausgaben, wie etwa Vorhersagen, Inhalte, Empfehlungen oder Entscheidungen, erstellt werden,
- die physische oder virtuelle Umgebungen beeinflussen können.

Erwägungsgrund 12 soll dieser diffusen Definition Konturen verleihen und formuliert, unter **Autonomie** sei ein gewisser Grad an Unabhängigkeit des AI Systems vom menschlichen Zutun zu verstehen. Doch die meisten IT-Systeme und Applikationen verfügen heutzutage zumindest über dieses Mindestmaß an Unabhängigkeit, das mit dem Begriff „Automatisierung" treffender beschrieben wäre. Denken Sie etwa an Ihren Spam-Filter: Natürlich können Sie den Spamfilter aufrufen und sehen, was der Algorithmus als „Spam" aussortiert hat. Sie können die algorithmenbasierte Systementscheidung aber auch übergehen und die Kategorisierung als Spam aufheben. Der springende Punkt ist jedoch, dass der Algorithmus eine eingehende E-Mail zunächst unabhängig, also automatisch, in Ihren Spam-Ordner einsortiert hat und Sie die E-Mail daher erst Tage später wahrnehmen. Dennoch ist dies vorteilhafter, als alle Spam-Mails im regulären Posteingang zu erhalten und den gesamten Sortiervorgang manuell durchzuführen. Wenn also ein **beliebiges Maß an Autonomie** (bei wörtlicher Lesart auch gar keine Autonomie) ausreicht, um diesen Teil der Definition von AI Systems zu erfüllen, können demnach auch sehr einfache Programme davon erfasst sein.

Anpassungsfähigkeit wiederum bezieht sich nach Erwägungsgrund 12 auf die (Selbst-)Lernfähigkeit des AI Systems, die es dem System ermöglicht, sich während der Nutzung zu verändern. Man könnte hierin eine Einschränkung des Anwendungsbereichs sehen, denn viele Systeme verfügen nicht über selbstlernende Fähigkeiten. Allerdings weicht an dieser Stelle die Definition in Art. 3 (1) des AI Acts entscheidend von der OECD-Definition ab: Während die OECD-Definition von AI Systems verlangt, dass sie anpassungsfähig sind, verlangt der AI Act lediglich, dass die Systeme **anpassungsfähig sein können**, es folglich also nicht unbedingt sein müssen. Wenn die Anpassungsfähigkeit aber lediglich ein fakultatives Merkmal ist, hindert uns dieses Merkmal nicht daran, unseren altmodischen Spam-Filter, der sich mit der Zeit nicht verbessert, als ein AI System zu betrachten.

Das Merkmal der Fähigkeit zum „**Ableiten**" wird ebenfalls in Erwägungsgrund 12 angesprochen, allerdings nur in Bezug auf den Einsatz von Technologien, die Ableitungen ermöglichen. Dazu gehören „Ansätze für maschinelles Lernen, wobei aus Daten gelernt wird, wie bestimmte Ziele erreicht werden können, sowie logik- und wissensgestützte Konzepte, wobei aus kodierten Informationen oder symbolischen Darstellungen der zu lösenden Aufgabe abgeleitet wird." Ableitungen sind kein spezifisches Merkmal künstlicher Intelligenz, sondern ein allgemeiner Prozess, der in vielen Bereichen der Wissenschaft, Philosophie und im täglichen Leben, z. B. im Rahmen statistischer Berechnungen oder medizinischer Diagnosen, verwendet wird. Inferences, so der international gängige Begriff,[1] werden genutzt, um aus Daten und Modellen Schlussfolgerungen zu ziehen, etwa bei der Vorhersage von Ergebnissen oder der Klassifizierung von Daten. Im Machine Learning ist die **Inference-Phase** derjenige Teil des Prozesses, bei dem das trainierte Modell verwendet wird, um neue Vorhersagen oder Entscheidungen zu treffen. Dieser spezielle Einsatz ist technisch, aber der zugrunde liegende Prozess des Schlussfolgerns existiert in vielen anderen wissenschaftlichen und praktischen Disziplinen.

Das Merkmal der **Beeinflussung der Umgebungen** wird nirgendwo näher erläutert. Als Umgebungen sollen jedoch gemäß Erwägungsgrund 12 „Kontexte verstanden werden, in denen KI-Systeme betrieben werden, während die von einem KI-System erzeugten Ausgaben verschiedene Funktionen von KI-Systemen widerspiegeln, darunter Vorhersagen, Inhalte, Empfehlungen oder Entscheidungen."

Eine Einschränkung oder auch nur Präzisierung der Definition von AI Systems durch dieses Merkmal ist indes nicht zu erwarten: Nicht nur beeinflusst die Integration jeder Art von System dessen Umgebung. Vielmehr implementiert man ein neues System in bestehende Prozesse gerade um diese Prozesse zu beeinflussen. Wenn also Menschen ein AI System für einen bestimmten Zweck einsetzen, leitet das AI System zumindest den menschlichen Denkprozess und beeinflusst ihn daher. Mangels einer **Erheblichkeitsschwelle** – etwa, dass der Einfluss entscheidend oder auch nur erheblich sein muss – kann dieses Merkmal schon dann als erfüllt angesehen werden, wenn ein beliebiges System einen beliebigen Teil eines Prozesses automatisiert, da es immer zumindest diesen Teil des Prozesses beeinflussen wird.

Der **Versuch einer Konturierung** könnte Erwägungsgrund 12 dennoch zu entnehmen sein. AI Systems sollen getrennt von einfacheren herkömmlichen Softwaresystemen oder Programmierungsansätzen betrachtet werden und sich nicht auf Systeme beziehen, die auf Regeln beruhen, die ausschließlich von natürlichen Personen zur automatischen Ausführung von Operationen definiert werden. An dieser Stelle fiele unser Spam-Filter aus der Definition eines AI Systems heraus – jedenfalls solange alle Begriffe, die zur Einstufung als „Spam" führen, von einem Menschen explizit kodiert werden. Selbstredend tut dies niemand mehr.

Die gesetzgeberische Definition und ihre praktische Anwendung sind freilich umstritten, wobei sich der ungelöste Streit aus dem Gesetzgebungspro-

---

1 Umfassende Darstellung zu Inferences, algorithmenbasierten Entscheidungssystemen und europäischem Grundrechtsschutz: *Wachter/Mittelstadt*, A Right to Reasonable Inferences: Re-Thinking Data Protection Law in the Age of Big Data and AI, Columbia Business Law Review, 2019(2), S. 494 ff., 2019.

zess nunmehr in die Kommentarliteratur verlagert. Einige Stimmen zaubern neue, aus ihrer Sicht wünschenswerte Kriterien für die Bestimmung dessen, was AI Systems sein sollen, hervor. Andere interpretieren Teile der aktuellen Definition aus Unternehmensperspektive neu, um eine Abgrenzung zu künstlich intelligenten Fähigkeiten bislang unverdächtiger Standardsoftware zu ermöglichen, oder fügen Anwendungsbeispiele und ausführliche Erklärungen ihren Einschätzungen bei.[2] Obwohl all dies nützlich sein kann, stellen wir einen eigenen, äußerst **effizienten Ansatz** vor:

> *Wann immer Sie sich darüber den Kopf zerbrechen müssen, ob Sie es mit einem AI System nach dem AI Act zu tun haben, lautet die Antwort: Ja!*

Viele werden von der edlen Einfalt und stillen Größe dieser Daumenregel zunächst überrascht sein, wir halten sie aus mehreren Gründen für nützlich:

- Die Entwicklung von Leitlinien der Kommission auf Grundlage von Artikel 96 des AI Acts oder durch Aufsichtsbehörden zur genauen Klärung dessen, was als AI System gilt, wird noch Zeit in Anspruch nehmen.
- Nicht alle AI-Systeme unterliegen den gleichen Verpflichtungen des AI Acts, weshalb die Frage der Klassifizierung eines Systems als „AI System" nicht überbewertet werden sollte. Entscheidend ist vielmehr die Bestimmung der Risikokategorie, da diese das zentrale Element des AI Acts darstellt.
- Wenn Sie Ihr IT-System als AI System kennzeichnen, können Sie es ohne Bedenken als solches vermarkten, ohne negative Folgen befürchten zu müssen.
- Darüber hinaus gibt es in der ingenieurstechnischen Praxis bereits weitere, sehr prägnante und standardisierte Definitionen dessen, was ein „AI System" ist (mehr dazu im Folgenden).

Schließlich gibt es auch AI Systems, die, obwohl sie unter den Begriff eines AI Systems fallen, nicht unter dem AI Act reguliert sind. Diese **Ausnahmen** sind im Art. 2 erwähnt und enthalten:

- AI Systems, die nicht in der Union in Verkehr gebracht oder in Betrieb genommen werden, wenn die Ausgaben in der Union ausschließlich für militärische Zwecke, Verteidigungszwecke oder Zwecke der nationalen Sicherheit verwendet werden (Art. 2.3.),
- AI Systems, die Behörden in Drittländern oder internationalen Organisationen im Rahmen der internationalen Zusammenarbeit oder internationalen Übereinkünfte im Bereich der Strafverfolgung und justiziellen Zusammenarbeit mit der Union oder mit einem oder mehreren Mitgliedstaaten verwenden (Art. 2.4.),

---

2 Siehe zum Beispiel *Wendehorst/Nessler/Aufreiter/Aichinger*, Der Begriff des „KI-Systems" unter der neuen KI-VO, MMR 2024, 605.

– AI Systems oder AI-Modelle, einschließlich ihrer Ausgabe, die eigens für den alleinigen Zweck der wissenschaftlichen Forschung und Entwicklung entwickelt und in Betrieb genommen werden (Art. 2.6.).

(2) A Deeper Dive: Qualitative und quantitative Aspekte von AI Systems

Nach dem kurzen Einstieg in das Thema möchten wir der aktuellen Debatte einige aus unserer Sicht notwendige Impulse mitgeben, die sich aus Rechtssystematik, Technologie und Geschäftsprozessmodellierung speisen.

Den im Erwägungsgrund 12 gewünschten Einschränkungen des unklaren Wortlauts des Begriffs AI System muss man nicht nur aus zeitlicher Perspektive – sie lesen sich wie ein Appell an den Gesetzgeber, der jedoch **im Normtext keinen Niederschlag** gefunden hat – sondern auch angesichts der klaren Rechtsprechung des EuGH kritisch gegenüberstehen. Zuletzt stellte das Gericht in der Rechtssache C-307/22 (Urteil vom 26.10.2023 – DW v. FT, Rn. 44 m. w. N.) fest,

> „*dass nach ständiger Rechtsprechung die Erwägungsgründe eines Unionsrechtsakts rechtlich nicht verbindlich sind und weder herangezogen werden können, um von den Bestimmungen des betreffenden Rechtsakts abzuweichen, noch, um diese Bestimmungen in einem Sinne auszulegen, der ihrem Wortlaut offensichtlich widerspricht.*"

Angesichts dieser **klaren Einhegung der normativen Kraft von Erwägungsgründen** wirkt Erwägungsgrund 12 ambitioniert formuliert. Es drängt sich die Frage auf, ob die im Trilog erarbeiteten Wünsche, der von einigen Beteiligten als allzu weit empfundenen Definition des Begriffs eines AI-Systems entgegenzuwirken, irgendeine praktische Relevanz entfalten können. Denn gerade die negative Abgrenzung zu vermeintlich „herkömmlichen Systemen", die in den Erwägungsgründen sprachlich unpräzise und fachlich zweifelhaft beschrieben ist, liefert ein starkes Indiz dafür, dass die Definition in Art. 3.1 bei näherer Betrachtung eine überraschend breite Palette von Bestandssystemen erfasst – darunter auch Applikationen und Verfahren, die, betrachtet man sie flüchtig, den in erster Linie schillernden Titel[3] „Künstliche Intelligenz" kaum für sich beanspruchen dürften. Anstatt sich jedoch den Kopf über das inkohärente verbale Resultat eines überhasteten Gesetzgebungsverfahrens zu zerbrechen, sollte man bei der Auslegung des Begriffs AI System vielmehr den systematischen Kontext der Norm in den Mittelpunkt stellen. Dieser wird, wie zuletzt durch den EuGH im Urteil vom

3 Kritisch zum Begriff „AI" als solchem: *Lanier*, There Is No A. I., New Yorker, 20.4.2023, https://www.newyorker.com/science/annals-of-artificial-intelligence/there-is-no-ai (letzter Aufruf: August 2024).

22.6.2023 (Rechtssache C-579/21 – Pankki S, Rn. 38) deutlich gemacht, regelmäßig herangezogen, um die Reichweite von Begriffen und Konzepten des Unionsrechts präzise zu bestimmen:

> „*Bei der Auslegung einer Vorschrift des Unionsrechts sind nicht nur deren Wortlaut, sondern auch der Zusammenhang, in dem sie steht, sowie die Zwecke und Ziele, die mit dem Rechtsakt, zu dem sie gehört, verfolgt werden, zu berücksichtigen.*“

Auf Basis dieser Systematik war der EuGH in der Vergangenheit auch bereit, erkannte **Rechtsschutzlücken zu schließen**, um ein hohes Schutzniveau für die rechtsunterworfenen Bürgerinnen und Bürger zu erhalten (Urteil vom 7.12.2023 – C-634/21 – OQ v. Land Hessen und Schufa, Rn. 61):

> „*Hingegen bestünde unter Umständen wie jenen des Ausgangsverfahrens, an denen drei Akteure beteiligt sind, die Gefahr einer Umgehung von Art. 22 DSGVO und folglich eine Rechtsschutzlücke, wenn einer engen Auslegung dieser Bestimmung der Vorzug gegeben würde [...].*“

Gerade die zitierte Entscheidung C-634/21 verdeutlicht, dass es sichtbare Parallelen gibt zwischen dem Schutz vor automatisierter Entscheidungsfindung, der sich stärker aus der Menschenwürdegarantie in Art. 1 der EU-Grundrechtecharta (EUGRCh) als aus dem Daten- und Privatsphärenschutz der Art. 7 und 8 EUGRCh speist, und den vielfältigen Schutzgedanken, die im Art. 1.1 des AI Act verankert sind. Der AI Act fordert in seiner Zweckbestimmung explizit ein **hohes Schutzniveau** für Sicherheit, Gesundheit und **alle in der Charta verankerten Grundrechte**. Dieses Ziel soll durch den Einsatz vertrauenswürdiger, „**trustworthy**“, AI erreicht werden, wie sie von der **Independent High-Level Expert Group on Artificial Intelligence (HLEG AI)** in den „Ethics Guidelines for Trustworthy AI“ aus dem Jahr 2019 beschrieben und, *nota bene*, in Erwägungsgrund 27 des AI Acts mit gesetzgeberischer Gravitas unterstrichen wurden.

Der Satz „*The term ‚Artificial Intelligence‘ means many things to many people*“ ist nicht ohne Grund ein weit verbreiteter Topos. Die HLEG AI veröffentlichte neben ihren *Ethics Guidelines* im April 2019 auch eine eigene Abhandlung mit dem Titel „*A definition of AI: Main capabilities and disciplines*“, die sich mit der Frage auseinandersetzt, was ein AI-System darstellen soll. Wenngleich diese Publikation im Kontext des späteren Gesetzgebungsverfahrens nur *colorandi causa* betrachtet werden mag, kann aufgrund des eindeutigen Verweises des Gesetzgebers in Erwägungsgrund 27 auf die Arbeit dieser Expertenkommission angenommen werden, dass deren Ergebnisse einen gewissen **Einfluss auf die gerichtliche Auslegung des umstrittenen Begriffs der AI Systems** haben werden, da die Systemdefinition der

HLEG AI die Grundlage der vom Gesetzgeber in eben diesem Erwägungsgrund übernommenen „Principles for trustworthy and ethical AI“ ist.

Unspektakulär nimmt die Publikation auf die Wortwahl der Kommission in ihrer *European Commission's Communication on AI* Bezug:[4]

> „*Artificial intelligence (AI) refers to systems that display intelligent behaviour by analysing their environment and taking actions – with some degree of autonomy – to achieve specific goals. AI-based systems can be purely software-based, acting in the virtual world (e. g. voice assistants, image analysis software, search engines, speech and face recognition systems) or AI can be embedded in hardware devices (e. g. advanced robots, autonomous cars, drones or Internet of Things applications).*“

Für die Zwecke unseres Handbuchs verzichten wir auf eine detaillierte Analyse der psychologischen und kognitiven Grundlagen dessen, was „Intelligenz“ ausmacht, und überlassen derartige Erwägungen den Fachleuten auf diesem Gebiet.[5] Stattdessen konzentrieren wir uns ausschließlich auf das Ergebnis, nämlich die aktualisierte **Definition von *Artificial Intelligence Systems*** durch die HLEG AI:

> „*Artificial intelligence (AI) systems are software (and possibly also hardware) systems designed by humans that, given a complex goal, act in the physical or digital dimension by perceiving their environment through data acquisition, interpreting the collected structured or unstructured data, reasoning on the knowledge, or processing the information, derived from this data and deciding the best action(s) to take to achieve the given goal. AI systems can either use symbolic rules or learn a numeric model, and they can also adapt their behaviour by analysing how the environment is affected by their previous actions. As a scientific discipline, AI includes several approaches and techniques, such as machine learning (of which deep learning and reinforcement learning are specific examples), machine reasoning (which includes planning, scheduling, knowledge representation and reasoning, search, and optimization), and robotics (which includes control, perception, sensors and actuators, as well as the integration of all other techniques into cyber -physical systems).*“

---

4 Communication from the Commission to the European Parliament, the European Council, the Council, the European Economic and Social Committee and the Committee of the Regions on Artificial Intelligence for Europe, Brussels, 25.4.2018 COM (2018) 237 final.

5 *Van Rooij* et al., Reclaiming AI as a theoretical tool for cognitive science, 2024, Preprint: https://doi.org/10.31234/osf.io/4cbuv (letzter Aufruf: August 2024).

Diese Definition entfaltet einen erzählerischen Charme, der in scharfem Kontrast zu der schwerfälligen, fast mechanischen Abfolge von unzugänglichen Schlagwörtern und bedeutungsschwangeren Halbsätzen in Art. 3.1 des AI Acts steht. Sie ist eine mehrdimensionale, interdisziplinäre Annäherung an den Begriff „Künstliche Intelligenz" und weist dabei, anders als diejenige, die Gesetzestext geworden ist, auch eine logische und hierarchische Struktur auf. Die Zusammensetzung der High-Level Expert Group on AI garantierte offenbar eine fachliche Qualität, die im Rahmen des Gesetzgebungsprozesses trivialeren Interessen geopfert wurde.

Doch künstliche Intelligenz war lange vor dem Interesse der Juristinnen und Juristen bereits ein Thema für **Ingenieurswissenschaften und Standardisierungsorganisationen** wie ISO (International Organization for Standardization), IEC (International Electrotechnical Commission) und IEEE (Institute of Electrical and Electronics Engineers).

Mit der praktisch tätigen Naturwissenschaftlern eigenen Nüchternheit und Präzision definiert die von uns zur Lektüre nachdrücklich empfohlene **ISO/IEC 22989:2022 (Information technology – Artificial intelligence – Artificial intelligence concepts and terminology)** unter 3.1.4 den Begriff „AI System" als:

> „*engineered system that generates outputs such as content, forecasts, recommendations or decisions for a given set of human-defined objectives*".

In der Kürze liegt die Würze, scheint der Konsens der an der Standardsetzung Beteiligten Experten gewesen zu sein. Fakt ist, der Fokus auf das Wesentliche, den **technologischen Kern** der Debatte, entfaltet in dieser Definition seine Stärke. Weitere, durchaus relevante aber nicht definitorisch essenzielle Erwägungen finden sich standardgemäß in den Anmerkungen zur Definition („notes to entry"):

Note 1 to entry:

> „*The engineered system can use various techniques and approaches related to artificial intelligence to develop a model to represent data, knowledge, processes, etc. which can be used to conduct tasks.*"

Note 2 to entry:

> „*AI systems are designed to operate with varying levels of automation.*"

An dieser Stelle stutzen aufmerksame Leserinnen und Leser und erinnern sich, dass dieser Satz so ähnlich sowohl in der OECD-Definition als auch Art. 3.1 AI Act auftaucht, jedoch mit einem entscheidenden Unterschied: Anstelle von „*varying levels of autonomy*" spricht die Norm von „*automation*". Warum? Eine mögliche und für die am Gesetzgebungsverfahren Beteiligten nicht unbedingt schmeichelhafte Antwort findet sich in der eben zitierten Norm ISO/IEC 22989 unter 5.13 „Autonomy, heteronomy and automation" und der dortigen Note:

> „*In jurisprudence, autonomy refers to the capacity for self-governance. In this sense, also, ‚autonomous' is a misnomer as applied to automated AI systems, because even the most advanced AI systems are not self-governing. Rather, AI systems operate based on algorithms and otherwise obey the commands of operators. For these reasons, this document does not use the popular term autonomous to describe automation.*"

Autonomie, wie sie in den Werken der Science Fiction als selbstbestimmtes Handeln technischer Systeme imaginiert wird, **existiert in der technologischen Realität in dieser Form nicht**. Es gibt indes verschiedene Abstufungen und Formen der Automatisierung, die Prozesse und Entscheidungen in unterschiedlichem Maße beeinflussen können. Angesichts dieser technologischen Gegebenheiten darf man mit Fug und Recht davon ausgehen, dass ein verantwortungsvoller Gesetzgeber nicht der Fiktion, sondern der Gestaltung der realen Welt verpflichtet ist. Es liegt daher nahe, den Begriff „Autonomie" im Kontext des AI Acts im Sinne von „Automatisierung" zu interpretieren.

Diese **rationale Auslegung** findet ihren Rückhalt insbesondere in der Tatsache, dass der Gesetzgeber ein hohes Maß an Schutz bei jeder Form der **Automatisierung von Entscheidungen über Menschen** fordert, sobald diese eine bestimmte praktische Relevanz erreichen. Der Europäische Gerichtshof hat dies in der bereits zitierten Rechtssache C-634/21 ausführlich erörtert und dabei den Anwendungsbereich des Verbots automatisierter Entscheidungsfindung gemäß Artikel 22 DSGVO wesentlich erweitert. Besonders im Fokus stehen hier gestreckte und gestufte Sachverhalte, bei denen mehrere Teilprozesse zu einer finalen Entscheidung führen[6], und in denen sich einzelne Teilscores sequenziell und/oder kaskadenartig gegenseitig beeinflussen. Dies gilt etwa für die automatisierte Kreditwürdigkeitsprüfung, die Performanceoptimierung und das Load Balancing von Cloud-basierten Anwendungen durch Microservices, oder auch Recommendation-Engines von Streaming-Diensten und sozialen Netzwerken.

Sobald die durch diese automatisierten (Einzel-)Systeme gefällten Entscheidungen in Bezug auf natürliche Personen eine gewisse Erheblichkeitsschwelle überschreiten und dadurch in den Anwendungsbereich des Artikels 22 DSGVO geraten, entfaltet sich ein **Entscheidungsprozess**, der nicht pas-

---

6 Hierzu detailliert: *Veale/Binns*, „Is that your final decision? Multi-stage profiling, selective effects, and Article 22 of the GDPR", International Data Privacy Law, 2021, S. 319 ff., https://doi.org/10.1093/idpl/ipab020.

siv integriert wird, sondern seinerseits **integrativ auf sämtliche Elemente einwirkt**, die im Rahmen dieses Prozesses Relevanz erlangen. Rechtsanwender des AI Acts sehen sich hier vor erhebliche Herausforderungen gestellt, nicht nur logischer, sondern auch praktischer Natur, da insbesondere Kreditwürdigkeitsbewertungen in der Regel als „High-Risk AI Systems" klassifiziert werden und somit besonders sorgfältig entwickelt, implementiert und überwacht werden müssen.

Inmitten dieser komplexen Gemengelage erhebt sich eine zentrale Frage, die für die betroffenen Akteure von größter Tragweite ist: Muss **jedes Teilsystem**, das durch automatisierte Vorarbeiten zur finalen Entscheidung beiträgt, ja, diese womöglich „maßgeblich leitet" (vgl. EuGH – C-634/21, Rn. 62), als eigenständiges „AI System" gewertet werden? Oder vielmehr handelt es sich bei der Vor-, Haupt- und Nachverarbeitung um ein **einheitliches, übergeordnetes Gesamtsystem**, das die verschiedenen Teilsysteme zu einem organischen Ganzen verbindet, gleichsam ein technisches Kollektiv, dessen Einzelteile nur im Zusammenspiel die finale Entscheidung erzeugen, die dann im Sinne der gewählten Definition von Art. 3.1 physische oder virtuelle Umgebungen beeinflussen kann?

Die Konsequenzen einer solchen Entscheidung sind von erheblicher Tragweite. Sollte jedes Teilsystem als eigenständiges AI System klassifiziert werden, so fällt es unter die umfassenden Verpflichtungen des Kapitels 3 des AI Acts, einschließlich der strengen Konformitätsprüfungen. Dies würde bedeuten, dass **jedes dieser Systeme einer individuellen Prüfung** unterzogen werden müsste, was Compliance-Aufwand und Kosten erheblich steigern würde.

Legt man hingegen ein funktionales Verständnis des Begriffs „AI System" im Sinne der finalen Zweckbestimmung zugrunde, könnte eine einzige, übergreifende Konformitätsprüfung ausreichend sein. Allerdings ergäben sich in diesem Fall, besonders bei arbeitsteilig organisierten Prozessen – wie sie in der Rechtssache C-634/21 vom EuGH erörtert wurden – erhebliche Anforderungen an die **technische, organisatorische und rechtliche Koordination** zwischen den beteiligten Akteuren. Diese müssten ihre Handlungen und Systeme nicht nur harmonisieren, sondern auch gemeinsam Verantwortung tragen, um sicherzustellen, dass der Entscheidungsprozess als einheitliches, integriertes System den Anforderungen des AI Acts genügt. Wissenschaft, Rechtsprechung und Praxis sind gefordert, eine sinnvolle Balance zwischen einer zu stark fragmentierten und einer allzu weiten funktionalen Sichtweise zu schaffen. Im Sinne des Telos des AI Acts spielt es keine Rolle, wie ausgeklügelt oder raffiniert ein System technisch gestaltet ist; **entscheidend ist der Zweck**, zu dem es eingesetzt wird. Die Einstufung als AI System bedeutet dabei weder per se einen Verlust noch ein Risiko, sondern stellt lediglich die **Eintrittskarte zu weiteren, durch den AI Act**

vorgeschriebenen Klassifikationsrunden dar. Von besonderer Bedeutung ist hierbei Artikel 6, der „High-Risk AI Systems“ strenge Qualitätsanforderungen auferlegt. Diese strikten Vorgaben sollen gewährleisten, dass solche Systeme dem übergeordneten Ziel dienen: die Etablierung einer vertrauenswürdigen KI „made in Europe“. Gegen diese Zielsetzung ist wenig einzuwenden.

Praxisbeispiel: Microservice Architecture

Um zu verdeutlichen, welche Dimensionen der Komplexität von IT-Systemen in der praktischen Anwendung erreicht werden, lohnt sich ein Blick auf die unter dem Namen **„Death Stars of Microservices“** bekannten Visualisierungen der Architekturen von Amazon und Netflix. Doch was verbirgt sich hinter diesem bezeichnenden Bild?

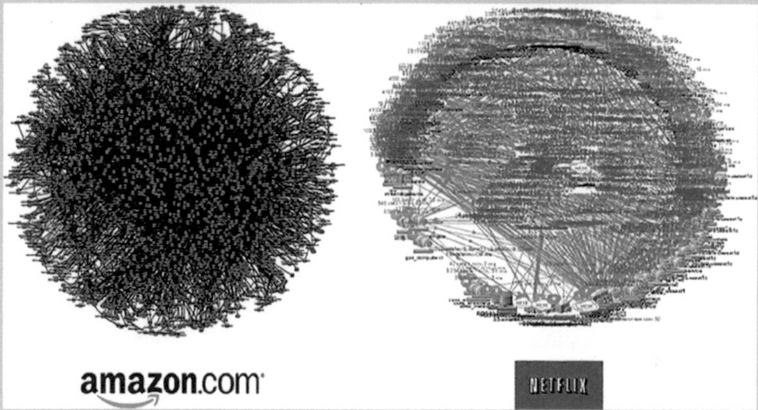

Diese beiden mittlerweile historischen (Stand: 2015), im Internet jedoch weit verbreiteten Darstellungen illustrieren die ungeheure Dichte und Verflechtung der Microservices-Architekturen, die von beiden Unternehmen eingesetzt werden. Der Begriff „Death Star“ verweist dabei auf die unüberschaubare Anzahl von miteinander verknüpften Diensten, die in einem engmaschigen Netz von Abhängigkeiten zueinander stehen. Der Blick auf diese Architekturen offenbart die immense Herausforderung, die in der **Steuerung und Überwachung solcher Systeme** liegt. Jeder Service kommuniziert mit vielen anderen und trägt zum Gesamterfolg einer Organisation oder zumindest eines Geschäftsprozesses bei. Doch gerade diese Vielzahl an Interaktionen bringt auch die Notwendigkeit mit sich, die Prozesse innerhalb dieser Netzwerke genauestens zu orchestrieren und zu überwachen, um ihre Effizienz und Stabilität zu gewährleisten. Was auf den ersten Blick als unübersichtliches Gewirr erscheint, ist in Wirklichkeit der Ausdruck eines fortschrittlichen Ansatzes, der es Organisationen ermöglicht, Millionen von Kunden zeitgleich zu bedienen und dabei kontinuierlich Innovationen in ihre Systeme zu integrieren. **Microservice Architecture (oder kurz: Microservices)** ist ein modernes Paradigma in der Softwareentwicklung, das darauf abzielt, bislang monolithische Anwendungen in kleinere, unabhängige Dienste zu zerlegen[7]. Diese Microservices sind lose gekoppelt, agieren selbstständig, automatisiert und erfüllen jeweils eine spezifische, abgegrenzte Funktion. Sie kommunizieren über definierte Application Programming Interfaces (APIs) und können unabhängig voneinander entwickelt, bereitgestellt und skaliert werden. Diese moderne Softwarearchitektur hat sich insbesondere in groß angelegten, verteilten Systemen etabliert, da sie Flexibilität, Skalierbarkeit und Agilität fördert.

Ein wesentlicher **Vorteil der Microservices-Architektur** liegt in ihrer Fähigkeit, einzelne Dienste unabhängig voneinander zu aktualisieren oder zu skalieren, ohne das gesamte System beeinflussen zu müssen. Dies ermöglicht eine kontinuierliche Bereitstellung und erleichtert die Einführung neuer Funktionen. Die Dezentralisierung der Anwendungslogik führt zu einer erhöhten Fehlertoleranz, da Ausfälle einzelner Dienste in der Regel keine gravierenden Auswirkungen auf das Gesamtsystem haben. Grundsätzlich sind dies Funktionalitäten, denen auch im Rahmen des AI Acts für AI Systems unter dem Stichwort „Robustness“ eine relevante Rolle zugewiesen ist (vgl. Art. 15). Gleichzeitig bringt diese Architektur Herausforderungen mit sich, insbesondere bei der **Nachverfolgung von Geschäfts- und Entscheidungsprozessen**, die über zahlreiche, voneinander abhängige Microservices hinweg ablaufen. Die komplexen Interaktionen und Abhängigkeiten der Dienste erschweren es, den genauen Pfad eines Prozesses und damit auch einer Entscheidungsfindung durch das System nachzuvollziehen und zu steuern. Die im Hintergrund mitschwingende Frage lautet: Was, wenn eines, mehrere oder alle dieser Microservices für sich betrachtet oder in ihrer Gesamtheit oder Teilgesamtheit ein AI System sind? Wie kann man überhaupt feststellen, ob ein bestimmter Microservice einen relevanten Einfluss hat auf Datenflüsse oder Gesamtfunktion?

Kein Grund zur Verzweiflung meinen wir nach einigen Jahren der Erfahrung in diesem Bereich. Um den Einfluss einzelner Microservices und den Entscheidungsprozess bei ihrer Ausführung planmäßig festzustellen, kommt in der Praxis häufig ein sogenanntes **Business Process**

7 Details nebst vieler hilfreicher Abbildungen: https://microservices.io/ (letzter Aufruf: August 2024).

Modeling (BPM) zum Einsatz. Business Process Modeling im Kontext der IT fokussiert sich auf die **Darstellung und Optimierung** von Datenflüssen und automatisierten Prozessen innerhalb eines Systems. Es hilft dabei, IT-gestützte Geschäftsprozesse zu visualisieren, zu analysieren und effizienter zu gestalten. BPM ermöglicht es, die Interaktionen zwischen verschiedenen Systemkomponenten, Datenquellen und Anwendungen transparent abzubilden und zu orchestrieren.

Softwarebasierte BPM-Lösungen ermöglichen es, den Ablauf von Prozessen sowie deren Fluss durch verschiedene Microservices eines Unternehmens zu verfolgen. Auf diese Weise wird die **Geschäftslogik, die sich über zahlreiche Dienste erstreckt, transparent und nachvollziehbar**. Unternehmen können dadurch erkennen, wie ihre Prozesse in einer verteilten Architektur ablaufen und bei Bedarf in Echtzeit Anpassungen oder Optimierungen vornehmen. Diese Überwachung und Steuerung sind besonders in komplexen Systemen, die auf Microservices basieren, von großer Bedeutung, da die zahlreichen Interaktionen und Abhängigkeiten effizient koordiniert werden müssen.

Die **Business Process Model and Notation (BPMN™)** ist eine grafische Notation zur Spezifikation von Geschäftsprozessen in einem Business Process Diagram. Der Begriff „Notation" bezeichnet in diesem Zusammenhang ein standardisiertes System von Symbolen und Regeln, das verwendet wird, um Geschäftsprozesse klar und einheitlich darzustellen. Ziel der BPMN ist es, eine Notation bereitzustellen, die für Entscheidungsebenen in Organisationen verständlich ist, gleichzeitig aber die komplexen technischen Details für Entwickler abbilden kann.

BPMN hat sich als **De-facto-Standard für Geschäftsprozessdiagramme** etabliert und wird von denjenigen Stakeholdern genutzt, die Geschäftsprozesse entwerfen, verwalten und umsetzen. Sie ermöglicht es, Diagramme präzise genug zu gestalten, um sie in Softwarekomponenten zu übersetzen. Die flussdiagrammartige Notation ist leicht zu verwenden und unabhängig von spezifischen Implementierungsumgebungen.

Das Hauptziel von BPMN ist, eine Notation zu unterhalten, die für alle Anwender verständlich ist: von den Business Analysts, die die Prozesse entwerfen, über die Entwickler, die sie in Technologie umsetzen, bis hin zu den Personen, die diese Prozesse überwachen und steuern oder eben rechtlich bewerten. BPMN schafft somit eine Brücke zwischen dem Prozessdesign und der Prozessimplementierung. Die **ISO/IEC 19510:2013 (Information technology – Object Management Group Business Process Model and Notation)** hingegen geht einen Schritt weiter: Sie ist die internationale Norm, die BPMN weltweit formell standardisiert. Sie definiert nicht nur die Notation selbst, sondern auch die zugrunde liegenden Semantiken und Best Practices, welche sicherstellen, dass BPMN-Diagramme einheitlich und korrekt angewendet werden. Diese Norm garantiert, dass die Darstellung und Interpretation von Geschäftsprozessen auf der Grundlage von BPMN in verschiedenen Branchen, Professionen und Ländern konsistent bleibt und somit eine gemeinsame Sprache zur Prozessmodellierung entsteht.

Nachstehend steht beispielhaft die Modellierung des Prozesses einer *Vendor Application*, der teils automatisiert, teils manuell abläuft, wobei an verschiedenen Stellen Drittanbieter-Tools eingesetzt werden. So etwa GPT von OpenAI zur Extraktion von Stammdaten und die Durchführung einer Sentiment-Analyse, ebenso wie Verifikationsservices des Google Maps Connectors oder eine Schnittstelle zu einer Kommunikationsanwendung wie Slack.

Selbst bei dieser oberflächlichen Betrachtung wird deutlich, wie komplex selbst vermeintlich einfache automatisierte Workflows sein können und wie wichtig es ist, nach einer ersten Übersichtsebene tiefer in die Struktur und Dynamik solcher Prozesse einzudringen. Und noch etwas wird klar: Die Frage nach der Verantwortung für die systemübergreifende, alle Komponenten verbindende Entscheidung rückt unweigerlich näher und verlangt nach einer präzisen Antwort.

Business Process Modelling hat einen weiteren nicht zu unterschätzenden Vorteil: Neben der entscheidungsbezogenen Analyse der IT-Infrastruktur zur Festlegung der Grenzen und Funktionsweise von AI Systems ermöglicht es die Erfüllung der Transparenzverpflichtungen für High-Risk AI Systems nach Art. 86.1, also des subjektiven **Right to explanation of individual decision-making** in Bezug auf die „wichtigsten Elemente der getroffenen Entscheidung“, sowie im Falle von Entscheidungen in Bezug auf natürliche Personen im Anwendungsbereich von Art. 22 DSGVO, die Bereitstellung von aussagekräftigen Informationen über die involvierte Logik und die Tragweite der Auswirkungen einer solchen Verarbeitung nach Art. 13.2.f, 14.2.g sowie 15.1.h DSGVO. In die Vorbereitung dieser Prozesse sollten ab sofort die Schlussanträge des Generalanwalts Richard de la Tour in der **Rechtssache C-203/22 – CK v. Dun & Bradstreet Austria GmbH/Magistrat der Stadt Wien** mit einfließen. Demnach sind folgende Anforderungen zu erfüllen, damit Informationen über die automatisierte Entscheidungsfindung als **aussagekräftig im Sinne des Gesetzes** gelten können: (1) Die Auskunft muss alle verwendeten Methoden und Kriterien umfassen, (2) die mitgeteilten Informationen müssen präzise, leicht zugänglich sowie in klarer und einfacher Sprache angeboten werden, dabei (3) vollständig und kontextbezogen sowie (4) auf den Verständnishorizont des jeweiligen Individuums zugeschnitten sein, damit diese Person (5) die Übereinstimmung der mitgeteilten Informationen nebst eines (6) objektiv nachprüfbarer Kausalzusammenhangs zwischen Methoden, Kriterien und Ergebnis nachprüfen kann. Da dem **Geschäftsgeheimnisschutz** bereits unter der DSGVO nur eine untergeordnete Bedeutung zukommt, ist auch unter dem AI Act mit seinen teilidentischen Schutzzielen nicht zu erwarten, dass Black Boxes vor Gericht Bestand haben werden. Im Gegenteil, Richard de la Tour öffnet Aufsichtsbehörden und Gerichten Wege, auch Geschäftsgeheimnisse zu prüfen und zu entscheiden, inwieweit diese den vorrangigen Auskunftsanspruch überhaupt beschränken können.

(3) Kein Anfang und kein Ende? AI-Infrastruktur und AI Systems

Praktisch relevanter als die oft lebhafte, jedoch häufig ziellose Debatte über die rechtliche Qualifikation der Fähigkeiten bestehender IT-Systeme und Anwendungen als AI System im Sinne des AI Acts erscheint uns die ingenieurstechnische **Identifikation und präzise Abgrenzung dieser Systeme** insbesondere dort, wo sie integrativer Teil einer größeren Gesamtarchitektur sind, wie bei *embedded AI*, auf die Erwägungsgrund 12 am Ende explizit Bezug nimmt. Eine fundierte und belastbare Beurteilung erfordert tiefgehendes technisches Fachwissen, insbesondere hinsichtlich der Systemarchitektur, der Struktur und Funktionsweise der Algorithmen, der zugrunde liegenden Datenverarbeitungspipeline sowie der Modellierungslogik, die im Inneren des Systems angewandt wird.

Nur durch eine detaillierte Analyse der Kernkomponenten – etwa der Implementierung von Machine-Learning-Modellen –, der spezifischen **Art und Weise, wie Entscheidungsfindungsprozesse automatisiert werden**, und der Integration des Systems in ***übergeordnete IT-Infrastrukturen*** kann eine klare und fundierte Abgrenzung erfolgen. Hingegen führt eine oberflächliche Bewertung, sei es anhand von Werbeunterlagen, Bedienungsanleitungen oder einem schnellen Blick auf Datenflüsse, wie er im Datenschutz- und IT-Sicherheitsrecht gelegentlich geschieht, kaum zu einer zufriedenstellenden Antwort auf die komplexe Frage der Systemklassifikation. Eine tragfähige Beurteilung erfordert vielmehr eine detaillierte Prüfung der technischen Spezifikationen sowie des gesamten Entwicklungsprozesses des Systems. Nur auf dieser Grundlage lässt sich verlässlich feststellen, was technisch zu einem AI System im Sinne des AI Acts gehört und was nicht.

Als Ausgangspunkt für eine Analyse bietet sich auch hier – besonders für Quereinsteiger – ein Blick in die Welt der technischen Standards an. Das

ISO/IEC 23053:2022 Framework (Framework for Artificial Intelligence [AI] Systems Using Machine Learning) liefert einen umfassenden Überblick darüber, was ein Machine-Learning-System (ML System) ausmacht. Dabei wird deutlich, dass solche Systeme sehr variabel gestaltet sein können. Dieses Framework bietet eine strukturierte Herangehensweise an die Entwicklung und Implementierung von ML-Systemen als Teil von AI Systems und unterstützt dabei, die wesentlichen Komponenten und Prozesse klar zu definieren. Es hilft insbesondere, die Komplexität der verschiedenen Anforderungen und Einsatzmöglichkeiten eines ML-Systems zu verstehen, was besonders für Einsteiger von Vorteil ist:

Elemente eines ML-Systems als Teil eines AI Systems

Task (problem definition)	Model	Data	Tools & Techniques

• Regression
• Classification
• Clustering
• Anomaly detection
• Dimensionality reduction
• Other tasks
	• Training models for common use
	• Evaluating models
	• Retraining models with additional data
	• Retraining models for custom use
		• Training Data
		• Validation data
		• Test data
		• Production data
			• Data Preparation
			  • Filtering
			  • Normalization
			  • De-identification
			• Categories of ML algorithms
			  • Neural Network
			  • Decision tree
			  • Bayesian network
			  • Support vector machine
			• Optimization methods
			  • Gradient descent
			  • Least square curve fitting
			  • Maximum likelihood estimation
			  • Expectation-maximization
			• Evaluation metrics
			  • Precision, recall, F1 score
			  • Area under ROC curve
			  • Confusion matrix

Die Darstellung beschreibt prägnant die **zentralen Elemente eines ML-Systems als Teil eines umfassenderen AI Systems**. Im ersten Schritt wird die Aufgabenstellung (Task) definiert, welche das spezifische Problem umreißt, das das System lösen soll. Typische Aufgabenstellungen in diesem Kontext umfassen Regression, Klassifikation, Clustering oder Anomalieerkennung. Diese **Problemdefinition** bildet die Grundlage für alle weiteren Schritte im Systemdesign.

Im Anschluss daran erfolgt die Entwicklung und das Training des Modells, das auf die jeweilige Aufgabenstellung zugeschnitten ist. In diesem Prozess werden Machine-Learning-Modelle trainiert, getestet und bei Bedarf kontinuierlich mit neuen Daten oder für spezielle Anwendungsfälle nachtrainiert. Hierbei sind Daten von entscheidender Bedeutung, und es wird zwischen verschiedenen Datentypen unterschieden: **Trainingsdaten, Validierungsdaten, Testdaten und schließlich Produktionsdaten**, die in den verschiedenen Phasen des Modelltrainings und der Modellbereitstellung zum Einsatz kommen.

Um das Modell zu entwickeln und seine Leistung zu optimieren, kommen diverse **Werkzeuge** und Techniken zur Anwendung. Diese umfassen Verfahren zur Datenvorbereitung, zur Auswahl und Optimierung der Algorithmen sowie zur umfassenden Modellbewertung. Zu den wesentlichen **Techniken** *zählen neuronale Netze, Entscheidungsbäume, der Gradientenabstieg als Optimierungsverfahren und Evaluationsmetriken wie Precision und der F1-Score, die zur Beurteilung der Modellgüte herangezogen werden.* Diese **vier Kernbereiche – Aufgabenstellung, Modell, Daten und Werkzeuge** – sind eng miteinander verzahnt und bedingen sich gegenseitig. Nur durch ihr Zusammenspiel entsteht ein funktionsfähiges ML-System, das in der Lage ist, komplexe Probleme zu lösen und in die größere Architektur eines AI Systems integriert zu werden.

Werden wir praktischer: Der Deutschen liebstes Kind ist das Auto. Daher bietet es sich an, die Dynamik von AI Systemarchitekturen unter dem Gesichtspunkt des „**autonomen Fahrens**" genauer zu betrachten. In einem solchen Kontext spielen Machine-Learning-Systeme eine zentrale Rolle, da sie die Grundlage für entscheidende Funktionen wie die Objekterkennung, Fahrwegplanung und Entscheidungsfindung bilden. Die Architektur eines „autonomen" Fahrzeugs umfasst dabei verschiedene Sensoren (z.B. Kameras, LIDAR, Radar), die kontinuierlich Daten sammeln. Diese Daten werden in Echtzeit verarbeitet, um die Umgebung zu analysieren, Verkehrssituationen zu verstehen und entsprechende Entscheidungen zu treffen. Hierbei greifen verschiedene Komponenten wie Sensordatenverarbeitung, Modelltraining, Echtzeit-Datenbewertung und Entscheidungsalgorithmen ineinander, um sicherzustellen, dass das Fahrzeug sicher und präzise navigiert. Die Anforderungen an die Systemarchitektur sind hochgradig dynamisch und variabel, da das System unter wechselnden Umweltbedingungen und in komplexen Verkehrssituationen zuverlässig funktionieren muss. Ein standardisiertes Framework wie das ISO/IEC 23053:2022 hilft dabei, diese komplexe Architektur zu strukturieren.

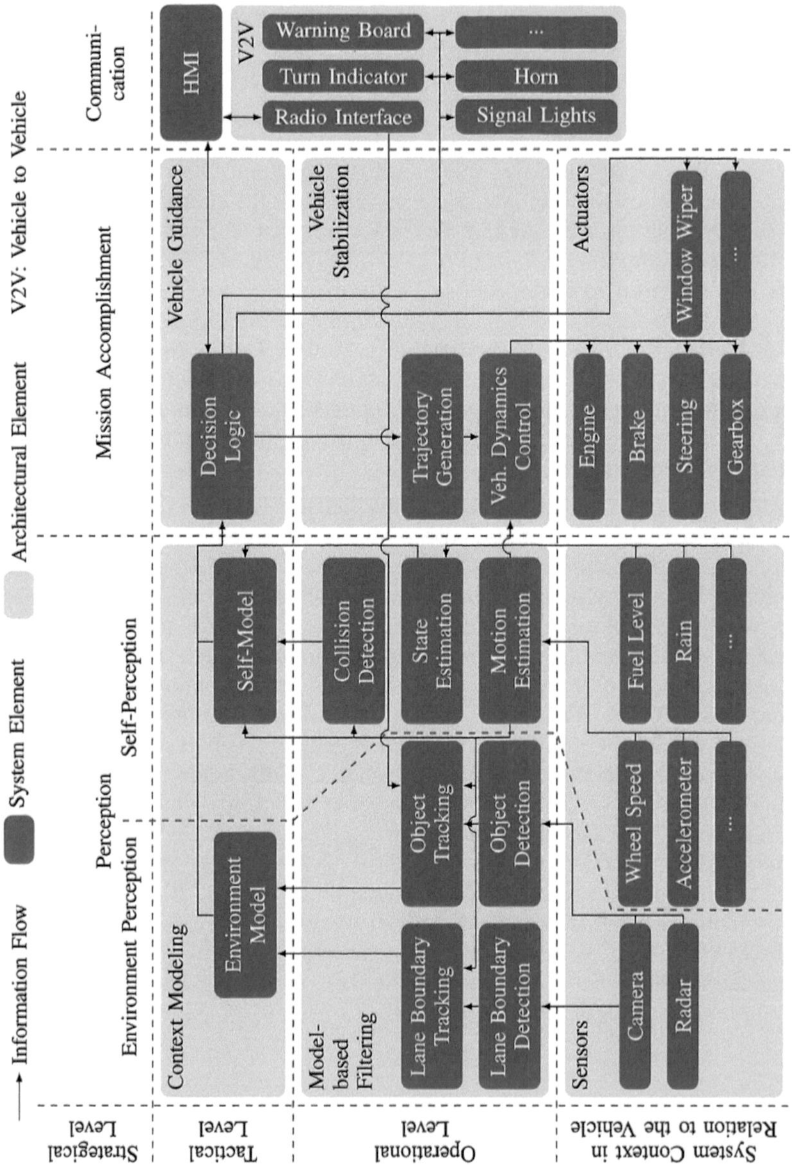

Abbildung 1: Entnommen aus *Stolte* et al., Towards Automated Driving: Unmanned Protective Vehicle for Highway Hard Shoulder Road Works, 2020, mit freundlicher Genehmigung der Autoren.

Die Beschreibung der Autoren wirkt auf den technisch nicht vorgebildeten Leser zunächst schwer zugänglich (Übersetzung):

> *„Für die Umgebungswahrnehmung wird ein Sensorset eingesetzt, das aus Lang- und Mittelstreckenradar sowie einem Kamerasystem besteht. Die Rohdaten werden in modellbasierte Filterprozesse eingespeist, die parallel die Fahrbahngrenzen und Objekte erkennen und verfolgen. Anschließend werden diese Informationen genutzt, um das Umgebungsmodell zu erstellen und zu aktualisieren, das die Grenzen des befahrbaren Bereichs sowie die Objekte vor dem Schutzfahrzeug enthält. Gleichzeitig zum Umgebungsmodell wird ein Selbstmodell des Systems generiert. Das Selbstmodell ist das Ergebnis der Selbstwahrnehmung, die Sensorwerte zu einer modellbasierten Darstellung des Fahrzeuglenkungssystems kombiniert. Alle verfügbaren Fahrzeugsensoren werden genutzt, um die Selbstrepräsentation zu verbessern. Dazu gehören unter anderem Gyroskope und Beschleunigungsmesser sowie Kraftstoffstand- und Reifendrucksensoren. Aus den Rohdaten der Sensoren abgeleitet, werden die Bewegungsschätzung und die Generierung zusätzlicher Zustandsvariablen durchgeführt. Die Bewegungsschätzung wird zudem zur Erkennung anderer Fahrzeuge verwendet, die von hinten mit dem Schutzfahrzeug kollidieren. Durch die Verbindung der Selbstwahrnehmung mit der Umgebungswahrnehmung ist die Bewegungsschätzung auch relevant für das Verfolgen von Fahrbahngrenzen und Objekten. Basierend auf beiden Wahrnehmungsarten wird die aktuelle Mission erfüllt. Auf der taktischen Ebene bestimmt eine Entscheidungslogik, welche diskrete Aktion ausgeführt werden soll. Neben den durch beide Wahrnehmungsarten gewonnenen Informationen werden Befehle aus der Mensch-Maschine-Schnittstelle im Straßeninstandhaltungsfahrzeug berücksichtigt. Insbesondere betrifft dies Zustandsänderungen, die durch den menschlichen Bediener ausgelöst werden, sowie die Änderung von Parametern der Betriebsmodi, wie Distanzen oder Höchstgeschwindigkeiten. Die diskrete Aktion umfasst einerseits die Bewegung des Fahrzeugs, andererseits die Nutzung von Blinkern, Scheibenwischern etc. Anschließend wird die diskrete Aktion auf die Stabilisierungsebene übertragen, wo eine Zieltrajektorie erzeugt wird. Diese Zieltrajektorie wird dann in den Fahrzeugdynamikregler eingespeist, der schließlich die Aktoren des Fahrzeugs steuert.“*

Der zitierte Fachtext beschreibt, vereinfacht gesagt, wie ein Fahrzeug seine Umgebung mithilfe von Radar- und Kamerasensoren wahrnimmt. Die erfassten Daten werden verarbeitet, um ein Modell der Straße und der umliegenden Objekte zu erstellen sowie ein Selbstmodell des Fahrzeugs zu generieren. Auf Basis dieser Modelle trifft das System Entscheidungen und steuert das Fahrzeug, indem es beispielsweise die Fahrbahn verfolgt oder Blinksignale aktiviert.

Lehrreich an der obigen Darstellung ist, dass die **Architektur des Systems** hierarchisch in verschiedene Ebenen gegliedert ist, die aufeinander aufbauen und unterschiedliche Funktionen erfüllen, um dem übergeordneten Ziel einer autonomen Steuerung zu dienen. Jede Ebene hat dabei eine spezifische Aufgabe und der Informationsfluss verläuft von der untersten Ebene, den Sensoren, bis hin zur Steuerungsebene, wobei die Daten in jeder Stufe weiter verfeinert und verarbeitet werden.

- Die unterste Ebene, der **System Context in Relation to the Vehicle**, bildet die Grundlage der Architektur und umfasst alle Sensoren, die Daten über die Umgebung und den Zustand des Fahrzeugs erfassen. Zu diesen Sensoren gehören unter anderem Kameras, Radarsysteme und Beschleunigungsmesser, die Rohdaten liefern, die die Basis für alle nachfolgenden Verarbeitungsschritte darstellen.
- Auf dem **Operational Level** werden diese Sensordaten verarbeitet. Hier kommen Algorithmen zur Filterung und Modellierung zum Einsatz, die die Rohdaten in nutzbare Informationen umwandeln. Dazu gehört die Erkennung und Verfolgung von Fahrspurgrenzen und Objekten sowie die Zustandsschätzung und Bewegungsvorhersage. Diese Ebene schafft eine detaillierte Wahrnehmung der Umgebung und des Fahrzeugzustands, die für die weitere Entscheidungsfindung erforderlich ist.
- Auf dem **Tactical Level** erfolgt die eigentliche Entscheidungsfindung. Die aus den Sensordaten gewonnenen Modelle werden genutzt, um Kollisionen zu vermeiden und optimale Fahrtrouten zu berechnen. Basierend auf dieser Analyse steuert das System das Fahrzeug, indem es die Fahrzeugdynamik kontrolliert und Entscheidungen über Beschleunigung, Bremsen und Lenkung trifft.
- Das **Strategical Level** überwacht die übergeordnete Zielerreichung. Hier wird sichergestellt, dass das System seine langfristigen Ziele, wie das Erreichen eines Zielorts, unter Berücksichtigung aller relevanten Umwelteinflüsse und Fahrzeugparameter erfüllt. Diese strategischen Entscheidungen liefern die Richtlinien, denen das System folgen muss, und leiten die taktischen Entscheidungen an.
- Schließlich gibt es das **Communication Level**, das den Informationsaustausch sicherstellt. Dies geschieht einerseits über die Mensch-Maschine-Interaktion (HMI), bei der das System Rückmeldungen und Warnungen an den Fahrer weitergibt. Andererseits ermöglicht die Vehicle-to-Vehicle-Kommunikation (V2V) den Austausch von Informationen zwischen Fahrzeugen, um eine koordinierte und sichere Fortbewegung im Verkehr zu gewährleisten.

Der Zusammenhang der Ebenen folgt einer logischen Reihenfolge: Die Sensordaten werden auf der operativen Ebene gefiltert und modelliert, um auf der taktischen Ebene für die Entscheidungsfindung genutzt zu werden. Die strategische Ebene gibt übergeordnete Richtlinien vor, während die Kommunikationsebene sowohl den internen als auch externen Informationsaustausch sicherstellt. Der Informationsfluss verläuft dabei klar strukturiert von den Sensoren über die verschiedenen Verarbeitungsschritte, bis die Entscheidungen schließlich in physische Steuerungsaktionen umgesetzt werden, die das Fahrzeug autonom und sicher steuern.

Die **Strukturierung in Ebenen** ermöglicht eine klare Trennung der verschiedenen Funktionen eines AI Systems, was deren Entwicklung, Wartung und Skalierung vereinfacht. Durch diese modulare Architektur können einzelne Komponenten unabhängig voneinander verbessert oder angepasst werden, ohne das gesamte System zu beeinträchtigen. Zudem sorgt sie für eine logische Abfolge der Verarbeitungsschritte – von der Datenerfassung über die Entscheidungsfindung bis hin zur Kommunikation –, was die Effizienz und Flexibilität des Systems steigert. Diese Struktur eignet sich generell für eine Vielzahl von AI Use Cases, nicht nur im Bereich der Assistenzsysteme und Robotik, da sie sowohl Echtzeit-Entscheidungen als auch langfristige Zielverfolgung unterstützt.

Damit ist die Funktionsweise des Systems etwa auf Abiturniveau erläutert, es bleibt jedoch leider immer noch unklar, **ob und falls ja, wie viele AI Systems** in der obigen Abbildung dargestellt sind. Dies erfordert nicht nur die Durchdringung der technischen Dokumentation, sondern auch eine intensive Kommunikation mit allen Projektbeteiligten, insbesondere mit denjenigen, die für die Gesamtarchitektur des Systems verantwortlich sind. Ohne diese umfassende Zusammenarbeit ist es schwierig, ein klares Bild der Integration und Anzahl der AI Systems zu erhalten und darauf basierend die Erfüllung der gesetzlichen Pflichtaufgaben anzugehen.

Eine Systemdarstellung auf Abiturniveau ist in der Praxis zudem der Ausnahmefall, wesentlich häufiger werden Organisationen mit werblichen Aussagen von Dienstleistern konfrontiert, die es sodann auf ihren (Wahrheits-) Gehalt hin zu validieren gilt. Beispielhaft umformuliert, könnte die Werbung für obige Systemlandschaft wie folgt lauten:

> *Erleben Sie intelligenten Fahrkomfort der nächsten Generation! Unser Fahrzeug nutzt hochmoderne Radar- und Kamerasensoren, um seine Umgebung präzise zu erfassen. Durch die fortschrittliche Verarbeitung dieser Daten erstellt es ein detailliertes Straßenmodell und erkennt sofort alle umliegenden Objekte. Auf Basis dieser Informationen trifft unser innovatives System kluge Entscheidungen und steuert Ihr Fahrzeug sicher und zuverlässig – sei es durch das sanfte*

> *Folgen der Fahrspur oder das automatische Aktivieren der Blinker. Mit unserer Technologie genießen Sie maximale Sicherheit, Komfort und eine unvergleichliche Fahrerfahrung. Steigen Sie ein und entdecken Sie die Zukunft des autonomen Fahrens!*

An dieser Stelle sollte klar werden, dass interdisziplinäre Teams und kritische Nachfragen im Detail bereits dann gefordert sind, wenn es um die **Definition des Untersuchungsgegenstandes** geht, also die Bestimmung, welche Elemente zu einem AI System gehören und welche für die rechtliche Bewertung gegebenenfalls außer Acht gelassen werden können. Das ist nicht trivial, und unsere Erfahrung aus den letzten Monaten der Analyse komplexer Systeme im Hinblick auf die Anwendbarkeit des AI Acts zeigt, dass an dieser Stelle äußerst **sorgfältig und ergebnisoffen** gearbeitet werden muss. Vergleichbare Anforderungen stellen sich bei der Frage, was die etwas kryptische Formulierung „im Zusammenhang mit Produkten" bedeuten soll, die in Art. 2.2 im Hinblick auf den Anwendungsbereich des AI Acts verwendet wird. Ohne **interdisziplinäre fachliche Expertise** sind derartige Fragen schwer mit hinreichender Sicherheit zu beantworten. Für rechtsberatende Berufe erfolgt an dieser Stelle der Hinweis, dass auch aus haftungsrechtlichen Gründen von einer vorschnellen eigenständigen Festlegung des Untersuchungsgegenstandes Abstand genommen werden sollte.

(4) Lösungsansätze aus dem Bereich AI Safety, Computation und UML

Um auf der Ebene der technischen Details den Boden für eine belastbare Analyse zu bereiten, bietet sich ein Blick in die in Form und Inhalt beeindruckende **ISO/DPAS 8800 („Road vehicles – Safety and artificial intelligence")** zu werfen, die sich, wie der Name „Draft Publicly Available Specification (DPAS)" nahelegt, derzeit noch im Stadium des finalen Entwurfs befindet, über den in Kürze votiert wird. Auf rund 180 Seiten legt die ISO ein Standardwerk zu AI und Safety vor, das als Musterbeispiel für andere Branchen dienen kann.

Dem Thema „AI System" widmet sich das Dokument in auch für interessierte Laien lehrreicher und strukturierter Weise, wobei eine gewisse Kenntnis **informationstechnischer Grundlagen** nicht schaden kann, die wir bei den Leserinnen und Lesern, die es bis zu diesem Punkt unserer Ausführungen geschafft haben, höflich unterstellen.

Erhellend ist bereits ein Blick auf die initiale Darstellung und Gliederung eines typischen AI Systems, das aus zumindest einem AI Model sowie weiteren AI Elements besteht, womit die grundlegenden Komponenten eines AI Systems bereits eingeführt werden. In der nachfolgenden Abbildung befindet sich das AI System im grau unterlegten Bereich. Die dunkel hinterlegten Komponenten sind als **AI components** definiert (ISO/DPAS 8800, 6.4 Example Architecture for an AI system):

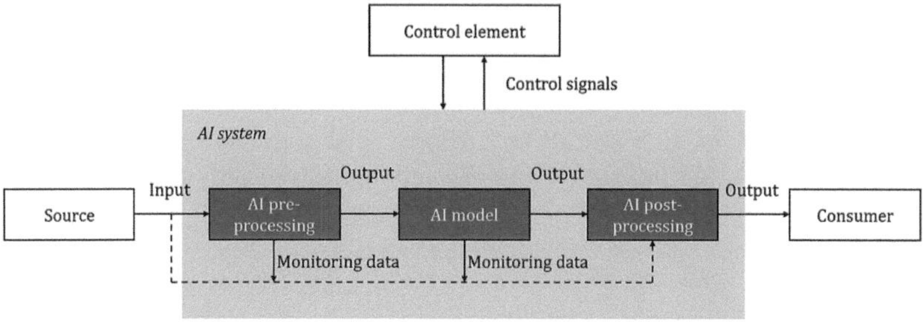

Das abgebildete Beispiel eines AI Systems erhält seine Input-Daten von der Quelle, führt seine Aufgaben basierend auf den Eingaben und den Control Signals aus und stellt dann seine Output-Daten dem Verbraucher zur Verfügung. Das AI System selbst besteht aus den drei AI Components (1) AI Pre-Processing, (2) AI Model und (3) AI Post-Processing. Das AI Post-Processing nutzt hierbei die Daten aus den vorherigen Prozessschritten (d.h. AI Pre-Processing und AI Model) in Kombination mit den ursprünglichen Input-Daten zu Monitoring-Zwecken.

Das übergeordnete **Control Element** ist in vielen Architekturen nicht Teil des eigentlichen AI Systems und wird in der Abbildung daher als externes Element betrachtet, da es eine separate Rolle erfüllt. Während das AI System auf Datenverarbeitung, Entscheidungsfindung und Vorhersagen fokussiert ist, übernimmt das Control Element die Steuerung und Koordination des Gesamtprozesses. Es regelt den Datenfluss, aktiviert das AI System bei Bedarf und integriert dessen Ergebnisse in das Gesamtsystem. Diese funktionale Trennung ermöglicht eine flexible Anpassung des AI Systems und gewährleistet, dass es in Echtzeit gesteuert und sicher betrieben wird. Das Control Element ist somit für die Systemlogik und die Überwachung verantwortlich, während das AI System die eigentlichen datengetriebenen Aufgaben übernimmt. Auch wenn das Control Element technisch nicht zum AI System gerechnet werden muss, kann es dennoch sein, dass es von der Definition des AI Acts mit umfasst ist. Hier müssen die Umstände des Einzelfalls sowie die konkreten Funktionsweisen des jeweiligen Control Elements oder anderer **Infrastrukturelemente** genau untersucht werden, um zu einem rechtlich fundierten und nachhaltigen Ergebnis zu gelangen. Dabei ist es wichtig, sowohl die technische Interaktion zwischen dem jeweiligen Element und anderen Infrastrukturelementen als auch die **Schutzrichtung des AI Acts** zu berücksichtigen. Je nach Anwendungsbereich und Systemarchitektur kann z.B. auch ein Control Element unterschiedliche Aufgaben übernehmen, was die Bewertung seiner Relevanz und rechtlichen Implikationen im Gesamtsystem beeinflusst. Hilfreich zur Strukturierung technischer Details ist der Ansatz der ISO DPAS 8800 dahingehend, dass sie eine Logik bietet, anhand derer Systemlandschaften bewertet werden können.

Das nachfolgende Chart beschreibt den Aufbau und die Logik eines AI-Systems basierend auf dem Ansatz der ISO DPAS 8800. Ein AI System besteht nur, wenn es eine **konkrete Aufgabe**, den sogenannten AI-Task, erfüllt. Das AI System ist ein **technisches Element**, das ein oder mehrere AI Models nutzt, um diese Aufgabe zu bewältigen. Dabei kann ein AI System verschiedene AI Components enthalten, die gemäß der ISO/IEC 22989:2022 als funktionale Bausteine definiert sind. Diese Komponenten umfassen nicht nur die AI-Modelle, die für die eigentliche Verarbeitung der Daten verantwortlich sind, sondern auch Vorverarbeitungs- und Nachverarbeitungskomponenten. Die Vorverarbeitungs-Komponenten bereiten die Daten für das Modell auf, während die Nachverarbeitungskomponenten die Ergebnisse weiterverarbeiten oder für spezifische Zwecke aufbereiten.

Die Struktur des folgenden Charts zeigt somit eine klare Trennung der einzelnen Funktionselemente eines AI-Systems und verdeutlicht, wie diese zusammenwirken, um einen bestimmten AI-Task zu erfüllen:

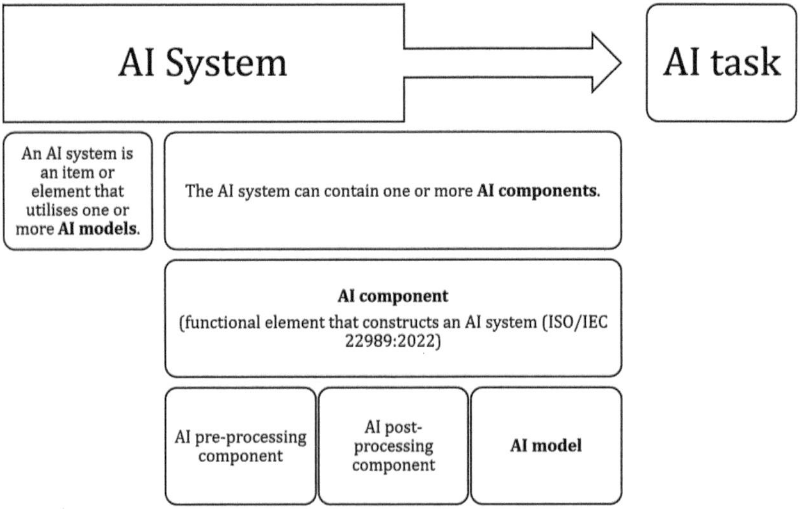

Diese Strukturierung erscheint auch für die rechtsberatenden Berufe im ersten Schritt sinnvoll, obwohl sie nur einen kleinen Ausschnitt dessen darstellt, was bereits in technischen Standards festgelegt ist. In Bezug auf AI spezifische Hardware empfiehlt sich ein Blick in den neuesten **Technical Report ISO/IEC TR 17903:2024 (Information technology – Artificial**

intelligence – Overview of machine learning computing devices), der auf der **ISO/IEC 19505-1:2012 (Information technology – Object Management Group Unified Modeling Language (OMG UML) – Part 1: Infrastructure)** basiert. Dieser Bericht ermöglicht eine Schritt-für-Schritt-Darstellung von **AI Systems**, die klar definiert ist und den Einstieg in die technische Analyse der Infrastruktur erleichtert. Die **Object Management Group** haben wir im Praxisbeispiel der Microservices bereits als Urheberin des *Business Process Model and Notation* (BPMN) kennengelernt und hier begegnet uns der gleiche Ansatz, eine standardisierte Sprache für alle Stakeholder zu finden, wieder. Nur eben für Hard- und Software.

Das nachfolgende Chart zeigt die im ISO/IEC TR 17903:2024 in Annex A vorgeschlagene Hierarchie der Komponenten von AI Systems, wobei die jeweiligen Begriffe (device, entity, unit etc.) vollständig definiert sind, zum großen Teil seit Jahren:

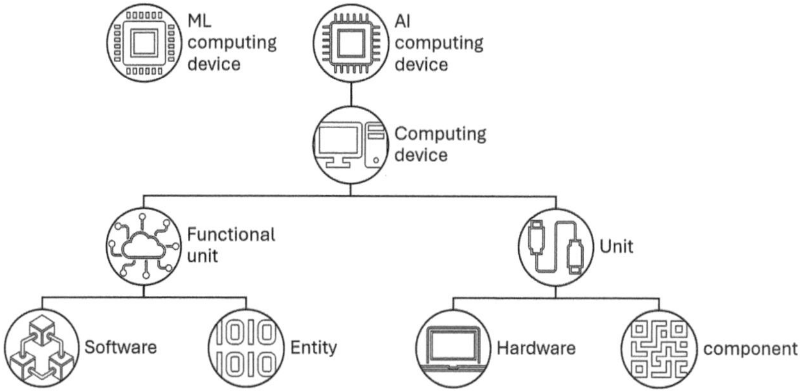

- **ML computing device:** computing device that can be used for accelerating machine learning computing)
- **AI computing device:** computing device that can be used for accelerating some or all of artificial intelligence computing)
- **Computing device:** functional unit that can perform substantial computations, including numerous arithmetic operations and logic operations with or without human intervention
- **Functional unit:** entity of hardware or software, or both, capable of accomplishing a specific purpose
- **Unit:** lowest level of hardware assembly for which acceptance and qualification tests are required.
- **Software:** all or part of the programs, procedures, rules, and associated documentation of an information processing system

- **Entity:** any concrete or abstract thing that exists, did exist, or might exist, including associations among these things
- **Hardware:** all or part of the physical components of an information processing system
- **Component:** entity with discrete structure, such as an assembly or software module, within a system considered at a particular level of analysis

Kombiniert man die im obigen *Praxisbeispiel Microservices* eingeführte ISO/IEC 19510:2013 – die detaillierte und präzise Norm zur Modellierung von Geschäftsprozessen – mit der ebenso umfassenden ISO/IEC 19505-1:2012, welche die Infrastruktur in der eleganten Strenge der Unified Modeling Language beschreibt, so formt sich in den Händen einer fachkundigen Anwendergruppe ein Werkzeug von geradezu verblüffender Leistungsfähigkeit. Denn es ist mit diesem hybriden Ansatz möglich, die vielfältigen rechtlichen **Anforderungen an Struktur, Erklärbarkeit und Transparenz** von AI Systems, unabhängig von ihrer gesetzlichen Herkunft nicht nur irgendwie, sondern nachvollziehbar und effizient zu erfüllen.

Fazit: Um eine fundierte **rechtliche Bewertung** eines AI Systems, seiner Grenzen, Interdependenzen und Überschneidungen vorzunehmen, bedarf es einer **detaillierten technischen Analyse** auf höchstem Niveau. Diese Art der Untersuchung geht weit über die bisherigen, eher oberflächlichen Ansätze der Rechtsberatung hinaus, wie sie etwa im Datenschutzrecht üblich sind, wo oftmals lediglich Datenflüsse betrachtet werden. AI Systems jedoch zeichnen sich durch eine hochkomplexe technische Struktur aus, die es erfordert, sämtliche relevanten Komponenten und deren Zusammenspiel zu berücksichtigen.

Ein AI System besteht aus einer Vielzahl von Bausteinen – darunter **Hardware, Software, Modelle und Verarbeitungsprozesse**. Um ihre Funktionsweise in ihrer Gesamtheit zu erfassen, ist es entscheidend, jede dieser Komponenten sowohl isoliert als auch im Zusammenspiel mit den übrigen zu analysieren. Eine bloße Betrachtung der Datenströme würde hierbei zu kurz greifen, da die eigentlichen Entscheidungsprozesse und Mechanismen, die das AI System steuern, oft tief in den zugrunde liegenden Algorithmen und der Systemarchitektur verankert sind. Hinzu kommt, dass die **Grenzen und Funktionen eines solchen AI Systems dynamisch** sind – sie verändern sich durch neue Trainingsdaten, Modellaktualisierungen oder die Integration neuer Komponenten. Dies verlangt eine fortlaufende technische wie rechtliche Überprüfung, um mögliche Überschneidungen mit anderen AI Systems korrekt zu identifizieren.

Von besonderer Relevanz sind dabei die **Interdependenzen** zwischen den verschiedenen Systemkomponenten. Oftmals sind Hardware, Pre-Processing und die eigentlichen AI-Modelle so eng miteinander verflochten, dass

Schwächen oder Fehler in einer dieser Komponenten die Leistung des gesamten AI Systems erheblich beeinträchtigen können. Diese Abhängigkeiten offenbaren sich nicht immer auf den ersten Blick, und doch ist es unerlässlich, diese technischen Verflechtungen in die rechtliche Bewertung mit einzubeziehen.

Ein besonders komplexes Feld in der rechtlichen Analyse von AI Systems betrifft die spezifische AI-Hardware. Moderne **ML-Computing Devices** sind darauf ausgelegt, maschinelle Lernprozesse erheblich zu beschleunigen, was ihre Bedeutung für die Effizienz eines AI Systems enorm erhöht. Die rechtliche Prüfung der Integration dieser Hardwarekomponenten, insbesondere im Hinblick auf ihre Abhängigkeiten von den verwendeten Modellen und Softwarelösungen, erfordert ein detailliertes technisches Verständnis. Der ISO/IEC TR 17903:2024 bietet hier eine wertvolle Grundlage, indem er einen umfassenden Überblick über diese Machine-Learning-Computing-Devices gibt und eine eindeutige Beschreibung der eingesetzten Systemlandschaft ermöglicht.

Die inhärente Komplexität von AI Systems erfordert eine präzise Analyse ihrer Systemarchitektur, ihrer technischen Abhängigkeiten sowie ihrer Hardware-Komponenten, um die rechtlichen Implikationen vollständig zu erfassen. Nur durch eine enge **interdisziplinäre Zusammenarbeit** – insbesondere zwischen Recht und Technologie –, die das nötige Fachwissen über die Funktionsweise und den Aufbau von AI Systems vereint, können fundierte und belastbare Empfehlungen im Rahmen des AI Acts entwickelt werden.

b) Risikobasierter Ansatz

Sobald nach viel oder wenig Kopfzerbrechen (denken Sie an unsere Daumenregel) feststeht, dass ein AI System vorliegt und wo dessen Grenzen sind, kann man sich der wichtigsten Frage zuwenden, nämlich der nach der **Risikokategorie** des betreffenden AI Systems. Der AI Act kennt unterschiedliche Risikokategorien:

- verbotene AI Systems,
- Hochrisiko-AI-Systems und
- sonstige AI Systems (diese umfassen AI Systems mit niedrigem Risiko sowie AI Systems, denen Transparenzanforderungen auferlegt werden, zuweilen auch AI Systems mit begrenztem Risiko genannt).[8]

8 European Commission, AI Act, https://digital-strategy.ec.europa.eu/en/policies/regulatory-framework-ai (letzter Aufruf: August 2024); *Novelli* et al., AI Risk Assessment, A Scenario-Based, Proportional Methodology for the AI Act, DISO 3, 13 (2024), https://doi.org/10.1007/s44206-024-00095-1 (letzter Aufruf: August 2024).

Verbotene AI Systems sind in Art. 5 des AI Acts aufgeführt. Sie umfassen AI Systems, die verwendet werden zum:

- nachteiligen Beeinflussen von Nutzern oder natürlichen Personen dahingehend, dass die Personen nicht die volle Kontrolle über ihre Entscheidungen haben. Dies kann z. B. aggressive Marketingpraktiken, die Produktion von Fake News oder anderen Arten illegaler Inhalte, dark patterns usw. umfassen.
- vorsätzlichen Ausnutzen von Schwachstellen natürlicher Personen oder Gruppen von natürlichen Personen. Dies umfasst das Ausnutzen ihres Alters, ihrer Behinderungen oder ihrer sozialen und wirtschaftlichen Situation in einer Weise, die diesen Personen erheblichen Schaden zufügt.
- Bewerten oder Klassifizieren von natürlichen Personen aufgrund ihres Verhaltens oder ihrer Eigenschaften, mit potenziell nachteiligen Folgen für diese Personen. Dies bezieht sich insbesondere auf Situationen, in denen die zugewiesenen „Scores" zu Folgendem führen können:
  - einer Schlechterstellung oder Benachteiligung natürlicher Personen in sozialen Zusammenhängen, die nicht in Verbindung mit den Umständen stehen, in denen die zur Bewertung genutzten Daten ursprünglich erhoben wurden;
  - einer Schlechterstellung oder Benachteiligung natürlicher Personen, die ungerechtfertigt ist oder in keinem Verhältnis zu ihrem sozialen Verhalten oder dessen Schwere steht.

  Ein Beispiel wäre die Verwendung von Daten aus sozialen Medien bei der Bewertung der Kreditwürdigkeit einer Person oder bei der Vorauswahl von Bewerbern für eine ausgeschriebene Stelle.
- Bewerten des Risikos oder Vorhersagen der Straftatenbegehung von natürlichen Personen.
- Erkennen oder Ableiten der Emotionen von Angestellten.

Das Inverkehrbringen solcher AI Systems im Binnenmarkt ist verboten. Ein Verstoß gegen diese Verpflichtung wird mit dem höchstmöglichen **Bußgeld** von bis zu **15 Millionen EUR** geahndet.

Hochrisiko-AI-Systems werden ebenfalls abschließend im AI Act enumeriert. Sie umfassen zunächst alle AI Systems, die **in Produkten** verwendet oder integriert werden, die bereits durch strengere, spezifische und sektorale Vorschriften reguliert sind. Zu diesen Produkten gehören zum Beispiel Aufzüge, Sicherheitsausrüstungen, Fahrzeuge, wesentliche Komponenten kritischer Infrastrukturen, Spielzeug usw.

Zudem gelten AI Systems als hochriskant, wenn sie für die Durchführung **bestimmter Tätigkeiten** verwendet werden, die in Anhang III des AI Acts abschließend aufgeführt sind. Anhang III kann durch die Kommission erweitert werden und umfasst derzeit zum Beispiel:

- biometrische Erkennungssysteme,
- Systeme zur Erkennung von Emotionen,
- Systeme, die im Personalmanagement eingesetzt werden, für z. B. die Vorauswahl von Stellenbewerbern, die Festlegung von Mitarbeitervergünstigungen und -boni, die Beurteilung von Mitarbeitern usw.,
- Systeme zur Bewertung der Kreditwürdigkeit von natürlichen Personen,
- Systeme zur Einschätzung der Wahrscheinlichkeit, dass natürliche Personen Straftaten begehen.

Diese **AI Systems**, konkret ihre **Provider** und **Deployer**, sind die **primären Adressaten** der Verpflichtungen des AI Acts.

AI Systems, die unter **Art. 50 des AI Acts** fallen, wird mitunter ein „begrenztes“ Risiko zugeschrieben. Diese Beschreibung ist verwirrend, da einige der erfassten AI Systems explizit ein hohes Risiko darstellen, aber zusätzlichen Transparenzanforderungen gemäß Art. 50 unterliegen, während andere AI Systems potenziell sowohl in die Kategorie „hohes Risiko“ als auch „geringes Risiko“ fallen können. Die **Transparenzverpflichtungen** gemäß Art. 50 liegen in der gemeinsamen Verantwortung von Provider und Deployer. **Provider** müssen für die Umsetzung robuster, wirksamer und interoperabler technischer Maßnahmen sorgen, welche natürliche Personen stets darüber informieren, dass sie mit einem AI System interagieren. **Deployer** müssen diese Maßnahmen ebenfalls einhalten und möglicherweise zusätzliche Warnhinweise einbauen. Diese Systeme umfassen:

- AI Systems, die für die direkte Interaktion mit natürlichen Personen bestimmt sind;
- AI Systems, die in der Lage sind, Audio-, Bild-, Video- oder Textinhalte zu erzeugen;
- AI Systems, die zur Erkennung von Emotionen und zur biometrischen Kategorisierung eingesetzt werden.

AI Systems, die nicht in den obigen Aufzählungen aufgeführt sind, fallen in die Kategorie des **geringen Risikos**. Für diese AI Systems kann der AI Act **freiwillig** als Orientierungshilfe oder **Best Practice** herangezogen werden, ist jedoch nicht verpflichtend – jedenfalls solange und soweit die Kommission nicht Anhang III erweitert.

c) Persönlicher Anwendungsbereich

Der AI Act adressiert oder zumindest erwähnt so gut wie alle Akteure der AI-Wertschöpfungskette („AI Supply Chain“). Die Akteure des AI Acts sind Anbieter, Produkthersteller, Betreiber sowie Einführer und Händler, wir werden aber aufgrund ihrer weltweiten Akzeptanz die englischsprachige

Terminologie (Product Manufacturer, Importer, Provider und Deployer) im Buch nutzen.

(1) Provider/Anbieter

„**Provider**“ (Art. 3.3) entwickeln ein AI System oder lassen es entwickeln und bieten dieses System Dritten an oder setzen es für eigene Zwecke ein. In Fällen, in denen eine Person oder Organisation ein AI System entwickelt oder einen Dritten mit der Entwicklung eines bestimmten AI Systems beauftragt, ist diese Person oder Organisation auch der Provider des AI Systems und muss die gesetzlichen Bestimmungen einhalten. Einer Verlagerung von Verantwortung und Haftung durch Outsourcing wird damit ein Riegel vorgeschoben.

Inverkehrbringen und Inbetriebnahme sind aufgrund ihrer Außenwirkung und Risikorelevanz der zentrale Anknüpfungspunkt für die Anwendbarkeit der Norm. Es liegt daher nahe und ist zutreffend, dass bloße Entwicklungsprozesse, die nicht in ein Inverkehrbringen oder eine Inbetriebnahme münden, nicht zur Annahme der Stellung eines Providers im Sinne der Verordnung führen. Diese Differenzierung zieht eine klare Grenze zwischen der schützenden Zurückhaltung der Norm gegenüber internen Entwicklungsprozessen und ihrer Eingriffsbefugnis, sobald ein System die Schwelle zur Außenwirkung überschreitet und den allgemeinen Markt oder Anwendungsbetrieb erreicht. Erst durch die tatsächliche Bereitstellung oder den Einsatz, mitsamt den möglichen Risiken für Dritte, erlangt das Regulierungsbedürfnis des Gesetzgebers die ihm zugedachte Bedeutung.

Der Begriff des „Providers“ erstreckt sich gemäß Art. 25.1 darüber hinaus auf jede Stelle:

- die im Rahmen ihrer Geschäftstätigkeit ein AI System anbietet oder nutzt und es als ihr **eigenes Produkt präsentiert**. Wenn das System in irgendeiner Weise mit dem Namen, der Marke und dem Warenzeichen einer anderen Einrichtung als dem ursprünglichen Anbieter in Verbindung gebracht wird, einschließlich der Verwendung von Zeichen, Bildern, Farben, erkennbaren Schriftarten usw., dann wird diese Einrichtung höchstwahrscheinlich als Provider betrachtet und muss die geltenden gesetzlichen Bestimmungen einhalten.
- die im Laufe der Nutzung eines AI Systems **wesentliche Änderungen** an dem AI System vornimmt, die vom ursprünglichen Anbieter nicht beabsichtigt waren. Wesentlich sind Änderungen an einem AI System, wenn sie bei der ursprünglichen Konformitätsbewertung nicht vorgesehen oder geplant waren und sich auf die Konformität des AI Systems auswirken. Falls am System Änderungen oder Modifikationen vorgenommen werden sollen, die vom Anbieter nicht beabsichtigt und ausdrücklich mitge-

teilt wurden, einschließlich Änderungen am Code, der Infrastruktur, der Architektur usw., wird die Einrichtung, die diese Änderungen durchführt, höchstwahrscheinlich als Provider betrachtet und muss folglich die für Provider geltenden rechtlichen Anforderungen erfüllen.
- die ein AI System für einen anderen als den vom ursprünglichen Provider beabsichtigten **Zweck** nutzt. Wenn das AI System für Zwecke verwendet werden soll, die vom ursprünglichen Provider nicht geplant und ausdrücklich mitgeteilt wurden, wird die Einrichtung, die solche Änderungen vornimmt, höchstwahrscheinlich als Provider betrachtet und muss die geltenden gesetzlichen Bestimmungen einhalten. Dazu könnte beispielsweise die Verwendung eines AI Systems zur Kategorisierung von Personalakten oder Bewerbungen gehören, obwohl eine Verwendung in diesem Kontext und für solche Zwecken vom ursprünglichen Provider ausdrücklich ausgeschlossen wurde.

Schließlich ist es wichtig zu erwähnen, dass alle Provider, die **nicht in der EU** ansässig sind und ein AI System auf dem **europäischen Markt** anbieten oder anbieten wollen, einen in der Union **niedergelassenen Bevollmächtigten** benennen müssen (Art. 22). Die Aufgaben des Bevollmächtigten sind in einem Auftrag festzulegen, der den Marktüberwachungsbehörden zur Verfügung gestellt werden muss. Der Auftrag muss zumindest die Wahrnehmung der folgenden Aufgaben ermöglichen:

- Überprüfung der EU-Konformitätserklärung und der technischen Dokumentation,
- Bereithaltung aller Dokumente, die über einen Zeitraum von zehn Jahren verfügbar sein müssen – mehr dazu später,
- Durchführung der Kommunikation mit den Behörden und Zusammenarbeit mit den zuständigen Behörden,
- ggf. die Einhaltung der Registrierungspflichten.

Das Wichtigste ist jedoch die in Art. 22.4 enthaltene Pflicht zur **Beendigung des Auftrags**, wenn der **Bevollmächtigte** der Auffassung ist oder Grund zu der Annahme hat, dass **der Provider gegen seine Pflichten verstößt**. In diesem Fall muss der Bevollmächtigte unverzüglich die zuständige Marktüberwachungsbehörde über die Beendigung und deren Gründe informieren, eine Verpflichtung, die vor der Übernahme einer solchen Funktion auf berufsrechtliche Friktionen geprüft werden sollte. Laut Erwägungsgrund 82 soll der Bevollmächtigte eine zentrale Rolle bei der Gewährleistung der Konformität spielen. Dies gilt auch für Provider von General-Purpose-AI-Modellen (Art. 54). Angesichts der gegenüber früheren Entwürfen deutlich abgeschwächten Regelung ist jedoch gerade nicht zu erwarten, dass Art.-22-Bevollmächtigte irgendeine relevante Rolle bei der Gewährleistung der Compliance von AI Systems spielen werden. Seine Rolle wird – auch aus Gründen der Haftungsvermeidung – über die eines qualifizierten Briefkastens kaum hinausgehen. In rechtlichen Auseinandersetzungen bietet es sich jedoch an, den Bevollmächtigten von Rechtsverstößen qualifiziert in Kenntnis zu setzen, um diesen bösgläubig zu machen und ggf. die Niederlegung der Bevollmächtigtenstellung zu erzwingen.

(2) Product manufacturer/Hersteller

Mangels einer Definition im AI Act sind darunter **Hersteller im Sinne der Verordnung (EU) 2019/1020** zu verstehen, also alle natürlichen oder juristischen Personen, die ein Produkt herstellen oder entwickeln oder herstellen lassen und dieses Produkt unter ihrem Namen oder ihrer Handelsmarke vermarkten. Sie sind Adressaten des AI Acts und **handeln als Provider** von AI Systems, sofern sie AI Systems als Sicherheitskomponenten in ihre **Produkte** integrieren oder AI Systems als Produkte anbieten, die unter die Harmonisierungsvorschriften der Union fallen. Dazu gehören, wie bereits erwähnt, Produkte wie Aufzüge, Sicherheitsausrüstungen, Fahrzeuge, wesentliche Komponenten kritischer Infrastrukturen, Spielzeug usw. Die vollständige Liste der relevanten Verordnungen findet sich in Anhang I des AI Acts.

(3) Deployer/Betreiber

Ein „**Deployer**" ist jede natürliche oder juristische Person, Behörde, Einrichtung oder sonstige Stelle, die ein AI System im Rahmen **ihrer geschäftlichen Aktivitäten nutzt**. Stellt beispielsweise eine Einrichtung das AI System ihren Mitarbeitern zur Verfügung oder implementiert es in ihre Prozesse, so ist diese Einrichtung der Betreiber dieses AI Systems, sofern keine wesentlichen Änderungen am AI System oder an der Art seiner Nutzung vorgenommen werden. Während die meisten Verpflichtungen auf die Provider von Hochrisiko-AI-Systems entfallen, müssen auch die Deployer von Hochrisiko-AI-Systems einige Verpflichtungen einhalten.

(4) Importer und Distributor/Einführer und Händler

Ein „**Importer**" ist eine **in der Union ansässige oder niedergelassene** natürliche oder juristische Person, die ein AI System in Verkehr bringt, das den Namen oder die Handelsmarke einer natürlichen oder juristischen Person mit Sitz in einem **Drittland** trägt. Ein „**Distributor**" ist andererseits jede natürliche oder juristische **Person in der Lieferkette**, die kein Provider oder Importer ist und die ein AI System **auf dem Unionsmarkt bereitstellt**. An der Wertschöpfungskette der meisten AI Systems werden diese Akteure nicht beteiligt sein, es gibt jedoch einige relevante Fälle.

Um die Rolle eines **Importers** plastisch darzustellen, kann man sich etwa die Durchführung klinischer Studien vorstellen, an denen zahlreiche Beteiligte in komplexen Strukturen zusammenwirken. Oftmals werden mehrere Studien in verschiedenen Gesundheitseinrichtungen von einer **zentralen Einrichtung** (Sponsor, Ethikkommission etc.) gesteuert. Wenn diese steuernde Einrichtung beschließt, ein AI System oder eine medizinische Vorrichtung (z.B. Smart Glasses), zu erwerben, bei der eine Komponente der Vorrichtung ein AI System ist (z.B. Objekterkennung), dann kann diese steuernde Einrichtung als Importer gesehen werden – solange sie das AI System **nicht selbst nutzt**, sondern es lediglich anderen Einrichtungen **zur Verfügung stellt**, die die Studien unter Verwendung des AI Systems durchführen.

In ähnlicher Weise wird die Rolle der **Distributor** vor allem bei sog. **„embodied" AI Systems**[9] ins Spiel kommen, d.h. bei Systemen, die selbst physische Produkte sind oder in solche Produkte integriert werden, solange diese embodied AI Systems von einer Einrichtung zur Verfügung gestellt werden, die weder der Provider noch der Importer des Systems ist und das System auch nicht selbst im Rahmen ihrer geschäftlichen Aktivitäten nutzt.

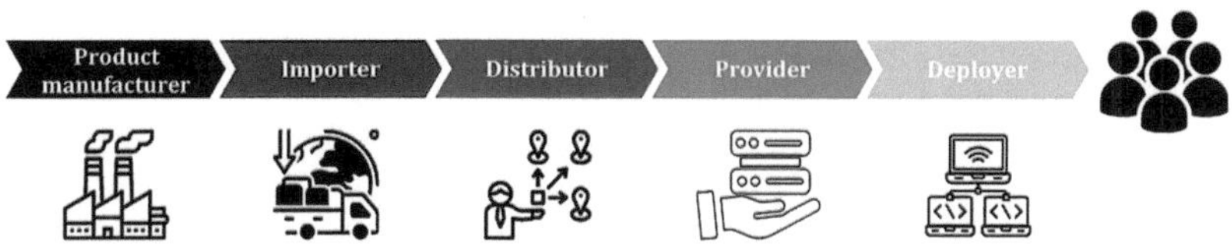

Abbildung 2: Darstellung der KI Wertschöpfungskette gemäß der KI-Verordnung

d) Räumlicher Anwendungsbereich

Die Frage nach dem räumlichen Anwendungsbereich des AI Acts ist nur von Bedeutung, wenn ein AI System materiell in den Geltungsbereich fällt und die betreffende Einrichtung ein Akteur im Sinne des AI Acts ist. Die Regeln zum territorialen Anwendungsbereich gelten also unter den Bedingungen, dass (i) ein AI System vorhanden ist und (ii) keine Ausnahmen von Art. 2 des AI Acts greifen (so etwa Ausnahmen für nationale Sicherheit, wissenschaftliche Forschung, internationale Organisationen usw.).

Im Allgemeinen folgt der AI Act dem **Auswirkungsprinzip** oder dem **Marktplatzprinzip**, was schlicht bedeutet, dass der AI Act Anwendung findet, sobald und soweit das Verhalten des betreffenden Akteurs Auswirkungen in der EU hat. Um dies weiter zu verdeutlichen, heißt es in Erwägungsgrund 22, dass

9 Instruktiv: *Liu/Wu*, A Brief History of Embodied Artificial Intelligence, and its Outlook, 2024, https://cacm.acm.org/blogcacm/a-brief-history-of-embodied-artificial-intelligence-and-its-future-outlook/ (letzter Aufruf: August 2024).

> *„bestimmte KI-Systeme in den Anwendungsbereich dieser Verordnung fallen [sollten], selbst wenn sie in der Union weder in Verkehr gebracht noch in Betrieb genommen oder verwendet werden*“

solange sich ihre Ergebnisse auf Nutzer in der Union auswirken. Bevor die Unklarheiten dieser Regelung und deren Auswirkungen auf Anbieter in Drittstaaten betrachtet werden, haben wir Fälle hervorgehoben, die stets vom räumlichen Anwendungsbereich des AI Acts ausgeschlossen sind:

- Provider und Deployer, die außerhalb der Union niedergelassen und ansässig sind und deren AI Systems (und deren Ergebnisse) nicht in der Union genutzt werden und sich nicht auf Bürger in der Union auswirken.
- In der Union ansässige oder niedergelassene Provider, deren AI Systems (und deren Ergebnisse) ausschließlich außerhalb der Union genutzt werden und keine Auswirkungen auf in der Union ansässige Bürger haben.
- Product manufacturer, die nicht in den Unionsmarkt eintreten.

Unklarheit im Hinblick auf die territoriale Anwendbarkeit des AI Acts entsteht durch den unterschiedlichen Wortlaut von Art. 2.1.c des AI Acts und Erwägungsgrund 22.[10] Während der Artikel besagt, dass der AI Act für Provider in einem Drittland gilt, „*wenn die vom KI-System hervorgebrachte Ausgabe in der Union verwendet wird*“, heißt es in Erwägungsgrund 22, dass der AI Act „*auch für Anbieter und Betreiber von KI-Systemen gelten [sollte], die in einem Drittland niedergelassen sind, soweit beabsichtigt wird, die von diesem System erzeugte Ausgabe in der Union zu verwenden.*“ Wenn die Absicht erforderlich ist, den Output in der Union zu verwenden, bleibt unklar, wer eine solche Absicht haben muss und wann sie gebildet werden muss.

Um zu veranschaulichen, wie dies zu einem Problem werden könnte, betrachten Sie das folgende **Beispiel**:

Unternehmen A mit Sitz in UK entwickelt ein AI System, das Output für Unternehmen B mit Sitz in den USA produziert. Unternehmen B verwendet den Output in der Union.

Nach dem Wortlaut von Art. 2.1.c wird Unternehmen A in dem Moment zum Provider, in dem Unternehmen B den von Unternehmen A produzierten Output in der Union nutzt. Unternehmen A kann versuchen, die **Nutzung seines Outputs vertraglich zu beschränken**. Nutzt Unternehmen B den Output trotz vertraglicher Abreden in der Union, würde die vertragliche Regelung das Unternehmen A dennoch kaum vor dem Eingreifen der zuständigen Behörde schützen. Dies gilt insbesondere,

10 *Krönke*, Das europäische KI-Gesetz: Eine Verordnung mit Licht und Schatten, NVwZ 2024, 529, 530.

da es praktisch unmöglich sein kann, festzustellen, wo der Output erzeugt und verwendet wird.[11]

Erwägungsgrund 22 mildert diese Ungewissheit etwas, indem er eine **Absicht zur Nutzung des Outputs** verlangt. Jedoch wird erstens nicht festgelegt, bei wem, wann oder wie diese Absicht zustande kommen muss. Zweitens ist es für die Einhaltung des AI Acts nur für Unternehmen B von Bedeutung, ob Unternehmen A beabsichtigt, die Outputs in der Union zu verwenden. Denn wenn Unternehmen B beschließt, die Outputs in der EU zu verwenden, dann bringt Unternehmen B das AI System tatsächlich auf den europäischen Markt und ist für dieses AI System entweder als Importer oder sogar als Provider verantwortlich.

Wenn wiederum Unternehmen A ursprünglich beabsichtigte, die Outputs seines AI Systems in der Union zu verwenden, dann würde dieses Unternehmen das AI System im Sinne des AI Acts in der Union in Verkehr bringen und müsste den AI Act auf der Grundlage von Art. 2.1.a einhalten. Dies würde zum Beispiel folgende Situationen einschließen:

> Unternehmen A (UK) entwickelt ein AI System, verarbeitet den Input von Unternehmen B (DE) und sendet den Output an Unternehmen B zurück. Unternehmen A ist Provider im Sinne von Art. 2.1.a.

oder

> Unternehmen A (UK) verarbeitet den Input von Unternehmen B (UK) und sendet den Output an Unternehmen B zurück, da es weiß, dass der Input für die Geschäfte von Unternehmen B in der Union verwendet wird.

Diese weite Auslegung des AI Acts bedeutet letztlich, dass die Provider der meisten weltweit verfügbaren AI Systems Vorgaben des AI Acts einhalten müssen, solange sie sich die Möglichkeit offenhalten wollen, ihre Systeme Akteuren mit Aktivitäten in der EU anzubieten. Die extensive Auslegung ist jedoch grundlegend und notwendig, denn andernfalls wäre eine **Umgehung** des AI Acts leicht möglich: Das Einschalten eines in einem Drittland ansässigen Providers und eine wohlformulierte Vertragsbestimmung würden dem AI Act die räumliche Anwendbarkeit entziehen. Dies wäre unvereinbar mit einem effektiven Schutz von Grundrechten europäischer Bürger, deren Schutz der AI Act gerade gewährleisten soll. Daher ist es für die territoriale Anwendbarkeit des AI Acts unerheblich, wer entscheidet oder wann die Ent-

---

11 *Bomhard/Siglmüller*, AI Act – das Trilogergebnis, RDi 2024, 45, Rn. 5 f.

scheidung getroffen wird, entscheidend ist allein, dass die Ergebnisse in der Union verwendet werden.[12]

Doch wer ist Ziel von **Sanktionen**, wenn das AI System nicht mit dem AI Act konform ist? Und wer ist für **Schäden** verantwortlich, die durch das AI System verursacht werden? **Vertragliche Bestimmungen**, die die Verantwortung und Haftung zwischen zwei oder mehreren Einrichtungen regeln, sind nach wie vor relevant und können helfen, Schulden und Regress zwischen den Akteuren zu begleichen, unabhängig davon, wer in den Augen des AI Acts im Außenverhältnis haftbar ist. Die wesentlichen Ziele des AI Acts bestehen darin, dass nur konforme AI Systems auf den EU-Markt gelangen und Provider und Deployer nicht konforme AI Systems durch Sanktionen zur Einhaltung der Vorschriften gezwungen werden können, um europäische Bürger vor Schäden zu schützen, die durch unsichere AI Systems verursacht werden. AI ist ein globales Phänomen – der AI Act spiegelt diese Realität wider.[13]

e) AI Literacy (AI-Kompetenz)

„Literacy is not a luxury, it is a right and a responsibility."
(*William J. Clinton*)

AI Literacy ist eine **eigenständige Verpflichtung** für sowohl Deployer als auch Provider gemäß Art. 4 des AI Acts. Dieser Artikel verpflichtet sie dazu, ein ausreichendes Maß an AI Literacy bei Personal und anderen Personen sicherzustellen, die im Rahmen ihrer Aufgaben mit dem Betrieb und der Nutzung von AI Systems befasst sind. Dabei müssen Sie die technischen Kenntnisse, die Erfahrung und die Ausbildung dieser Personen berücksichtigen, ebenso wie den Kontext, in dem AI Systems eingesetzt werden sollen. Zudem müssen Sie die Personen oder Gruppen von Personen in Betracht ziehen, auf die die AI Systems angewendet werden.

AI Literacy ist in diesem Kontext als „die Fähigkeiten, die Kenntnisse und das Verständnis, die es Anbietern, Betreibern und Betroffenen … ermöglichen, KI-Systeme sachkundig einzusetzen sowie sich der **Chancen und**

---

12 *Cf. Ruschmeier/Bareis*, Searching for harmonised rules, Forthcoming, in: Gsenger/Sekwenz (Hrsg.), Digital Decade: How the EU shapes digitalisation research, 2025, S. 14: „… the relevant data, e. g. to train the AI system, can be processed outside the Union as long as the results of the system are used within the single market."

13 *Cf. Ruschmeier*, ERA Forum (2023) 23, 361–376, S. 370: „Despite the problems of the AIA in terms of finding a more practical scope for the definition of AI, the (a)territorial scope shows a more prescient approach: not only is the European Economic Area considered, but also the global character of AI, which ensures that AI does not follow national borders."

Risiken von KI und möglicher Schäden, die sie verursachen kann, **bewusst zu werden**" (Art. 3.56). Der Hauptzweck dieser Verpflichtung besteht darin, „die größtmöglichen Nutzen aus KI-Systemen zu ziehen und gleichzeitig die Grundrechte, Gesundheit und Sicherheit zu wahren und eine demokratische Kontrolle zu ermöglichen." Dies soll erreicht werden, indem Provider, Deployer und betroffene Personen „mit den notwendigen Konzepten ausgestattet werden, um fundierte Entscheidungen über KI-Systeme zu treffen" (Erwägungsgrund 20).

Diese notwendigen Konzepte werden je nach relevantem Kontext variieren und können Folgendes umfassen:

- **Verständnis** für die korrekte Anwendung technischer Elemente während der Entwicklungsphase des AI Systems,
- **Maßnahmen**, die während der Nutzung des Systems angewendet werden müssen,
- geeignete Methoden zur **Interpretation** der Ergebnisse des AI Systems und
- betroffene Personen erlangen das Wissen, das notwendig ist, um zu verstehen, wie Entscheidungen, die mit Unterstützung von AI getroffen werden, sich auf sie auswirken werden (Erwägungsgrund 20).

Bevor wir darauf eingehen, wie diese Anforderung operationalisiert werden kann und was sie bedeutet, ist es wichtig, einige Punkte klarzustellen:

- AI Literacy ist zwingend für **alle** Provider und Deployer von AI Systems.
- AI Literacy gilt unabhängig von der Risikokategorie der bereitgestellten oder eingesetzten AI Systems, da der AI Act für **alle** AI Systems gilt und nur die Abschnitte 2 und 3 (oder allgemeiner Kapitel III) explizit nur für High-Risk AI-Systems gelten.
- AI Literacy hängt in ihrem Qualifikationsgrad stark von den spezifischen AI Systems und deren Nutzungskontext ab. Daher wird diese Verpflichtung zwar für alle Provider und Deployer von AI Systems gelten, ihre Herstellung wird jedoch für diejenigen, die mit **High-Risk AI Systems** arbeiten, von größerer Bedeutung sein und mehr Aufwand erfordern.
- AI Literacy muss auf die Personen ausgerichtet sein, die mit dem jeweiligen AI System **interagieren** oder diesem **ausgesetzt** sind, nicht nur auf Durchschnittsanwender.
- Diese Verpflichtung ist anwendbar bereits sechs Monate nach Inkrafttreten des AI Acts, also **ab dem 2.2.2025**.
- Der frühe Zeitpunkt der Anwendung, die Aufnahme der Verpflichtung in dasselbe Kapitel wie der Anwendungsbereich und die Begriffsbestimmungen sowie das letztendliche Ziel der Verpflichtung, nämlich einen wesentlichen Beitrag zur Verwirklichung einer vertrauenswürdigen AI zu leisten, unterstreichen die Bedeutung dieser Verpflichtung.

Nachdem wir diese Punkte geklärt haben, werfen wir nun einen Blick darauf, was diese Verpflichtung bedeutet, welche Anforderungen sie mit sich bringt und wie Provider und Deployer beginnen können, sie zu operationalisieren.

(1) Operationalisierung von AI Literacy

AI Literacy wurde über Jahre hinweg **umfassend erforscht**, da sie frühzeitig als Nachfolger und enger Verwandter von digitaler, computergestützter, wissenschaftlicher Datenkompetenz angesehen wurde.[14] Ähnlich wie jede andere Form von Literacy, die zuvor erforscht und diskutiert wurde – beginnend mit Functional Literacy als Grundlage, die es Individuen ermöglicht, lesen und schreiben zu können[15] –, werden die AI-Literacy-Niveaus immer variieren, basierend auf den Bedürfnissen, Interessen und Fähigkeiten jedes Einzelnen. Achten Sie also bei den derzeit beworbenen Curricula auf fachliche und pädagogische Qualität, nicht jedes Rad muss neu erfunden werden.

Wenn wir daher AI Literacy als **rechtliche Verpflichtung** betrachten, müssen wir sie in einem breiten Kontext sehen, da es keine einheitliche Lösung für alle geben wird. Diese Verpflichtung zielt darauf ab, die Gesamtheit der europäischen Bürgerinnen und Bürger dazu zu bringen, sich kritisch und verantwortungsbewusst mit AI auseinanderzusetzen. Dies wird erreicht, indem das Gesetz diejenigen, die in der Lage sind, die AI-Literacy-Niveaus zu beeinflussen, in die Pflicht nimmt.

Um zu vermeiden, dass Sie sofort die erste „AI-Literacy-Schulung" buchen, sollten Sie sich zuerst klar darüber sein, was Sie benötigen und was Sie erreichen wollen. Ein guter Ansatz hierfür wäre es, einen **AI-Literacy-Plan** zu erstellen, in dem Sie Folgendes definieren können:

i. Programmziele

Bei der Festlegung der Programmziele sollten beispielsweise folgende **Faktoren** berücksichtigt werden:

– Die Organisation und die Sektoren, in denen Sie tätig sind sowie die angebotenen Produkte und Dienstleistungen. Dies hilft, den spezifischen Kon-

14 *Long/Magerko*, What is AI Literacy? Competencies and Design Considerations, in: CHI '20: Proceedings of the 2020 CHI Conference on Human Factors in Computing Systems, Association for Computing Machinery, New York, NY, USA, S. 1–16, 2, https://doi.org/10.1145/3313831.3376727; *K. F. Chiu* et al., What are artificial intelligence literacy and competency? A comprehensive framework to support them Computers and Education Open 6(6):100171 (2024), https://www.sciencedirect.com/science/article/pii/S2666557324000120.

15 *Yi*, Establishing the concept of AI literacy: Focusing on competence and purpose, Jahr, 12 (2), 353-368 (2021), https://doi.org/10.21860/j.12.2.8.

text und die Anforderungen zu verstehen, die für die AI-Literacy-Initiative relevant sind.

- Ob die Organisation nur B2B-Beziehungen pflegt oder ihre Produkte und Dienstleistungen auch Verbrauchern anbietet. Der Umgang exklusive mit Geschäftskunden kann andere AI-Literacy-Anforderungen mit sich bringen als der direkte Kontakt mit Endverbrauchern.
- Die Arten von AI, mit denen die Organisation arbeitet. Je nach Komplexität der AI Systems werden die Anforderungen an die AI Literacy variieren.
- Ob die Organisation ein Provider oder Deployer des AI Systems ist. Die Rolle der Organisation im Lebenszyklus eines AI Systems bestimmt, welche Kompetenzen und Kenntnisse erforderlich sind.
- Wer von dem AI System betroffen ist, um Personen oder Gruppen, die durch das AI System direkt oder indirekt beeinflusst werden, zu identifizieren.

Basierend auf diesen Überlegungen können **Ziele** identifiziert und **Prioritäten** gesetzt werden. Die Ziele könnten beispielsweise folgende sein:

- Steigerung der AI Awareness: Förderung eines grundlegenden Verständnisses von AI und deren Auswirkungen innerhalb der Organisation.
- Schulung der Benutzer in einem bestimmten AI System: Sicherstellung des Verständnisses der Benutzer über die Funktionsweise und den sicheren Umgang mit den AI Systems, mit denen sie arbeiten.
- Sicherstellung der Einhaltung des AI Acts: Gewährleistung, dass die Organisation die gesetzlichen Anforderungen des AI Acts einhält.

ii. Schulungsbedarf, einschließlich Zielgruppen und Fachkenntnisniveaus

Die festgelegten Programmziele können dabei helfen, den Schulungsbedarf zu ermitteln. Zunächst hilft es festzustellen, welche Gruppen sowohl innerhalb als auch außerhalb der Organisation geschult werden müssen.

Zum Beispiel könnte es für **Provider** von AI Systems notwendig sein, Entwickler und das Management zu schulen und allgemeine AI-Trainings für alle Mitarbeiter anzubieten sowie Schulungs- und Informationsmaterialien für Kunden bereitzustellen. **Deployer** von generativen AI-Modellen oder -Systemen andererseits sollten die Mitarbeiter, die diese Modelle oder Systeme nutzen, speziell in den generativen AI-spezifischen Risiken schulen. Dazu gehören Themen wie Urheberrechtsverletzungen, Datenschutzverletzungen, Bias[16], Halluzinationen. Es muss vermittelt werden, wie diese Risiken erkannt und gemindert werden können.

16 Hierzu ausgezeichnetes Schulungsmaterial: *Snoek/Barberà*, From Inception to Retirement: Addressing Bias Throughout the Lifecycle of AI Systems: A Practical Guide,

Nachdem alle relevanten Gruppen identifiziert und deren Fachkenntnisniveaus – sowohl aktuell als auch erwünscht – festgestellt wurden, kann im nächsten Schritt der Inhalt der Schulungen ausgearbeitet werden.[17]

iii. Schulungsinhalte

Die Schulungsinhalte hängen stark von der Expertise der Zielgruppe, dem jeweiligen AI System sowie den Aufgaben ab, die diese Gruppe ausführen soll.

Beispiele:

IT-Experten mit hoher digitaler, computergestützter und datenbezogener Kompetenz: Für diese Gruppe könnte der Schwerpunkt des Programms auf ethische und rechtliche Überlegungen im Zusammenhang mit AI Systems sowie deren Einschränkungen gelegt werden.

Rechtsabteilung: Diese Gruppe sollte mit den Grundlagen der AI-Technologien, dem Einfluss von Daten auf AI Systems und den spezifischen Risiken bestimmter AI-Methoden vertraut gemacht werden sowie mit Schnittstellen zu anderen Rechtsgebieten.

Indem die Schulungsinhalte auf die jeweiligen Bedürfnisse und das Fachwissen der verschiedenen Zielgruppen zugeschnitten werden, kann sichergestellt werden, dass jede Gruppe das Wissen und die Fähigkeiten erhält, die sie für ihre spezifischen Aufgaben im Umgang mit AI Systems benötigt. Ebenso ist sicherzustellen, dass die Zielgruppen sich auf sinnvolle Weise mit den Inhalten auseinandersetzen.

Um eine solide Grundlage für AI Literacy innerhalb der Organisation zu schaffen, sollten insbesondere die folgenden Fragen und Punkte in das Schulungsprogramm aufgenommen werden:

2024, https://rhite.tech/files/From-Inception-to-Retirement-Addressing-Bias-Throughout-the-Lifecycle-of-AI-Systems.pdf (letzter Aufruf: August 2024).

17 Zum Beispiel listet ein Programm namens „Die Förderung der KI-Kompetenz von Studierenden an der Oregon State University" die folgenden Fähigkeiten auf, die Studierende im Rahmen ihrer Ausbildung allgemein erwerben sollten: 1) Know & understand AI, 2) Use & apply AI, 3) Evaluate & create [with or in] AI, 4) AI ethics. Diese „Fähigkeiten" können insbesondere als Beispiele für die gewünschten Fähigkeiten dienen, die von Trainingsgruppen erworben werden sollen, die weniger mit AI-Technologien vertraut sind. Siehe Oregon State University, Promoting student's AI literacy, https://ecampus.oregonstate.edu/faculty/artificial-intelligence-tools/literacy/ (letzter Aufruf: August 2024).

- **Was ist AI?**
  Die Fähigkeit, AI Systems zu erkennen und die zentralen Ideen hinter der Technologie sowie ihre historische Entwicklung zu verstehen. Dies umfasst auch die Fähigkeit, AI Systems nach der rechtlichen Definition einzuordnen.
- **Wie funktionieren AI Systems?**
  Verständnis der grundlegenden Methoden der AI-Entwicklung und der kritischen Fragen, die mit ihrer Entwicklung verbunden sind, wie die Bedeutung qualitativ hochwertiger Trainingsdaten, AI-Transparenz, Erklärbarkeit.
- **Was kann AI und was kann sie nicht?**
  Verständnis der Hauptvorteile und Risiken bestimmter AI Systems, um entscheiden zu können, welches AI System für welchen Zweck eingesetzt werden sollte und wann es besser ist, auf den Einsatz eines Systems zu verzichten und stattdessen auf das eigene Urteilsvermögen zu vertrauen. Dieser Abschnitt kann auch ethische Überlegungen enthalten, z. B. wann der Einsatz von AI aus ethischen Gründen unangemessen sein könnte.[18]
- **Rechtliche Überlegungen**
  Schulung des Personals über die rechtlichen Risiken unautorisierter oder unbeabsichtigter Anwendungen von AI Systems sowie über die Folgen der Nutzung von AI Systems, die nicht mit dem AI Act konform sind.

iv. Schulungsmethoden

Theoretisches Wissen und Frontalvorträge sind ein guter Ausgangspunkt. Um aber maximale Beteiligung und größtmögliches Verständnis zu erreichen, sollten Schulungsmethoden eingesetzt werden, die interaktive Elemente enthalten. Dies kann in Form von Fallstudien, Rollenspielen und dem Testen verschiedener AI Systems in einer sicheren Umgebung geschehen.

v. Schulungshäufigkeit

AI Literacy ist keine einmalige Aufgabe, die einfach abgehakt und dann *ad acta* gelegt werden kann. Es handelt sich vielmehr um einen **kontinuier-**

---

18 Dieser Rahmen basiert auf dem konzeptionellen Rahmen, der in *Long/Magerko*, What is AI Literacy? Competencies and Design Considerations, in: CHI '20: Proceedings of the 2020 CHI Conference on Human Factors in Computing Systems, Association for Computing Machinery, New York, NY, USA, S. 1–16, 2, https://doi.org/10.1145/3313831.3376727, vorgestellt wurde. Weitere spezifische Fähigkeiten, die im Einklang mit dem UNESCO Digital Literacy Global Framework stehen, können auch hier gefunden werden: *Kennedy*, AI Literacy Framework, Kennedy HQ, https://kennedyhq.com/wp/2023/12/21/ai-literacy-framework/ (letzter Aufruf: August 2024).

lichen Prozess, der auf den sicheren, verantwortungsvollen und ethischen Umgang mit AI Systems abzielt. Daher sollte die Häufigkeit der Schulungen festgelegt werden. Diese wird je nach Gruppe und Organisation variieren, aber der Schlüssel zum Kompetenzerwerb und der Kompetenzerhaltung liegt darin, AI Literacy als fortlaufenden und sich im Niveau steigernden Prozess zu betrachten.

vi. Evaluierung

Es ist wichtig, nach der Schulung Feedback zu sammeln. Dies sollte sowohl die Zufriedenheit der Teilnehmer als auch die Bewertung der Effektivität des Programms umfassen, zum Beispiel durch kurze Quizfragen. Dabei ist zu betonen, dass die Ergebnisse solcher Quizfragen **keinerlei Auswirkungen auf das Beschäftigungsverhältnis** haben dürfen, sondern lediglich dazu dienen, die Wirksamkeit der Schulung zu messen und notwendige Verbesserungen zu überwachen.

Sobald ein klares Verständnis der organisatorischen Bedürfnisse vorliegt, kann die Implementierung beginnen. Dazu gehört die Entscheidung, ob die Kapazitäten und Ressourcen vorhanden sind, um AI-Literacy-Schulungen intern anbieten zu können und in welchem Umfang dies möglich ist. Falls nicht, sollte ein externer Anbieter für solche Schulungen gesucht werden, der in der Lage ist, die spezifischen Anforderungen der Organisation zu erfüllen, anstatt einfach den erstbesten „AI-Experten" zu engagieren, der in der Timeline auf LinkedIn auftaucht.

(2) Fazit

AI Literacy ist die Bestimmung in einem ohnehin **konturenlosen** Gesetz, die wahrscheinlich am elastischsten formuliert, am schwersten zu fassen und dennoch am bedeutsamsten ist. Angesichts des frühen Beginns ihrer verbindlichen Anwendung und der Tatsache, dass wir als Gesellschaft im Durchschnitt immer noch relativ niedrige digitale Kompetenzniveaus aufweisen,[19] die jedoch die Grundlage für AI Literacy bilden, ist es unerlässlich, die Herstellung von AI Literacy ernsthaft anzugehen. Von der Personalabteilung über die Beschaffung, den Kundenservice, Produkt, Recht und Management: Jede Unternehmensabteilung hat Digitalkompetenzen und AI Literacy dringend nötig, um kluge Entscheidungen zu treffen und Fehlentscheidungen zu vermeiden. AI Literacy ist kein Selbstzweck und nicht nur

19 Statistiken zum aktuellen Stand der digitalen Kompetenz finden sich hier: *Kennedy, K.*, AI Literacy and the AI Literacy Framework, 2 of June 2024, AI Literacy Institute, https://ailiteracy.institute/ai-literacy-and-ai-literacy-framework/ (letzter Aufruf: August 2024).

altruistisch motiviert, sondern stellt sicher, dass AI Systems so verantwortungsvoll wie möglich entwickelt, beschafft und eingesetzt werden.

Das European Artificial Intelligence Board und die Kommission sollten ebenfalls Werkzeuge zur Förderung der AI Literacy, des öffentlichen Bewusstseins und eines Verständnisses für Vorteile, Risiken, Schutzmaßnahmen, Rechte und Pflichten im Zusammenhang mit der Nutzung von AI Systems fördern (Erwägungsgrund 20). In diesem Zusammenhang sollen freiwillige Verhaltenskodizes die Förderung der AI Literacy bei Personen erleichtern, die von der Entwicklung, dem Betrieb und der Nutzung von AI betroffen sind. Bis solche Leitlinien verfügbar sind, ist es jedoch unerlässlich, ganz selbstbestimmt und so schnell wie möglich mit dem Aufbau der eigenen AI Literacy zu beginnen.

2. Gegenstand dieses Handbuchs

In Anbetracht des **breiten** sachlichen, persönlichen und territorialen **Geltungsbereichs des AI Acts** wäre es unmöglich, alle relevanten Aspekte und Fragen in einem praxisorientierten Handbuch abzudecken. Wir haben beschlossen, uns auf die Themen zu konzentrieren, die uns am wichtigsten erscheinen für Akteure, die AI Systems entwickeln oder auf dem europäischen Markt einsetzen.

Dieses Buch richtet sich an Provider und Deployer von Hochrisiko-AI-Systems – insbesondere an jene, die nicht versuchen, Compliance mit dem AI Act um jeden Preis und wider besseres Wissen zu vermeiden, sondern den neuen regulatorischen Rahmen akzeptieren und **entschlossen sind, rechtskonforme, trustworthy AI Systems zu entwickeln und einzusetzen**.

Unser Handbuch besteht aus drei Teilen, in denen wir einige der Überlegungen aufzeigen, die bei dem Design, der Entwicklung und dem Einsatz von AI Systems von Bedeutung sind. Während Design und Entwicklung für Provider am interessantesten sein werden, befassen sich die Kapitel über den Einsatz von AI Systems mit allen Pflichten des Deployers. Sie betreffen aber die Provider, wenn sie ihre eigenen AI Systems einsetzen. Das Buch schließt mit einem Überblick über **drei besondere Anwendungsfälle**, die zusätzliche Aufmerksamkeit verdienen: (1) AI Systems zur Gesichts- und Emotionserkennung, insbesondere wenn sie von öffentlichen Einrichtungen eingesetzt werden; (2) AI Systems, die von Finanzinstituten eingesetzt werden, bei denen der AI Act häufig von den allgemeinen Regeln abweicht und Raum für Ausnahmen lässt; und (3) das Training und die Nutzung von generativen AI Systems mit einem Schwerpunkt auf den relevanten Überlegungen zu Themen des geistigen Eigentums.

Methodisch verfolgt dieses Buch einen praxisnahen Ansatz, der Lösungsfindung vor Problemfindung stellt. Der AI Act ist punktuell mehrdeutig und absichtlich vage. Bis zum Eintritt von Rechtssicherheit werden wir uns noch einige Jahre oder Jahrzehnte gedulden müssen. Doch die große Anzahl von bereits existierenden technischen Standards, sowohl AI-spezifisch als auch produktsicherheitsbezogen, kann derweil bei der Einhaltung der Vorschriften helfen.

Darüber hinaus bietet die ausgesprochen umfangreiche wissenschaftliche Literatur praktische Lösungen für einige durch den AI Act aufgeworfene Fragen. Wir haben beschlossen, uns auf diese zu konzentrieren. Betrachten Sie dieses Buch als Ihre „First Line of Defense" und als eine Möglichkeit, sich mit dem AI Act, dessen Anforderungen und den dahinterstehenden Überlegungen vertraut zu machen. Das Buch wird aktualisiert, sobald gesetzgeberische Leitlinien verfügbar sind und zusätzliche Standards durch Verweis der Kommission verbindlich gemacht werden. Bis dahin sollten Sie sich mit Geduld wappnen und die Reise genießen.

II. Design

1. Die Idee

„Never forget that only dead fish swim with the stream.“
(*Malcolm Muggeridge*)

Um den Entwicklungs- und Bereitstellungsprozess eines AI Systems effektiv zu starten, sollten wir uns zunächst den anspruchsvollsten Fragen widmen:

- Warum ist dieses System notwendig?
- Welche Probleme soll das System lösen?
- Welche Ziele verfolge ich mit diesem System?
- Welche Teile eines Prozesses sollen automatisiert werden?
- Braucht die Welt noch einen Chatbot?

Manche Leserinnen und Leser dieses Buches mögen über diesen Einstieg schmunzeln, doch unsere praktische Erfahrung bestätigt, dass eine bedrückend hohe Zahl von Unternehmen AI Systems entwickeln, beschaffen oder bereitstellen, nur weil es alle anderen auch tun. Dies ist in jeder Hinsicht eine äußerst schlechte Strategie.

Um nicht nur ein nützliches und qualitativ hochwertiges AI System zu entwickeln und zu betreiben, sondern auch ein System, das den Anforderungen des AI Acts entspricht, sollten Sie zunächst die zuvor gestellten Fragen beantworten. Dadurch können Sie die Ziele Ihres AI Systems klar definieren. Diese Ziele helfen Ihnen dann dabei:

- den vorgesehenen Zweck des Systems zu bestimmen;
- die Risikokategorie zu antizipieren, in die das System fallen könnte;
- eine *Business Impact Analysis* durchzuführen, um festzustellen, ob Sie über die notwendigen Ressourcen zur Entwicklung eines konformen Systems verfügen (die Entwicklung konformer Hochrisikosysteme wird nicht gerade günstig);
- angemessene Designentscheidungen zu treffen.

Beispiel: Wir möchten ein AI System entwickeln, um die Effizienz einer bestimmten Verwaltungsdienstleistung zu steigern und Verwaltungsangestellten dadurch zu helfen, indem eingehende E-Mails automatisch nach Thema und Dringlichkeit kategorisiert werden.

1. Warum ist dieses System notwendig?

Es ist notwendig, weil derzeit die Bearbeitung von Anfragen über einen Monat dauert, selbst wenn die Anfragen dringend und mit wenig Aufwand zu beantworten sind. Durch eine bessere Organisation der E-Mails würde sichergestellt, dass sie schneller die zuständige Abteilung und die verantwortliche Person erreichen. Dies würde die Reaktionszeiten erheblich verkürzen. Darüber hinaus würde die Bestimmung des Dringlichkeitsgrads gewährleisten, dass die dringendsten Angelegenheiten bevorzugt bearbeitet werden.

2. Welche Probleme soll mein System lösen?

Langsame und ineffiziente öffentliche Dienstleistungen, ungleicher Zugang zu grundlegenden öffentlichen Dienstleistungen, eine zunehmende Anzahl von Beschwerden aufgrund langsamer Reaktionszeiten sowie die steigende Anzahl von E-Mails zum selben Thema aufgrund verzögerter Antworten.

3. Was möchte ich mit diesem System erreichen?

Die langsamen und ineffizienten öffentlichen Dienstleistungen verbessern, den allgemeinen Zugang zu essenziellen öffentlichen Dienstleistungen erleichtern und die Anzahl der Beschwerden reduzieren.

4. Welche Teile welches Prozesses möchte ich automatisieren?

Den ersten Schritt, also die Kategorisierung und automatische Weiterleitung an die zuständige Abteilung und verantwortliche Person.

5. Braucht die Welt noch einen Chatbot?

Es handelt sich nicht um einen Chatbot, und die Welt braucht auch wirklich keinen neuen.

Sobald wir diese Fragen beantwortet haben, können wir schlussfolgern, dass ein AI System erforderlich ist, wenn auch ein eher einfaches. Obwohl das System im Kontext der öffentlichen Verwaltung eingesetzt wird, trifft es keine wichtigen Entscheidungen in Bezug auf Rechte oder den Zugang zu öffentlichen Dienstleistungen. Das bedeutet höchstwahrscheinlich, dass das System nicht als hochriskant eingestuft wird. Da das System voraussichtlich ein geringes Risiko darstellt, verfügen wir wahrscheinlich über die Ressourcen, um es zu entwickeln und bereitzustellen. Nun bleibt nur noch zu entscheiden, ob die Entwicklung ausgelagert oder intern durchgeführt wird, und die entsprechenden Designentscheidungen zu treffen, um angemessene Qualitäts- und Genauigkeitsniveaus zu erreichen. Die Aufgabe ist zwar nicht trivial, aber wir haben endlich einen vernünftigen Startpunkt gefunden.

2. Legal Requirements Engineering

Vor diesem Hintergrund entwickelt sich Legal Requirements Engineering zunehmend zu einer relevanten **Disziplin und Arbeitsmethode** für Juristinnen und Juristen, da Gesetzgebungsvorhaben der EU aufgrund ihrer interdisziplinären und hybriden Natur – die Einflüsse aus Standards, externen Richtlinien und verschiedenen wissenschaftlichen Disziplinen vereinen – immer komplexer werden. Besonders im Kontext des AI Act zeigen sich die **unterschiedlichen Perspektiven** der Beteiligten aus verschiedenen Professionen, wie Technologie, Statistik, Organisationswissenschaften, Sozialwissenschaften und speziellen Rechtsgebieten auf die Gesetzgebung. Diese unterschiedlichen Sichtweisen erschweren die einheitliche Interpretation und Umsetzung von Vorschriften, was die Notwendigkeit eines strukturierten Ansatzes im Legal Requirements Engineering unterstreicht. Legal Requirements Engineering ist ein strukturiertes Verfahren zur Erfassung, Analyse, Dokumentation und Verwaltung rechtlicher Anforderungen, die in technischen Systemen oder Produkten umgesetzt werden müssen. Ziel ist es, sicherzustellen, dass alle relevanten Gesetze, Richtlinien, Motive, Hintergrundinformationen und Standards **in die Systementwicklung integriert** werden, um **nachhaltige Rechtskonformität** zu gewährleisten. Der Prozess beginnt für die Betroffenen, in-house oder externe Berater und Beraterinnen, mit der **Identifikation** und Erfassung aller relevanten Facetten einer Norm, die für das spezifische Projekt relevant sind, darunter Case Law und Behördenentscheidungen. Danach folgt die Analyse, in der die rechtlichen Anforderungen hinsichtlich ihrer Auswirkungen auf das Systemdesign, die Architektur und die Funktionalität bewertet werden. Anschließend werden die rechtlichen Anforderungen **systematisch dokumentiert**, um als Grundlage für die technische Entwicklung zu dienen. Diese Dokumentation muss klar und präzise sein, um für alle Beteiligten aller Disziplinen verständlich zu bleiben. Eine einfache, klare Sprache ist unerlässlich. Die **Integration** dieser Anforderungen in das technische Systemdesign und die Entwicklungsprozesse erfolgt daraufhin, wobei Compliance-Mechanismen eingebaut werden, um die Einhaltung der Anforderungen zu überwachen. Es folgt die **Überprüfung und Validierung**, die regelmäßig durchgeführt wird, um sicherzustellen, dass das System weiterhin konform ist und auf Änderungen in den rechtlichen Rahmenbedingungen reagiert. Schließlich umfasst Legal Requirements Engineering auch das **Management der Anforderungen über den gesamten Lifecycle des AI Systems** hinweg, insbesondere im Hinblick auf sich ändernde Gesetze, Standards und Verwaltungspraxis.

3. Zweckbestimmung

Everything is foreseeable ex post.

Vor der Entwicklung eines AI Systems steht die Frage, welche Probleme das System lösen kann und welchem Zweck es dienen soll. Es ist angesichts der überwältigenden technischen Gestaltungsoptionen unmöglich, ein System zu entwickeln, ohne den konkreten Anwendungsfall vor Augen zu haben. Wer noch auf der Suche nach Use Cases für AI ist, dem bietet sich die Lektüre des jüngsten **Technical Reports ISO/IEC TR 24030:2024 (Information technology – Artificial intelligence (AI) – Use cases)** an, der auf nahezu 170 Seiten detailliert Anwendungsfälle erläutert, die von Healthcare und Agriculture über FinTech und Windenergieanlagen bis hin zu Digital Marketing reichen.

Beispiele für Use Cases aus dem TR 24030:2024:

- Im Bereich der **Landwirtschaft** ist ein Use Case die Echtzeit-Segmentierung und **Vorhersage von Pflanzenwachstumsdynamiken** (Use Case 126). Hier wird eine AI-basierte Lösung entwickelt, die auf eingebetteten Systemen mit geringem Energieverbrauch basiert und neuronale Netzwerke (Convolutional Neural Networks – CNNs und Long-Short-Term Memory – LSTM) verwendet, um Wachstumsmuster von Pflanzen in Echtzeit zu analysieren und vorherzusagen. Die verwendeten Algorithmen ermöglichen eine präzise Überwachung von Umweltbedingungen und die Optimierung von Ressourceneinsatz durch Sensorfusion und Bildanalyse.
- Im Bereich des **E-Commerce** kommt AI verstärkt bei der Erkennung von **Nutzerabsichten** durch Deep Learning (Use Case 43) zum Einsatz. Hier wird ein System beschrieben, das auf Basis von Deep-Learning-Techniken wie Recurrent Neural Networks (RNNs) die Intention von Nutzern in Echtzeit erkennt und darauf basierend angepasste Interaktionen anbietet. Dieses System analysiert sowohl Text- als auch Sprachdaten, um Nutzeranfragen zu interpretieren und eine personalisierte Antwort zu generieren.
- In der **Bildungsbranche** werden AI Systems verwendet, um **Lernplattformen** zu personalisieren und Lernprozesse effizienter zu gestalten. Ein Beispiel hierfür ist das adaptive Lernsystem für personalisiertes Lernen (Use Case 102), das auf Machine Learning basiert und für jeden Lernenden maßgeschneiderte Lehrpläne erstellt. Hierbei analysiert das System kontinuierlich die Fortschritte der Lernenden und passt das Lehrmaterial entsprechend an, um den Lernerfolg zu maximieren. Das System verwendet prädiktive Algorithmen, um den Lernfortschritt vorauszusagen und potenzielle Lernschwächen frühzeitig zu erkennen.
- Im **Energiesektor** werden KI-Anwendungen in **Smart Energy Grids** (Use Case 166) eingesetzt, um Energieflüsse in Echtzeit zu überwachen und zu steuern. Diese KI-Systeme nutzen prädiktive Modelle, um den Energiebedarf basierend auf historischen und Echtzeitdaten vorherzusagen, und passen die Energieverteilung entsprechend an. Hierbei kommen Algorithmen des maschinellen Lernens zum Einsatz, die sowohl wetterbedingte als auch nutzerseitige Einflüsse auf den Energieverbrauch berücksichtigen, um eine optimierte und nachhaltige Energieversorgung zu gewährleisten.

- Im **Gesundheitswesen** werden KI-Systeme zur Unterstützung von Diagnosen und zur Optimierung klinischer Prozesse eingesetzt. Der Anwendungsfall zur Analyse von CT-Scans der Brust zur **Früherkennung von Lungenkrebs** (Use Case 105) beschreibt ein System, das auf Computer Vision und maschinellem Lernen basiert und medizinische Bilder in Echtzeit analysiert. Hierbei kommen Convolutional Neural Networks (CNNs) zum Einsatz, die auf große Datensätze trainiert wurden, um subtile Anomalien zu erkennen, die auf frühe Stadien von Lungenkrebs hinweisen.
- In der **Fintech-Branche** spielen KI-Systeme eine Schlüsselrolle bei der **Erkennung von Betrug aufgrund von Kollusion** (Use Case 20). Diese Systeme verwenden fortschrittliche Mustererkennungsalgorithmen, um betrügerische Aktivitäten in Finanztransaktionen zu identifizieren. Machine-Learning-Modelle analysieren dabei große Mengen von Transaktionsdaten in Echtzeit und lernen, ungewöhnliche Verhaltensmuster zu erkennen, die auf potenziellen Betrug hinweisen.

Wesentliche Entwicklungsfragen wie die Wahl des Modells und der Methoden, die in den obigen Use Cases angerissen sind, sowie die Art der benötigten Trainingsdatensätze lassen sich nur dann beantworten, wenn das Einsatzgebiet des Systems klar definiert ist. Auch hier können technische Standards die Kommunikation erleichtern, da sie organisationsübergreifend Konzepte und Sprache im Umgang mit AI Systems festlegen, wie die **ISO/IEC 22989:2022 (Information technology – Artificial intelligence – Artificial intelligence concepts and terminology)**. Insofern sind die gesetzlichen Anforderungen und die Natur des Entwicklungsprozesses eng miteinander verbunden. Allerdings verlangt der Gesetzgeber von Providern auch, **vorhersehbare Fehlanwendungen** mit einzuplanen, die vernünftigerweise zu erwarten sind. Von einem umsichtigen Systemdesign profitiert auch die Robustheit des AI Systems.

Art. 3.13 definiert eine vernünftigerweise **vorhersehbare Fehlanwendung** als:

> „*die Verwendung eines KI-Systems in einer Weise, die nicht seiner Zweckbestimmung entspricht, die sich aber aus einem vernünftigerweise vorhersehbaren menschlichen Verhalten oder einer vernünftigerweise vorhersehbaren Interaktion mit anderen Systemen, auch anderen KI-Systemen, ergeben kann*“.

Was mit Blick auf ein konkretes System als vernünftigerweise vorhersehbare Fehlanwendung einzuordnen ist, lässt sich nur mit Blick auf den Zweck festlegen, für den das System bestimmt ist.

Den Begriff „**Zweckbestimmung**“ definiert Art. 3.12 AI Act als:

> „*die Verwendung, für die ein KI-System laut Anbieter bestimmt ist, einschließlich der besonderen Umstände und Bedingungen für die*

> *Verwendung, entsprechend den vom Anbieter bereitgestellten Informationen in den Betriebsanleitungen, im Werbe- oder Verkaufsmaterial und in diesbezüglichen Erklärungen sowie in der technischen Dokumentation.*“

Komplizierter ist es, zweckwidrige Nutzungen zu betrachten, die **durch menschliches Verhalten entstehen** können. Statt einseitig auf die Festlegung einwirken zu können, muss der Provider anhand objektiver Kriterien prognostizieren, was „vernünftigerweise vorhersehbar“ ist. Dieser sehr theoretische Betrachtungswinkel stellt die Praxis vor eine große Herausforderung. Hilfe bieten praktische Standards, wie der Technical Report ISO/TR 24971:2020 für die Anwendung der ISO 14971:2019 (Medical devices – Application of risk management to medical devices). Sie identifizieren drei Kategorien des Fehlgebrauchs, die vernünftigerweise vorhersehbar sind. Diese lassen sich auf alle AI Systems übertragen:

1. Bedienungsfehler, Ausrutscher, Irrtümer (slip, lapse, mistake),
2. vorsätzlicher Missbrauch (intentional acts of misuse) und
3. die vorsätzliche Verwendung von Geräten für andere als die vom Hersteller vorgesehenen Anwendungsfelder oder für Anwendungsfelder, für die keine Zulassung besteht.

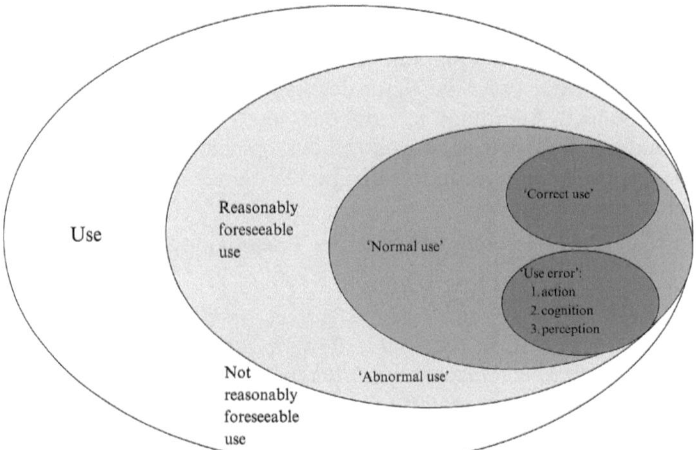

Abbildung 3: Venn-Diagramm der verschiedenen Arten der Verwendung von Produkten/AI Systems

Im Bereich der Medizinprodukte können weitere Anleihen von der **IEC 62366-1:2020 (Medical devices – Part 1: Application of usability engineering to medical devices = DIN EN 62366)** genommen werden, in welcher der Begriff „Benutzungsfehler" eingeführt wurde, der die „vernünftigerweise vorhersehbare Fehlanwendung" mit einschließt.

Eine weitere Hilfestellung bietet der Leitfaden für die Anwendung der **Maschinenrichtlinie 2006/42/EG**. Dort finden sich mehrere Beispiele dafür, was im Zusammenhang mit Maschinen als „vernünftigerweise vorhersehbare Fehlanwendung" betrachtet werden könnte. Zumindest einige dieser Beispiele lassen sich auch auf AI Systems anwenden. Zu den Beispielen gehören:

- der Verlust der Kontrolle über die Maschine durch den Bediener;
- reflexartiges Verhalten einer Person im Falle einer Fehlfunktion, eines Zwischenfalls oder eines Ausfalls, während sie die Maschine benutzt;
- Verhaltensweisen, die auf mangelnde Konzentration oder Unachtsamkeit zurückzuführen sind;
- Verhaltensweisen, die darauf zurückzuführen sind, dass Personen den Weg des geringsten Widerstands einschlagen, während sie eine Aufgabe erledigen;
- Verhaltensweisen, die sich aus dem Zwang ergeben, die Maschine unter allen Umständen in Betrieb zu halten;
- das Verhalten bestimmter Gruppen von Personen, z. B. von Kindern.

Die Kombination der beiden genannten Punkte vermittelt einen Eindruck davon, welche Überlegungen der Gesetzgeber in Bezug auf AI Systems angestellt hat. Auf der Grundlage des besten Wissens über das Produkt und das menschliche Verhalten sind **alle vernünftigerweise vorhersehbaren Verwendungen** zu berücksichtigen, die sich aus Anwendungsfehlern, rücksichtslosem Gebrauch und vorsätzlichem Missbrauch ergeben können, wobei alle diese Gebrauchsarten eine gewisse Überschneidung aufweisen können. Allerdings konzentrieren sich die genannten Standards und Reports vorwiegend auf die Reduktion von Risiken, die mit Anwendungsfehlern verbunden sind. Die anderen Kategorien berücksichtigen sie nur unzureichend. Die hierzu im nationalen und europäischen Produkthaftungsrecht ergangene Rechtsprechung füllt jedoch ganze Kommentare, sodass ein Blick in die Spezialliteratur an dieser Stelle dringend empfohlen wird.

Um zu bestimmen, was in einem bestimmten Fall „vernünftigerweise vorhersehbar" ist, müssen die Provider einen zweistufigen Prozess aus **1. Usability Engineering** und **2. Human Factors Engineering** durchlaufen. Beide Schritte sind notwendig, um detaillierte Hinweise zu erteilen, wie das System von wem und wofür verwendet werden soll. Außerdem geben sie Auskunft über das Verhalten, die Fähigkeiten, die Einschränkungen und andere Merkmale von Menschen, die das System nutzen und mit ihm interagieren. Damit schaffen sie die Grund-voraussetzung, um geeignete Maßnahmen zur Risikominderung zu entwickeln.

a) Usability Engineering

Die beabsichtigte Nutzung und der beabsichtigte Zweck können zusammenfallen.[20] Bei ihrer Gestaltung sind alle vorherigen Eingabedaten zu berücksichtigen. Hierzu können gehören:

- ursprüngliche Projektentwurfspläne,
- Benutzeranforderungen,
- Daten aus früheren Projekten und Versionen,
- Daten über ähnliche Systeme,
- Standards und gesetzliche Anforderungen usw.[21]

Eine detaillierte Überprüfung der verfügbaren Daten ermöglicht es, den beabsichtigten Zweck des Systems in Form einer übergeordneten Erklärung zu definieren, die mindestens Folgendes enthält:

- vorgesehene Benutzer,
- voraussichtliches Niveau der Anwenderkenntnisse,
- Einsatzumgebung,
- Funktionalitäten des Systems,
- voraussichtliche Auswirkungen auf die Umwelt,
- Funktionsprinzipien.

Hilfreich kann auch die Angabe **konkreter Nutzungsszenarien** sein, für die das System vorgesehen ist. Auf der Grundlage dieser Szenarien können wir später konkretere potenzielle Risiken identifizieren, die mit der normalen und korrekten Nutzung des Systems verbunden sind, z. B. Risiken, die durch einen Systemausfall oder eine Fehlfunktion entstehen.

---

20 ISO 14971:2019 Medical devices – Application of risk management to medical devices.

21 MD101 Consulting, IEC 62366-1:2020 and Usability engineering for software, https://blog.cm-dm.com/post/2018/07/06/IEC-62366-1-and-Usability-engineering-for-software (letzter Aufruf: August 2024).

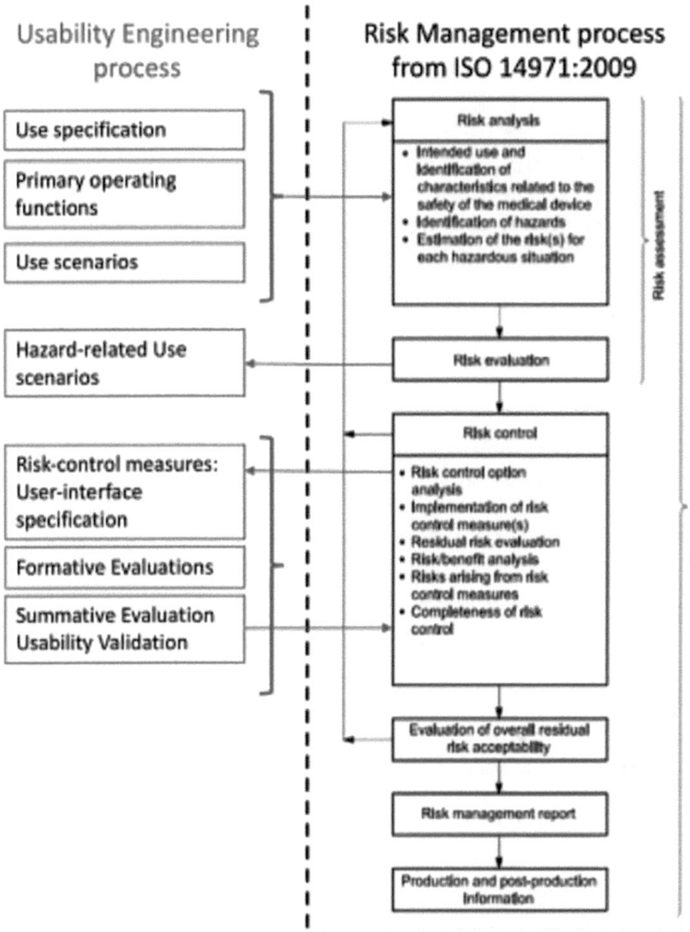

Abbildung 4: MD101 Consulting, IEC 62366-1 and Usability engineering for software, https://blog.cm-dm.com/post/2018/07/06/IEC-62366-1-and-Usability-engineering-for-software (letzter Aufruf: August 2024)

b) Human Factors Engineering

Wesentlich komplexer ist es, die vorhersehbaren Risiken im Zusammenhang mit dem Umgang von Menschen mit AI Systems zu bewerten. Dieser Schritt ist für eine umfassende Risikoanalyse und eine angemessene Risikominderung jedoch erforderlich. Beides zusammen ist wiederum für eine rechtskonforme Produktgestaltung notwendig.

Zu Beginn des Human-Factors-Engineering-Prozesses sind die Funktionalitäten des Systems und die vorgesehenen Anwendungsfälle zu betrachten, um mögliche Anwendungsfehler zu identifizieren. Die Verwendung vorhandener **Use-Case-Diagramme**, die mit der uns aus dem Abschnitt zu AI Systems bekannten UML (Unified Modelling Language) erstellt wurden, kann besonders nützlich sein, um sowohl alle Akteure und Use Cases zu berücksichtigen als auch einen verständlichen Überblick über die mit jedem einzelnen Use Case und/oder Akteur verbundenen Nutzungsfehlerrisiken zu erhalten. Auch bereits **dokumentierte Fehler von vergleichbaren Geräten** sind relevant. Dies gilt sowohl für frühere Versionen des Systems, frühere Systeme desselben Anbieters als auch vergleichbare Systeme anderer AI-Provider, die öffentlich bekannt sind.

Darüber hinaus gibt es drei Arten von Anwendungsfehlern, die der Standard IEC 62366-1:2015 erwähnt.[22]

Dazu gehören Wahrnehmungsfehler, bei denen der Benutzer etwas **nicht richtig sieht oder erkennt**. Ein Beispiel für einen Wahrnehmungsfehler wäre ein Haftungsausschluss, der beim Zugriff auf ein AI System angezeigt wird und den der Benutzer nicht sieht oder liest.

Daneben gibt es Wahrnehmungsfehler, bei denen der Benutzer die erhaltenen Informationen **falsch interpretiert**. So kann es beispielsweise dazu kommen, dass ein Benutzer entgegen der Benutzungsanweisung persönliche Informationen eingibt, weil er fälschlicherweise denkt, es handele sich nicht um personenbezogene Daten.

Schließlich gibt es noch Handlungsfehler, bei denen der Benutzer bei der Nutzung des Systems einen **eigenständigen Fehler macht**. So verhält es sich, wenn der Benutzer versehentlich personenbezogene Daten in das System eingibt, obwohl er weiß, dass er keine personenbezogenen Daten mit dem System verwenden soll.

Letztlich ist es entscheidend, alle Erkenntnisse über menschliches Verhalten, Fähigkeiten, Einschränkungen und andere Eigenschaften in die Gestaltung von AI Systems einzubeziehen, um sicherzustellen, dass sie ihre beabsichtigte Nutzbarkeit erreichen.[23]

Dabei sollte auch **potenzieller absichtlicher Missbrauch** berücksichtigt werden,[24] insbesondere wenn dieser basierend auf dem besten Verständnis des Providers über das Produkt und das menschliche Verhalten vorherseh-

---

22 IEC 62366-1:2015 Medical devices – Part 1: Application of usability engineering to medical devices.

23 Siehe z. B. Medical devices – Part 1: Application of usability engineering to medical devices – IEC 62366-1:2015(en).

24 ISO/IEC Guide 63:2019 Guide to the development and inclusion of aspects of safety in International Standards for medical devices, 3.8.

bar ist.[25] Obwohl der Umfang, in dem Provider absichtlichen Missbrauch in Betracht ziehen sollten, nicht vollständig klar ist, ist es wichtig, diesem Thema Aufmerksamkeit zu schenken, insbesondere wenn frühere Vorfälle von Missbrauch dokumentiert sind, da diese als *„vernünftigerweise vorhersehbar“* gelten können.

Bestimmte Normen, wie z. B. **IEC 62366-1:2015**, betrachten auch Akte des abnormen Gebrauchs als eine Form des Missbrauchs. **Abnormer Gebrauch** bezieht sich auf eine bewusste, absichtliche Handlung oder Unterlassung, die dem vom Provider definierten *„normalen Gebrauch“* widerspricht und über alle angemessenen Risikokontrollmaßnahmen des Anbieters in Bezug auf die Benutzeroberfläche hinausgehen. Ein Beispiel hierfür wäre der rücksichtslose Gebrauch, Sabotage oder die absichtliche Missachtung von Sicherheitsinformationen, wobei Nutzungsfehler ausdrücklich ausgeschlossen sind. Dies entbindet den Provider jedoch nicht davon, andere Mittel zur Risikokontrolle in Betracht zu ziehen, wenn solche abnormalen Verwendungen vernünftigerweise vorhersehbar sind. Zum Beispiel wäre der Versuch, ein großes Sprachmodell zu jailbreaken, eine vernünftigerweise vorhersehbare abnorme Nutzung.

Schließlich lassen sich hilfreiche Hinweise zur Bestimmung dessen, was „vernünftigerweise vorhersehbar“ ist, in verschiedenen **Urteilen des EuGH** finden. So erklärte das Gericht in der Rechtssache C-19/11 – Geltl gegen Daimler[26] beispielsweise, dass dieser Begriff auf allgemeiner Erfahrung basiert und sich auf eine Reihe von Umständen bezieht, *„bei denen man mit hinreichender Wahrscheinlichkeit davon ausgehen kann, dass sie in Zukunft existieren werden, oder ein Ereignis, das ... mit hinreichender Wahrscheinlichkeit in Zukunft eintreten wird.“*

Es ist wichtig zu beachten, dass die Risiken tatsächlich vorhersehbar und nicht nur hypothetisch sein müssen,[27] da Letzteres eine unzumutbare Belastung für Provider von AI Systems darstellen würde. In einem Entwicklungsprozess sind sowohl **externe als auch interne Bedrohungen** zu berücksichtigen, um ein sicheres und angemessenes Systemdesign zu gewährleisten.

Alle identifizierten Risiken müssen sorgfältig dokumentiert werden, um eine spätere Beratung, Bewertung und Minderung im Rahmen des Risikoanalyse- und Risikomanagementprozesses zu ermöglichen.

---

25 ISO 10377:2013(en), Consumer product safety – Guidelines for suppliers.
26 EuGH, Urt. v. 28.6.2012 – Rs. C-19/11, Rn. 44, 56 – Geltl./.Daimler.
27 Urt. v. 7.6.2011 – T-471/08, Rn. 70 – Ciarán Toland./.European Parliament.

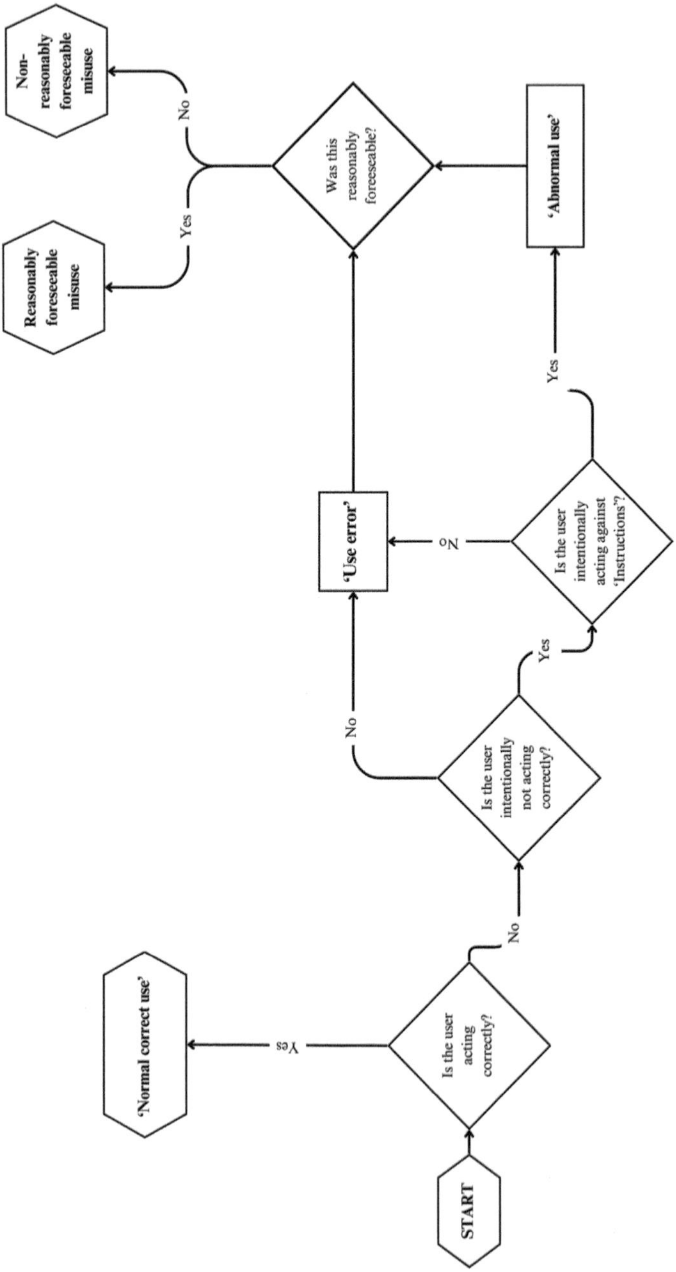

Abbildung 5: Diagramm zur Feststellung den bestimmten Arten der Verwendung von Produkten/AI Systems

4. Initiale Risikokategorisierung und -bewertung

High risk, no reward.

Für Unternehmen ist es im ersten Schritt essenziell, die Risikokategorie von AI Systems korrekt zu bestimmen. Und dies, bevor sie solche Systeme entwickeln, auf den Markt bringen oder auch nur betreiben. Unerlässlich ist dies aufgrund des **risikobasierten Ansatzes des AI Acts**. Denn je nach Risikoklassifikation entstehen unterschiedlich belastende rechtliche Verpflichtungen.

So verbietet der AI Act von vornherein, bestimmte Systeme zu entwickeln. Hochrisiko-AI-Systems in den Verkehr zu bringen beziehungsweise in Betrieb zu nehmen, unterliegt spezifischen Anforderungen. Diesen können Developer nur dann gerecht werden, wenn sie bereits in den **frühen Entwicklungsphasen eines Systems** sorgfältig arbeiten.

Um der Bedeutung einer präzisen Risikokategorisierung Rechnung zu tragen, sollte die Thematik bereits in einer frühen Phase des AI Life Cycle adressiert werden, der in **ISO/IEC 5338:2023 (Information technology – Artificial intelligence – AI system life cycle processes, 5.3 AI system life cycle model)** wie folgt beschrieben wird:

> „*The AI system life cycle model describes the evolution of an AI system from inception through retirement.*“

Dafür bietet Art. 6 den ersten normativen Anhaltspunkt. Die Vorschrift normiert zwei Konstellationen, in denen Systeme als hochriskant gelten:

- Das System wird als Sicherheitskomponente eines Produkts oder als eigenständiges Produkt entwickelt, das unter die in **Anhang I** aufgeführten Sicherheitsvorschriften fällt.
- Das System wird in **Anhang III** aufgeführt.

Für die erste Konstellation verweist die Liste in Anhang I derzeit auf 20 weitere Verordnungen und Richtlinien. Sie regulieren unterschiedliche Bereiche, die von Spielzeug über Drucker und alle Arten von Maschinen bis hin zu kritischer Infrastruktur und Medizinprodukten reichen. Diese Liste bietet einen ersten Anhaltspunkt für eine Risikobewertung: Sofern das AI System Berührungspunkte mit entsprechenden Produkten hat, müssen Provider eine Konformitätsbewertung des Systems in Betracht ziehen, bevor sie das System auf den Markt bringen. Sie können dieser Rechtsfolge nur entgehen, wenn das AI System **nicht als Sicherheitsbauteil** fungiert. Sicherheitsbauteile sind Bestandteile eines Produkts oder AI Systems, die eine Sicherheitsfunktion für ein Produkt oder AI System erfüllen oder deren Ausfall oder Störung die Gesundheit und Sicherheit von Personen oder Eigentum gefährdet (Art. 3.14). Dementsprechend sind Systeme, die nur unwichtige und begleitende Funktionen erfüllen, nicht unbedingt als hochriskant zu kategorisieren. Eine Musik-App, die AI nutzt, wird typischerweise nicht deswegen zu einem hochriskanten System, weil sie in einem Auto zum Einsatz kommt. Nutzt aber das Bremssystem des Autos AI, so fällt es in die Kategorie hochriskant. Zu wissen, ob ein System mit Sicherheitskomponenten zusammenhängt oder auch nur kommuniziert, gehört daher ab sofort zu den Compliance-Pflichten einer jeden Organisation. Die Antwort auf diese scheinbar einfache Frage führt in der Praxis nicht selten zu Kopfschmerzen und der Suche nach Schnittstellendokumentationen, denn es ist z.B. nicht auszuschließen, dass ein GPS-Navigationssystem derart tief in die Systemumgebung eines KFZ integriert ist, dass dessen Ausfall auch den Ausfall von Fahrsicherheitskomponenten mit sich bringen kann. Bei Aufmerksamkeitsüberwachungssystemen[28] für Fahrer von KFZ liegt der Sicherheitsaspekt (z.B. Brems- und Spurhalteassistent etc.) in der Regel auf der Hand, bei einer App zur Drehzahlüberwachung eines Bootsmotors sowie einer Drohne zur Überwachung des Erntezustands landwirtschaftlicher Flächen nebst Einbindung in ein Düngemittel- und Herbizid-Verteilsystem wird es schon komplizierter und bei Applikationen, die ihrerseits das Verhalten von Machine-Learning-as-a-Service (MLaaS) steuern, kann eine Antwort auf diese Frage erhebliche Due-Diligence-Aufwände auch bei Partnern up- und downstream entlang der AI Supply Chain erfordern.[29]

In der zweiten Konstellation von Hochrisiko-AI-Systems ist im Ausgangspunkt die Liste in Anhang III maßgeblich, um das Risiko zu bewerten. Sofern ein AI System bestimmungsgemäß in den dort genannten Bereichen zum Einsatz kommen soll, ist es **zunächst als hochriskant** zu bewerten. Die Liste umfasst unter anderem die biometrische Fernidentifizierung, Emotionserkennung, Bonitätsbewertungen sowie Zugang und Analysen im Bereich Bildungs- und Berufswesen. Unter besonderen Umständen erlaubt Art. 6.3 aber eine Ausnahme von der Klassifikation als hochriskantes System. Voraussetzung ist, dass das System **keine erheblichen Risiken für die Gesundheit, die Sicherheit oder die Grundrechte natürlicher Personen birgt**, weil es Entscheidungsfindungen nicht wesentlich beeinflusst.

Dies ist der Fall, wenn das System

– eine eng umrissene Verfahrensaufgabe ausführt,

---

28 Beispiel: *Koch* et al., Leveraging driver vehicle and environment interaction: Machine learning using driver monitoring cameras to detect drunk driving, in: CHI ’23: Proceedings of the 2023 CHI Conference on Human Factors in Computing Systems, 2023, Article No. 322.

29 Zum Faktor „Technische Schulden“: *Sculley* et al., Hidden Technical Debt in Machine Learning Systems, in: NIPS’15: Proceedings of the 28th International Conference on Neural Information Processing Systems – Volume 2, S. 2503 ff.

- das Ergebnis einer zuvor abgeschlossenen menschlichen Tätigkeit verbessert,
- Entscheidungsmuster oder Abweichungen von vorherigen Entscheidungsmustern erkennt, ohne die menschliche Bewertung zu ersetzen oder zu beeinflussen, **oder**
- lediglich eine vorbereitende Aufgabe für eine Bewertung im Kontext der in Anhang III genannten Anwendungsfälle ausführt.

Die ohnehin schon eng gefasste Ausnahme des Art. 6.3 gilt ausweislich des Unterabsatzes 2 aber nie für Systeme, die ein Profiling natürlicher Personen vornehmen. Was der Gesetzgeber als „Profiling“[30] ansieht, bestimmt sich wiederum nach Art. 4.4 DSGVO. Gemeint sind damit Systeme, die automatisiert „*personenbezogenen Daten verwende[n ...], um bestimmte persönliche Aspekte, die sich auf eine natürliche Person beziehen, zu bewerten*“.

Damit scheidet die Ausnahme des Art. 6.3 insbesondere bei Systemen aus, die Aspekte wie Arbeitsleistung, wirtschaftliche Lage, Gesundheit, persönliche Vorlieben, Interessen, Zuverlässigkeit, Verhalten, Aufenthaltsort oder Bewegungen analysieren oder vorhersagen. Nicht zu vergessen ist, dass Erwägungsgrund 71 der DSGVO verlangt, dass **Kinder nicht Gegenstand von Profiling sind** und damit auch vom Anwendungsbereich entsprechender AI Systems ausgenommen werden sollten. Dass der EuGH den Schutz von Kindern ernster nimmt als die Praxis, hat Entscheidung C – 252/21 Meta v. Bundeskartellamt in Rn. 111 gezeigt: Ob werbliche Verarbeitung oder Profiling, der Schutz von Kindern genießt Vorrang.

Das **Regel-Ausnahme-Rückausnahme-Zusammenspiel** von Art. 6.2 und Art. 6.3 AI Act belässt Developern und Providern einen gewissen Handlungsrahmen, um sich der Bewertung ihrer Systeme als hochriskant zu entziehen. Denkbar ist dies vor allem, wenn Systeme grundsätzlich unter die Ausnahme des Art. 6.3 AI Act fallen und keine personenbezogenen Daten verarbeiten. Hier wird es gegebenenfalls attraktiv, ein AI System anzupassen, um den strikten gesetzlichen Anforderungen an hochriskante Systeme zu entgehen. Um das zu erreichen, könnten etwa die Bedeutung der Systementscheidungen verringert oder die Anzahl der Überprüfungen und menschlichen Aufsichtsmaßnahmen erhöht werden. Der Fokus der Rechtsberatung wird erwartungsgemäß auf der **Entwicklung evasiver Konzepte** liegen. Ob Gerichte diese Art von systemisch-juristischem Finetuning akzeptieren und mitgehen, wird sich an der Überzeugungskraft der Argumentation im

30 Aufschlussreich für praktische Anwendungsfälle und instruktiv unter der DSGVO: *Binns/Veale*, Is That Your Final Decision? Multi-Stage Profiling, Selective Effects, and Article 22 of the GDPR, International Data Privacy Law, Volume 11, Issue 4, 2021, S. 319 ff.

Einzelfall entscheiden. Fest steht, dass gerade die **Personalisierung von Dienstleistungen** im Fokus aktueller AI-Trends steht, was denknotwendig aufseiten der betroffenen Personen ein Profiling voraussetzt. Die Lücke im Gesetz ist also sehr schmal, auch in unternehmerischer Hinsicht.

Wer aber nach allen genannten Schritten zu dem Schluss gelangt, dass sein System tatsächlich hochriskant ist und damit auch leben kann, den treffen bei dem Entwicklungsprozess und dem späteren Einsatz des Systems durchaus weitreichende Vorgaben. Insbesondere muss er die Anforderungen für Hochrisiko-AI-Systems aus Kapitel III des AI Acts in das System integrieren und kontinuierlich überwachen, um die notwendige Konformität zu gewährleisten. Diese Anforderungen behandeln wir im folgenden Kapitel detailliert.

III. Entwicklung

1. Anforderungen an ein AI System

a) Qualitätsmanagementsystem

„Quality is not an act, it is a ~~(habit)~~ carefully designed and maintained process."
(*Aristotle*)

Ein Qualitätsmanagement und die darauf basierende Gewährleistung eines bestimmten Qualitätsniveaus sind Anforderungen, die am besten die Interessen aller Beteiligten widerspiegeln. Schon europäische Gilden nahmen **Qualität von Produkten und Dienstleistungen** in den Fokus, bei der Entwicklung von entsprechenden Regeln und deren Durchsetzung mit Inspektionskomitees.[31] Über das darauffolgende industrielle Fabriksystem, das Taylor-System des 19. Jahrhunderts und das Total Quality Management (TQM), das vor allem die Kundenzufriedenheit als oberstes Qualitätskriterium in den Mittelpunkt stellt, entwickelte sich unser Verständnis von Qualität weiter. Diese Entwicklungen münden im modernen Verständnis von Qualitätsmanagementprozessen als rechtlichen Anforderungen in der Medizin- oder Lebensmittelindustrie. Qualitätsmanagement dient sowohl dem Hersteller als auch den Kunden, indem ein bestimmtes Qualitätsniveau garantiert wird.

Dieses moderne Verständnis des Qualitätsmanagements fand allmählich seinen Weg in digitale Bereiche. Beispielsweise wurde Software zunehmend in medizinische Geräte integriert oder sogar als eigenständiges Medizinprodukt betrachtet. Software ist nunmehr ein allgegenwärtiges Produkt mit eigenen Risiken innerhalb und außerhalb der Medizinprodukte- und Pharmaindustrie. Damit steigt auch die Bedeutung des Qualitätsmanagements. In diesem Zusammenhang bedeutet Qualitätsmanagement, dass ein **klar definierter und dokumentierter Katalog von Richtlinien, Strategien, Verfahren und Verantwortlichkeiten** für alle Phasen der Produktentwicklung und -nutzung vorhanden ist, einschließlich:

- Design,
- Entwicklung,
- Bereitstellung,
- Kontrolle,
- Messung,
- Überprüfung,
- Optimierung.[32]

---

31 The History of Quality, ASQ, https://asq.org/quality-resources/history-of-quality (letzter Aufruf: August 2024).

32 ISO, Quality Management Systems: An Introduction, https://www.iso.org/quality-management/what-is-qms (letzter Aufruf: Juni 2024).

Schließlich sollte dieser Liste auch das Monitoring von Vorfällen, Fehlfunktionen und Bugs hinzugefügt werden sowie deren idealerweise sofortige Behebung. Und dies aus gutem Grund.

Ein solides Qualitätsmanagementsystem (QMS) trägt erheblich zur Standardisierung von Produkten und Dienstleistungen bei und verbessert die Qualitätskontrollen in der Herstellung, Lieferung usw.[33] Für Provider von AI Systems schreibt der AI Act nun auch vor, ein QMS zu unterhalten. Diese eigenständige Verpflichtung ist eng mit anderen Pflichten im AI Act verzahnt. Wenn etwa kein Risikomanagementsystem betrieben wird, verstößt der Provider sowohl gegen Art. 9 als auch gegen Art. 17, da das Risikomanagement eine der Kernkomponenten eines AI-Act-konformen QMS ist. **Art. 17** könnte, bei Lichte betrachtet, als **Verpflichtung zur Einrichtung eines Compliance-Management-Systems** verstanden werden, da er die Einrichtung mehrerer Verteidigungslinien in Organisationen, die AI Systems entwickeln und bereitstellen, sowie die Aufbewahrung von Unterlagen zum Nachweis der Einhaltung der Vorschriften verlangt – aber dazu kommen wir sogleich.

(1) Arten des Qualitätsmanagements

Laut ISO gibt es mehrere Arten von QMS. Wenn wir also über QMS als eine Verpflichtung des AI Acts sprechen, müssen wir uns im Klaren sein, auf welche Art von QMS wir uns beziehen. Der AI Act bezieht sich bei dem Begriff „QMS" auf ein standardisiertes System, das nach festgelegten Normen und vereinbarten Kodizes und Praktiken entwickelt wurde. Diese Systeme ermöglichen häufig eine Zertifizierung nach den jeweils anzuwendenden Standards. So legt beispielsweise die ISO 9001 Anforderungen an ein umfassendes QMS fest und bietet Organisationen Leitlinien zur Entwicklung ihrer Qualitätsmanagementstrategie.[34] Dies ist der Typ von QMS, auf den sich das AI Act bezieht. Der kommende Standard **ISO/IEC FDIS 5259-2:2024 (Artificial intelligence – Data quality for analytics and machine learning (ML) – Part 2: Data quality measures)** wiederum liefert ein Modell für Datenqualität, Qualitätssicherungsmaßnahmen sowie Leitlinien zum Berichtswesen von Datenqualität im Rahmen von Data Analytics und Machine Learning. Was in einem gewissen Sinne enger ist.

Andererseits gibt es auch andere Arten des Qualitätsmanagements, wie das bereits erwähnte **Total Quality Management (TQM)**, das am besten als „Managementphilosophie" beschrieben werden kann, die auf Kundenzufriedenheit abzielt und durch die eine aktive Beteiligung aller Mitarbeiterinnen

---

33 ISO, Quality Management Systems: An Introduction, https://www.iso.org/quality-management/what-is-qms (letzter Aufruf: Juni 2024).

34 ISO, Quality Management Systems: An Introduction, https://www.iso.org/quality-management/what-is-qms (letzter Aufruf: Juni 2024).

und Mitarbeiter ermöglicht wird.[35] Anstatt sich auf die Einhaltung gesetzlicher Vorschriften oder die Gewährleistung von Sicherheit zu konzentrieren, besteht das Hauptziel dieser Art von Management darin, eine kontinuierliche Qualitätsverbesserung innerhalb der gesamten Organisation zu fördern. In ähnlicher Weise zielt Lean Management darauf ab, *„den Mehrwert für den Kunden zu maximieren und gleichzeitig die Verschwendung von Ressourcen zu minimieren*“, wobei Methoden wie Value Stream Mapping zum Einsatz kommen.[36] Schließlich gibt es noch bestimmte Arten von Qualitätsmanagementsystemen, die die Leistung mit Methoden wie **Six Sigma** messen, bei denen datengetriebene Techniken eingesetzt werden, um nahezu perfekte Produkte und Dienstleistungen mit einer festen Fehlerquote von 3,4 Fehlern pro Million Möglichkeiten (DPMO) herzustellen.[37] Aus unserer eigenen Erfahrung in Forschung und Entwicklung findet Six Sigma im Bereich Machine Learning dort Anwendung, wo besonders hohe Qualität und besonders zuverlässige AI Systems gefordert werden, z. B. bei der Auswertung medizinischer Dokumentation aus bildgebenden Verfahren. Diese verschiedenen Arten des Qualitätsmanagements, seien es kommerzielle oder nach ISO/IEC-Normen standardisierte, schließen einander keineswegs gegenseitig aus, sondern können sich in vielen Aspekten durchaus ergänzen.

Der Schwerpunkt dieses Kapitels liegt jedoch auf dem gesetzlich vorgeschriebenen Qualitätsmanagement nach AI Act, das so weit wie möglich standardisiert ist und darauf abzielt, durch organisatorische Verantwortung und Compliance die Sicherheit und Qualität von AI Systems zu gewährleisten. Während also andere Auffassungen von Qualität und Qualitätsmanagement sicherlich **Teil des ganzheitlichen Systems** sind, das in Art. 17 gefordert wird, reichen sie allein nicht aus, um den gesetzlichen Anforderungen nachzukommen.

(2) Struktur und Bestandteile

Angesichts der Komplexität und des breiten Themenspektrums sowie der Vielzahl von Aspekten, die in einer Qualitätsnorm zu berücksichtigen sind, ist es wenig überraschend, dass die ISO mit der **ISO 9000-Normfamilie** eine ganze Serie dem Qualitätsmanagement in Organisationen gewidmet hat. Diese Normen definieren Qualitätsmanagement als koordinierte Aktivitäten, die darauf abzielen, eine Organisation so zu führen, dass eine Reihe

35 ISO, Quality Management Systems: An Introduction, https://www.iso.org/quality-management/what-is-qms (letzter Aufruf: Juni 2024).

36 ISO, Quality Management Systems: An Introduction, https://www.iso.org/quality-management/what-is-qms (letzter Aufruf: Juni 2024).

37 *Hayes/Drury/Eichler R.*, What Is Six Sigma? Concept, Steps, Examples, and Certification, Investopedia, 29.5.2024, https://www.investopedia.com/terms/s/six-sigma.asp (letzter Aufruf: Juni 2024).

inhärenter Merkmale eines Objekts bestimmte Anforderungen erfüllen.[38] Dies bedeutet, dass das Niveau der Übereinstimmung der wichtigsten Merkmale von Produkten, Dienstleistungen, Prozessen, Personen, Organisationen, Systemen, Ressourcen usw. mit den Bedürfnissen oder Erwartungen aller beteiligten Stakeholder gemessen wird.

Die Festlegung von Qualitätsstandards durch ISO-Normen hat eine lange Tradition, die ins Jahr 1987 zurückreicht, als die erste Norm veröffentlicht wurde. Die Änderungen der Norm „ISO 9001: Qualitätsmanagementsysteme – Anforderungen" im Jahr 2015 brachten zwei wesentliche Neuerungen mit sich, die sich auf den **organisatorischen Kontext und den risikobasierten Ansatz** beziehen und nun entscheidende Merkmale eines effizienten Qualitätsmanagementsystems darstellen. Diese Neuerungen umfassen die Verpflichtung, dass sowohl interne als auch externe Faktoren, die einen bestimmten organisatorischen Kontext definieren, die Gestaltung des entsprechenden QMS bestimmen müssen. Darüber hinaus müssen alle Risiken, die mit einem bestimmten System, Produkt oder einer Organisation verbunden sind, einzeln und in ihrer Gesamtheit auf ihre unterschiedlichen Auswirkungen hin untersucht werden. Beide Änderungen sind von großer Bedeutung, wenn wir einen allgemeinen Qualitätsstandard über verschiedene Branchen, Sektoren und Organisationen hinweg anwenden wollen.

Diese Entwicklung zu einem risikobasierten Ansatz im Qualitätsmanagement spiegelt sich auch im AI Act wider, der die Implementierung eines **Risikomanagementsystems als eine der zentralen Komponenten eines QMS** vorschreibt. Damit soll das Risikomanagement in jeden Schritt des Qualitätsmanagementprozesses integriert werden. Ein effektiv entworfenes und umgesetztes QMS trägt schließlich zur kontinuierlichen Verbesserung der Prozesse bei, indem die verfügbaren Ressourcen und die erfüllten Anforderungen neu bewertet werden,[39] einschließlich durch:

- Qualitätskontrolle,
- Qualitätssicherung,
- Qualitätsbewertung und
- Qualitätsdokumentation.

Qualitätskontrolle bezeichnet die Maßnahmen, die ergriffen werden, um die gewünschten Qualitätsstandards zu erreichen. **Qualitätssicherung** ist zu verstehen als die Fähigkeit, nachzuweisen, dass diese Standards auf Grundlage der durchgeführten **Qualitätsbewertungen** erreicht wurden.[40] **Doku-**

38 ISO 9000:2015(en) Quality management systems – Fundamentals and vocabulary.

39 Eurostat, Quality Management, https://ec.europa.eu/eurostat/web/quality/quality-monitoring/quality-management (letzter Aufruf: Juni 2024).

40 *Manghani*, Quality assurance: Importance of systems and standard operating procedures, Perspectives in Clinical Research, Januar–März 2011, (2)(1), https://www.ncbi.nlm.nih.gov/pmc/articles/PMC3088954/pdf/PCR-2-34.pdf (letzter Aufruf: Juni 2024).

mentation ist erforderlich, um all dies zu belegen und muss Richtlinien, einen Qualitätsmanagementplan, SOPs (Standard Operating Procedures), Arbeitsanweisungen, Konventionen, Leitlinien, Formulare, Vorlagen, Protokolle, Tags und Etiketten umfassen.[41]

Darüber hinaus sollten alle relevanten Dokumente idealerweise von einer zertifizierten Stelle genehmigt werden und einen Grad an Universalität aufweisen, indem sie Regeln und Richtlinien implementieren, die die Transparenz, Reproduzierbarkeit, Austauschbarkeit und Kommunikation innerhalb einer Organisation fördern.[42]

Dieser Ansatz steht auch im Einklang mit den ICH-Guidelines zur Good Clinical Practice, die SOPs beispielsweise als „*detaillierte, schriftliche Anweisungen zur Erreichung einer einheitlichen Durchführung einer bestimmten Funktion*“ definieren.[43] Das bedeutet, dass **SOPs festlegen, wer was und wann tut**, sowie bestimmte Komponenten und Aktivitäten organisatorischer Prozesse klarstellen. Sie zielen darauf ab, eine systematische Arbeitsweise zu etablieren, die sicherstellt, dass diese Arbeit stets auf dem gleichen Qualitätsniveau ausgeführt wird, ungefähr die gleichen Ergebnisse liefert und von Personen durchgeführt wird, die in der Lage sind, die anstehenden Aufgaben erfolgreich zu bewältigen.[44] Darüber hinaus müssen alle genannten Aspekte für alle relevanten organisatorischen Prozesse abgedeckt werden.

Dies wird auch weitgehend vom AI Act vorgeschrieben, der die Dokumentation und Einreichung folgender Dokumente zur Konformitätsbewertung gemäß Anhang VII fordert:

- den Namen und die Adresse des Providers oder dessen EU Bevollmächtigten,
- die Liste der AI Systems, die unter dasselbe Qualitätsmanagementsystem fallen,
- die technische Dokumentation für jedes AI System, das unter dasselbe Qualitätsmanagementsystem fällt,
- die Dokumentation zum Qualitätsmanagementsystem, die alle in Art. 17 aufgeführten Aspekte abdecken muss, einschließlich:

---

41 *Manghani*, Quality assurance: Importance of systems and standard operating procedures, Perspectives in Clinical Research, Januar–März 2011, (2)(1), https://www.ncbi.nlm.nih.gov/pmc/articles/PMC3088954/pdf/PCR-2-34.pdf (letzter Aufruf: Juni 2024).

42 *Manghani,* Quality assurance: Importance of systems and standard operating procedures, Perspectives in Clinical Research, Januar–März 2011, (2)(1), https://www.ncbi.nlm.nih.gov/pmc/articles/PMC3088954/pdf/PCR-2-34.pdf (letzter Aufruf: Juni 2024).

43 ICH guideline for good clinical practice E6(R2) – Step 5, 01/01/1997, EMA/CHMP/ICH/135/1995, https://www.ema.europa.eu/en/ich-e6-r2-good-clinical-practice-scientific-guideline.

44 *Manghani*, Quality assurance: Importance of systems and standard operating procedures, Perspectives in Clinical Research, Januar–März 2011, (2)(1), https://www.ncbi.nlm.nih.gov/pmc/articles/PMC3088954/pdf/PCR-2-34.pdf (letzter Aufruf: Juni 2024).

- Accountability Framework (Verantwortlichkeitsrahmen),
- Ressourcenmanagement,
- anwendbare Dokumentationsverfahren,
- anwendbare Kommunikationsprozesse,
- die AI-Strategie,
- Techniken und Verfahren für Design, Designkontrolle und Designverifikation, Entwicklung, Qualitätskontrolle und Qualitätssicherung, Prüfungen, Tests und Validierung sowie Datenmanagement,
- anwendbare und angewandte harmonisierte Standards,
- Risikomanagementsystem,
- Post-Market-Monitoring-System und
- anwendbare Verfahren zur Meldung schwerwiegender Vorfälle;

– eine Beschreibung der Verfahren, die sicherstellen, dass das Qualitätsmanagementsystem weiterhin angemessen und wirksam bleibt,
– eine schriftliche Erklärung, dass derselbe Antrag bei keiner anderen notifizierten Stelle eingereicht wurde.

Zusammenfassend soll sich Qualitätsmanagement also nicht auf ein einzelnes Produkt oder eine Dienstleistung beschränken. **Qualitätsmanagement ist eine ganzheitliche, organisationsweite Anforderung**, verantwortungsbewusst während aller Phasen der Produktion, Bereitstellung und Überwachung für alle Produkte (oder im Kontext des AI Acts, AI Systems) und deren Einsatz zu handeln, die ein hohes Risiko für natürliche Personen, die mit diesen Produkten in Kontakt kommen, darstellen.

(3) Software- und AI-System-Qualitätsmodelle

Qualitätsmanagement hat sich von einer Methode zum Erreichen der Kundenzufriedenheit zu einer gesetzlich vorgeschriebenen **Maßnahme zur Gewährleistung der Produktsicherheit** entwickelt. Dieser Wandel hat Konsequenzen auf jede Branche, die solchen gesetzlichen Verpflichtungen unterliegt. So umfasst die gesetzliche Verpflichtung zur Einführung eines QMS Folgendes:

– Dokumentation aller relevanten Prozesse sowie regelmäßige Kontrolle und Aktualisierung dieser Dokumentation.
– Verantwortungsmanagement durch die Benennung verantwortlicher Personen, die über ausreichende Ressourcen verfügen, um die Qualität sicherzustellen und vorgeschriebene Prozesse einzuhalten.
– Ressourcenmanagement, um zu gewährleisten, dass die QMS effektiv eingesetzt werden können.
– Erfüllung (anderer) gesetzlichen Anforderungen, da Qualitätsmanagement zwar selbst eine rechtliche Verpflichtung darstellt, sein Hauptzweck jedoch darin besteht, als Mittel zur Erfüllung anderer gesetzlicher Anforde-

rungen an regulierte Systeme und Produkte zu dienen und die Einhaltung nachweisen zu können.
- Bemessung, Analyse und Verbesserung, da Qualitätsmanagement eine fortlaufende Tätigkeit ist, die stets auf die Verbesserung von Prozessen, Produkten und/oder Dienstleistungen abzielen sollte.

Während QMS zunächst bei Lebensmitteln und Medizinprodukten verpflichtend waren, erstreckt sich diese Verpflichtung nunmehr auch auf Software. Dieser Wandel kann nun als Leitfaden für die Implementierung derselben Anforderungen für AI Systems dienen, von denen viele genau das sind: Software oder ein Produkt mit integrierter Software. In diesem Zusammenhang kann Qualität als *„fitness for purpose“* oder als *„die Fähigkeit eines Softwareprodukts, angegebene und implizierte Anforderungen unter festgelegten Bedingungen zu erfüllen“* verstanden werden,[45] die durch folgende Faktoren erreicht und gemessen wird:
- Portabilität (Portability): Die Software kann für verschiedene Systemumgebungen konfiguriert und in diesen genutzt werden;
- Benutzerfreundlichkeit (Usability): Die Software kann von unterschiedlichen Benutzergruppen verwendet werden;
- Wiederverwendbarkeit (Reusability): Die Software kann zur Entwicklung nachgelagerter Produkte genutzt werden;
- Richtigkeit (Correctness): Alle im Software Requirements Specification (SRS) festgelegten Anforderungen werden ordnungsgemäß erfüllt;
- Wartungsfähigkeit (Maintainability): Die Software kann geändert, repariert und bei Bedarf korrigiert werden;
- Zuverlässigkeit (Reliability): Die Software gewährleistet bestimmte Genauigkeitsniveaus und eine geringe Fehleranfälligkeit;
- Effizienz (Efficiency): Die Software optimiert den Einsatz von Rechen- und anderen notwendigen Ressourcen.[46]

Dies steht auch im Einklang mit einer der neuesten ISO-Normen, der **ISO/IEC 25059:2023 (Software engineering – Systems and Software Quality Requirements and Evaluation (SQuaRE) – Quality model for AI systems)**, die Maßnahmen zur Einführung und Aufrechterhaltung eines Qualitätsmodells für AI Systems vorschreibt. Das zugehörige Framework zur Qualitätsevaluierung ist in der gerade erst im September 2024 erschienenen

45 ISO/IEC 25000:2014(en) Systems and software engineering – Systems and software Quality Requirements and Evaluation (SQuaRE) – Guide to SQuaRE.

46 ISO/IEC 25002:2024 Systems and software engineering – Systems and software Quality Requirements and Evaluation (SQuaRE) – Quality model overview and usage; ISO/IEC 25010:2023 Systems and software engineering – Systems and software Quality Requirements and Evaluation (SQuaRE) – Product quality model; ISO/IEC 25019:2023; Systems and software engineering – Systems and software Quality Requirements and Evaluation (SQuaRE) – Quality-in-use modelhttps://www.iso.org/standard/78177.html.

Norm **ISO/IEC 25040:2024 (Systems and software engineering – Systems and software Quality REquirements and Evaluation (SQuaRE) – Quality evaluation framework) standardisiert.** Dabei ist es wichtig, zu betonen, dass die SQuaRE-Normfamilie zwar für produktive Qualität sorgen kann, aber nicht wesentlich dazu beiträgt, ein ganzheitliches, organisationsweites Qualitätsmanagementsystem gemäß dem AI Act zu etablieren. Konkret hilft diese Normfamilie jedoch, die kritischen Anforderungen an einzelne AI Systems hervorzuheben und deren Qualität zu messen, indem sie die wesentlichen Merkmale zur Messung der Qualität von AI Systems bei deren Anwendung näher erläutert.

Beispielsweise modifiziert und ergänzt die **ISO/IEC 25059:2023** in Bezug auf die Qualität von AI Systems die allgemeinen Anforderungen an Software, indem sie diese spezifisch für AI macht. Die angepasste Liste der Anforderungen umfasst nun:
- funktionale Eignung (Functional Suitability),
- Leistungseffizienz (Performance Efficiency),
- Kompatibilität (Compatibility),
- Nutzbarkeit (Usability),
- Zuverlässigkeit (Reliability),
- Sicherheit (Security),
- Instandhaltbarkeit (Maintainability) und
- Portabilität (Portability).

Der zweite Bestandteil der Norm legt die folgenden Merkmale des Qualitätsmodells für AI Systems in der Anwendung fest:
- Wirksamkeit (Effectiveness),
- Effizienz (Efficiency),
- Zufriedenheit (Satisfaction),
- Risikofreiheit (Freedom from risk) und
- Kontextabdeckung (Context coverage).

Beide Listen bieten zwar Orientierung für Provider von AI Systems hinsichtlich der Frage, welche Aspekte sie bei der Entwicklung ihrer Systeme berücksichtigen und optimieren müssen. Sie sind jedoch weit davon entfernt, das ganzheitliche QMS abzudecken, das vom AI Act vorgeschrieben wird.

Das bedeutet, dass neben den **produktbezogenen Anforderungen das Qualitätsmanagement** in Organisationen, die AI Systems entwickeln, immer auch dieselben Komponenten umfassen wird wie das Qualitätsmanagement in jeder anderen Organisation, die andere Produkttypen herstellt. Dies schließt die Einrichtung angemessener Managementstrukturen, die Zuweisung individueller Verantwortlichkeiten sowie Prozesse für laufende Audits, Überprüfungen und Verbesserungen ein, von der System- und Produktdesign-Phase bis hin zur Qualitätsbewertung und Qualitätssicherung.

Um ein Qualitätsmanagementsystem gemäß dem AI Act zu gestalten, ist mindestens eine weitere Gruppe von Normen zu berücksichtigen: ISO/IEC 25000:2014 (**Systems and software engineering – Systems and software Quality Requirements and Evaluation (SQuaRE) – Guide to SQuaRE)**[47] und insbesondere die ISO 25001 (**Systems and software engineering – Systems and software Quality Requirements and Evaluation (SQuaRE) – Planning and management**) Serie,[48] die beide zur „Quality Management Division" der System- und Software-Engineering ISO/IEC-Normen gehören. Diese Normen bieten Leitlinien für das Qualitätsmanagement in der Softwareentwicklung im Allgemeinen, indem sie gemeinsame Modelle, Konzepte und Definitionen festlegen und Anforderungen und Anleitungen zur Unterstützung des Anforderungs-, Spezifikations- und Qualitätsmanagements von Softwareprodukten bereitstellen.

Idealerweise sollte man Zugang zu allen qualitätsbezogenen Normen erhalten, um alle Anforderungen zu einem funktionierenden Qualitätsmanagementsystem zusammenzufügen. Um diesen Schritt zu erleichtern, werden wir im abschließenden Abschnitt alle zuvor genannten Punkte zusammenfassen und Ihnen eine Art **Schlachtplan für das AI-Act-spezifische Qualitätsmanagement nach Art. 17** an die Hand geben.

(4) Operationalisierung der rechtlichen Anforderungen von Art. 17

Der AI Act oder die EU sind keineswegs einzigartig darin, Qualitätsmanagement für Hersteller bestimmter Produkttypen oder Anbieter bestimmter Dienstleistungen vorzuschreiben. Darüber hinaus gehen andere Länder und Sektoren oft weit über die im AI Act festgelegten Anforderungen hinaus. Ein Beispiel dafür sind die neuesten Änderungen der **US Quality System Regulation** aus dem Jahr 2024, mit denen die Ausnahmeregelung aufgehoben wurde, nach der Management-Reviews, Qualitätsaudits und Auditberichte von Lieferanten von der Überprüfung durch die FDA ausgenommen waren.[49] Die Streichung dieser Ausnahme ermöglicht nun eine externe und objektive Überprüfung der internen betrieblichen Praxis durch die US-Auf-

---

47 ISO/IEC 25000 SQuaRE series Systems and software engineering – Systems and software Quality Requirements and Evaluation (SQuaRE), dazu: *Natale*, Extensions of ISO/IEC 25000 Quality Models to the Context of Artificial Intelligence, Proceedings IWESQ 2022, 4th International Workshop on Experience with SQuaRE series and its Future Direction, 2022.

48 ISO 25000, https://iso25000.com/index.php/en/21-english/iso25000-series-of-standards (letzter Aufruf: August 2024).

49 Medical Devices; Quality System Regulation Amendments, 87 Fed. Reg. 36, at 10119 (Feb. 2, 2024) (final rule amending 21 CFR Part 820), 2022-03227.pdf (govinfo.gov) (letzter Aufruf: August 2024).

sichtsbehörde, was als großer Erfolg für die Durchsetzung der regulatorischen Verpflichtungen gewertet werden kann.

Im Gegensatz dazu sieht der EU-AI Act nur die Befugnis der Behörden vor, die Einhaltung der Vorschriften zu überprüfen, ohne speziell auf die Befugnisse der Behörden in Bezug auf QMS einzugehen. Auf der anderen Seite liegt ein wesentlicher Vorteil des EU AI Acts darin, dass er anerkennt, dass bestimmte Produkte, Tätigkeiten und Sektoren schon lange auf ähnliche Weise reguliert wurden wie jetzt AI Systems. Daher räumt der AI Act bestehenden QMS, die mit spezifischen, anwendbaren sektoralen Vorschriften konform sind, den Vorrang ein. Das nach dem AI Act vorgeschriebene QMS wird in solchen Fällen nur ein **Teil dieser bestehenden mehrgliedrigen und mehrschichtigen Systeme** sein.

Für alle anderen AI Systems etabliert Art. 17 jedoch zwei Annahmen:

- Alle AI Systems besitzen eine bestimmte Essenz. Es gibt einige Kernmerkmale, die sie als eine einheitliche Kategorie von „AI Systems“ ausweisen, welche dann objektiv auf Sicherheit und Konformität überprüft werden können.
- Gute Prozesse führen zu Qualität und Sicherheit. Es wird vermutet, dass durch gut entworfene und implementierte Prozesse in allen (oder zumindest in den meisten Fällen) hochwertige und „sichere“ Systeme produziert werden können.

Unabhängig von der Überzeugungskraft dieser beiden Thesen steht eines fest: Die Einrichtung eines effektiven Qualitätsmanagementsystems liegt im Interesse aller Beteiligten – des Providers, des Deployers sowie jeder Person, die von dem System betroffen ist. Daher sollte bei der ersten **Konzeption und Entwicklung eines solchen Systems größte Sorgfalt** angewendet werden. Denn wenn ein solches System einmal entwickelt und implementiert ist und korrekt umgesetzt wurde, kann es allein die Einhaltung vieler anderer Verpflichtungen des AI Acts sicherstellen, gleichzeitig die Qualität von Produkten und Dienstleistungen gewährleisten und neben Compliance eine höhere Kundenzufriedenheit durch die Erleichterung von Beschaffungsprozessen erreichen. Im Bereich der OEM-Zulieferer bietet sich der Vergleich mit Anforderungen und Vorteilen einer TiSax-Zertifizierung[50] an. Ohne eine solche wird es schwer, sich am Markt zu behaupten.

Schließlich, obwohl Art. 17 keine Reihenfolge festlegt oder bestimmten Komponenten des Qualitätsmanagementsystems mehr Bedeutung beimisst als anderen, gibt es eine gewisse Logik, das System in einer eher **sequenziellen Weise** zu entwickeln, wobei drei **Hauptverteidigungslinien (Lines of Defense)** berücksichtigt werden sollten.

---

50 Trusted Information Security Assessment Exchange nach VDA-ISA, Details: https://portal.enx.com/de-de/TISAX/ (letzter Aufruf: August 2024).

i. Erste Linie

AI-System-Provider müssen Prozesse etablieren, Verantwortlichkeiten zuweisen und sicherstellen, dass ausreichende Ressourcen für die Gestaltung, Durchführung und Überwachung aller anderen Komponenten des QMS zur Verfügung stehen. Darüber hinaus müssen Kommunikationskanäle eingerichtet werden, um sicherzustellen, dass alle in der Organisation auf dem gleichen Stand sind und effektiv zusammenarbeiten.

Einrichtung eines Accountability Frameworks: Alle Provider müssen sicherstellen, dass eine verantwortliche Person benannt wird, die beispielsweise für die Zuweisung individueller Aufgaben oder die Überwachung der Gestaltung und Implementierung von Techniken und Verfahren für das **Data Management** zuständig ist. Dies gilt auch für alle anderen Bereiche des Schemas. Es muss ein Prozess vorhanden sein, der festlegt, wer für jede einzelne Aufgabe verantwortlich ist und wer den entsprechenden Teil des QMS überwacht.

Ressourcenmanagement: Alle Provider müssen sicherstellen, dass ausreichend Ressourcen vorhanden sind, um ein möglichst effizientes und konformes QMS zu etablieren und aufrechtzuerhalten. Dies bedeutet, sicherzustellen, dass **fachkundige Mitarbeiter** für spezifische Aufgaben zugewiesen werden und dass sie genügend Zeit und Unterstützung haben, um diese Aufgaben auf einem zufriedenstellenden Niveau auszuführen.

Dokumentationsverfahren: Ein gutes QMS umfasst immer eine umfangreiche Dokumentation, die belegt, dass das System tatsächlich **existiert und funktioniert**. Diese Dokumentation kann nur erstellt werden, wenn es Prozesse, Regeln und Richtlinien gibt, die festlegen, was, wann, wo und wie dokumentiert werden muss.

Kommunikationsprozesse: Die Fähigkeit, alle relevanten Informationen effektiv zu kommunizieren, ist entscheidend für den Betrieb eines effizienten QMS – sowohl intern als auch extern. Zum Beispiel gehören zu den Anforderungen von Art. 17 auch die Kommunikation mit den Behörden und die Meldung schwerwiegender Vorfälle. Die **Zuweisung von Verantwortlichkeiten** im Bereich der Kommunikation ist daher nicht nur unerlässlich, um sicherzustellen, dass das System reibungslos funktioniert, sondern auch, um die Einhaltung anderer gesetzlicher Anforderungen zu gewährleisten.

ii. Zweite Linie

Sobald die erste Verteidigungslinie eingerichtet ist und klar ist, wer was, wann, warum und wie tut, sollten sich AI-System-Provider den detaillierteren Fragen ihres AI-Act-QMS widmen.

AI-Strategie: Diese dient im Wesentlichen als Orientierungshilfe und Unterstützung zur Einhaltung gesetzlicher Vorschriften, was notwendigerweise die Einhaltung der Konformitätsbewertungsverfahren und der Verfahren für das Änderungsmanagement von High-Risk AI Systems einschließt. Obwohl der Gesetzgeber keine spezifischen Details dazu liefert, wie diese Strategie aussehen könnte oder sollte, zwingt er die Provider von High-Risk AI Systems, proaktiv über ihre Systeme nachzudenken. Der Umfang und die Ausgestaltung dieser Strategie werden daher wahrscheinlich von Provider zu Provider sehr unterschiedlich sein, je nachdem, in welchen Sektoren sie tätig sind und welche Arten von Systemen sie normalerweise entwickeln oder bereitstellen.

Techniken und Verfahren für die Umsetzung der AI-Strategie:

- **Design, Designkontrolle und Designverifikation:** Alle Provider müssen sicherstellen, dass sie keine verbotenen Systeme entwickeln und dass sie Risikominderungsstrategien von Anfang an im Entwicklungsprozess berücksichtigen. Dies hilft, Risiken frühzeitig zu identifizieren und sicherzustellen, dass das Design den gesetzlichen Anforderungen entspricht.
- **Entwicklung, Qualitätskontrolle und Qualitätssicherung:** Hier kommen die bereits erwähnten (ISO-)Standards ins Spiel, die zur Erreichung und Messung der Qualität einzelner AI Systems beitragen. Ein zentraler Punkt ist die Optimierung der Entwicklung in Bezug auf die Qualitätsmerkmale, z. B. gemäß der Norm ISO/IEC 25059:2023 (Software engineering – Systems and Software Quality Requirements and Evaluation (SQuaRE) – Quality model for AI systems). Ebenso wichtig ist es, den Entwicklungsprozess so zu steuern, dass diese Merkmale erreicht werden, und nachweisen zu können, dass alle diese Maßnahmen tatsächlich umgesetzt wurden.
- **Prüfungen, Tests und Validierungen:** Nützlich sind hier die Normenfamilien ISO 2502n und ISO 2504n, die zur Quality Measurement and Evaluation Division des ISO SQuaRE-Frameworks gehören.[51] Diese Normen helfen dabei, objektive Messungen der erreichten Qualität über verschiedene Qualitätsmerkmale eines bestimmten AI Systems hinweg festzulegen. Damit wird sichergestellt, dass die Systeme den festgelegten Standards entsprechen.
- **Data Management:** Dies umfasst alle Aspekte des Datenmanagements, wie Datenerfassung, -sammlung, -analyse, -labelling, -speicherung, -filterung, -mining, -aggregation, -aufbewahrung und alle weiteren Datenoperationen, die vor und für die Bereitstellung eines High-Risk AI Systems durchgeführt werden. Hier geht es darum, konform zu sein und die Dokumentation zu haben, die die Einhaltung von z. B. Art. 10 des AI Acts (Da-

---

51 ISO 25000, https://iso25000.com/index.php/en/21-english/iso25000-series-of-standards (letzter Aufruf: August 2024).

ten-Governance) sowie anderer relevanter Vorschriften (z.B. GDPR, Data Act usw.) nachweist. Hier empfiehlt sich die Nutzung der im Entstehen begriffenen Normenfamilie ISO/IEC 5259-n, darunter als Einstieg die ISO/IEC 5259-1:2024 (Artificial intelligence – Data quality for analytics and machine learning (ML) – Part 1: Overview, terminology, and examples).

- **Anwendbare und angewandte harmonisierte Standards:** Dies bedeutet, dass eine dokumentierte Liste der technischen Spezifikationen für alle implementierten Maßnahmen in allen betroffenen AI Systems vorhanden sein muss, ebenso wie eine Liste aller Standards, die entweder eingehalten werden oder an deren Umsetzung gearbeitet wird.
- **Risikomanagementsystem**: Siehe Kapitel III (1)(b).

iii. Dritte Linie

Schließlich, wenn die erste und zweite Verteidigungslinie etabliert sind, muss sichergestellt werden, dass alles wie geplant funktioniert und stabil bleibt. Dies erfordert zumindest die Etablierung der nachfolgenden Maßnahmen:

Post-Market-Monitoring-System: Dazu gehört die Gestaltung und Pflege eines Systems zur aktiven und systematischen Sammlung, Dokumentation und Analyse relevanter Daten, die von Deployern bereitgestellt oder aus anderen Quellen über die Leistung von High-Risk AI Systems während ihrer gesamten Lebensdauer gesammelt werden. Dieses System muss gemäß Ihrem Post-Market-Monitoring-Plan implementiert werden, der ebenfalls Teil Ihrer technischen Dokumentation sein muss. Es sollte den Providern ermöglichen, die kontinuierliche Einhaltung der Anforderungen des AI Acts durch AI Systems zu bewerten. Weitere Informationen finden Sie in Kapitel IV(1)(f).

Verfahren zur Meldung schwerwiegender Vorfälle

Es ist erforderlich:

- Mechanismen zur Erkennung und **Aufzeichnung** potenziell schwerwiegender Vorfälle zu etablieren,
- den jeweiligen Vorfall zu **untersuchen**, um festzustellen, ob es sich tatsächlich um einen schwerwiegenden Vorfall handelt und, falls ja, um welche Art von Vorfall es sich handelt,
- zu prüfen, ob ein **kausaler Zusammenhang** zwischen dem System und dem Vorfall bestand, und
- den Vorfall innerhalb der geltenden Frist den Behörden zu **melden**.

Weitere Informationen finden Sie im Kapitel zu Post-Market Monitoring.

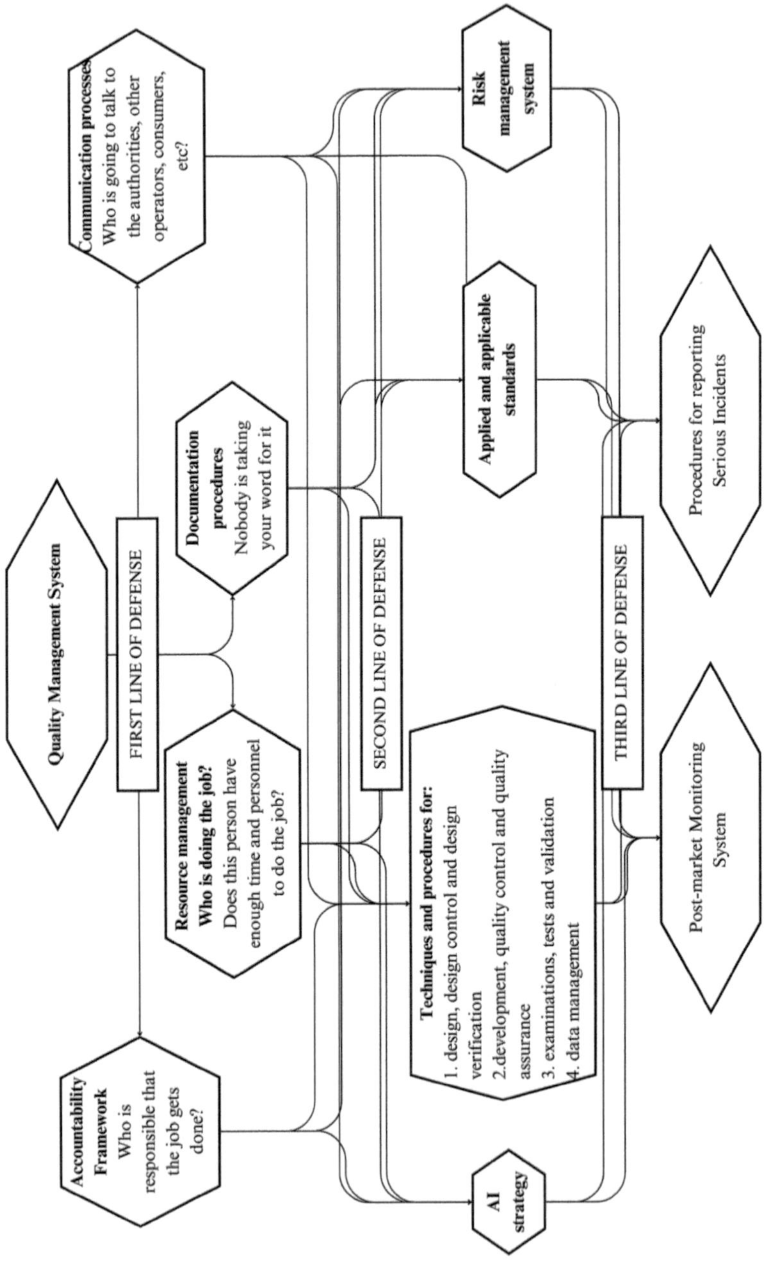

Abbildung 6: Quality Management System Framework

b) Risikomanagement

„You want a valve that doesn't leak and you try everything possible to develop one. But the real world provides you with a leaky valve. You have to determine how much leakiness you can tolerate."
(*Arthur Rudolph*)

Der AI Act reguliert AI Systems durch einen risikobasierten Ansatz. Hierzu unterteilt er AI Systems in drei Risikoklassen. An diesen Klassen richten sich die Anforderungen aus, denen die Systeme sowie ihre Provider und Deployer gerecht werden müssen. Es gilt: Je größer das Risiko, desto umfangreicher die Anforderungen. Für High-Risk AI Systems gelten die weitreichendsten Anforderungen und umfassen im Wesentlichen:

– die Risiken so weit wie möglich zu **mindern** und
– darzulegen, warum die verbleibenden Risiken **akzeptabel** sind.

Aus dem Wortbestandteil Risiko*management* geht hervor, dass es sich nicht um eine einmalige, punktuelle Aufgabe handelt. Der Prozess begleitet den gesamten Lebenszyklus des AI Systems. Er beginnt bei dem Design und reicht von der Entwicklung bis hin zur Implementierung.

Um Risiken von High-Risk AI Systems zu managen, ist bei der Entwicklung und Implementierung nach dem **„Plan-Do-Check-Act"-Zyklus (PDCA)** zu verfahren, wie er beispielsweise in der **ISO 9001:2015 (Quality management systems – Requirements)** beschrieben ist:

Dabei gibt es verschiedene Phasen:

1. Risikoidentifikation,
2. Risikoanalyse,
3. Risikominderung,
4. Risikoakzeptanz,
5. Risikotoleranz und
6. Etablierung von Kontroll-, Überwachungs- und Incident-Response-Prozessen. Im Grunde entsprechen sie den Pflichten der Post-Market Monitoring- und Qualitätsmanagementsysteme aus dem AI Act. Ihre Aufgabe ist es, das Risikomanagementsystem zu informieren und kontinuierlich zu verbessern.

Diese Phasen durchlaufen wir.

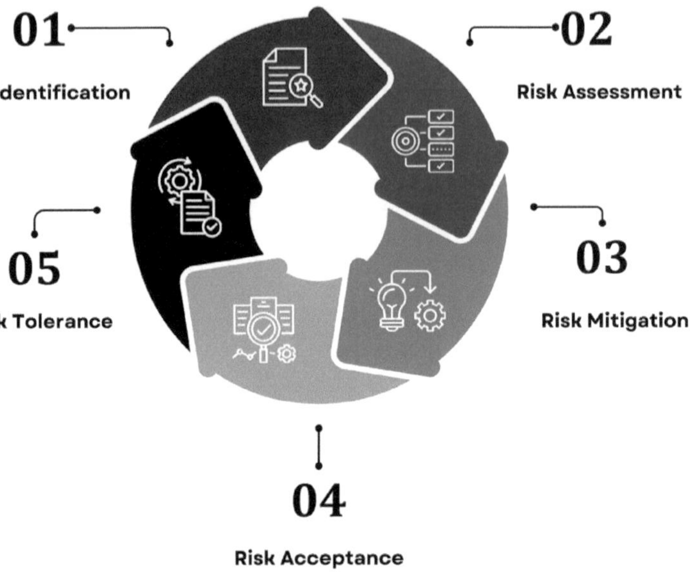

Abbildung 7: Risikomanagementzyklus

(1) Risikoidentifizierung

Risiken im Zusammenhang mit AI Systems zu identifizieren, wird immer ein kognitiv anspruchsvoller, aufwendiger und punktuell theoretischer Vorgang bleiben. Wer ihn erfolgreich bestreiten will, sollte zunächst **traditionelle Software-Risiken** wie Sicherheit, Qualität und weitere technische Risiken berücksichtigen. Allerdings bergen AI Systems typischerweise weitergehende Risiken. Denn sie wirken aufgrund der immanenten Automatisierung stärker in die Organisationen und Strukturen hinein, in denen sie zum Einsatz kommen. Aufgrund ihrer Komplexität und Opazität sind die von ihnen ausgehenden Risiken im konkreten Fall nicht leicht valide zu antizipieren. Sinnvolle Ergebnisse verlangen hier nach einem methodischen und schrittweisen Ansatz.

Zu Beginn ist der Bereich aufzugliedern, auf den das AI System einwirkt. Hier verbieten sich Pauschalisierungen, weil jedem System und jedem Einsatzszenario eigene Risiken innewohnen. Jedenfalls die folgenden Kategorien sind zu berücksichtigen:

- **Personen:** Ist das System darauf ausgelegt, von Einzelpersonen genutzt zu werden? Beeinflusst Ihr System eine Kategorie von schutzbedürftigen Personen, z. B. Kinder? Wie kann es dazu kommen, dass das System solche Betroffene beeinträchtigt?

- **Nutzung:** Welche Arten von Anwendungsfehlern können durch die beabsichtigten Nutzer des Systems auftreten? Können Personen, die nicht zu den beabsichtigten Nutzern gehören, auf das System zugreifen, und welche Risiken sind damit verbunden? Ist es wahrscheinlich, dass böswillige Akteure das System absichtlich missbrauchen?
  Methoden, die von der Betrachtung bestimmter Bedrohungen ausgehen, können dabei helfen, diese Risikokategorie zu erfassen.
  Folgende Unterlagen und Werkzeuge können helfen, entsprechende Risiken zu identifizieren und zu modellieren:
  • NIST, Guide for Conducting Risk Assessments;[52]
  • MITRE ATLAS, ATLAS Matrix;[53]
  • AI Exchange, AI Security Overview;[54]
  • OWASP, OWASP Top 10 for LLM Applications, Version 1.1, 16.10.2023;[55]
  • OWASP, OWASP pytm;[56]
  • OWASP, OWASP Threat Dragon;[57]
  • PLOT4AI, Privacy Library of Threats 4 Artificial Intelligence;[58]
  • AWSlabs, Threat Composer;[59]
  • MIT, AI Risk Repository;[60]
  • ISO/IEC 23894:2023 Information technology – Artificial intelligence – Guidance on risk management.
- **Umwelt:** Wie beeinflusst das System die Umwelt? Kann das System Marktstörungen verursachen? Versursacht das System erhebliche CO2-Emissionen?[61]
- **Business:** Kann das System den regulären Geschäftsbetrieb stören? Kann der Gebrauch des Systems den Ruf des Unternehmens beeinträchtigen? Methoden, die von der Betrachtung der Vulnerabilität von bestimmten Vermögenswerten ausgehen, können dabei helfen, diese Risikokategorie zu erfassen. Ein Beispiel wären existenzgefährdende Regressrisiken durch Nutzer eines Application Programming Interface (API) bei mangelhaften MLaaS-Angeboten oder dem Angebot fehlerhafter Pre-Trained ML Models.

52 https://nvlpubs.nist.gov/nistpubs/Legacy/SP/nistspecialpublication800-30r1.pdf (letzter Aufruf: August 2024).
53 https://atlas.mitre.org/matrices/ATLAS (letzter Aufruf: August 2024).
54 https://owaspai.org/docs/ai_security_overview/ (letzter Aufruf: August 2024).
55 https://owasp.org/www-project-top-10-for-large-language-model-applications/assets/PDF/OWASP-Top-10-for-LLMs-2023-v1_1.pdf (letzter Aufruf: August 2024).
56 https://owasp.org/www-project-pytm/ (letzter Aufruf: August 2024).
57 https://owasp.org/www-project-threat-dragon/ (letzter Aufruf: August 2024).
58 https://plot4.ai/ (letzter Aufruf: August 2024).
59 https://awslabs.github.io/threat-composer (letzter Aufruf: August 2024).
60 https://airisk.mit.edu/ (letzter Aufruf: August 2024).
61 Vgl. hierzu detailliert ISO 9001 Quality management systems – Requirements, AMENDMENT 1 2024-02: Climate action changes.

Die obigen Beispiele zeigen typische Risikokategorien auf und geben Fragen an die Hand, um konkrete Risiken zu identifizieren, die diesen Kategorien innewohnen. Sie sind nicht abschließend, das **Leben in seiner Mannigfaltigkeit entwickelt stets neue Risiken**. Es treffen auch nicht alle Beispiele auf jedes System gleichermaßen zu. Umgekehrt birgt ein konkretes System gegebenenfalls weitere, hier nicht aufgeführte Risiken. Wichtig ist, bei der Kategorisierung und Identifizierung von Risiken sorgfältig und umsichtig vorzugehen. Die Perspektiven aller Stakeholder miteinzubeziehen, wie es z. B. das Plot4AI-Framework niedrigschwellig ermöglicht, ist hilfreich. Die Risiken, die sich aus einem vernünftigerweise vorhersehbaren Missbrauch ergeben, sind ebenso zu berücksichtigen wie die Risiken, die mit der bestimmungsgemäßen Verwendung des Systems verbunden sind. Wo beginnen? Es hilft, zuerst die **„low hanging fruits“ zu ernten**, um den Einstieg in die Risikoidentifikation zu erleichtern. Ist ein Risiko bereits in früheren Versionen des Projekts oder in früheren Entwicklungsstadien aufgetreten? Gibt es öffentlich bekannte Vorfälle in anderen Unternehmen, die ähnliche Systeme oder Systeme mit ähnlichem Verwendungszweck entwickeln?

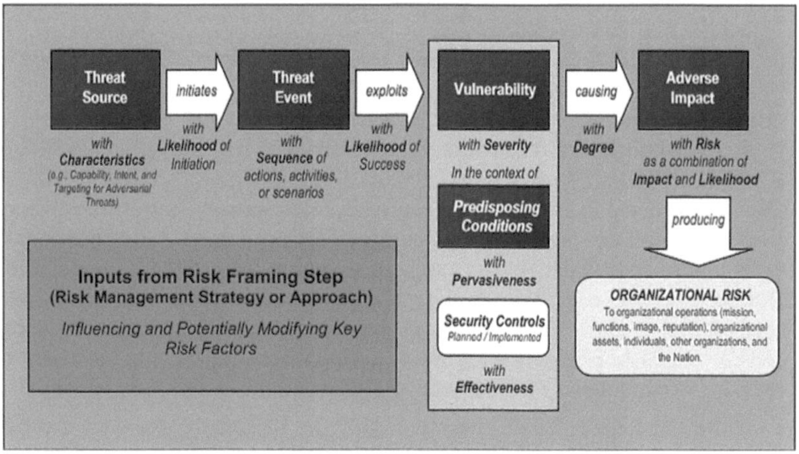

Abbildung 8: Generisches Risikomodell mit Hauptrisikofaktoren[62]

(2) Bewertung des Risikos

Es gibt verschiedene Methoden, um Risiken zu bewerten. Allerdings sind nicht alle Methoden für jedes identifizierte Risiko geeignet. Daher ist es wichtig, im Einzelfall eine treffende, effektive Methode auszuwählen und die Wahl gut zu begründen.

62 https://nvlpubs.nist.gov/nistpubs/Legacy/SP/nistspecialpublication800-30r1.pdf (letzter Aufruf: August 2024).

Mögliche Methoden sind:
- **Quantitativ:** Wenn möglich, ist das Risiko zu quantifizieren. Dies kann beinhalten, die Anzahl der betroffenen Personen auf der Grundlage der erwarteten Nutzerzahl zu schätzen, den möglichen finanziellen Schaden bei Eintritt des Risikos zu berechnen usw. Bei dieser Methode werden die quantifizierten Werte dann mit der geschätzten Wahrscheinlichkeit des Risikoeintritts kombiniert, um möglichst spezifische Werte zu erhalten.
- **Qualitativ:** In Fällen, in denen Risiken nicht quantifiziert werden können, da sie in hohem Maße von subjektiven Umständen abhängen. So ist beispielsweise zu beurteilen, wie Mitarbeiter darauf reagieren, wenn Systeme nicht verfügbar sind oder wie sich die Möglichkeit, automatisiert und in hoher Geschwindigkeit Fake News zu generieren, auf den demokratischen Prozess in einem bestimmten Land auswirkt. Zur qualitativen Bewertung solcher nicht quantifizierbarer Risiken eignen sich Methoden wie theoretische Einschätzungen, Interviews, Marktforschung und Umfragen. Mit ihrer Hilfe ist das Risiko als sehr hoch, hoch, mittel, niedrig oder sehr niedrig einzustufen. Diese Methode kombiniert die geschätzte Eintrittswahrscheinlichkeit eines Ereignisses mit erwartbarem Schadensausmaß.
- **Semi-Quantitativ:** Die beiden vorgenannten Methoden lassen sich auch kombinieren, um eine detailliertere Risikobewertung zu erhalten, wenn sich die Risiken nicht vollständig quantifizieren lassen. Hierbei werden Näherungswerte auf der Grundlage der erwarteten Auswirkungen ermittelt.

Eine **Risikomatrix** ermöglicht, alle Ergebnisse detailliert darzustellen.

Die oben genannten Methoden ermöglichen eine Annäherung, um das Gesamtrisiko abzuschätzen. Hierzu berücksichtigen sie die Wahrscheinlichkeit und die Auswirkungen eines bestimmten identifizierten Risikos. Es ist unerlässlich, **beide Parameter zu prognostizieren**, um das Gesamtrisiko einzuschätzen.

i. Faktoren für die Abschätzung der Eintrittswahrscheinlichkeit

Das **OWASP-Framework zur Risikobewertung**[63] sieht zwei Schlüsselfaktoren vor, um die Wahrscheinlichkeit eines bestimmten Ereignisses einzuschätzen. Für jeden dieser Faktoren sind mehrere Optionen denkbar. Jede Option ist einzeln auf einer Skala von 0 bis 9 zu bewerten. So wird die Gesamtwahrscheinlichkeit des Risikos quantifiziert. Auf diese Weise kann die theoretische und kognitiv anspruchsvolle Aufgabe der Risikoeinschätzung in eine Reihe niedrigerer und besser vorhersehbarer Prognosen unterteilt werden. Es wäre aber ein Trugschluss, alle Faktoren oder alle Optionen innerhalb dieser Faktoren auf jede Situation anzuwenden.

---

63 OWASP, OWASP Risk Rating Methodology, https://owasp.org/www-community/OWASP_Risk_Rating_Methodology (letzter Aufruf: August 2024).

- **Angriffsfaktoren**
  Ziel ist es, die Wahrscheinlichkeit eines erfolgreichen Angriffs durch eine bestimmte Gruppe von Bedrohungsakteuren einzuschätzen. Dabei sind folgende Faktoren zu berücksichtigen:
  • **Qualifikationsniveau:** keine technischen Kenntnisse (1), einige technische Kenntnisse (3), fortgeschrittene Computerbenutzer (5), Netzwerk- und Programmierkenntnisse (6), Kenntnisse im Bereich Security Penetration (9);
  • **Motivation:** geringe oder keine Belohnung (1), mögliche Belohnung (4), hohe Belohnung (9);
  • **Erforderliche Ressourcen:** voller Zugang oder teure Ressourcen erforderlich (0), spezieller Zugang oder Ressourcen erforderlich (4), etwas Zugang oder Ressourcen erforderlich (7), kein Zugang oder Ressourcen erforderlich (9);
  • **Gruppengröße:** Entwickler (2), Systemadministratoren (2), Intranet-Benutzer (4), Partner (5), authentifizierte Benutzer (6), anonyme Internet-Benutzer (9);
- **Schwachstellen**
  Ziel ist es, die Wahrscheinlichkeit abzuschätzen, dass Angreifer eine bestimmte Schwachstelle entdecken und ausnutzen. Hierbei sind folgende Faktoren zu berücksichtigen:
  • **Schwierigkeit, die Schwachstelle zu entdecken:** praktisch unmöglich (1), schwierig (3), leicht (7), automatisierte Werkzeuge verfügbar (9);
  • **Schwierigkeit, die Schwachstelle auszunutzen:** praktisch unmöglich (1), schwierig (3), leicht (5), automatisierte Werkzeuge verfügbar (9);
  • **Bekanntheit der Schwachstelle:** unbekannt (1), versteckt (4), offensichtlich (6), öffentlich bekannt (9);
  • **Vorkehrungen, um ein Eindringen zu erkennen:** aktive Erkennung in der Anwendung (1), Protokollierung und Überprüfung von Zugriffen (3), Protokolliert ohne Überprüfung (8), keine protokolliert (9).

ii. Faktoren zur Bewertung der Auswirkungen

Das OWASP Framework kennt zwei Arten von Auswirkungen, die es zu berücksichtigen gilt: technische und geschäftliche. Auch hier gibt es für jede Gruppe von Faktoren mehrere Optionen und eine entsprechende Bewertung von 0 bis 9.

Um das Risikoniveau eines AI Systems zu bewerten und geeignete Abhilfemaßnahmen festzulegen, sollten sich Unternehmen nicht nur auf technische Auswirkungen konzentrieren. **Auch gesellschaftliche, ökologische und individuelle Auswirkungen** sind zu berücksichtigen. Denn der AI Act gibt den Unternehmen nicht auf, Risiken zu bewerten, um sie vor folgenschweren geschäftlichen Entscheidungen zu bewahren. Dem Gesetz ist es in erster

Linie darum bestellt, Verbraucher und Endnutzer vor den Risiken zu schützen, die mit bestimmten Arten von AI Systems verbunden sind.

Entsprechend unternehmerischer Handlungslogik ist es nachvollziehbar, Risikobewertungen vorwiegend hinsichtlich geschäftlicher Auswirkungen vorzunehmen. Um die Anforderungen des AI Acts einzuhalten, muss jedoch **allen Kategorien der Risikobewertung Bedeutung beigemessen** werden. Auch mit Blick auf die Bewertung der Auswirkungen sind die aufgeführten Faktoren und Optionen weder ausschließlich noch generell oder universell anzuwenden. Vielmehr gilt es auch hier, die relevanten Faktoren und Optionen von Fall zu Fall und in Bezug auf ein bestimmtes System zu ermitteln und zu bewerten.

– **Faktoren zur Bewertung der technischen Auswirkungen**
  Ziel ist es, das Ausmaß der Auswirkungen auf das System abzuschätzen, sofern Angreifer eine Schwachstelle ausnutzen.
  • **Verlust der Vertraulichkeit:** minimale Offenlegung nicht sensibler Daten (2), minimale Offenlegung kritischer Daten (6), umfassende Offenlegung nicht sensibler Daten (6), umfassende Offenlegung kritischer Daten (7), Offenlegung aller Daten (9);
  • **Verlust der Integrität/geschätzte Beschädigung der Daten:** minimal leicht beschädigte Daten (1), minimal schwer beschädigte Daten (3), weitgehend leicht beschädigte Daten (5), weitgehend schwer beschädigte Daten (7), alle Daten vollständig beschädigt (9);
  • **Verlust der Verfügbarkeit:** minimale Unterbrechung sekundärer Dienste (1), minimale Unterbrechung primärer Dienste (5), erhebliche Unterbrechung sekundärer Dienste (5), erhebliche Unterbrechung primärer Dienste (7), vollständiger Verlust aller Dienste (9);
  • **Verlust der Zurechenbarkeit:** vollständig rückverfolgbar (1), möglicherweise rückverfolgbar (7), vollständig anonym (9).

– **Faktoren zur Bewertung der sozialen Auswirkungen**
  Ziel ist es, relevante soziale Auswirkungen zu identifizieren und abzuschätzen, welche Ausmaße die Auswirkungen haben, sofern Angreifer eine Schwachstelle ausnutzen. Dabei ist insbesondere die Anzahl der von der Ausnutzung betroffenen Personen zu prognostizieren.
  • **Demokratie:** keine negativen Auswirkungen auf den demokratischen Prozess (1), Potenzial, kleinere politische Gruppen zu erreichen, aber nicht zu beeinflussen (3), Potenzial, kleinere politische Gruppen zu erreichen und zu beeinflussen (5), Potenzial, größere politische Gruppen zu erreichen und zu beeinflussen (7), Potenzial, die Mehrheit der Bevölkerung zu erreichen und zu beeinflussen (9);
  • **Zugang zu öffentlichen Gütern und Diensten:** weniger als hundert Personen (3), Hunderte von Personen (5), Tausende von Personen (7), Millionen von Personen (9);

- **Diskriminierung:** weniger als hundert Personen (3), Hunderte von Personen (5), Tausende von Personen (7), Millionen von Personen (9);
- **Meinungsfreiheit:** weniger als hundert Personen (3), Hunderte von Personen (5), Tausende von Personen (7), Millionen von Personen (9);
- **Verletzung der Privatsphäre:** weniger als hundert Personen (3), Hunderte von Personen (5), Tausende von Personen (7), Millionen von Personen (9).

– **Faktoren zur Bewertung der Umweltauswirkungen**
Ziel ist es, den ökologischen Fußabdruck des AI Systems abzuschätzen. In den meisten Fällen ist es möglich, diese Prognosen zu quantifizieren und später mit den tatsächlich eingetretenen Werten zu vergleichen:
- schädliche Emissionen;
- Energieverbrauch;
- Wasserverbrauch;
- Marktverzerrung: mögliche wettbewerbsverzerrende Auswirkungen auf den Markt.

– **Faktoren zur Bewertung der Auswirkungen auf Einzelpersonen**
Ziel ist es, das Ausmaß und die Schwere der Auswirkungen von Grundrechtsbeeinträchtigungen auf Einzelpersonen abzuschätzen.
- **Privatsphäre und Datenschutz:** keine Auswirkungen (1), geringfügige und zu mindernde Auswirkungen (3), erhebliche, nicht nachteilige und zu mindernde Auswirkungen (5), erhebliche, nachteilige und zu mindernde Auswirkungen (7), erhebliche, nachteilige und nicht zu mindernde Auswirkungen (9);
- **Zugang zu öffentlichen Gütern und Diensten:** keine Auswirkungen (1), geringe und zu mindernde Auswirkungen (3), erhebliche, nicht nachteilige und zu mindernde Auswirkungen (5), erhebliche, nachteilige und zu mindernde Auswirkungen (7), erhebliche, nachteilige und nicht zu mindernde Auswirkungen (9);
- **Diskriminierung:** keine Auswirkungen (1), geringe und zu mindernde Auswirkungen (3), erhebliche, nicht schädliche und zu mindernde Auswirkungen (5), erhebliche, schädliche und zu mindernde Auswirkungen (7), erhebliche, schädliche und nicht zu mindernde Auswirkungen (9);
- **Freiheit der Meinungsäußerung:** keine Auswirkungen (1), geringe und zu mindernde Auswirkungen (3), erhebliche, nicht schädliche und zu mindernde Auswirkungen (5), erhebliche, schädliche und zu mindernde Auswirkungen (7), erhebliche, schädliche und nicht zu mindernde Auswirkungen (9);
- **Gesundheit und Sicherheit:** keine Auswirkungen (1), geringe und zu mindernde Auswirkungen (3), erhebliche, nicht schädliche und zu mindernde Auswirkungen (5), erhebliche, schädliche und zu mindernde

Auswirkungen (7), erhebliche, schädliche und nicht zu mindernde Auswirkungen (9).

- **Faktoren zur Bewertung der Auswirkungen auf Unternehmen**
  Ziel ist es, Prioritäten für die Entwicklung geeigneter Risikominderungsstrategien festzulegen.
  - **Finanzieller Schaden:** weniger als die Kosten für die Behebung der Schwachstelle (1), geringe Auswirkungen auf den Jahresüberschuss (3), erhebliche Auswirkungen auf den Jahresüberschuss (7), Konkurs (9);
  - **Reputationsschaden:** geringer Schaden (1), Verlust von Großkunden (4), Verlust von Firmenwert (5), Markenschaden (9);
  - **Rechtsverstoß:** geringfügiger Verstoß (2), eindeutiger Verstoß (5), auffälliger Verstoß (7).

Basierend auf den für die Eintrittswahrscheinlichkeit und die voraussichtlichen Auswirkungen errechneten Werte lässt sich der Grad der Schwere eines bestimmten Risikos berechnen. Dieser Wert ermöglicht es, bestimmten Risiken einen prognostizierten Schweregrad zuzuordnen. Für die Schweregrade bietet sich einer Unterteilung in die Kategorien sehr niedrig, niedrig, mittel, hoch und sehr hoch an. Diese Einordnung hilft, eine Strategie zur Risikominimierung festzulegen. Sie legt fest, welche Risiken mit welcher Priorität zu adressieren sind.

Es liegt in der Natur der Sache, dass die skizzierte Art der Bewertung mit Unwägbarkeiten behaftet ist. Es gibt keinen wahrhaft objektiven Weg, Risiken zu bewerten und zu messen.[64] Die genannten sowie alle anderen verfügbaren Methoden gehen im Grunde nicht über eine Best-Practice-Anleitung für die **Durchführung eines gezielten Ratespiels** hinaus. Dennoch fordert es der AI Act ein, Risiken sachgerecht zu bewerten. Es ist die Aufgabe vor allem von Providern, teilweise aber auch von Deployern, die Risikobewertung sorgfältig und anhand der gesetzlichen Leitlinien vorzunehmen und dabei alle Aspekte und möglichen Bedrohungsszenarien zu berücksichtigen sowie die eigenen Überlegungen und Schlussfolgerungen schlüssig zu dokumentieren. Oberflächlichkeit ist angesichts des gerichtlichen Kontrollumfangs dieser gesetzlichen Anforderung keine Option. Ex post, im Gerichtsverfahren, ist jedes Risiko vorhersehbar.

Weitere Ressourcen zur Methodik der Risikobewertung:
- TRA-1 Harmonized Threat and Risk Assessment Methodology;[65]
- NIST, Guide for Conducting Risk Assessments.[66]

---

64 Detailliert: *Kusche*, Possible harms of artificial intelligence and the EU AI act: fundamental rights and risk, Journal of Risk Research, 2024, 1–14.

65 https://www.cyber.gc.ca/sites/default/files/cyber/publications/tra-emr-1-e.pdf (letzter Aufruf: August 2024).

66 https://nvlpubs.nist.gov/nistpubs/Legacy/SP/nistspecialpublication800-30r1.pdf (letzter Aufruf: August 2024).

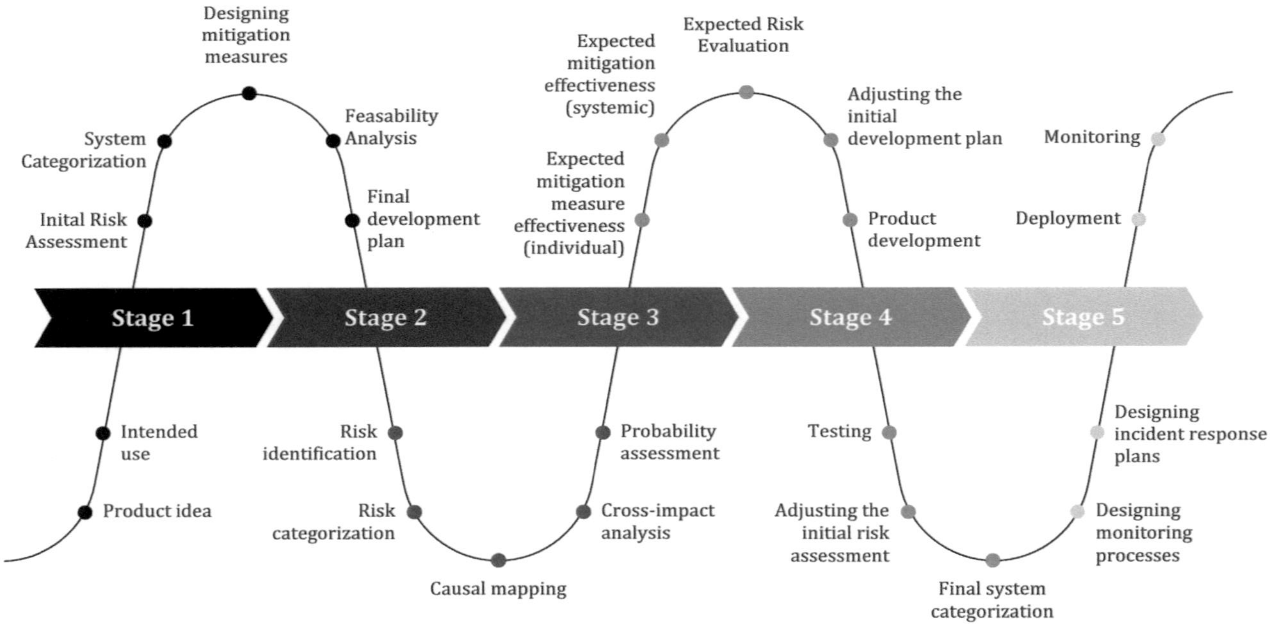

Abbildung 9: Risk Assessment Cycle

(3) Risikominderung

Mit der Bewertung der ermittelten Risiken allein ist es nicht getan. Es schließt sich an, geeignete Maßnahmen auszuarbeiten, um das ermittelte Risiko zu mindern. Dieser Teil der Arbeit erfordert viel **Kreativität, Erfahrung und Überzeugungskraft**. Der AI Act nennt einige spezifische Maßnahmen wie die Bereitstellung von Informationen und die Schulung von Anwendern und/oder Nutzern des Systems. Diese Maßnahmen erachtet der Gesetzgeber als grundsätzlich geeignet, nicht aber zwingend auch als hinreichend. Statt sich jenen Risiken zu widmen, deren Behebung am leichtesten fällt, gilt es, **zuerst die schwerwiegendsten Risiken** zu adressieren. Dabei sind alle Abhilfemaßnahmen auf ihre Wirksamkeit zu testen. Theoretische Abhilfe für praktische Risiken ist keine Risikomitigation, sondern Theater. Maßnahmen sollten zunächst in einer Testumgebung umgesetzt und überprüft werden oder – wenn sich das System noch in der Entwicklungsphase befindet – simuliert werden. Mit den „AI-Sandboxes" und dem „Test von High-Risk AI Systems unter Realbedingungen" etabliert der Gesetzgeber zwei weitere Optionen, um zu überprüfen, ob ein AI System den gesetzgeberischen Anforderungen an vertrauenswürdige AI („Trustworthy AI", vgl. Erwägungsgrund 27) gerecht wird.[67]

AI-Sandboxes bieten eine kontrollierte Umgebung, in der Fehler zunächst ohne Konsequenzen bleiben. Sie erlauben es Providern, Tests durchzuführen, bevor sie das System in den Verkehr bringen. **AI-Sandboxes** („KI-Reallabore", Art. 57) ermöglichen, die Wirksamkeit von Maßnahmen zur Risikominderung zu testen und gegebenenfalls bislang verborgene Risiken und Bedrohungen zu erkennen. Der EPRS des Europäischen Parlament hatte im Juni 2022 die Vor- und Nachteile dieser Regulatory Sandboxes in Bezug auf AI Systems analysiert.[68] Sie sollen es Providern gerade gestatten, mit Behörden zusammenzuarbeiten und auf deren Anleitung, Aufsicht und Unterstützung zurückzugreifen. So sollen gesetzeskonforme Systeme entstehen und es Providern leichter fallen, solche Systeme zu entwickeln und die negativen Folgen ihrer Systeme zu minimieren. Damit haben AI-Sandboxes das Potenzial, zu einer Art **Best-Practice-Maßnahme** zu werden. Sie können dabei helfen, gesetzliche Vorschriften einzuhalten und senken zugleich das Risiko hoher Bußgelder, die drohen, wenn sich die Risiken von AI Systems verwirklichen.

---

67 Eine gute Operationalisierungshilfe zu „trustworthy AI" ist der vom Fraunhofer IAIS herausgegebene Leitfaden zur Gestaltung vertrauenswürdiger Künstlicher Intelligenz, 2021.

68 *Madiega/Van De Pol*, European Parliamentary Research Service, Artificial intelligence act and regulatory sandboxes, June 2022.

Tests unter realen Bedingungen (Art. 60, „Tests von Hochrisiko-KI-Systemen unter Realbedingungen außerhalb von KI-Reallaboren") bringen wahrscheinlich noch genauere und besser umsetzbare Ergebnisse hervor. Für solche Tests müssen Anbieter einen Plan aufstellen und diesen der zuständigen **Marktaufsichtsbehörde zur Genehmigung vorlegen**. Entsprechende Tests sind auf 6 Monate zu befristen und können auf bis zu maximal 12 Monate verlängert werden (Art. 60.4.f). Außerdem müssen sich Vorhersagen, Empfehlungen und Entscheidungen des Systems effektiv rückgängig machen lassen. Die Provider haften für alle Schäden, die im Zuge des Tests entstehen. Sanktionen in Form von Bußgeldern müssen sie jedoch nicht fürchten.

Beide Varianten, Sandboxes und Real World Testing, werden mutmaßlich Best Practices entwickeln. (Juristische) Berater und Beraterinnen sollten hier aufmerksam werden. Wer auf diese Methoden zurückgreift, belegt sein Bestreben, mit den Behörden zusammenzuarbeiten. Sie zu nutzen indiziert, im Falle eines Verstoßes gegen den AI Act **nicht vorsätzlich gehandelt** zu haben. Dieser Bewertung kommt bei der Verhängung und Bemessung von Bußgeldern eine große Bedeutung zu. Es ist daher nicht verkehrt, etwaige Zweifel an ihrer Nützlichkeit für die Entwicklung von besseren Risikomanagementsystemen hintenanzustellen und sich eines der beiden Mechanismen zu bedienen.

Es gibt aber auch Gesichtspunkte, die ihrer Durchführung entgegenstehen können. Nicht immer sind entsprechende Maßnahmen wirtschaftlich tragbar. Denkbar ist auch, dass nicht genügend qualifiziertes Personal zur Verfügung steht, um sie umzusetzen und aufrechtzuerhalten. In einem solchen Fall ist die Maßnahme nicht geeignet, das Risiko zu mindern. Dann sind alternative Optionen in Betracht zu ziehen.

(4) Risikoakzeptanz

Neben vielen anderen Instrumenten verfolgt auch der AI Act das Ziel, die Risiken denkbarer negativer Auswirkungen von AI Systems zu minimieren. Er geht jedoch nicht so weit, alle Risiken vollständig beseitigen zu wollen. Dies wäre auch kaum möglich. Schließlich adressiert der AI Act primär Provider und Deployer von Systemen, denen ein **gewisses Risiko inhärent** ist. Diesen Umstand können auch umfassende Regelungen nicht ändern. Akzeptabel ist dies aber, wenn die Handelnden schwerwiegende Risiken identifizieren und auf niedriges Niveau reduzieren. Nicht nur in Bezug auf Geschäftsentscheidungen, sondern auch in Bezug auf die Gesetzgebung. Die Bewältigung dieser Risiken sowie anderer festgestellter oder künftiger Risiken ist dann eine Frage der Gestaltung effizienter Überwachungs-, Kontroll- und Reaktionsprozesse.

(5) Risikotoleranz

Es ist gut vorstellbar, dass sich bestimmte Risiken nicht angemessen mindern lassen. In diesem Fall tun sich für Provider zwei mögliche Wege auf: Sie können die Konzeption ihres Systems erheblich verändern, um den Fortbestand ihres Vorhabens zu sichern. Oder sie finden sich mit den Risiken ab und hoffen auf das Beste. Hier bestimmen die prognostizierten geschäftlichen Auswirkungen der Risiken und die Risikoaffinität der Entscheidungsträger den Weg. Es gilt, eine gute Geschäftsentscheidung zu treffen. Allerdings ist zu beachten, dass die vor allem in den USA gelehrte „**Business Judgement Rule**" nicht auf Fragen der Rechtskonformität angewendet werden kann. Compliance als gesetzliche Anforderung steht nicht zur geschäftlichen Disposition. Gute geschäftliche Entscheidungen gründen auf einer überzeugenden Geschäftsstrategie. Sie dient als Kontrastfolie, um Prognosen über Risiken und Erwägungen darüber anzustellen, warum bestimmte Risiken zu Beginn der Bewertung zu tolerieren sind. Diesen Entscheidungsprozess zu dokumentieren, kann helfen, wenn in Zukunft bislang nicht geminderte Risiken eintreten.

(6) Etablierung von Controlling-, Überwachungs- und Incident-Response-Prozessen

Der letzte Schritt auf dem Weg zu einem effizienten Risikomanagementsystem ist die Entwicklung effizienter Kontroll-, Überwachungs- und Incident-Response-Prozesse.

i. Controlling

Unter Controlling versteht man in diesem Zusammenhang den Prozess der Messung der Systemleistung und des Vergleichs mit der geplanten Funktionsweise des Systems. Dazu gehören die folgenden Schritte:
- Aufstellen von Benchmarks,
- Messen der Leistung,
- Vergleichen der Leistung mit den festgelegten Maßstäben,
- Ergreifen von erforderlichen Korrekturmaßnahmen.

ii. Monitoring

Monitoring dient dazu, Risiken zu erkennen, um auf sie reagieren zu können. Hierzu ist es erforderlich, Metriken und Indikatoren kontinuierlich zu überwachen. Dieser Prozess kann automatisiert ablaufen. Dabei werden Systeme ihre Leistung fortwährend **monitoren** und das Eintreten kritischer Ereignisse **kennzeichnen und loggen** (vgl. Art. 12 „Aufzeichnungspflichten" sowie für ISMS relevant ISO 27001:2022 A, Information security, cybersecurity and privacy protection – Information security management systems – Requirements, Control 8.15 [Logging], 8.16 [Monitoring]; ausgeführt in **ISO/IEC 27002:2022 Information security, cybersecurity and privacy protection – Information security controls**, 8.15 Logging, 8.16 Monitoring, sowie für datenschutzrechtlich relevante Events ISO/IEC DIS 27701.2:2024, Information security, cybersecurity and privacy protection – Privacy information management systems – Requirements and guidance, B.3.25, Logging). Menschen wird die Rolle zufallen, entsprechende Aufzeichnungen regelmäßig zu überprüfen. Die Abstände und Umfänge, die es hierbei einzuhalten gilt, richten sich nach den Besonderheiten der jeweiligen Systeme und der angestellten Risikobewertungen. Systeme, deren Einsatz mit einem größeren Risiko verbunden ist, sind häufiger und gründlicher zu überprüfen als Systeme mit einem geringen Risiko.

iii. Incident-Response-Prozesse

Um auf Vorfälle angemessen reagieren zu können, sind bestimmte Prozesse zu entwickeln. Die Prozesse müssen Maßnahmen beinhalten, die bei Vorfällen zu ergreifen sind. Dies erfordert:

- Zuständigkeiten den entsprechenden Mitarbeitern im Unternehmen zuzuweisen;
- Befehlsketten für Vorfälle zu entwerfen und zu dokumentieren, um eine schnellstmögliche Information der für den konkreten Vorfall im Unternehmen zuständigen Person sicherzustellen;
- Prozesse für die Benachrichtigung der Behörden und – falls erforderlich – andere Provider oder Deployer und/oder der betroffenen Personen zu entwerfen und zu dokumentieren;
- Schwellenwerte für das Ergreifen von Maßnahmen festzulegen;
- ein System zur Dokumentation aller auftretenden Vorfälle zu entwickeln.

Diese Pflichten verortet der AI Act auch bei den Post-Market-Monitoring- und Qualitätsmanagementsystemen. Alle die Ergebnisse und Incident-Response-Prozesse sollten aber weiter dem Zweck dienen, **Risikomanagementsysteme zu informieren und kontinuierlich zu verbessern**. Die drei Systeme sind eng miteinander verbunden und lassen sich auch nicht voneinander trennen.

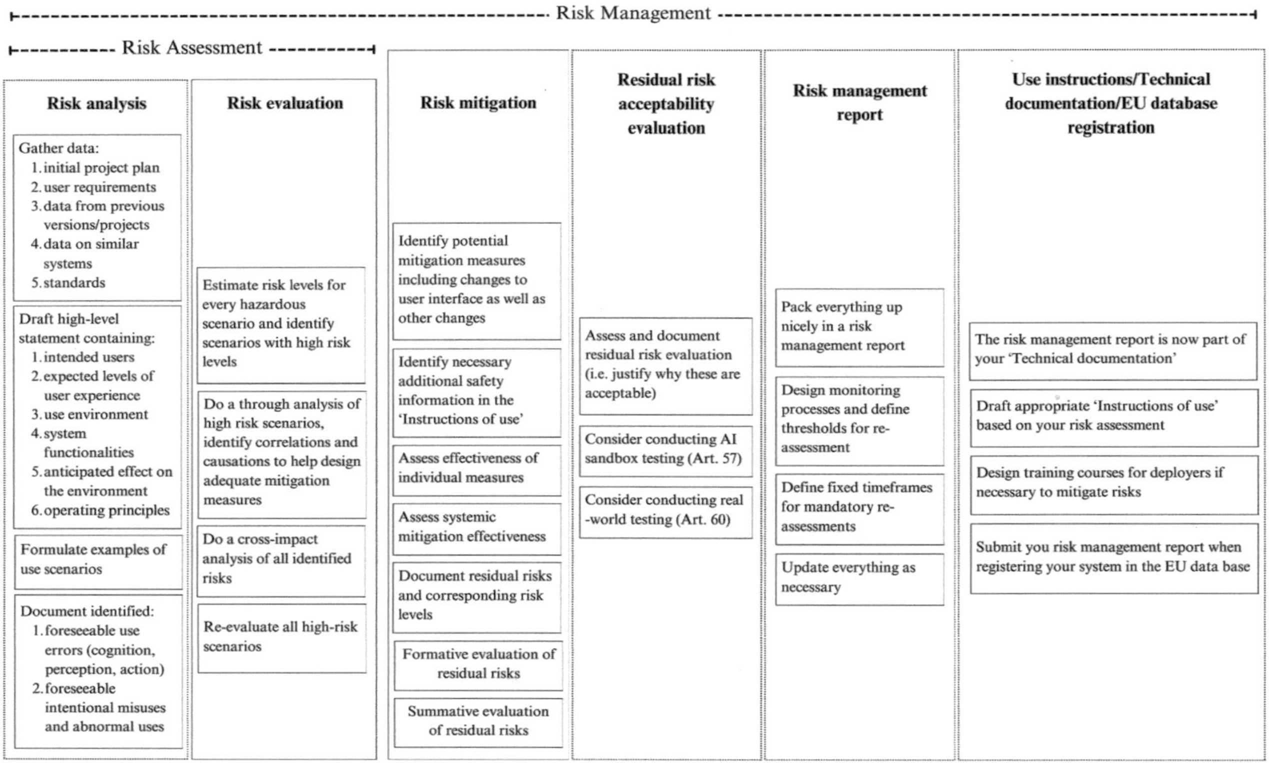

Abbildung 10: Phasen des Risikomanagements

c) Modell-Anforderung: Menschliche Aufsicht

„The tongue cannot claim to be ignorant of what the teeth are doing.“
(*Afrikanisches Sprichwort*)

AI Systems kontrollieren sich nicht selbst; sie müssen extern kontrolliert werden. Insbesondere, wenn die zugrunde liegenden Implementierungstechniken keine vollständige Erklärbarkeit oder verifizierbares Verhalten gewährleisten können.

Eine effektive menschliche Aufsicht zu ermöglichen, mutet zunächst wie eine vermeintliche einfache Maßnahme an, denen AI Systems mit hohem Risiko gemäß Art. 14 gerecht werden müssen. Dieser Eindruck täuscht aber.[69]

Die Idee, die Funktionsweise automatisierter Entscheidungssysteme, insbesondere von AI Systems, zu überwachen, ist nicht neu.[70] Oft wird sie als Methode zur **Gewährleistung einer human-centered AI** nahezu glorifiziert. Menschliches Handeln und Verantwortung sollen das Vertrauen der Nutzer in die Systeme stärken und diese allgemeinhin „vertrauenswürdiger“ machen.[71] Insbesondere soll menschliche Aufsicht:

- die Verantwortung von Menschen statt technischer Autonomie gewährleisten,
- proaktiv Schäden vermeiden und humanistische ethische Werte schützen,
- reaktiv die AI Systems im laufenden Betrieb überwachen und Risiken, Verzerrungen und Schäden adressieren.[72]

Es ist empirisch belegt, dass die Menschen im Allgemeinen einem AI System mehr vertrauen, wenn ihnen gesagt wird, dass ein „Human-in-the-Loop“ mitwirkt.[73] Was genau hinter dem Leitbild der menschlichen Aufsicht steht, ist klärungsbedürftig. Denn der Mensch, irgendein Mensch, ist gleichwie

---

69 Aktuell unter Einbeziehung des AI Acts: *Sterz* et al., On the Quest for Effectiveness in Human Oversight: Interdisciplinary Perspectives, in: FAccT ’24: Proceedings of the 2024 ACM Conference on Fairness, Accountability, and Transparency, 2024, S. 2495 ff.

70 Grundlegend: *Crootof/Kaminski/Nicholson Price II*, Humans in the Loop, 76 Vand. L. Rev. 429, 2023.

71 European Commission, Independent High-Level Expert Group on Artificial Intelligence, 31.1.2024., S. 14 ff., https://digital-strategy.ec.europa.eu/en/library/ethics-guidelines-trustworthy-ai (letzter Aufruf: August 2024).

72 *Enqvist*, ‚Human oversight‘ in the EU artificial intelligence act: what, when and by whom? Law, Innovation and Technology, 15(2), 2023, 508–535, S. 511, https://www.tandfonline.com/doi/full/10.1080/17579961.2023.2245683 (letzter Aufruf: August 2024).

73 *Laux, J.*, Institutionalised distrust and human oversight of artificial intelligence: towards a democratic design of AI governance under the European Union AI Act, AI & Soc (2023), S. 2, https://link.springer.com/article/10.1007/s00146-023-01777-z (letzter Aufruf: August 2024).

immer „in the loop". Schließlich agieren AI Systems weder in der Entwurfsphase noch in der Überwachungsphase völlig autonom, also unabhängig von menschlichen Entscheidungen. Im Gegenteil, Menschen treffen eine Vielzahl von Entscheidungen, die sich auf und in einem AI System auswirken und erhebliche Fragen zur rechtlichen Verantwortung stellen.[74] Das **Zusammenspiel zwischen Menschen und Systemen** kann verschiedene Formen annehmen. So kann der Mensch „on-the-loop", „in-command" oder „in-the loop" sein.[75] Die Literatur belegt diese Varianten mit verschiedenen Terminologien. Im Kern ist sie sich aber einig, dass die Hauptunterschiede im Allgemeinen im Grad des Einflusses liegen, den der Mensch auf das System ausübt.

Dieser Einfluss lässt sich kategorisieren:
– Der Mensch kann in den Entwurfszyklus eingreifen und ist in der Lage, den Betrieb des Systems insgesamt zu überwachen (**HOTL**, Human on the Loop), um es so in Richtung des gewünschten Verhaltens zu lenken;
– der Mensch kann das System in einem sehr weiten und allgemeinen Sinne überwachen, indem er die Gesamtaktivität überblickt und entscheidet, wann das System überhaupt eingesetzt werden soll (**HIC**, Human in Control);
– der Mensch ist in der Lage, in einzelne Entscheidungen des Systems einzugreifen (HITL, Human in the Loop).

Diese Kategorisierung ist wichtig, weil der AI Act selbst keine Vorgaben darüber trifft, wie die Maßnahmen der menschlichen Aufsicht umgesetzt werden sollen.[76] Anleihen könnten bei der druckfrischen Technical Specification **ISO/IEC TS 8200:2024 (Information technology – Artificial intelligence – Controllability of automated artificial intelligence systems)** zur Kontrollierbarkeit von AI Systems genommen werden. Während die ISO/

---

74 Eine umfassende Analyse des Haftungsregimes für AI aus US-Perspektive: *Tschider*, Humans outside the Loop, 26 Yale J. L. & Tech. 324, 2024.

75 European Commission, Independent High-Level Expert Group on Artificial Intelligence, 31.1.2024, S. 16; *Citron/Pasquale,* The scored society: Due process for automated predictions, (2014) 89 Washington Law Review, S. 6 ff.; *Enqvist*, ‚Human oversight' in the EU artificial intelligence act: what, when and by whom? Law, Innovation and Technology, 15(2), 2023, 508–535, S. 513, https://www.tandfonline.com/doi/full/10.1080/17579961.2023.2245683 (letzter Aufruf: August 2024).

76 Vgl. auch *Enqvist*, ‚Human oversight' in the EU artificial intelligence act: what, when and by whom? Law, Innovation and Technology, 15(2), 2023, 508–535, S. 525 f., https://www.tandfonline.com/doi/full/10.1080/17579961.2023.2245683 (letzter Aufruf: August 2024) https://www.tandfonline.com/doi/epdf/10.1080/17579961.2023.2245683?needAccess=true; *Laux, J.*, Institutionalised distrust and human oversight of artificial intelligence: towards a democratic design of AI governance under the European Union AI Act, AI & Soc (2023), S. 2, https://link.springer.com/article/10.1007/s00146-023-01777-z (letzter Aufruf: August 2024).

IEC 25059:2023 (Software engineering – Systems and Software Quality Requirements and Evaluation (SQuaRE) – Quality model for AI systems) Kontrollfähigkeit als Unterkategorie von Usability betrachtet, die eine Kontrolle ermöglicht, beschreibt die eingangs zitierte Spezifikation ISO/IEC TS 8200:2024 eher die Funktionalitäten des Systems, die eine Kontrolle ermöglichen.

Der gleichfalls frische Technical Report **ISO/IEC TR 5469:2024 (Artificial intelligence – Functional safety and AI systems)** wiederum widmet sich der Kontrollfähigkeit unter zwei Aspekten: Kontrolle von Risiken und Kontrolle von Equipment. Es gibt nach ISO/IEC TS 8200:2024 mindestens zwei Möglichkeiten, die Kontrollierbarkeit eines AI Systems zu realisieren:

– Nutzung der speziell für Kontrollzwecke entwickelten und implementierten Funktionen;
– Nutzung funktionaler Operationen, die zwar nicht speziell für Kontrollzwecke entwickelt wurden, aber dennoch für Kontrollzwecke verwendet werden können.

Die Kontrolle über ein AI System ist wirksam, wenn mindestens die folgenden Bedingungen erfüllt sind:

– Die Kontrolle wird durchgeführt, wenn das System für einen bestimmten Zweck mit akzeptablen Nebeneffekten kontrolliert werden kann;
– die Kontrolle wird über einen korrekten Kontrollbereich auf der Grundlage der vom System bereitgestellten Kontrollpunkte durchgeführt;
– die Kontrolle funktioniert wie beabsichtigt.

Angesichts der Komplexität menschlicher Aufsicht über automatisierte Systeme stellt sich früh die Frage, ob Sie der Mensch sein wollen, der die Kontrolle ausübt. Empirische Untersuchungen aus den USA legen nahe, dass dies womöglich nicht die angenehmste Aufgabe ist, die eine Organisation zu vergeben hat: „***When Algorithms mess up, the nearest human gets the blame***“.[77] Die Verantwortlichkeit für Schäden wird, so eine detaillierte Untersuchung aus 2019, allzu oft und allzu gerne denen übertragen, die eine (begrenzte) Kontrolle über teil- oder vollautomatisierte Systeme ausüben. „**Humans act like a liability sponge**“ ist eine Feststellung,[78] die recht wenig Optimismus ausstrahlt. Für die Rechtspraxis bedeutet das, das alles, was über eine reine Mitbestimmung im Sinne des Betriebsverfassungsrechts hi-

77 *Hao*, When algorithms mess up, the nearest human gets the blame, MIT Technology Review, 2019, https://www.technologyreview.com/2019/05/28/65748/ai-algorithms-liability-human-blame/ (letzter Aufruf: August 2024).

78 Ausführliche Beschreibung der rechtlichen und ethischen Herausforderungen der Mensch-Maschine-Interaktion: *Elish*, Moral Crumple Zones: Cautionary Tales in Human-Robot Interaction, Engaging Science, Technology, and Society 5, 2019, S. 40 ff.

nausgeht,[79] Risiken für mit der Aufsicht betrauten Personen birgt und adäquat in Betriebs- oder Dienstvereinbarungen sowie Arbeitsverträgen zu adressieren ist, um Überraschungen und Enttäuschungen zu vermeiden.

Weniger technisch, vielmehr prozesslenkend, schreibt Art. 14 lediglich vor, dass die **menschliche Aufsicht wirksam** sein muss. Sie hat darauf abzuzielen, Risiken für die Gesundheit, die Sicherheit oder die Grundrechte zu verhindern oder zu minimieren, wenn das System bestimmungsgemäß eingesetzt wird. Außerdem müssen die Aufsichtsmaßnahmen dem Risiko, dem Grad der Autonomie und dem Kontext der Nutzung des Systems angemessen sein. Entsprechend Art. 14 kann dies entweder durch eingebaute Maßnahmen oder durch Maßnahmen erreicht werden, die Deployer umsetzen sollten, sobald das System in Betrieb ist, und die „*geeignete Werkzeuge für die* Mensch-Maschine-Schnittstelle" umfassen können. Dementsprechend ist jede der oben genannten Varianten menschlicher Aufsicht potenziell geeignet, um die Anforderungen des AI Acts zu erfüllen. Maßgeblich ist, dass sie den Risiken angemessen ist und der Deployer sie wirksam durchführt.

Entsprechende Maßnahmen umzusetzen ist so komplex, wie sie zu gestalten. Art. 14 schreibt ausdrücklich vor, dass die natürlichen Personen, die die Aufsicht ausüben, in der Lage sein müssen:

– die relevanten Fähigkeiten und Grenzen des Systems richtig zu verstehen;
– sich der möglichen Verzerrung durch Automatisierung bewusst zu bleiben;
– die Ergebnisse des Systems richtig zu interpretieren;
– zu entscheiden, das System nicht zu benutzen und dessen Ergebnisse zu ignorieren, außer Kraft zu setzen oder umzukehren;
– in den Betrieb einzugreifen und das System so zu unterbrechen, dass es in einem sicheren Zustand zum Stillstand kommt.

Systeme, die Menschen in Echtzeit biometrisch identifizieren, bedürfen mindestens zweier natürlicher Personen, die getrennt voneinander die Ausgaben der Systeme in Echtzeit überprüfen und bestätigen.

Das Erfordernis menschlicher Aufsicht gliedert sich in ein **feingranulares Anforderungsprofil** mit weitgehenden Überschneidungen zu Vorgaben wie der Gestaltung transparenter und erklärbarer Systeme (siehe z. B. Art. 13 und 86) und dem Gebot, AI Literacy aktiv zu fördern (Art. 4). Diese Vorgaben einzuhalten, schafft die notwendige Grundlage, um Systeme entsprechend der Anforderung einer wirksamen menschlichen Aufsicht gestalten zu können. Zugleich zeigt die empirische Forschung, dass sich manche Vorgaben wie beispielsweise die Erklärbarkeit von Systemen kaum auf die Wirksam-

79 Lesenswerte Perspektiven: KI von der Idee an mitbestimmen, https://www.boeckler.de/de/magazin-mitbestimmung-2744-ki-von-der-idee-an-mitbestimmen-54326.htm (letzter Aufruf: August 2024).

keit der menschlichen Aufsicht auswirken.[80] Für bestimmte Anwendungsfelder bestätigen Studien, dass eine vollständige Automatisierung gegenüber der menschlichen Entscheidungsfindung vorzugswürdig erscheint.[81] Vor diesem Hintergrund ist die in Art. 14 niedergeschriebene Ambivalenz eher ein Feature als ein Bug. Jene Ambivalenz wohnt Tatbestandsmerkmalen wie der „Verhältnismäßigkeit" und „Angemessenheit" menschlicher Aufsicht inne. Sie schützen Deployer vor einer allzu fordernden Auslegung, die auch nicht im Interesse derer ist, auf die sich das System auswirkt. So mutet es befremdlich an, Art. 14.4.e. wörtlich zu interpretieren und zu fordern, dass Menschen stets in der Position sein müssen, durch eine „Stopp"-Taste in den Betrieb des Systems einzugreifen, jede andere Art von nutzerzentriertem Interventionsmechanismus sollte gleichfalls genügen. Eine entsprechende Funktion bietet nur einer sehr begrenzten Auswahl an Systemen einen greifbaren Vorteil. Denkbar ist dies z. B. bei selbstfahrenden Autos, bei denen „eine Unterbrechung, die zu einem sicheren Halt führt" einen greifbaren Vorteil verspricht. In anderen Fällen, in denen es weder verhältnismäßig noch angemessen ist (und in bestimmten Fällen, z. B. aufgrund der Geschwindigkeit der ausgeführten Operationen, auch nicht möglich), den Betrieb des Systems unterbrechen zu können, fordert Art. 14 diese Maßnahme auch nicht ein. Umgekehrt bedeutet dies nicht, dass entsprechende Systeme gar keiner menschlichen Aufsicht bedürfen. Es verbleiben nämlich jene Maßnahmen zur menschlichen Aufsicht, die mit Blick auf das betreffende System, seinen beabsichtigten Verwendungszweck und die **voraussichtliche Höhe und Art des Risikos** zugeschnitten sind. So müssen Deployer alle zu implementierenden Maßnahmen sowie alle für die effektive Umsetzung notwendigen Informationen in den Begleitinformationen zur Verfügung stellen (Art. 13.3.d) und in den technischen Unterlagen erläutern (Art. 11 und Anhang IV.2.e).

Um dem Erfordernis menschlicher Aufsicht gerecht zu werden, können sich folgende Optionen anbieten:

- jede einzelne Entscheidung zu **überwachen** und Entscheidung entsprechend oder konträr der Empfehlung des Systems zu treffen;

---

80 *Alufaisan* et al., Does Explainable Artificial Intelligence Improve Human Decision-Making?, 2020, https://arxiv.org/abs/2006.11194 (letzter Aufruf: August 2024).

81 Ein recht naheliegendes Beispiel hierfür ist die Luft- und Raumfahrtindustrie, in der Akteure manchmal eine „harte Automatisierung" bevorzugen, bei der ein automatisiertes Flugsystem menschliche Eingaben außer Kraft setzen kann, um menschliche Fehler zu vermeiden. Vgl. hierzu z. B. *Laux, J.*, Institutionalised distrust and human oversight of artificial intelligence: towards a democratic design of AI governance under the European Union AI Act, AI & Soc (2023), S. 4, https://link.springer.com/article/10.1007/s00146-023-01777-z (letzter Aufruf: August 2024).

- systematisch **Statistiken** über Systementscheidungen zu erstellen und zu kontrollieren, um so die allgemeine Genauigkeit des Systems zu überwachen;
- Verfahren einzuführen, um das System regelmäßigen zu **prüfen** und zu **verifizieren**;
- automatische Systeme zur **Kennzeichnung** von Grenzfällen und Ereignissen einzuführen, die von einem menschlichen Prüfer bestätigt werden;
- ein **automatisiertes System** einzuführen, das auf vordefinierte Impulse reagiert, die auf Fehler hinweisen.[82]

Der weitaus komplexere Teil der Aufgabe besteht darin, sicherzustellen, dass die durchgeführte Aufsicht wirksam ist. Ein guter Ausgangspunkt ist es:

- eine geeignete Kombination von **Gestaltungs-, Nutzungs- und Kontrollmaßnahmen** umzusetzen;
- sowohl technische als auch organisatorische Maßnahmen vorzusehen, die eine ausgeübte Aufsicht **so wirksam wie möglich** machen und den gesamten Betrieb des Systems abdecken;
- die **Aufsicht** einer bestimmten Person oder einer Gruppe von Personen zu übertragen, die für ihre Durchführung verantwortlich sind;
- Aufsichtspersonen zu wählen, die in Bezug auf die AI-Technologie im Allgemeinen, ihre Risiken und Vorteile sowie im Umgang mit dem betreffenden System **qualifiziert** wurden;
- den Aufsichtspersonen ausreichende zeitliche und finanzielle **Ressourcen** zur Verfügung zu stellen, um ihre Aufgaben zu erfüllen;
- **Arbeitsbedingungen** für Aufsichtspersonen zu schaffen, die es ihnen erlauben, ihre Aufgaben effektiv zu erfüllen (Lagern Sie keinesfalls menschliche Aufsicht über Amazon Mechanical Turk (MTurk) aus).
- die Aufsichtspersonen keinen offensichtlichen **Interessenkonflikten** auszusetzen, die sie dazu verleiten könnten, das System in einer bestimmten Weise zu beeinflussen;
- das System für die Beobachter ausreichend **verständlich zu gestalten**, um ihnen zu ermöglichen, mit dem System zu interagieren. Hierzu zählt auch, das System und seine Entscheidungen in angemessener Weise zu erklären. Dies kann z. B. durch textliche, visuelle, lokale und merkmalsbezogene Erklärungen sowie Erklärungen durch Beispiele und Vereinfachungen geschehen;[83]

---

82 *Enqvist*, ‚Human oversight' in the EU artificial intelligence act: what, when and by whom? Law, Innovation and Technology, 15(2), 2023, 508–535, S. 529, https://www.tandfonline.com/doi/full/10.1080/17579961.2023.2245683 (letzter Aufruf: August 2024).

83 Weitere Informationen über angemessene Erklärungen im Zusammenhang mit der menschlichen Aufsicht über maschinelle Lernsysteme finden Sie in *Mosqueira-Rey*

- **Verfahren und Richtlinien** zu etablieren, die bestimmen, wann Systeme einer doppelten Überprüfung unterzogen werden sollten und wem die Aufsichtspersonen der ersten Instanz Bericht erstatten;
- Prioritäten zu setzen und zu dokumentieren. Wichtig ist, zwischen Genauigkeit des Systems oder der Effizienz und Prozessoptimierung zu **priorisieren**. Um sicherzustellen, dass die durchgeführte Aufsicht wirksam ist, sollten sich die Aufsichtspersonen des Ziels des Systems sowie des Ziels der durchgeführten Aufsichtsmaßnahmen bewusst sein;
- alle relevanten Entscheidungen in der **technischen Dokumentation** gemäß Art. 11 und Anhang IV 2.e. zu dokumentieren;
- für den Fall, dass nur Deployer das System überwachen können, müssen alle erforderlichen Maßnahmen ausführlich dokumentiert und in der **Betriebsanleitung** angegeben werden.

Dieser skizzierte Umfang ist notwendig, um später überhaupt argumentieren zu können, dass die durchgeführten Maßnahmen ausreichend oder wirksam waren. Die wichtigsten Aspekte sind, wie immer, die folgenden:

- sich mit dem konkreten System gut auszukennen;
- sich mit dem konkreten Verwendungszweck vertraut zu machen;
- zu erkennen, warum die Automatisierung für den Verwendungszweck eine gute Idee ist;
- sich von Anfang an Gedanken über die jeweilige Anforderung zu machen (schließlich handelt es sich um eine Designanforderung) und
- die Maßnahme nicht als Selbstzweck zu betrachten, um die Systeme konform oder „vertrauenswürdig“ zu machen. Sie ist nur ein Schritt auf dem Weg zur Vertrauenswürdigkeit.

---

et al., Human-in-the-loop machine learning: a state of the art, Artif Intell Rev 56, 3005–3054, 2023, https://doi.org/10.1007/s10462-022-10246-w (letzter Aufruf: August 2024).

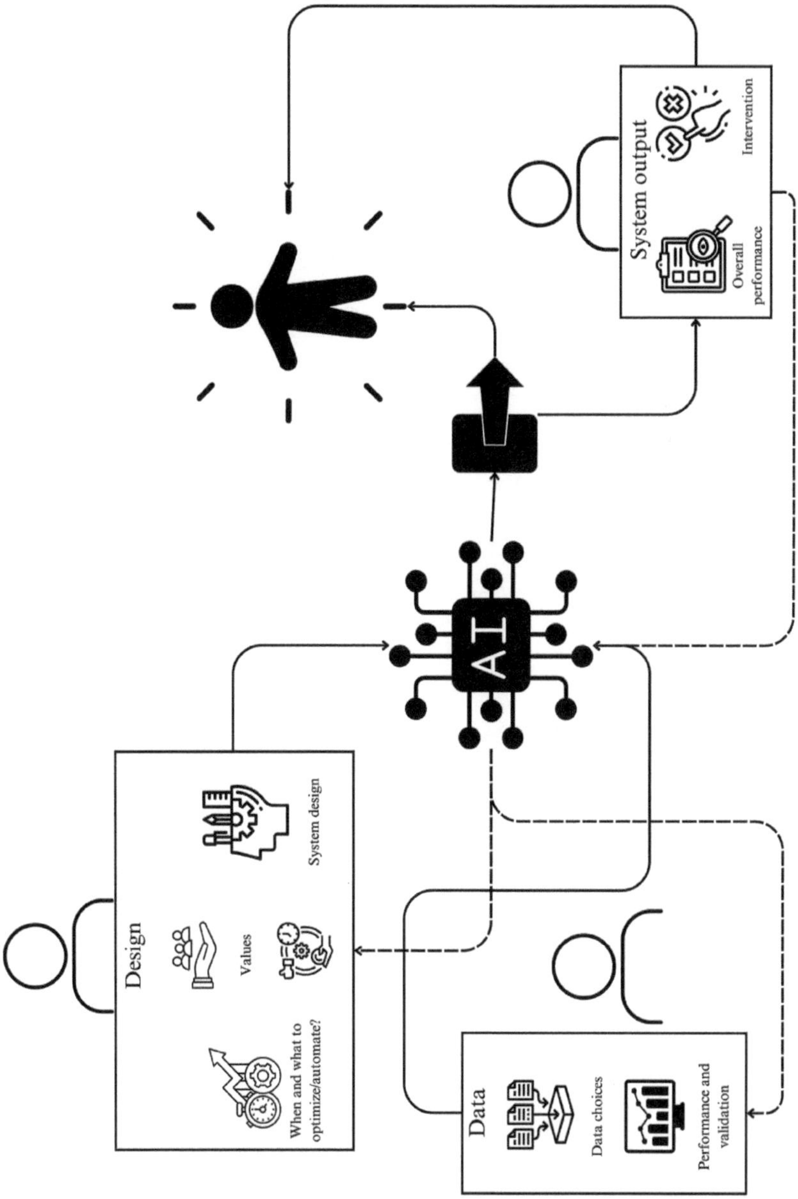

Abbildung 11: Übersicht über die verschiedenen Maßnahmen zur Ausübung der menschlichen Aufsicht

d) Genauigkeit, Robustheit und Cybersicherheit von AI Systems (Art. 15 AI Act)

„AI safety doesn't come from working on AI safety, it comes from working on better AI systems."
(*Yann LeCun*, Head of Meta AI, Davos, 2024)

(1) Überblick

i. Programmsatz für den AI System Life Cycle[84] (Art. 15.1)

Das Gesetz fordert in Art. 15.1, dass High-Risk AI Systems so entworfen und entwickelt werden, dass sie über ihren gesamten Lebenszyklus hinweg ein hohes Maß an **Genauigkeit, Robustheit und Cybersicherheit** gewährleisten und den Nachweis hierfür detailliert zu dokumentieren (Art. 11). Diese Anforderungen schweben nicht im luftleeren Raum, sondern sind gemäß Erwägungsgrund 27 Teil der sieben Prinzipien für Trustworthy AI der **Ethics Guidelines for Trustworthy AI** der High-Level Expert Group on Artificial Intelligence (HLEG AI, 2019, S. 16):

Zu **Accuracy**:

> *„Accuracy pertains to an AI system's ability to make correct judgements, for example to correctly classify information into the proper categories, or its ability to make correct predictions, recommendations, or decisions based on data or models. An explicit and well-formed development and evaluation process can support, mitigate and correct unintended risks from inaccurate predictions. When occasional inaccurate predictions cannot be avoided, it is important that the system can indicate how likely these errors are. A high level of accuracy is especially crucial in situations where the AI system directly affects human lives."*

Zu **Robustness**:

> *„A crucial component of achieving Trustworthy AI is technical robustness, which is closely linked to the principle of prevention of harm. Technical robustness requires that AI systems be developed with a preventative approach to risks and in a manner such that they reliably behave as intended while minimising unintentional and unexpected harm, and preventing unacceptable harm. This should also apply to potential changes in their operating environment or the presence of other agents (human and artificial) that may interact with*

84 Beschrieben in ISO/IEC 5338:2023 Information technology – Artificial intelligence – AI system life cycle processes, 5.3 AI system life cycle model: „The AI system life cycle model describes the evolution of an AI system from inception through retirement."

> *the system in an adversarial manner. In addition, the physical and mental integrity of humans should be ensured.*"

Der Bezug der HLEG AI auf die *„prevention of harm"*, Schadensvermeidung als Leitmotiv, ist rechtspolitisch konsequent. *„Neminem laedere"*, die Aufforderung, niemandem Schaden zuzufügen, ist einer der römisch rechtlichen Grundsätze,[85] die seit Jahrtausenden im kollektiven Bewusstsein der Menschheit verankert sind, und damit Bestandteil nationaler Rechtsordnungen sowie des Unionsrechts („Precautionary Principle") wurden. Nun auch des AI Acts.

Hilfreich, um den abstrakten Grundsatz zu operationalisieren, ist die Assessment List auf S. 27 f. der HLEG AI Ethics Guidelines, die sich explizit dem Thema „Technical Robustness and Safety" widmen. Hier ein Überblick der dort formulierten Fragen:

Resilience to attack and security	Fallback plan and general safety	Accuracy	Reliability and reproducibility
• Assessment of vulnerabilities to attacks • Put measures into place to ensure integrity and resilience • Verify behaviour in unexpected situations • Consider foreseeable risks of dual-use	• Prepare and test fallback plan in case of adversarial attacks or unexpected situations • Consider level of risk raised by the AI system in the specific use case (measurement, assessment, mitigation, insurance) • Assess risk of damage or harm caused by the system (check liability, consumer law, environmental risk, cybersecurity) • Estimate of likelihood of unacceptable results (check for e.g. discrimination)	• Assess criteria for accuracy measurement and assurance • Data quality management: Assure comprehensive and up-to-date data sets • Check for biases • Verify what harm would be caused by inaccurate predictions • Measure amount of inaccurate predictions • Introduce measures to increase accuracy	• Put in place a strategy to monitor and test goals, purposes and intended applications of the AI system • Test for specific contexts/conditions • Verify reliability and reproducibility • Log and document failures • Establish mechanisms of communication with users to ensure reliability

Jenseits des rechtsphilosophischen Diskurses ist die Kommission für die Entwicklung von praktikablen Benchmarks und Standards in diesem Bereich stark auf die Mitwirkung von Expert:innen und Institutionen aller Fachrichtungen angewiesen. Neueste Forschungen bringen Licht ins Dunkel des Begriffs „Robustness" und beschreiben den Kontext, in dem dieser verwendet wird. Jeder dieser Aspekte beleuchtet unterschiedliche Dimensionen von Robustheit und zeigt, dass Robustheit im Machine Learning und AI-System-Kontext ein komplexes und vielschichtiges Konzept ist, das sowohl von der Datenqualität als auch von den spezifischen Designentscheidungen abhängt:

85 Als eines der praecepta iuris des *Ulpianus* zu finden in D. 1, 1, 10, 1: Iuris praecepta sunt haec: Honeste vivere, alterum non laedere, suum cuique tribuere.

- **Allgemeine Robustheit**:
  Robustheit wird allgemein als Unempfindlichkeit eines Modells gegenüber Ungenauigkeiten seiner Parameter definiert. Ein robustes Modell sollte in der Lage sein, auch bei kleinen Fehlern in den Parametern eine stabile Leistung zu erbringen.
- **Adversarial Robustness**:
  Diese bezieht sich auf die Fähigkeit eines Modells, auch unter absichtlichen adversarial attacks stabil zu bleiben. Adversarial attacks sind gezielte, oft kaum wahrnehmbare Veränderungen der Eingabedaten, die das Ziel haben, die Vorhersagen des Modells zu beeinflussen und Fehler zu maximieren. Es gibt unterschiedliche Arten von adversarial attacks, darunter targeted und untargeted attacks sowie White-, Grey- und Black-Box-Angriffe, die sich durch das Wissen des Angreifers über das Modell unterscheiden.
- **Natural Robustness (Robustheit gegenüber natürlichen Störungen)**:
  Diese Art von Robustheit bezieht sich auf die Fähigkeit eines Modells, seine Leistung bei natürlich auftretenden (Bild-)Störungen oder -veränderungen zu bewahren. Diese Störungen sind häufiger in der realen Welt zu finden und können durch Faktoren wie Beleuchtungsänderungen oder natürliches Rauschen verursacht werden.
- **Certified Robustness:**
  Dies bezieht sich auf die garantierte Fähigkeit eines Modells, für jede Eingabe innerhalb eines bestimmten Bereichs stabile Klassifikationen zu liefern, was eine Art von garantierter Robustheit gegen bestimmte Arten von Störungen ist.
- **Generalisation**:
  Generalisation beschreibt die Fähigkeit eines Modells, auf neuen, ungesehenen Testdaten gut abzuschneiden. Es wird zwischen „adversarially robust“ und „non-adversarial generalization“ unterschieden, wobei sich Ersteres auf die Leistung bei neuen adversarialen Beispielen und Letzteres auf die Leistung bei nicht-adversarialen Beispielen bezieht.
- **Performance**:
  Performance als Begriff wird in verschiedenen Kontexten verwendet, abhängig vom Interesse kann es sich auf Genauigkeit, Robustheit, Laufzeit oder Präzision beziehen.

Die nachfolgende Übersicht[86] über Anwendungsgebiete von Robustness ist Beleg für deren Vielschichtigkeit:

86 Vgl. *Tocchetti* et al., A. I. Robustness: a Human-Centered Perspective on Technological Challenges and Opportunities, ACM Computing Surveys, 2024.

Methods & Approaches for Improving Robustness		
Processing the Training Data Generating Adversarial Attacks Augmenting Data for Adversarial Robustness Non-Adversarial Robustness	**Designing In-Model Robustness Strategies** Improving Robustness through Training Improving Robustness through Architecture Design	**Leveraging Model Post-Processing Opportunities** Identifying Unnecessary or Unstable Model Attributes Fusing Models
Robustness in Practical Fields		
Robustness for Specific Architectures Graph Neural Networks Bayesian Neural Networks	**Robustness for Specific Application Areas** Robustness for Natural Language Processing Robustness for Cybersecurity	**Robustness for Specific Trustworthy AI Concepts** Robustness for Explainability Robustness for Fairness
Robustness Assessment & Insights		
Evaluation Strategies Evaluation of Robustness Benchmarks Metrics	**Studies around Proposed Robustness Methods & Insights** Insights on Adversarial Robustness Insights on Natural Robustness	**Trade-Offs Between Robustness and Other Trustworthy AI Concepts** Trade-Off with Accuracy Trade-Off with Fairness Trade-Off with Explainability

Jenseits der spannenden Forschung und Entwicklung zu Robustness[87] werden für die praktische Anwendung unter dem AI Act und anderen Regulierungen technische Standards eine entscheidende Rolle bei der Ausfüllung der zahlreichen unbestimmten Rechtsbegriffe von Art. 15 spielen.

Neben dem Korpus vorhandener internationaler Normen (ISO/IEC, IEEE, NIST etc.) sind bei den europäischen Standardisierungsorganisationen (European Standardisation Organisations, ESOs) aktuell **harmonisierte Normen**[88] in Arbeit, die auch spezifische Vorgaben aus Art. 15 betreffen. Der Sinngehalt der verwendeten Kernbegriffe – Genauigkeit, Robustheit und Cybersicherheit – erschließt sich demzufolge auch nur unter Einbeziehung vorbestehender (ingenieurs-)technischer Standards.

87 Vertiefend zu Robustness von Neuronalen Netzwerken: *Stutz*, Understanding and Improving Robustness and Uncertainty Estimation in Deep Learning, Dissertation, 2022.

88 Definiert in Art. 2.1 c) der „Normungsverordnung“ 1025/2012 als: „[…] europäische Norm, die auf der Grundlage eines Auftrags der Kommission zur Durchführung von Harmonisierungsrechtsvorschriften der Union angenommen wurde.“

Die Europäische Kommission versteht in ihrem Standardisierungsauftrag an die ESOs[89] unter „**Accuracy**" (Annex II.2.6):

> „[…] *the capability of the AI system to perform the task for which it has been designed*".

„**Robustness**" hingegen wird als Begriff zwar adressiert (Annex II.2.7), aber nicht definiert, sondern die Kenntnis seines Bedeutungsgehalts vorausgesetzt:

> „[…] *shall lay down specifications for the robustness of AI systems, taking into consideration relevant sources of errors, faults and inconsistencies, and the interactions of the AI system with the environment.*"

Für ein besseres Verständnis muss ein Blick in die anwendbaren technischen Standards geworfen werden.

Genauigkeit („**Accuracy**"), wird nach ISO/IEC TS 5723:2022 (Trustworthiness – Vocabulary, 3.2.2) definiert als:

> *„closeness of results of observations, computations, or estimates to the true values or the values accepted as being true."*

Zum Bedeutungsgehalt von **Robustheit** („Robustness") erhellend sind einerseits die Definition (ISO/IEC TS 5723:2022, 3.2.16) als *„ability of a system to maintain its level of performance under a variety of circumstances*", aber auch die realitätsnahe Feststellung im jüngsten Technical Report ISO/IEC TR 5469:2024[90] „[…] *ensuring robustness in machine learning is currently a difficult problem*".

Wie sollte der Gesetzgeber dieses Problem anders lösen, als auf die Definition und Messung von Kriterien mit Art. 15.2 an Forschung und Wissenschaft zurückzuverweisen?

Die Fachliteratur gibt auf die Frage nach der Robustheit punktuelle Antworten, etwa der praxisnahe und DFG-geförderte Aufsatz von *Hanif* et al.[91]:

> *„[…] Apart from robust algorithms and high-performance hardware, there is also a significant need for developing systems and hardware architectures that can execute these algorithms in a robust manner.*

89 Commission Implementing Decision on a standardisation request to the European Committee for Standardisation and the European Committee for Electrotechnical Standardisation in support of Union policy on artificial intelligence vom 22.5.2023.

90 Artificial intelligence (AI) – Functional safety and AI systems, Kapitel C.5 Reliability and robustness.

91 *Hanif* et al., Robust Machine Learning Systems: Reliability and Security for Deep Neural Networks, 2018 IEEE 24th International Symposium on On-Line Testing And Robust System Design (IOLTS), 2018, S. 257 ff., DOI:10.1109/IOLTS.2018.8474192.

> *Robustness in system design mainly refers to two crucial aspects: (1) Reliability, and (2) Security.*"

Für die derzeit in der Diskussion populären neuronalen Netzwerke bietet seit einiger Zeit der Technical Report ISO/IEC TR 24029-1:2021[92] zumindest eine Annäherung an den Begriff „Robustness":

> „*Robustness goals aim at answering the question* […] *‚What are the robustness properties of interest?'. Robustness properties demonstrate the degree to which the system performs with atypical data as opposed to the data expected in typical operations*."

Aus beratender Perspektive ist der ISO/IEC-Serie 24029 besondere Aufmerksamkeit zu widmen, da sie derzeit neben dem Technical Report ISO/IEC TR 5469:2024 die einzige praktisch handhabbare Richtschnur für Robustheit von (auf neuronalen Netzwerken beruhenden) AI Systems darstellt. Robustheit ist im Lebenszyklus von AI Systems nichts, was Developer sich für den Abschlusstest aufheben sollten. Denn schon in einer frühen Entwicklungsphase kann die Überprüfung der Robustheit eines AI Systems dessen Design erheblich verbessern. Indem Developer frühzeitig potenzielle Schwachstellen in Bezug auf Robustheit erkennen, können sie notwendige Maßnahmen ergreifen, um diese zu beheben und so unzureichende Robustheit in späteren Phasen zu vermeiden.[93] Darüber hinaus ist zu beachten, dass eine Vorhersage, wie gut ein in der Theorie überzeugend konzipiertes Modell in der Praxis tatsächlich funktioniert, kaum möglich ist.[94]

Doch auch jenseits komplexer neuronaler Netzwerke spielt Robustheit bei algorithmisch unterstützten Alltagsanwendungen eine erhebliche Rolle, wie der 2013 aufgedeckte Xerox-Fehler zeigt, der auf einer mangelhaften Implementierung der JBIG2-Kompressionsalgorithmus in Xerox-Kopiergeräten beruhte und trotz detaillierter wissenschaftlich-technischer Aufbereitung in seinen praktischen Auswirkungen auf die Archivierung und Reproduktion

92 Artificial Intelligence (AI) – Assessment of the robustness of neural networks – Part 1: Overview, Kapitel 4 Overview of the existing methods to assess the robustness of neural networks.

93 Detailliert standardisierte Methodologie in ISO/IEC 24029-2:2023: Artificial intelligence (AI) – Assessment of the robustness of neural networks – Part 2: Methodology for the use of formal Methods.

94 So das Ergebnis strukturierter Interviews mit Machine-Learning-Ingenieuren im Bereich MLOps: *Shankar* et al., „We Have No Idea How Models will Behave in Production until Production": How Engineers Operationalize Machine Learning, in: Proceedings of the ACM on Human-Computer Interaction, Volume 8, Issue CSCW1, Article No.: 206, 2024.

von Dokumenten in allen Bereichen des öffentlichen Lebens bis heute nicht überschaubar ist.[95]

Für den Einsatz von Large Language Models (LLMs) ist der Befund relevant, dass einer der in der Praxis beliebten Anwendungsfälle, das Finetuning von LLMs wie OpenAIs GPT[96] oder Metas Llama,[97] in der Regel der Sicherheit dieser Systeme abträglich ist. Die angepriesenen Safety Alignments von LLMs können bereits durch das Finetuning mit nur wenigen gezielt adversarial entworfenen Trainingsbeispielen kompromittiert werden und selbst ohne böswillige Absichten kann Finetuning mit harmlosen und häufig verwendeten Datensätzen unbeabsichtigt das Sicherheits-Alignment von LLMs verschlechtern.[98] Unter https://llm-tuning-safety.github.io/ können die gefundenen Ergebnisse mit Erkenntnisgewinn reproduziert und weiterverwendet werden.

ii. Benchmarking und Normung (Art. 15.2)

Ziel von Art. 15.2 ist es, Genauigkeit und Robustheit aus den Tiefen unbestimmter Rechtsbegriffe zu heben und messbar zu machen. Dies herzustellen kann nicht Aufgabe von Juristen sein, sondern liegt in der Hand von Forschung und Entwicklung.[99] Erwägungsgrund 74 („Performance metrics") greift die Wortwahl aus Art. 15.2 auf, bietet aber nur wenig Präzisierung. Einzig die Erwähnung der „Zweckbestimmung" und des „allgemein anerkannten Stands der Technik" sorgt dafür, dass dieser Absatz nicht völlig diffus bleibt. Es sollte klar sein, dass bei High-Risk AI Systems neueste wissenschaftliche Erkenntnisse und technologische Entwicklungen zu erkennen und zu implementieren sind, und kontinuierliche Weiterbildung und Forschung eine entscheidende Rolle spielen, um sicherzustellen, dass die Systeme nicht nur qualitativ, sondern auch sicherheitstechnisch stets auf

---

95 Einstieg: *Kriesel*, Xerox-Scankopierer verändern geschriebene Zahlen, http://www.dkriesel.com/blog/2013/0802_xerox-workcentres_are_switching_written_numbers_when_scanning (letzter Aufruf: August 2024); detailliert: KOST – Koordinationsstelle für die dauerhafte Archivierung elektronischer Unterlagen, Analyse JBIG2-Komprimierung – Fehlerhafte Xerox-Scans, 2017; daraus resultierend: BSI Technical Guidelines 03138 Replacement Scanning, 2017.

96 Anleitung: https://platform.openai.com/docs/guides/fine-tuning (letzter Aufruf: August 2024).

97 Anleitung: https://llama.meta.com/docs/how-to-guides/fine-tuning/ (letzter Aufruf: August 2024).

98 Detaillierte Studie: *Qi* et al., Fine-tuning aligned Language Models compromises safety, even when users do not intend to, In: International Conference on Learning Representations (ICLR), Wien 2024, Preprint: arXiv:2310.03693v1, 2023.

99 Instruktiv: *Steward*, The Olympics of AI: Benchmarking Machine Learning Systems, 2023, https://towardsdatascience.com/the-olympics-of-ai-benchmarking-machine-learning-systems-c4b2051fbd2b (letzter Aufruf: August 2024).

dem neuesten Stand sind.[100] Im Machine Learning werden häufig spezifische Metriken verwendet (z.B. Root Mean Square Error [RMSE] bei auf Regressionsanalysen basierenden Prognosen, Log Loss für Vorhersagewahrscheinlichkeiten, Accuracy für die allgemeine Korrektheit vorhergesagter Beobachtungen). Eine detaillierte Beschreibung von „Typical performance metrics for machine learning“ findet sich in der bereits im Kapitel zu AI Systems gelobten, weil umfassenden, sektorspezifischen Draft Specification ISO/DPAS 8800:2024 (Road vehicles – Safety and artificial intelligence) in deren Annex H.

Hierbei ist zu beachten, dass einzelne Metriken in aller Regel jeweils auch nur einen Teilaspekt eines AI Systems bewerten, weil sie die vorhandenen Informationen reduzieren: Diese Informationsreduktion kann Sicherheitsprobleme des Gesamtsystems verschleiern. Aus diesem Grund ist es erforderlich, auf ein Bündel an verschiedenen, komplementären Metriken zurückzugreifen, um die KPIs (Robustheit, Genauigkeit etc.) eines AI Systems zutreffend bewerten zu können.

iii. Dokumentationspflichten (Art. 15.3)

Provider müssen die noch zu entwickelnden Metriken ihrer Systeme nicht nur für sich dokumentieren (Art. 11.1), sondern in den zugehörigen Betriebsanleitungen angegeben. Erwägungsgrund 74 („Performance metrics“) wiederholt diese Forderung, ohne zu spezifizieren, welche Messmethoden und Benchmarks genau gemeint sind und ob hier neben erprobten Konzepten und Normen Handlungsbedarf für die Schaffung neuer Ansätze besteht. Angesichts der Individualität und Intransparenz verfügbarer AI Systems wirkt der Verweis auf gesetzliche Vorgaben im Bereich Waagen (RL 2014/31/EU) und Messgeräte (RL 2014/32/EU) etwas verloren. Immerhin müssen „*diese Informationen*“ zu den Deployern „*in klarer und leicht verständlicher Weise ohne Missverständnisse oder irreführende Aussagen*“ übermittelt werden. Die Normierung erschien angesichts der nicht selten übertriebenen oder mangelhaften Darstellung der Performance von AI Systems offenbar notwendig. Diese gesetzliche Anforderung könnte ungeahntes Potenzial entfalten, da Art. 15.3 als Marktverhaltensvorschrift über den Rechtsbruchtatbestand des § 3a UWG umfangreiche Rechtsschutzmöglichkeiten entlang der Supply Chain eröffnet.

100 Zu den unterschiedlichen Anforderungen an Datenqualität zur Erreichung einer bestimmten Vorhersagequalität im Vergleich zum Erreichen von „Robustness“ sowie möglichen Metriken vgl. *Xiong* et al., It Is All about Data: A Survey on the Effects of Data on Adversarial Robustness, ACM Computing Surveys Vol. 56, No. 7, 2024.

iv. Resilienz (Art. 15.4)

AI Systems müssen gemäß Art. 15.4 **„so widerstandsfähig wie möglich"** gegen Fehler, Störungen oder Unstimmigkeiten sein, die entweder im System selbst oder durch Interaktionen mit Menschen oder anderen Systemen in ihrer Umgebung entstehen können. Dieser Maßstab wirkt zunächst vage. Systematisch interpretiert wird aber schnell klar, dass die Formulierung „so widerstandsfähig wie möglich" angesichts des hohen Risikos der adressierten Systeme die Notwendigkeit unterstreicht, diese mit den höchsten derzeit möglichen Standards an Resilienz zu entwickeln und zu implementieren, beschränkt nur durch den aktuellen Stand der Technik und praktische Einschränkungen. Das Gesetz fordert umfassende Maßnahmen zur Minderung von Fehlern, Störungen und Unstimmigkeiten, um Zuverlässigkeit und Sicherheit in deren Interaktionen und Betrieb zu gewährleisten.

Sind die Begriffe „Fehler" und „Störungen" noch gut selbsterklärend, so stutzt der Rechtsanwender beim Verständnis des doch eher umgangssprachlichen Begriffs „Unstimmigkeiten". Der im englischen Text verwendete Begriff „inconsistencies" ergibt im Kontext von Machine Learning mehr Sinn. Inkonsistenzen sind formale oder technische Widersprüche innerhalb eines Systems, Modells oder Datenbestands. Es wäre vorteilhaft, „unstimmig" im Sinne von „inkonsistent" zu verstehen und damit deutlich zu machen, dass die Inkonsistenz entlang des Life Cycles von mathematischen, statistischen bzw. Machine-Learning-Modellen gemeint ist, also die Widersprüchlichkeit der von ihnen genutzten Daten, Modellen oder der vom AI System gelieferten Ergebnisse.[101]

Das Gesetz erfordert weiterhin technische und organisatorische Maßnahmen, um die gewünschte Widerstandsfähigkeit zu gewährleisten. Ein Beispiel für **technische Redundanz** zur Erhöhung der Robustheit, wie in Art. 15.4 S. 2 gefordert, könnte die Verwendung von mehreren Sensoren („Sensor Fusion") in einem autonomen Fahrzeug sein, die alle die gleiche Umgebung beobachten. Wenn einer dieser Sensoren ausfällt oder falsche Daten liefert, können die anderen Sensoren dies ausgleichen und so die Gesamtfunktionalität des Fahrzeugs sicherstellen.[102]

High-Risk AI Systems, die nach ihrer Markteinführung weiter lernen, müssen so konzipiert sein, dass das Risiko verzerrter Ergebnisse durch **Rückkopplungsschleifen** minimiert wird. Das Gesetz nimmt technische Ent-

---

101 Hierzu im Kontext von Large Language Models: *Lee* et al., One vs. Many: Comprehending Accurate Information from Multiple Erroneous and Inconsistent AI Generations, 2024.

102 *Tang* et al., Multi-modality 3D object detection in autonomous driving: A review, 2023; *Balasz*, Machine Learning for Grid-Based Sensor Fusion in Automotive Applications, 2021, S. 43.

wicklungen in Bezug, in diesem Fall kontinuierliches Lernen („Continual Learning“[103] bzw. „Incremental Learning“). Die Kontinuität bezieht sich dabei auf die Fähigkeit eines AI Systems, beständig aus neuen Daten zu lernen und sich an veränderte Umgebungen anzupassen, ohne die Leistung auf zuvor gelernten Aufgaben zu verlieren. Continual Learning ist jedoch mit erheblichen systemimmanenten Risiken verbunden, darunter Rückkopplungsschleifen („**Feedback Loops**“) und „**Catastrophic Forgetting**“.

Erwägungsgrund 75 adressiert in groben Zügen technische Lösungen zur Sicherstellung der Robustheit und erwähnt Mechanismen, die es dem AI System ermöglichen, bei Auftreten bestimmter Anomalien oder bei Betrieb außerhalb vorab festgelegter Grenzen, den Betrieb des AI Systems sicher zu unterbrechen. Solche Mechanismen werden als Störungssicherheitspläne (verbreiteter: „fail-safe plans“) bezeichnet. Der Fail-Safe-Ansatz beruht auf der Annahme, dass kein System vollständig fehlerfrei ist und dass unerwartete Situationen eintreten können. Pläne wie dieser sorgen dafür, dass ein System zunächst ordnungsgemäß überwacht wird und bei Eintritt eines unerwarteten Ereignisses in einen sicheren Zustand versetzt wird oder den Betrieb stoppt bzw. reduziert, um potenzielle Schäden zu vermeiden. Überflüssig, aber nicht schädlich sind die Hinweise auf die Folgen fehlenden Schutzes in Erwägungsgrund 75 S. 4, wobei der Hinweis auf die Grundrechtsaspekte sich realisierender Risiken vor Augen führen soll, dass der AI Act eben nicht nur der Produktsicherheit, sondern auch dem allgemeinen Grundrechtsschutz, z. B. vor diskriminierenden Entscheidungen, dienen soll. Für die Entwicklung von Störungssicherheitsplänen bedeutet dies eine Erweiterung von Überwachungsfokus und Störungsbegriff, die neben den unmittelbaren („System kaputt“) auch mittelbare Folgen („System bewirkt gefährliche Entscheidungen/Ereignisse“) miteinbeziehen müssen. Das ist tatsächlich neu und innovativ und erfordert interdisziplinäre Zusammenarbeit in der Risikoprävention.

Die Entwicklung sicherer **„Machine learning-based modern software systems“ (MLBSS)** stellt weiterhin eine große Herausforderung dar,[104] insbesondere in sicherheitskritischen Bereichen.[105] Ein Hauptproblem ist, dass die aktuelle Entwicklung solcher Systeme oft übereilt erfolgt, wobei poten-

103 *Wang* et al., A Comprehensive Survey of Continual Learning: Theory, Method and Application, 2024; *Pfülb*, Continual Learning with Deep Learning Methods in an Application-Oriented Context, 2022.

104 Zu Reifegrad, Belastbarkeit und Zukunftssicherheit von Machine Learning Engineering: *Serban* et al., Adoption and Effects of Software Engineering Best Practices in Machine Learning, ESEM ’20: Proceedings of the 14th ACM/IEEE International Symposium on Empirical Software Engineering and Measurement (ESEM), Article No.: 3, 2020, https://doi.org/10.1145/3382494.3410681.

105 Hierzu mit breiter Perspektive auf den AI Act: Kelly et al., Navigating the EU AI Act: A Methodological Approach to Compliance for Safety-critical Products, 2024 IEEE

zielle Schwachstellen und Datenschutzprobleme, die externen Nutzern und Angreifern ausgesetzt sind, weitgehend vernachlässigt und schwer zu identifizieren sind. Darüber hinaus weisen maschinell lernbasierte Softwaresysteme in den verschiedenen Entwicklungsstadien – von der Anforderungsanalyse bis hin zur Systemwartung – unterschiedliche Anfälligkeiten für neue Schwachstellen auf. Diese resultieren aus den inhärenten Begrenzungen der Modelle und Daten sowie aus den externen Fähigkeiten von Angreifern.[106]

v. Cybersicherheit (Art. 15.5)

Zunächst fordert Art. 15.5 das Offensichtliche: High-Risk AI Systems müssen den Umständen und dem Risiko angemessen gegen Manipulation von außen gesichert sein. Auch hier ist wichtig, dass wir uns bereits qua Gesetz im Hochrisikobereich befinden, in dem sicherheitstechnisches Laissez-faire keinen Platz haben kann. Angemessenheit bedeutet demnach bereits ein sehr hohes Einstiegslevel für den Schutz der Cybersicherheit. Leider entschied sich der Gesetzgeber für die Aufnahme von willkürlichen Angriffsvektoren, die mit Cybersicherheit nicht notwendig etwas zu tun haben und vielmehr **Supply-Chain-Attacks**[107] darstellen, wie etwa „data poisoning", „model poisoning".[108] Ein besserer Oberbegriff wäre hier womöglich „gezielte Angriffe" gewesen, da Robustheit und Sicherheit von AI Systems auch unbeabsichtigt oder gar gerechtfertigt (z. B. Verteidigung gegen die Verletzung von Urheberrechten durch Anwendung vergifteter Daten und Labels auf publizierte Bilder[109]) beeinträchtigt werden können.

Ein kurzer Aufriss verdeutlicht, dass es um gezieltes Handeln von Angreifern gehen soll, gleich, ob es einen Bezug zur klassischen Cyberkriminalität aufweist oder nicht:

Conference on Artificial Intelligence (CAI), Singapore, 2024, S. 979 ff., doi: 10.1109/CAI59869.2024.00179.

106 *Chen/Babar*, Security for Machine Learning-based Software Systems: a survey of threats, practices and challenges, ACM Computing Surveys, Volume 56, Issue 6, Article No.: 151, 2024.

107 Open Web Application Security Project (OWASP), ML06:2023, AI Supply Chain Attacks.

108 Instruktiv zum Schutz von Daten und Modellparametern: *Shafique* et al., Robust Machine Learning Systems: Challenges, Current Trends, Perspectives, and the Road Ahead, IEEE Design & Test, 2020, S. 30 ff.

109 Die Tools Glaze und Nightshade der University of Chicago werden eingesetzt, um illegales Training mit geschützten Werken zu sabotieren, indem sie das Training mit den entsprechend geschützten Werken verzerren (https://glaze.cs.uchicago.edu/what-is-glaze.html) oder gar diese Verzerrungen auf das gesamte Modell ausweiten, das auf geschützten Werken trainiert wurde (https://nightshade.cs.uchicago.edu/).

- Bei **Data-Poisoning**-Angriffen[110] beeinflussen Angreifer bewusst die Trainingsdaten, um die Ergebnisse eines prädiktiven Modells zu manipulieren. Ziel dieser Angriffe ist es, den Server ein fehlerhaftes Modell trainieren zu lassen, das bösartige Angriffe nicht erkennen kann. Diese Art von Angriff ist besonders relevant, wenn das Modell in einem Online-Modus dem Internet ausgesetzt ist, d. h., das Modell wird kontinuierlich durch das Lernen aus neuen Daten aktualisiert. Ein Beispiel sind falsche Kreditkartentransaktionen zur Manipulation von Betrugserkennungssystemen. Robuste Lernmethoden, Datenvalidierung sowie Filterung der Trainingsdaten können dabei helfen, anomale Daten zu erkennen und zu eliminieren.
- **Model Poisoning**[111] bezieht sich auf die Manipulation des Modells während des Trainings, etwa durch gezielte Änderungen der Gewichte in neuronalen Netzen, um Schwachstellen zu schaffen, wie in Gesichtserkennungssystemen. Hierbei helfen Model Integrity Checks und sichere Aggregationsprotokolle die Integrität des Modells zu wahren.
- **Adversarial Examples (auch: Adversarial Perturbations)** sind eine Methode adversarialer Angriffe auf AI Systems, insbesondere auf maschinelle Lernalgorithmen. Hierbei werden leicht veränderte Eingabedaten in ein Modell eingespeist, um es zu falschen Klassifikationen zu verleiten. Computer-Vision-ML-Algorithmen, insbesondere tiefe neuronale Netzwerke, sind besonders anfällig für diese Angriffe. Adversarial Examples sind oft schwer zu erkennen oder sogar für das menschliche Auge nicht wahrnehmbar. Diese „Unsichtbarkeit" ist nicht nur eine Herausforderung für den gewünschten Einsatz in sicherheitskritischen Bereichen, sondern ein entscheidender Unterschied zwischen der sensorischen Informationsverarbeitung bei Menschen und in künstlichen neuronalen Netzwerken.[112] Dies ist besonders relevant in sicherheitskritischen Bereichen, wie autonomen Fahrzeugen oder medizinischen Diagnosen, wo hohe Qualitätsanforderungen bestehen. Seit der Entdeckung dieser Schwachstelle gibt es ein stetiges Wettrüsten zwischen der Entwicklung von Angriffs- und Verteidigungsstrategien. Trotz ihrer Komplexität und der Abhängigkeit von internem Systemwissen stellen diese Angriffe eine ernsthafte Bedrohung für die Robustheit und Vertrauenswürdigkeit von AI Systems dar.[113]

---

110 Open Web Application Security Project (OWASP), ML02:2023 Data Poisoning Attack.

111 Open Web Application Security Project (OWASP), ML10:2023 Model Poisoning Attack.

112 Detailliert: ISO/IEC TR 24028 Information technology – Artificial intelligence – Overview of trustworthiness in artificial intelligence, 8.2.3.

113 Grundlegend, auch zu Verteidigungsmöglichkeiten, *Carlini/Wagner*, Towards Evaluating the Robustness of Neural Networks, 2017 IEEE Symposium on Security and Privacy (SP), 2017, S. 39 ff.

- **Model Evasions** zielen darauf ab, Sicherheitsmaßnahmen von AI-Modellen zu umgehen, indem Merkmale, wie bei Malware, verschleiert werden, um von Erkennungssystemen unentdeckt zu bleiben. Dynamische Sicherheitsmechanismen und Ensemble Methods, bei denen mehrere Modelle parallel arbeiten, machen das Modell widerstandsfähiger gegen solche Umgehungsversuche. Diese Maßnahmen sind entscheidend, um die Integrität und Sicherheit von AI Systems zu gewährleisten.

Erwägungsgrund 76 erwähnt in S. 2 neben Data Poisoning auch **Membership Inference Attacks (MIA)**. Hierbei handelt es sich um eine gut erforschte und daher omnipräsente Angriffsvariante,[114] bei der Machine-Learning-Modelle durch gezielte Angriffe dazu gebracht werden, Informationen über die individuellen Datensätze preiszugeben, auf denen sie trainiert wurden. Durch Analyse der Modellantworten auf gezielte Abfragen kann der Angreifer Unterschiede in den Wahrscheinlichkeiten und Vorhersagen ausnutzen, um Rückschlüsse auf die Zugehörigkeit einzelner Datenpunkte (z. B. Namen, Adressen, Kreditkartendaten) im Trainingsdatensatz zu ziehen.

Eine **Model Inversion Attack**[115] ist ein gegenüber der MIA erweiterter Angriff auf ML-Modelle, bei dem ein Angreifer durch gezielte Abfragen und Analyse der Ausgabe des Modells versucht, sensible Informationen aus den Trainingsdaten zu rekonstruieren und verwandelt den Ein-Wege-Prozess von Trainingsdaten in ein ML-Modell hinein zu einem bidirektionalen Verfahren, bei dem das Modell seine Trainingsdaten wieder ausgibt. Ein Angreifer kann daher allein anhand des Namens einer Person und Zugang zu einem Gesichtserkennungssystem, das eine Klassifikationsvertrauensbewertung zurückgibt, das Gesicht dieser Person rekonstruieren.[116] Selbst einfache kollaborative Filterungssysteme, bei denen Empfehlungen auf Grundlage der Verhaltensmuster anderer Benutzer erstellt werden, können Konsummuster einzelner Benutzer offenlegen.[117] *Veale*, *Binns* und *Edwards*

---

114 *Shokri* et al., Membership inference attacks against machine learning models, in: Proceedings of the IEEE Symposion on Security and Privacy (SP) 2017, S. 3 (3 ff.); instruktiv *Boenisch*, Attacks against Machine Learning Privacy (Part 2): Membership Inference Attacks with TensorFlow Privacy, 2021, https://franziska-boenisch.de/posts/2021/01/membership-inference/ (letzter Aufruf: August 2024).

115 Instruktiv *Boenisch*, Attacks against Machine Learning Privacy (Part 1): Model Inversion Attacks with the IBM-ART Framework, 2020, https://franziska-boenisch.de/posts/2020/12/model-inversion/ (letzter Aufruf: August 2024).

116 *Fredrikson* et al., Model Inversion Attacks that Exploit Confidence Information and Basic Countermeasures, in: CCS '15: Proceedings of the 22nd ACM SIGSAC Conference on Computer and Communications Security, 2015, S. 1322.

117 *Calandrino* et al., ‚You might also like:' privacy risks of collaborative filtering, in: Proceedings of the IEEE Symposion on Security and Privacy 2011, 231, 231 ff.

(2018)[118] kamen in ihrer differenzierten Analyse zum Schluss, dass Machine-Learning-Models eine zusätzliche juristische Dimension erlangen, wenn sie gegenüber Angriffen wie Membership Inference Attacks und Model Inversion Attacks anfällig sind. Über ihre Rolle als „analytisches Produkt“ und potenzielles Trägermedium für gewerbliche Schutzrechte hinaus, verändern sich diese abstrakten Modelle zu (unerwünschten) Quellen personenbezogener Daten – etwa Texte oder Bilder – die bei entsprechenden Zugriffen oder Angriffen offengelegt werden können und diese Modelle daher selbst personenbezogene Daten im Sinne der DSGVO darstellen.[119] Konzeptionell weist diese Situation deutliche Parallelen zu pseudonymisierten Datensätzen im Sinne der DSGVO auf. Gelingt z.B. eine Model-Inversion-Attacke, so wird sie zu einem in Code gegossenen Schlüssel, der das Tor zu den in dem ML-Modell enthaltenen Informationen (darunter personenbezogene Daten) zu öffnen vermag. Das funktionierende Angriffsmuster[120] (Attack Pattern) ist die zusätzliche Information, mit deren Hinzuziehung eine Re-Identifikation der Betroffenen möglich wird (Art. 4 Nr. 5 DSGVO). Wer auf das Muster zugreifen kann, darf das ML-Modell nur dann als pseudonymisiert betrachten, wenn er durch technische und organisatorische Maßnahmen gewährleistet, dass jenes Angriffsmuster nicht tatsächlich auf das ML-Modell angewendet wird.

Daten und Modellparameter in AI Systems sind anfällig für zufällige und absichtliche **Störungen und Perturbationen**. Der Einsatz von Data Risk Assessments und Data Management Processes ist entscheidend, um geeignete Schutzmaßnahmen zu definieren, insbesondere im Hinblick auf die typischen Herausforderungen datenintensiver Technologien Volume, Variety, Velocity und Variability. Diese vier Begriffe beschreiben die Herausforderungen, die mit großen und komplexen Datenmengen in AI Systems einhergehen. Volume bezieht sich auf die Menge der zu verarbeitenden Daten, Variety auf die Vielfalt der Datenformate und -quellen, Velocity auf die Geschwindigkeit der Datenverarbeitung und Variability auf die Schwankungen in der Datenqualität über die Zeit. Diese Eigenschaften beeinflussen das Data Risk Assessment und entsprechende Managementprozesse, da sie spezifische Risiken und Anforderungen mit sich bringen, die bei der Sicherstellung der Information Assurance in AI Systems berücksichtigt werden müssen. Information Assurance von Daten für Machine Learning wird von

118 *Veale/Binns/Edwards*, Algorithms that remember: model inversion attacks and data protection law, Philosophical Transactions of the Royal Society, 2018, A 376: 20180083.

119 Details: *Hense*, in: Kaularz/Merkle, Handbuch Künstliche Intelligenz, 2024, Kapitel Memorisierung von Trainingsdaten.

120 Zur Modellierung von Angriffsmustern instruktiv: *Li* et al., Security attack analysis using attack patterns, IEEE Tenth International Conference on Research Challenges in Information Science (RCIS), 2016, 1, 1 ff.

Organisationen wie dem National Institute of Standards and Technology (NIST) behandelt.[121]

Das NIST hat zudem im Januar 2024 zu Adversarial Machine Learning (AML) eine umfassende „Taxonomy and Terminology of Attacks and Mitigations“ erstellt (NIST AI 100-2e2023), deren zumindest überblicksweise Lektüre eine sehr gute Basis für das Verständnis von Art. 15 ist. Die Taxonomy basiert auf einer umfassenden Untersuchung der AML-Literatur und ist in einer konzeptionellen Hierarchie angeordnet, die wichtige Arten von ML „methods“, „lifecycle stages“ von Angriffen, „attacker goals and objectives“ sowie deren Fähigkeiten und Wissen des „Machine Learning process“ umfasst. Der Bericht liefert außerdem Methoden zur Mitigation und Management der Konsequenzen von Angriffen und hebt hervor, welche offenen Herausforderungen existieren, die im Lifecycle von AI Systems berücksichtigt werden müssen. Die verwendete Terminologie ist konsistent mit der AML-Literatur und wird durch ein Glossar ergänzt, das wichtige Begriffe der Sicherheit von AI Systems definiert.

Der Initial Public Draft **NIST AI 800-1 „Managing Misuse Risk for Dual-Use Foundation Models“**[122] identifiziert Best Practices für Entwickler von Foundation Models, um die Risiken, dass ihre Modelle absichtlich missbraucht werden, zu managen.

Daneben existieren noch eine Vielzahl von weiteren Angriffsmöglichkeiten, die das Gesetz nicht explizit erwähnt, darunter solche auf der **Hardwareoberfläche** (in Erwägungsgrund 76 S. 3 als IKT-Infrastruktur adressiert). Dazu zählen unter anderem sogenannte Fault-Injection Attacks, wobei durch das „Bit Flipping“ eines einzelnen Bits in der Speicherrepräsentation eines DNN die Vorhersagegenauigkeit um 90 % oder mehr reduziert werden kann.[123] Da im Machine Learning die Präzision der gespeicherten Parameter entscheidend ist, kann das Flipping eines einzigen Bits das gesamte AI System invalidieren. Bedrohungen für komplexe Gerätemodelle, einschließ-

---

121 NIST definiert Information Assurance als „Measures that protect and defend information and information systems by ensuring their availability, integrity, authentication, confidentiality, and non-repudiation. These measures include providing for restoration of information systems by incorporating protection, detection, and reaction capabilities.“, z. B. in NIST 800-35, Guide to Information Technology Security Services.

122 Managing Misuse Risk for Dual-Use Foundation Models, https://nvlpubs.nist.gov/nistpubs/ai/NIST.AI.800-1.ipd.pdf (letzter Aufruf: August 2024).

123 Instruktiv: *Hong*, A Sound Mind in a Vulnerable Body: Practical Hardware Attacks on Deep Learning, aufgezeichneter Vortrag auf der USENIX Conference 2021 (https://www.usenix.org/conference/enigma2021/presentation/hong) sowie dessen Summary unter http://hardwarefail.ml/ (jeweils letzter Aufruf: August 2024).

lich Hardware Accelerators, die von AI Systems verwendet werden, müssen jedoch ebenfalls berücksichtigt werden.[124]

Die European Union Agency for Cybersecurity, ENISA, veröffentlichte 2021[125] eine Taxonomie der Bedrohungen und der Zuordnung zum jeweiligen Lebenszyklus von AI Systems. Insbesondere die Annexe B („Mapping security controls to threats") und C („Implementing security controls") beinhalten wertvolle Hinweise zur operativen Umsetzung von Maßnahmen zur Steigerung der (Cyber-)Sicherheit von AI Systems. Grundlegend ist zudem der MITRE-ATLAS[126] (Adversarial Threat Landscape for Artificial-Intelligence Systems), eine weltweit zugängliche, dynamische Wissensdatenbank über gegnerische Taktiken und Techniken gegen AI-gestützte Systeme, basierend auf realen Angriffsbeobachtungen und realistischen Demonstrationen von AI-Red-Teams und Sicherheitsgruppen. Ergänzend dazu baut das MIT ein eigenes AI Risk Repository auf, für das Dutzende existierende Frameworks ausgewertet wurden und in dem bereits heute über 700 Bedrohungen erfasst, mit Nachweisen versehen und durchsuchbar sind.[127]

2023 veröffentlichte ENISA eine Studie nebst Vorschlag für ein „Multilayer Framework for Good Cybersecurity Practices for AI framework", welches in der Studie unter dem Acrony „FAICP" („Framework for AI good cybersecurity practices") geführt wird. Die Layer im Einzelnen:
- Layer I: Cybersecurity foundations;
- Layer II: AI Fundamentals and Cybersecurity;
- Layer III: Sector specific cybersecurity good practices.

Im ersten Layer, den Grundlagen der Cybersicherheit, liegt der Fokus darauf, das gesamte IKT-gehostete Ökosystem mithilfe grundlegender Cybersicherheitspraktiken abzusichern. Im Mittelpunkt dieses Layers steht ein effektives Sicherheitsmanagement der IKT-Infrastruktur, in der AI Systems gehostet werden, einschließlich Cybersicherheitszertifizierungen sowie Compliance. Da AI Systems dynamisch sind und sich ständig weiterentwickeln, werden in diesem Layer grundlegende Cybersicherheitsprinzipien

124 *Guo* et al., Hardware Accelerator for Adversarial Attacks on Deep Learning Neural Networks, 2019 Tenth International Green and Sustainable Computing Conference (IGSC), 2019, S. 1 ff.

125 ENISA, Securing Machine Learning Algorithms, 2021.

126 https://atlas.mitre.org/matrices/ATLAS und https://mitre-atlas.github.io/atlas-navigator/#layerURL=https://raw.githubusercontent.com/mitre-atlas/atlas-navigator-data/main/dist/default-navigator-layers/atlas_layer_matrix.json (letzter Aufruf: jeweils August 2024).

127 The AI Risk Repository: A Comprehensive Meta-Review, Database, and Taxonomy of Risks From Artificial Intelligence, https://airisk.mit.edu/ (letzter Aufruf: August 2024).

und -verfahren vorgestellt, die jedoch noch offene Fragen hinterlassen, welche im zweiten Layer adressiert werden.

Der zweite Layer konzentriert sich auf die Besonderheiten von AI Systems und ihre spezifischen Cybersicherheitsanforderungen. Dabei wird davon ausgegangen, dass AI Systems von einer vertrauenswürdigen Hardware-Infrastruktur unterstützt werden. Diese Schicht behandelt Aspekte wie Gesetzgebung, Arten von AI, Risk Assessments und Sicherheitsmanagement sowie ethical und trustworthy AI. Hier wird auch auf AI-bezogene Standards, Tools, Netzwerke und Initiativen eingegangen, die für den Schutz und die Verwaltung von AI Systems wichtig sind.

Im dritten Layer werden branchenspezifische Cybersicherheitspraktiken vorgestellt, die für AI Systems in verschiedenen Wirtschaftssektoren, wie Automobilindustrie, Gesundheitswesen, Seefahrt und Finanzwesen, relevant sind. Diese Schicht bietet zusätzliche Empfehlungen und Best Practices, um Cybersicherheitsprobleme in sektorspezifischen AI Systems anzugehen. Dabei werden spezifische Bedrohungen, wie sie etwa in den Berichten von ENISA zu 5G, AI und Supply Chain identifiziert wurden, besonders berücksichtigt.

Der FAICP-Rahmen bietet somit eine umfassende Struktur, die die Cybersicherheit von KI-Systemen in unterschiedlichen Kontexten und auf verschiedenen Ebenen unterstützt.

Erwägungsgrund 76 verweist zudem auf die kommende Verordnung des Europäischen Parlaments und des Rates über horizontale Cybersicherheitsanforderungen für Produkte mit digitalen Elementen (Cyber Resilience Act, CRA) als Referenzkatalog, dessen Erfüllung auch die Vermutung der Erfüllung der Verpflichtungen unter dem AI Act zur Folge haben kann. Sowohl Art. 15 als auch der CRA rekurrieren auf harmonisierte Normen, bewegliche technologische Entwicklungen und Konformitätsbewertungen. Inhaltliche Bezugnahmen auf Machine Learning oder Artificial Intelligence sind im CRA jedoch kaum zu finden. Inwiefern der letzte Halbsatz von Erwägungsgrund 76: „Risiken für die Grundrechte gemäß der vorliegenden Verordnung" über Konformität mit dem CRA adressiert werden kann, ist unklar. Provider und Deployer tun gut daran, neben der Datensicherheit zumindest auch die Aspekte Datenschutz und Diskriminierungsschutz zu adressieren, denn diese gehen zwar Hand in Hand mit Cybersicherheit, oft jedoch deutlich darüber hinaus und erfordern jeweils unterschiedliche Mittel der Governance. Eine Datenschutzfolgenabschätzung nach Art. 35 DSGVO ergänzt um ein AI Impact Assessment sind in jedem Fall ein guter Anfang für die Gewährleistung von Compliance.[128]

128 Hierzu dezidiert zu Machine Learning und DSFAs: *Roth/Hense*, Risk-Assessment der

ENISA verwies bereits 2021 in ihrem Report „Cybersecurity challenges in the uptake of artificial intelligence in autonomous driving" darauf, dass bestimmte kognitive Aufgaben wie die Erkennung von Verkehrszeichen, die Objekterkennung und die Routenplanung in KFZ zunehmend durch AI Systems übernommen werden. Allerdings sind diese Systeme auch anfällig für eine Vielzahl von Cyberangriffen, einschließlich Adversarial Machine Learning, bei dem böswillige Akteure gezielt Daten manipulieren, um Fehlfunktionen zu provozieren, wobei ENISA erneut Data Poisoning und Evasion Attacks in den Fokus rückt. Um diese Risiken zu mitigieren, erfordert effektive Cybersicherheit von Autonomous Vehicles (AVs) eine umfassende und kontinuierliche Sicherheitsvalidierung sowohl der AI-Modelle als auch der Daten, die während des gesamten Lifecycles eines Fahrzeugs verwendet werden. Dies schließt die Implementierung von Abwehrmechanismen ein, die spezifisch gegen AI-bezogene Bedrohungen gerichtet sind, sowie die Anwendung von Standards wie den UNECE R155,[129] die spezifische Anforderungen an die Cybersicherheit in der Automobilindustrie stellen, insbesondere den Aufbau eines Cyber Security Management Systems (CSMS). Ein weiterer kritischer Aspekt ist die Sicherheit entlang der Supply Chain, da moderne AVs auf eine Vielzahl von Drittanbieterkomponenten und vortrainierten Modellen angewiesen sind. Diese Komponenten müssen in das CSMS integriert und kontinuierlich überwacht werden, um sicherzustellen, dass keine neuen Schwachstellen in das System eingebracht werden. Dazu gehören auch regelmäßige Bedrohungsanalysen und die Integration von Threat Intelligence,[130] um potenzielle Risiken frühzeitig zu erkennen und zu adressieren. Der ENISA-Report gibt wertvolle Hinweise, die weit über die Automobilindustrie hinaus gehen. Ohne „Security by Design", das Integrieren von Sicherheitsaspekten bereits zu Beginn des Entwicklungsprozesses, ist Cybersicherheit nicht zu erzielen. Generalisierbar sind die ENISA-Empfehlungen auch zu den Fähigkeiten zu Incident Response und Notfallwiederherstellung durch die Implementierung von Cybersecurity Incident Handling und Response-Plänen. Regelmäßige Tests und Notfallübungen helfen dabei, die Auswirkungen neu entdeckter Schwachstellen zu verstehen, das Bewusstsein für Cybersicherheit innerhalb der Organisationen zu schärfen und bestehende Sicherheitsprotokolle zu verbessern.

Datenschutz-Folgenabschätzung und Einordnung im betrieblichen Risikomanagement (Teil 2), Compliance-Berater 2020, 330 ff.

129 „Uniform provisions concerning the approval of vehicles with regards to cyber security and cyber security management system", 2021.

130 Vgl. hierzu die Controls und Guidance der ISO/IEC 27002, Information security, cybersecurity and privacy protection – Information security controls, 5.7 Threat intelligence.

(2) Einzelerläuterungen

i. Bedeutung von harmonisierten Normen und Standards im AI Act[131]

Harmonisierte Normen bieten technische Mittel zur Bewertung der Konformität eines Produkts mit den wesentlichen Anforderungen, die in spezifischen Produkt(sicherheits)gesetzen und sonstigen Vorschriften festgelegt sind. Während die Unionsgesetzgebung die Ziele definiert, legen harmonisierte Normen fest, wie diese Ziele erreicht werden können. Obwohl harmonisierte Normen formell freiwillig sind, stellen sie in der Praxis den wichtigsten Weg zur Erfüllung gesetzlicher Anforderungen dar.[132]

Harmonisierte Normen werden von einem der drei europäischen Normungsorganisationen (European Standardisation Organisations, „ESOs") entwickelt: dem Europäischen Komitee für Normung (CEN), dem Europäischen Komitee für elektrotechnische Normung (CENELEC) oder dem Europäischen Institut für Telekommunikationsnormen (ETSI). Wenn eine Richtlinie oder Verordnung durch harmonisierte Normen unterstützt werden soll, stellt die Europäische Kommission einen Normungsantrag an die ESOs, in dem die Hauptthemen beschrieben werden, die die Normen abdecken sollen.

Nach Fertigstellung und Genehmigung durch die ESOs werden die Normen üblicherweise im Amtsblatt der Europäischen Union veröffentlicht. Harmonisierte Normen sind zu einem wesentlichen Bestandteil der rechtlichen und wirtschaftlichen Infrastruktur in der EU geworden. Entscheidungen des EuGH[133] haben bestätigt, dass harmonisierte Normen faktisch verpflichtende Wirkungen haben und als Teil des EU-Rechts gelten. Da die Landschaft der harmonisierten Normen zum AI Act derzeit noch im Entstehen begriffen ist, bietet sich in der Praxis zunächst ein Rückgriff auf etablierte technische Standards wie ISO/IEC an, die voraussichtlich mit leichten Anpassungen von CEN/CENELEC adaptiert werden.[134]

---

131 Hierzu detailliert: *Gornet/Maxwell*, The European approach to regulating AI through technical standards, 2024, Internet Policy Review, 13 (3).

132 *Veale/Borgesius*, Demystifying the Draft EU Artificial Intelligence Act, Computer Law Review International, 2021, S. 97 ff.

133 Vgl. EuGH, Urt. v. 12.7.2012 – C-171/11, ECLI:EU:C:2012:453 – Fra.Bo SpA, und EuGH, Urt. v. 27.10.2016 – C-613/14, ECLI:EU:C:2016:821 – James Elliott Construction Limited.

134 So derzeit z. B. bei FprCEN/CLC ISO/IEC/TS 12791, einer Draft Technical Specification (DTS) zu Information technology – Artificial intelligence – Treatment of unwanted bias in classification and regression machine learning tasks sowie der vorläufigen prEN ISO/IEC 42001:2023, Information technology – Artificial intelligence – Management system.

Internationale Standards für AI werden bei der ISO/IEC im **Subcommittee 42 (SC 42) des JTC 1**[135], das im Jahr 2017 gegründet wurde, entwickelt. Die in SC 42 entwickelten Standards werden von Working Groups verwaltet, die sich auf Bereiche wie Foundational Standards, Data, Trustworthiness, Use Cases and Applications sowie Computational Approaches konzentrieren. Derzeit hat das **SC 42** etwas über 20 Standards veröffentlicht, während sich in etwa die gleiche Zahl in der Entwicklung befindet.[136]

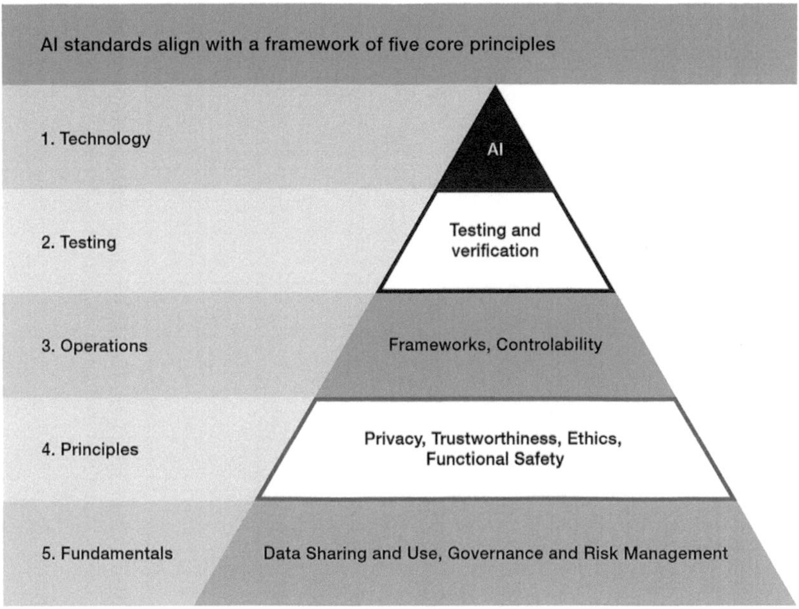

Abbildung 12: Pyramidenförmiger Aufbau der internationalen Standards zum Thema künstliche Intelligenz. Siehe: Introduction to Standards for Artificial Intelligence, Standards Australia, 2023

135 Übersichtsseite des ISO/IEC JTC 1/SC 42, https://www.iso.org/committee/6794475.html (letzter Aufruf: August 2024).

136 Exzellenter Überblick bei: *Oviedo* et al., ISO/IEC quality standards for AI engineering, Computer Science Review, vol. 54, 2024, https://doi.org/10.1016/j.cosrev.2024.100681.

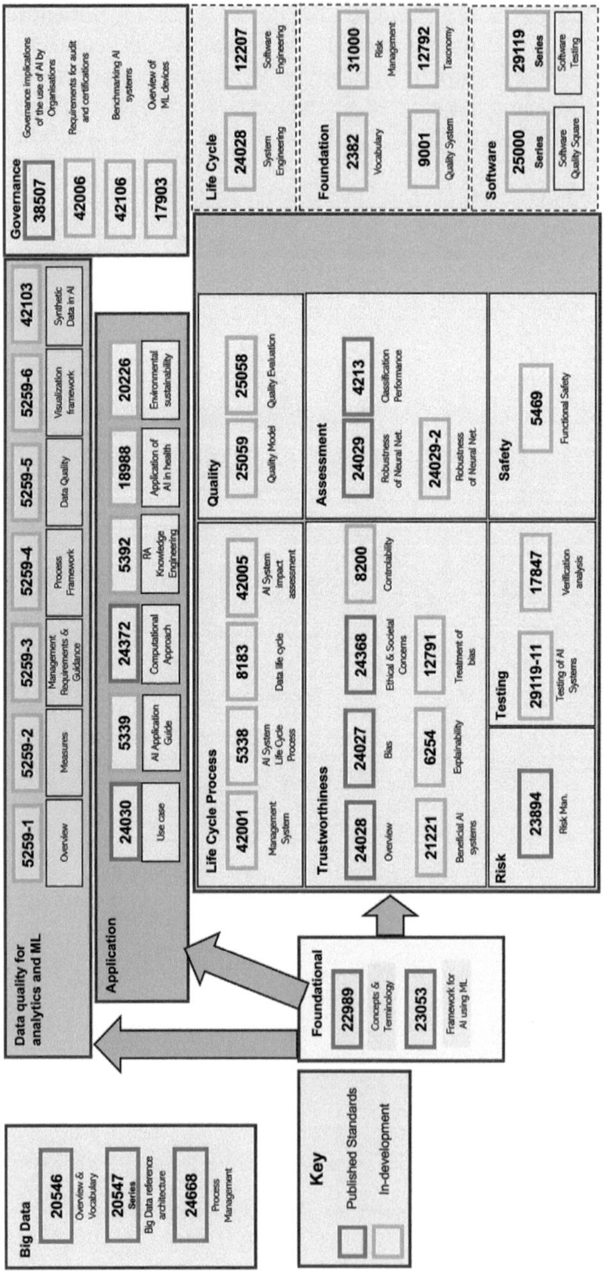

Abbildung 13: ISO/IEC JTC 1/SC 42 Standards Map (siehe Introduction to Standards for Artificial Intelligence, Standards Australia, 2023), https://www.standards.org.au/documents/introduction-to-standards-for-artificial-intelligence (letzter Aufruf: Oktober 2024)

Die Europäische Kommission hat einen Normungsantrag an die ESOs bezüglich Standards für den AI Act gestellt. In diesem Antrag fordert die Kommission die ESOs auf, zehn Themenbereiche zu behandeln, die sich auf die Anforderungen an Hochrisiko-AI-Systems beziehen. Diese Themen betreffen im Kern alle High-Risk AI Systems und umfassen:

1. Risk management system for AI systems;
2. Governance and quality of datasets used to build AI systems;
3. Record keeping through logging capacities by AI systems;
4. Transparency and information provisions for users of AI systems;
5. Human oversight of AI systems;
6. Accuracy specifications for AI systems;
7. Robustness specifications for AI systems;
8. Cybersecurity specifications for AI systems;
9. Quality management system for providers of AI systems, including post-market monitoring process;
10. Conformity assessment for AI systems.

Harmonisierte Normen sind nicht nur eine technische Möglichkeit zur Bewertung der Konformität mit EU-Vorschriften, sondern haben auch rechtliche Auswirkungen und sind de facto Teil des Unionsrechts. Produkte, die gemäß harmonisierter Normen hergestellt werden, profitieren von einer „Vermutung der Konformität", was bedeutet, dass die Einhaltung wesentlicher Anforderungen automatisch angenommen wird. Dies erleichtert Herstellern die Konformitätsbewertung (Art. 47 i. V. m. Anhang 5 AI Act), da die Anwendung harmonisierter Normen eine interne Kontrolle ohne externe Prüfungen ermöglicht. Obwohl harmonisierte Normen nicht zwingend angewendet werden müssen, da es andere Möglichkeiten gibt, die Konformität nachzuweisen, ist es in der Praxis für Hersteller schwierig, einen anderen Weg zu wählen.

Der Rückgriff auf diese Normen ist für Wirtschaftsteilnehmer daher nahezu obligatorisch, wenn sie wettbewerbsfähig bleiben wollen. Ein weiterer Vorteil der Vermutung der Konformität besteht darin, dass die Beweislast umgekehrt wird: Unter dem AI Act müssen Provider, die harmonisierte Normen anwenden, nicht nachweisen, dass ihre AI Systems den gesetzlichen Anforderungen entsprechen, da dies automatisch vermutet wird. Entscheidet sich ein Provider jedoch gegen die Anwendung harmonisierter Normen, liegt die Beweislast bei ihm, nachzuweisen, dass sein Produkt den gesetzlichen Anforderungen entspricht.

Allerdings gibt es auch erhebliche Kritik an der Delegation der Gesetzgebung an die ESOs, da letztere nicht demokratisch legitimiert sind. Um den Rahmen der Darstellung nicht zu sprengen, bietet sich ein Verweis auf die laufende Debatte an. Ein Auszug aus *Wachter*, „Limitations and Loopholes in the EU AI Act and AI Liability Directives: What This Means for the European Union, the United States, and Beyond“, 2024,[137] fasst die Kritik treffend zusammen:

> *„In the context of AI governance, this lack of democratic legitimacy is even more worrying due to the far-reaching legal, ethical, political, and economic consequences of the widespread deployment of AI. Standards bodies will be tasked with creating frameworks that interpret the AIA. Most stakeholders in the relevant working groups are industry representatives. Civil society is heavily excluded, and those who are part of the working groups only have so-called „observer status,“ which means they lack voting rights and are not always allowed to speak or submit opinions that must be considered by the relevant working group.*“

Gerichte werden nicht umhinkommen, sich mit den Details des Standardisierungsprozesses und der in Standards festgelegten Inhalte zu beschäftigen. Weitere Informationen zu Standards und ihrer Herkunft sowie ihrer Rolle im AI Act finden sich in Kapitel III.3.d.

ii. Beständige Funktion („consistent performance“) während des gesamten AI System Life Cycles: Universal Lessons in Machine Learning

Ein ML-Modell arbeitet typischerweise nicht fehlerfrei und weist daher eine inhärente Fehlerquote auf. Die „Korrektheit“ einer ML-Komponente, selbst in Bezug auf sorgfältig validierte Testdaten, wird selten vollständig erreicht. Es ist zu erwarten, dass jedes Modell periodisch Fehlentscheidungen trifft oder ungenaue Vorhersagen liefert. Diese Fehlerquote kann durch verschiedene Faktoren beeinflusst werden, wie beispielsweise **Verzerrungen in den Trainingsdaten, Overfitting** oder **Underfitting**.[138] Um die Ursachen und Auswirkungen dieser Fehlerquellen besser zu verstehen, ist es wichtig, den **Variance-Bias-Trade-off**[139] zu betrachten, der im Machine Learning eine zentrale Rolle spielt. Der Variance-Bias-Trade-off oder „Kompromiss“ erklärt, wie Modelle zwischen Überanpassung (Overfitting) und Unteranpassung (Underfitting) ausbalanciert werden müssen, um eine optimale Leistung zu erzielen. **Bias** ist ein Maß für die systematische Abweichung der Modellvorhersagen von den tatsächlichen Werten. **Variance** misst, wie stark die Modellvorhersagen bei kleinen Änderungen im Trainingsdatensatz variieren.

---

137 Yale Journal of Law and Technology Vol. 26, Issue 3, S. 671, 691.

138 Instruktiv: *Koehrsen*, Overfitting vs. Underfitting: A Complete Example, 2018.

139 Umfassende Einführung zu Machine Learning: *Mehta* et al., A high-bias, low-variance introduction to Machine Learning for physicists, 2019, zum Variance-Bias-Trade-off detailliert in Abschnitt 3.2.

Wenn die Variance hoch ist, ist der Bias niedrig und umgekehrt. Eine hohe Variance bedeutet, dass kleine Änderungen im Datensatz große Änderungen in der Prognose bewirken (**Overfitting**), da das Modell zufällige Abweichungen (Random Noise) als wichtig einstuft. Bias hingegen beschreibt die Fehler, die entstehen, wenn ein Modell zu allgemeine Vorhersagen trifft (**Underfitting**). Ein hoher Bias zeigt, dass das Modell nicht komplex genug ist, um genaue Prognosen zu liefern, wie bei einer linearen Regression für nicht-lineare Zusammenhänge. Ein underfittetes Modell hat eine niedrige Varianz, da kleine Datenänderungen wenig Einfluss haben. Der Variance-Bias-Trade-off ist bei jeder Modellebewertung präsent und das Ziel der Modellevaluation im Machine Learning ist es, diesen Trade-off auszubalancieren, um eine präzise und verallgemeinerbare Modellleistung zu erreichen. Der mittlere quadratische Fehler (**Mean Squared Error, MSE**) ist eine gängige Maßzahl zur Bewertung der Genauigkeit eines Modells. Er beschreibt die durchschnittliche quadratische Abweichung zwischen den vorhergesagten Werten und den tatsächlichen Werten. Ein gutes Modell (statistisch oder Machine Learning, die Grenzen sind fließend) minimiert den MSE, indem es das optimale Gleichgewicht zwischen Bias und Varianz findet.

Beispiel: Ziel ist es, ein stabiles Modell zur Vorhersage von Mieten in Berlin zu entwickeln. Ein lineares Regressionsmodell könnte einen hohen Bias haben, da es die komplexen Zusammenhänge zwischen den Variablen nicht vollständig erfassen kann. Ein Deep Neural Network könnte sich hingegen an die Trainingsdaten perfekt anpassen (niedriger Bias), aber bei neuen Daten schlecht abschneiden, da es das Rauschen in den Trainingsdaten lernt (hohe Varianz).

Um Overfitting und Underfitting zu analysieren, gibt es eine Reihe wissenschaftlicher Methoden,[140] die durchaus aufwendig, aber auch notwendig sind. Hyperparameter wie die Aktivierungsfunktion, Lernrate, Anzahl der Hidden Layer, Epochen sowie Dropout Rate haben beim Model Training einen erheblichen Einfluss, wann Over- und Underfitting auftreten.[141]

Die Schätzung der Fehlerquote erfolgt üblicherweise durch Techniken wie die k-fache **Kreuzvalidierung**. Dabei wird der Datensatz in *k* gleich große Teile (Falten) aufgeteilt. Das Modell wird *k* Mal trainiert und getestet, wobei in jedem Durchlauf eine der *k* Falten als Testdatensatz und die restlichen *k-1* Falten als Trainingsdatensatz verwendet werden. Die durchschnittliche

140 *Werpachowski/György/Szepesvári*, Detecting Overfitting via Adversarial Examples, 2019.

141 *Xiu/Piranin/Yiang,* Empirical Study of Overfitting in Deep Learning for Predicting Breast Cancer Metastasis, 2023, dort Erläuterungen zu Fig. 1 und Fig. 2; *Srivastava* et al., Dropout: A Simple Way to Prevent Neural Networks from Overfitting, 2014.

Fehlerrate über alle Falten dient dann als Schätzung der Modellfehlerrate. Diese Schätzungen sind jedoch statistischer Natur und bieten keine absolute Garantie.

Während des Betriebs kann die tatsächliche Fehlerquote von der geschätzten abweichen, da die Schätzung auf einer endlichen Stichprobe basiert, während das System in der Realität nur mit einer begrenzten Anzahl von Eingaben konfrontiert wird.

Beispiele:
- Autonomes Fahren: Ein autonomes Fahrzeug, das in einer Testumgebung mit vielfältigen Straßensituationen trainiert wurde, könnte in neuen, unerwarteten Verkehrssituationen fehlerhafte Entscheidungen treffen.
- Fraud Detection: Ein Fraud-Detection-Modell, das historische Daten verwendet, könnte sowohl in einem wirtschaftlichen Boom als auch einer Krise schlechter abschneiden, wenn die Verhaltensweisen der betroffenen Personen erheblich von den Trainingsdaten abweichen.
- Gesichtserkennung: Ein Gesichtserkennungsmodell, das hauptsächlich mit Bildern junger Menschen trainiert wurde, kann bei Bildern älterer Menschen eine höhere Fehlerquote aufweisen.

Um die Worte des Gesetzgebers in Erwägungsgrund 75 aus eigenem Verständnis heraus mit Leben zu füllen, ist es hilfreich, sich einige nach *Mehta* et al.[142] grundlegende Lektionen im Bereich Machine Learning („**Universal Lessons in Machine Learning**") zu verinnerlichen[143]:

- **Anpassung an den Trainingsdatensatz ist nicht gleichbedeutend mit hoher Vorhersagequalität**: Das präzise Anpassen an bestehende Daten unterscheidet sich grundlegend von der Fähigkeit, Vorhersagen über neue Daten zu treffen.
- **Komplexe Modelle können zu Overfitting führen:** Eine Erhöhung der Modellkomplexität (d. h. die Anzahl der Anpassungsparameter) führt normalerweise zu besseren Ergebnissen auf den Trainingsdaten. Wenn der Trainingsdatensatz jedoch klein und rauschbehaftet ist, führt dies zu Overfitting, was die Vorhersageleistung des Modells erheblich verschlechtert.
- **Einfache Modelle können bei komplexen Datensätzen und kleinen Trainingsmengen besser vorhersagen:** Aufgrund des Bias-Variance-Trade-offs benötigen einfache Modelle weniger Daten zum Trainieren

142 *Mehta* et al., A high-bias, low-variance introduction to Machine Learning for physicists, 2019.

143 Klassiker, lesenswert: *Domingos*, A few useful things to Know about machine Learning, Communications of the ACM, Vol. 55, No. 12, 2012, doi:10.1145/2347736.2347755.

als komplexe Modelle. Obwohl das korrekte Modell mit unendlich vielen Trainingsdaten eine bessere Vorhersageleistung garantiert (weniger Bias), können die Trainingsfehler aufgrund der begrenzten Datenmenge (Variance) dazu führen, dass einfachere Modelle bei begrenzten Datenmengen besser abschneiden als komplexere Modelle.

- **Generalisierung über die im Trainingsdatensatz enthaltenen Situationen hinaus ist schwierig:** Es ist eine anspruchsvolle Aufgabe, ein Modell zu erstellen, das über die im Trainingsdatensatz erfassten Situationen hinaus gut generalisiert.

Kontinuierliches Monitoring und regelmäßiges Nachtraining sind Maßnahmen der Risikomitigation und sollten implementiert werden, um die Modellgenauigkeit aufrechtzuerhalten. Ein E-Mail-Spamfilter, der regelmäßig mit neuen Spam-Mustern aktualisiert wird, ist ein Beispiel für eine solche Praxis. Bei Machine-Learning-as-a-Service (MLaaS) können Updates am Modell selbst erhebliche Auswirkungen auf die Downstream-Applikationen haben, die via API auf diese Modelle zugreifen.[144]

Zusätzlich sollten Fallback-Strategien entwickelt werden, die eingreifen, wenn das Modell unsichere oder anomale Entscheidungen trifft, wie etwa ein medizinisches Diagnosemodell, das bei Unsicherheit eine menschliche Überprüfung anfordert.[145] Fehlt es an einem solchen Signal der Unsicherheit, kann in Clinical Decision Support Systems (CDSSs) übermäßiges Vertrauen in automatisierte Entscheidungsfindungen („Automation Bias“[146]) fatale Auswirkungen haben.

Der Einsatz von **Ensemble-Methoden**, bei denen mehrere Modelle kombiniert werden, kann ebenfalls die Gesamtgenauigkeit erhöhen und die Wahrscheinlichkeit von Fehlentscheidungen verringern. Ein Beispiel hierfür wäre ein System, das mehrere Wettervorhersagemodelle kombiniert, um eine robustere und genauere Prognose zu bieten. Aus technischer Sicht ist z. B. Gradient-Boosting zur Verbesserung der Vorhersagegenauigkeit von Modellen durch iterative Korrektur von Fehlern geeignet. Allerdings kann die Methode, wie das Ensemble konstruiert wird, systematische Verzerrun-

144 *Eyuboglu* et al., Model ChangeLists: Characterizing Updates to ML Models, in: FAccT ’24: Proceedings of the 2024 ACM Conference on Fairness, Accountability, and Transparency, 2024, S. 2432 ff.

145 Detailliert: *Abdelwanis* et al., Exploring the risks of automation bias in healthcare artificial intelligence applications: A Bowtie analysis, Journal of Safety Science and Resilience, Preprint: https://doi.org/10.1016/j.jnlssr.2024.06.001, 2024.

146 ISO/IEC TR 24027:2021 Information technology – Artificial intelligence (AI) – Bias in AI systems and AI aided decision making“, 6.2.2, beschreibt Automation Bias als: „Automation bias occurs when a human decision-maker favours recommendations made by an automated decision-making system over information made without automation, even when the automation makes errors.“

gen (Bias) induzieren. Dies ist besonders relevant bei der Verwendung von flachen Regressionsbäumen, wo frühe Fehler im Training verstärkt werden können. Ein sorgfältiges Management des Trainingsprozesses und die Verwendung von Techniken zur Bias-Korrektur sind daher entscheidend, um belastbare Ergebnisse zu erzielen.[147]

iii. Was sind Feedback Loops[148] und wie sind sie zu behandeln?

Das Gesetz adressiert in Art. 15.4 S. 3 **Rückkopplungsschleifen**, die im AI Life Cycle an einer Vielzahl von Stellen auftreten können. Das Phänomen negativer Feedback Loops lässt sich abstrakt wie folgt erklären: Entscheidungen eines AI Systems bewirken bestimmte Veränderungen in der Umgebung, die wiederum durch Beobachtung in das AI System zurückgeführt werden, um neue Entscheidungen zu treffen. Wenn diese zyklische Interaktion zwischen dem System und der Umgebung sich im Laufe der Zeit wiederholt, kann ihr Effekt verstärkt werden und letztendlich zu einem unerwünschten Ergebnis führen.

Beispiele sagen mehr als tausend Worte und eine Gliederung erleichtert das Verständnis:

- **Sampling Feedback Loop**
  Ein Sampling Feedback Loop entsteht, wenn die Methode zur Datenerfassung durch die bisherigen Ausgaben des Systems beeinflusst wird. Dies kann zu einer Verzerrung der gesammelten Daten führen, da bestimmte Muster überrepräsentiert werden.

  Beispiel: Ein Empfehlungsalgorithmus, der basierend auf bisherigen Nutzungsdaten Empfehlungen gibt, könnte vor allem Daten von aktiven Nutzern sammeln und dadurch die Präferenzen weniger aktiver Nutzer vernachlässigen.
- **Individual Feedback Loop**
  Ein Individual Feedback Loop bezieht sich auf Rückkopplungsschleifen, die durch die Interaktionen einzelner Benutzer mit dem System entstehen. Dies kann zu einer Verstärkung individueller Verhaltensmuster führen.

  Beispiel: In sozialen Medien könnten Benutzer, die häufig auf bestimmte Inhalte klicken, immer mehr ähnliche Inhalte sehen, was zu einer Filterblase führt.

---

147 Hierzu: ISO/IEC TR 24027:2021 Information technology – Artificial intelligence (AI) – Bias in AI systems and AI aided decision making", 6.4.3 Algorithm Selection.

148 Detailliert zu Feedback Loops in Automated Decision-Making (ADM) Systems: *Pagan* et al., A Classification of Feedback Loops and Their Relation to Biases in Automated Decision-Making Systems (2023); *Bauer* et al., Feedback Loops in Machine Learning: A Study on the Interplay of Continuous Updating and Human Discrimination, Journal of the Association for Information Systems, 25(4), 2024, S. 804 ff.

- **Feature Feedback Loop**
  Ein Feature Feedback Loop tritt auf, wenn die Merkmale eines Modells durch die Ausgaben des Modells selbst beeinflusst werden, was zu einer Überbetonung bestimmter Merkmale führen kann.

  Beispiel: In einem Fraud Detection System könnten bestimmte Merkmale, die häufig bei Betrugsfällen auftreten, übermäßig gewichtet werden, wodurch das Modell anfälliger für neue Betrugsmethoden wird.
- **ML Model Feedback Loop**
  In einer ML Model Feedback Loop beeinflusst die finale Entscheidung das ML-Modell, indem die Trainings- oder Validierungsdatensätze, die für zukünftige Vorhersagen verwendet werden, geändert werden. Typische Beispiele umfassen ML-basierte Entscheidungsfindung mit begrenztem oder teilweisem Feedback, bei dem ML-Modelle mit neu verfügbaren Daten erneut trainiert werden. Diese ML Model Feedback Loops treten auf, **wenn die neu verfügbaren Daten von früher getroffenen Entscheidungen** abhängen. Beispielsweise lernen Einstellungsalgorithmen nur über die Fähigkeiten der eingestellten Kandidaten, Kreditvergabealgorithmen erhalten nur Informationen über die Rückzahlungswahrscheinlichkeit von Kreditnehmern und prädiktive Algorithmen der Sicherheitsbehörden registrieren nur Verbrechen in überwachten Vierteln. In diesen Szenarien werden Daten nur dann zum bestehenden Datensatz hinzugefügt, wenn die Entscheidung positiv ist. Nur wenn das Retraining des Modells unabhängig von der Entscheidung erfolgt und Datenpaare unabhängig von der Entscheidung zum Datensatz hinzugefügt werden, liegt keine ML Model Feedback Loop vor.
- **Outcome Feedback Loop**
  Ein Outcome Feedback Loop tritt auf, wenn die Ergebnisse der Modellausgaben die zukünftigen Entscheidungen und Handlungen beeinflussen, was wiederum die zukünftigen Ergebnisse beeinflusst.

Beispiel: Ein AI System zur Diabetesdiagnose und -behandlung wird entwickelt. Das System prognostiziert bei einem neuen Patienten ein hohes Risiko für Typ-2-Diabetes aufgrund von dessen Symptomen und Krankengeschichte. Basierend auf der Modellvorhersage veranlasst eine Ärztin eine Reihe von Tests und beginnt eine präventive Behandlung, wie die Verschreibung von Medikamenten und Ernährungsumstellung. Wenn die Behandlung positive Ergebnisse zeigt, stabilisieren sich die Blutzuckerwerte des Patienten und sein allgemeiner Gesundheitszustand verbessert sich. Diese positiven Ergebnisse werden als neue Datenpunkte in das eingesetzte Modell eingespeist, was die zukünftigen Vorhersagen des Modells bestätigt und stärkt. Wenn ähnliche Behandlungsansätze bei ähnlichen Patienten erfolgreich sind, stärkt dies das Vertrauen in das Modell. Problematisch ist jedoch, wenn das Modell von Anfang an Verzerrungen (Biases) enthält, sei es durch **unzureichend repräsentative Trainingsdaten** (vgl. Art. 10.3 „hinreichend repräsentativ") oder dem System inhärente Biases, wie z. B. die Implementierung wissenschaftlich überholter Hypothesen beim Algorithmendesign. Diese Verzerrungen können dazu führen, dass bestimmte Patientengruppen systematisch benachteiligt werden. Patienten aus unterrepräsentierten Gruppen könnten regelmäßig falsche oder ungenaue Diagnosen erhalten, was zu suboptimalen Behandlungsentscheidungen führt. Die Ergebnisse dieser fehlerhaften Behandlungen fließen wiederum zurück in das Modell, wodurch die ursprünglichen Verzerrungen weiter verstärkt und perpetuiert werden. Langfristig kann dieser Prozess zu erheblichen systematischen Ungerechtigkeiten führen, da bestimmte statistisch benachteiligte Gruppen kontinuierlich schlechter behandelt werden und dadurch ihre Gesundheit überproportional leidet.[149]

Das Prinzip der Feedback Loops kann auch angewendet werden, um kontinuierliche Verbessungen eines AI Systems zu bewirken, wie jüngste Forschungen zu Fairness- und Biasmitigation durch **synthetische Daten** belegen.[150]

In High-Risk AI Systems sind Rückkopplungsschleifen kritischer als in weniger riskanten Einsatzgebieten. **Continual Learning** und Rückkopplungsschleifen erfordern, dass das System ständig neue Daten integriert und sich an veränderte Bedingungen anpasst. Dies kann jedoch die Stabilität des Systems gefährden. Ein autonomes Fahrzeug, das ständig neue Fahrdaten integriert, muss sicherstellen, dass diese Anpassungen die Fahrsicherheit nicht beeinträchtigen. Instabile Anpassungen könnten zu unvorhersehbarem Fahrverhalten führen, was das Risiko von Unfällen erhöht. Beispielsweise könnte das Fahrzeug auf neue Verkehrsregeln oder Baustellen reagieren, aber wenn diese Anpassungen nicht korrekt integriert werden, könnte es zu gefährlichen Fahrmanövern kommen.

Rückkopplungsschleifen können langfristige Effekte haben, die schwer vorherzusagen sind. Kleine Fehler oder Verzerrungen können sich im Laufe der

---

149 Instruktiv mit Beispielen aus dem Gesundheitswesen der USA und Ansätzen zur Modellierung, Analyse und Testing von ML-Systemen: *Biswas/She/Kang*, Towards Safe ML-Based Systems in Presence of Feedback Loops, 2023; zum rasanten Anstieg ärztlicher Fehldiagnosen bei Vertrauen in Machine-Learning-Modelle: *Adam* et al., Hidden Risks of Machine Learning Applied to Healthcare: Unintended Feedback Loops Between Models and Future Data Causing Model Degradation, 2020.

150 Wyllie et al., Fairness Feedback Loops: Training on Synthetic Data Amplifies Bias, FAccT '24: Proceedings of the 2024 ACM Conference on Fairness, Accountability, and Transparency, S. 2113 ff., https://doi.org/10.1145/3630106.3659029.

Zeit verstärken und zu größeren Problemen führen. In Finanzmärkten könnten algorithmische Handelssysteme durch Rückkopplungsschleifen Marktvolatilität verstärken oder unerwartete Markteinbrüche verursachen. Beispielsweise könnten mehrere Handelsalgorithmen, die auf ähnlichen Daten basieren und gleichzeitig handeln, plötzliche Preisbewegungen verursachen, die sich gegenseitig verstärken und zu erheblichen Marktstörungen führen.

Folgende Risikominderungsmaßnahmen (Art. 15.4 S. 3) können zur Handhabung von Feedback Loops ergriffen werden:

- **Bias Detection and Mitigation:** Um Verzerrungen zu erkennen und zu mindern, müssen fortschrittliche Algorithmen implementiert werden. Diese Algorithmen könnten Fairness Constraints verwenden, die sicherstellen, dass bestimmte Gruppen gleich behandelt werden, oder Bias Auditing,[151] bei dem die Ausgaben des Modells regelmäßig auf Verzerrungen überprüft werden.[152] Debiasing-Methoden, wie das Training des Modells auf entgegengesetzte oder ausgeglichene Datensätze, können ebenfalls hilfreich sein, um Verzerrungen zu korrigieren.
- **Robustness Techniques**: Um die Robustheit der Modelle zu erhöhen, können Techniken wie adversariales Training eingesetzt werden. Dabei wird das Modell auf adversariale Beispiele trainiert, also auf absichtlich manipulierte Eingaben, um es gegen solche Manipulationen widerstandsfähig zu machen. Ein weiteres Beispiel ist die Verwendung von Dropout-Methoden während des Trainings, um das Modell weniger anfällig für spezifische Muster in den Trainingsdaten zu machen und somit die Generalisierungsfähigkeit zu erhöhen.
- **Feedback Control Systems**: Kontrollsysteme, die Rückmeldungen überwachen und bei festgestellten Abweichungen korrigierend eingreifen, sind entscheidend. Diese Systeme können Echtzeit-Überwachungsmechanismen und automatisierte Alarmierungsprotokolle umfassen, die bei Anomalien eine Anpassung der Lernalgorithmen ermöglichen. Beispielsweise könnte ein autonomes Fahrzeug ein Kontrollsystem verwenden, das kontinuierlich die Umgebungsdaten überwacht und bei ungewöhnlichen Fahrmanövern sofort eingreift, um die Sicherheit zu gewährleisten.
- **Human-in-the-Loop**: Die Einbindung menschlicher Experten ist besonders wichtig, um kritische Entscheidungen zu überprüfen und zu validie-

151 Erfahrungen mit dem ersten US-Gesetz, das seit 2023 Bias Audits von Machine Learning Systems im HR-Bereich fordert (New York City Local Law 144) zu: Auditing Work: Exploring the New York City algorithmic bias audit regime, in: FAccT '24: Proceedings of the 2024 ACM Conference on Fairness, Accountability, and Transparency, 2024, S. 1107 ff.

152 Am Beispiel des Upsamplings von Bildern plastisch erläutert von *Laskiewicz* et al., Benchmarking the Fairness of Image Upsampling Methods, in: FAccT '24: Proceedings of the 2024 ACM Conference on Fairness, Accountability, and Transparency, 2024, S. 489 ff.

ren. In Fällen, in denen das Modell unsicher ist oder abweichende Muster erkennt, können menschliche Experten eingreifen und die Entscheidungen des Modells bewerten. Dies kann durch Benutzeroberflächen und Tools unterstützt werden, die es den Experten ermöglichen, Eingaben zu überprüfen und gegebenenfalls zu korrigieren, bevor endgültige Entscheidungen getroffen werden.

– **Continuous Monitoring und Auditing**: Dies bedeutet die Implementierung einer ständigen Überwachung der Systemleistung. Hierzu gehören das Sammeln von Leistungsmetriken, das Durchführen regelmäßiger Audits und das Einsetzen von Anomalieerkennungssystemen, die automatische Anpassungen der Lernalgorithmen ermöglichen, wenn Anomalien erkannt werden. Eine effektive Auditierung kann nur bei vollem Modellzugriff („White Box Access“) erfolgen:[153]

Gerade der letztgenannte Punkt „**Monitoring**“ ist essenziell, denn ohne eine systematische Überwachung aller Systemparameter lassen sich weder Rückkopplungsschleifen noch andere Defizite feststellen und beheben.

Eine Zusammenfassung der Vorteile von White-box- gegenüber Black-box-Monitoring (*Casper* et al.[154]):

Goal	**Technique**	**Advantage**
Identifying problems	Attacks	White-box methods are more reliable for detecting anomalous failures.
		White-box attacks are more efficient.
		White-box methods provide auditors with more attack options.
		Robustness to white-box attacks confers greater robustness assurances.
	Fine-tuning	Fine-tuning enables searching for harmful dormant capabilities.
	Interpretability	Interpretability tools enable stronger assurances of what knowledge and capabilities a system has.
	Outside-the-box assessment	Information helps auditors target complementary evaluations.

153 *Casper* et al., Black-Box Access is Insufficient for Rigorous AI Audits, in: FAccT ’24: Proceedings of the 2024 ACM Conference on Fairness, Accountability, and Transparency, 2024, S. 2254 ff.

154 *Casper* et al., Black-Box Access is Insufficient for Rigorous AI Audits, in: FAccT ’24: Proceedings of the 2024 ACM Conference on Fairness, Accountability, and Transparency, 2024, S. 2254.

Goal	Technique	Advantage
Incentivizing responsible development	Outside-the-box assessment	Information about deployment assists with assessing societal impacts.
		Auditors can trace problems to datasets and methodological decisions made by developers.
		Auditors can assess risk-mitigation strategies.
Increasing transparency	Interpretability	White-box methods can address misconceptions about model outputs, characteristics and risks.
		White-box methods assist with providing more accurate and meaningful explanations.
Enabling debugging	Attacks	Stronger attacks produce stronger instances of failures to incorporate into training data.
	Interpretability	Interpretability techniques enable more precise debugging.

Bei Einsatz von **AI Agents**, also AI Systems, die zur Automatisierung komplexer Prozesse eingesetzt werden, von High Frequency Trading über Nachrichtengenerierung bis hin zu Contentmoderation sind besondere Vorsicht und Transparenz inklusive Real-Time Monitoring und Activity Logging geboten, um Fehler unverzüglich zu entdecken und zu korrigieren.[155]

iv. „Engineering Safety in Machine Learning"

(a) Standardisierung: Gewonnene Erfahrung

Insbesondere künstliche neuronale Netze (KNN) werden zunehmend in sicherheitskritischen Anwendungen eingesetzt, wo Fehler gravierende Folgen haben können. Es existiert eine Vielzahl von Ansätzen, sichere Systeme herzustellen, die jedoch alle eine Balance zwischen der Erreichung einzelner Ziele und damit **Kompromissfähigkeit** erfordern.[156] Trotz ihrer wachsenden Bedeutung fehlen noch ausgereifte ingenieurtechnische Praktiken, vergleichbar mit den technischen Standards, die in der traditionellen Soft-

155 Ausführlich hierzu: *Chan* et al., Visibility into AI Agents, in: FAccT '24, Proceedings of the 2024 ACM Conference on Fairness, Accountability, and Transparency, 2024, S. 958 ff.

156 Einen Algorithmus zur Optimierung von Kompromissen zwischen Optimalität, dem Grad der Gefährdung durch unsichere Ereignisse und der maximalen Erkennungszeit unsicherer Handlungen beschreiben *Castellano/Bazerque/Mallada*, Learning to Act Safely With Limited Exposure and Almost Sure Certainty, IEEE Transactions on Automatic Control, 2023, S. 2979 ff.

wareentwicklung etabliert sind, wie etwa die ISO 26262:2018 (Road vehicles – Functional safety) im Automobilbereich. Derartige Standards verlangen die Anwendung bewährter Methoden, um Softwarequalität zu sichern und Fehlerquoten zu minimieren. Für KNN besteht die Herausforderung darin, ähnliche Standards und Methoden zu entwickeln, die ihre Zuverlässigkeit in sicherheitskritischen Kontexten gewährleisten. Eine 2019 von Forschern am Fraunhofer Institute for Experimental Software Engineering (IESE) durchgeführte Studie identifizierte zehn zentrale Herausforderungen im Einsatz von KNNs im Kontext von sicherheitskritischen Anwendungen und ermittelte immerhin 54 ingenieurtechnische Entwicklungsmethoden zur Härtung von KNN im Bereich Automotive.[157]

Die traditionelle Sicherheitsentwicklung für sicherheitskritische Systeme folgt einem V-Modell-Entwicklungszyklus, wie er durch Sicherheitsstandards (z.B. ISO 26262, IEC 61508[158]) vorgeschrieben ist, und umfasst dabei die folgenden generischen Phasen: Spezifikation, Design, Implementierung, Verifikation, Validierung und Testing (VVT). Die Verifikationsaktivität muss bestätigen, dass das Ergebnis aller Entwicklungsphasen (d.h. Spezifikation, Design, Test und Validierung) die zugewiesenen Ziele und Sicherheitsentwicklungsanforderungen erfüllt (IEC 61508-4 Abschnitt 3.8.1). Die Validierungsaktivität muss durch Überprüfung der Beweise (z.B. Testergebnisse) bestätigen, dass die Spezifikation erfüllt wurde (IEC 61508-4 Abschnitt 3.8.2). Die VDE-AR-E2842-61[159] wiederum besagt, dass KI-Technologie aufgrund ihrer einzigartigen Merkmale (z.B. aus Unsicherheit resultierende Fehler) als eine dritte Art von Technologie (neben Elektronik und Software) betrachtet werden sollte.

Daher bezieht sich das AI-Sicherheitsingenieurwesen auf den Development Lifecycle, die Prozesse, Aktivitäten und Techniken, die erforderlich sind, um AI-basierte (Sub-)Systeme und AI-Elemente zu entwickeln. Der ISO/IEC TR 5469:2024 (Artificial intelligence – Functional safety and AI systems) definiert einen übergeordneten Lifecycle, der das V-Modell und die Aktivitäten des AI Life Cycle kombiniert. Ein wesentlicher Unterschied zwischen traditionellem Sicherheitsingenieurwesen und ML-Workflows besteht darin, dass ersteres spezifikationsgetrieben ist und letztere datengesteuert sind.[160]

---

157 *Adler* et al., Hardening of Artificial Neural Networks for Use in Safety-Critical Applications – A Mapping Study, 2019, Preprint: arXiv:1909.03036v1.

158 IEC 61508-4:2010, Functional safety of electrical/electronic/programmable electronic safety-related Systems.

159 VDE – AR – E 2842 – 61 – 1 Anwendungsregel: 2021-07, Entwicklung und Vertrauenswürdigkeit von autonom/kognitiven Systemen.

160 Zum Vorstehenden: *Perez-Cherrolaza* et al., Artificial Intelligence for Safety-Critical Systems in Industrial and Transportation Domains: A Survey, ACM Computing Surveys, 2024, Nr. 176, S. 1.

Der Mangel an AI-spezifischer Standardisierung wurde bisweilen mit dem Satz: „*ISO 26262 is like bringing a knife to a gun fight with AI*“[161] treffend auf den Punkt gebracht. Teilweise kann die ISO 21448:2022 (Road vehicles – Safety of the intended Functionality [SOTIF]) die erkannten Lücken schließen. Dieser Standard beschreibt einen iterativen Entwicklungsprozess, der aus den Phasen der Designspezifikation, Entwicklung sowie Verifikation und Validierung besteht. Die bereits mehrfach angesprochene Draft Specification ISO/DPAS 8800:2024 (Road vehicles – Safety and artificial intelligence) verklammert wiederum die ISO/IEC 22989 zur Terminologie, das Functional Safety Framework der ISO/IEC TR 5469, die ISO 26262 für funktionale Sicherheit, die eben eingeführte ISO 21448 zum SOTIF und die künftige Spezifikation ISO TS 5083:20 (in Entwicklung).

Der SOTIF-Standard erkennt die Leistungsgrenzen von Software, einschließlich Komponenten des Machine Learning, an und fordert, dass unsichere und unbekannte Szenarien bzw. Eingaben (z.B. Samples, die außerhalb der Trainingsverteilung liegen) sowie unsichere und bekannte Szenarien (z.B. Samples, die außerhalb des operativen Designbereichs liegen) so weit reduziert werden, dass das verbleibende Fehlerrisiko akzeptabel ist. Der SOTIF-Prozess ergänzt den ISO 26262-Standard durch ein SOTIF-spezifisches Hazard Analysis and Risk Assessment (HARA, Gefahren- und Risikoanalyse) und durch ein entsprechendes Sicherheitskonzept. Das HARA identifiziert Risiken, die durch unzureichende Funktionalität, unzureichendes Situationsbewusstsein, vorhersehbaren Missbrauch oder Mängel in der Mensch-Maschine-Schnittstelle entstehen können. Im Vergleich dazu konzentriert sich die Gefahren- und Risikoanalyse nach ISO 26262 ausschließlich auf Gefahren, die durch elektrische oder elektronische (E/E) Ausfälle verursacht werden. Ein HARA hat folgenden Ablauf:

– **Gefahrenidentifikation**: Der HARA-Prozess beginnt mit der Identifizierung von Gefahren, die durch Fehlfunktionen des Systems entstehen könnten. Dies schließt sowohl technische Ausfälle als auch unzureichende Systemleistung ein.
– **Risikobewertung**: Nach der Identifizierung von Gefahren wird das Risiko bewertet, das mit jeder Gefahr verbunden ist. Dies beinhaltet eine Abschätzung der Wahrscheinlichkeit des Auftretens und der möglichen Schwere der Auswirkungen.
– **Risikominderung**: Basierend auf der Risikobewertung werden Maßnahmen entwickelt, um die Risiken zu minimieren. Dies kann durch Design-

161 ISO 26262 is like bringing a knife to a gun fight with AI, https://sres.ai/artificial-intelligence/iso-26262-is-like-bringing-a-knife-to-a-gun-fight-with-ai/, 2023 (letzter Aufruf: August 2024).

änderungen, zusätzliche Sicherheitsmechanismen oder andere Maßnahmen geschehen.

Ein HARA ist somit ein entscheidendes Werkzeug in der Sicherheitsanalyse, um sicherzustellen, dass die Risiken, die von einem System ausgehen, auf ein akzeptables Maß reduziert werden. Offen bleibt, auf welche Weise durch welche Methoden Risiken gemindert werden können.

(b) AI Engineering Best Practices

Serban et al. (2020)[162] analysierten die vorhandene Fachliteratur und schlugen 29 AI Engineering Best Practices vor, unterteilt in sechs Kategorien, nämlich (1) Data, (2) Training, (3) Deployment, (4) Coding, (5) Team, and (6) Governance:

Lfd. Nr.	Methode	Kategorie
1	Verwendung von Sanity Checks für alle externen Datenquellen	Data
2	Sicherstellen, dass Eingabedaten vollständig, ausgewogen und gut verteilt sind	Data
3	Wiederverwendbare Skripte für Datenbereinigung und -zusammenführung erstellen	Data
4	Sicherstellen, dass Datenkennzeichnung in einem streng kontrollierten Prozess durchgeführt wird	Data
5	Bereitstellung von Datensätzen auf gemeinsamer Infrastruktur (privat oder öffentlich)	Data
6	Klar definiertes Trainingsziel im Team teilen	Training
7	Erfassung des Trainingsziels in einer leicht messbaren und verständlichen Metrik	Training
8	Testen aller Feature-Extraktionscodes	Training
9	Zuweisung eines Verantwortlichen zu jedem Feature und Dokumentation seiner Begründung	Training
10	Aktives Entfernen oder Archivieren von nicht verwendeten Features	Training
11	Peer-Review von Trainingsskripten	Training
12	Ermöglichen paralleler Trainingsexperimente	Training

162 Adoption and Effects of Software Engineering Best Practices in Machine Learning, in: Proceedings of the 14th ACM/IEEE International Symposium on Empirical Software Engineering and Measurement (ESEM), 2020.

Lfd. Nr.	Methode	Kategorie
13	Automatisierung der Hyperparameter-Optimierung und Modellauswahl	Training
14	Kontinuierliche Messung von Modellqualität und -leistung	Training
15	Teilen von Status und Ergebnissen von Experimenten im Team	Training
16	Versionskontrolle für Daten, Modell, Konfigurationen und Trainingsskripte verwenden	Training
17	Ausführung automatisierter Regressionstests	Coding
18	Verwendung von Continuous Integration	Coding
19	Statische Analyse zur Überprüfung der Codequalität verwenden	Coding
20	Automatisierung des Modell-Deployments	Deployment
21	Kontinuierliche Überwachung des Verhaltens von bereitgestellten Modellen	Deployment
22	Ermöglichen von Shadow Deployment	Deployment
23	Durchführung von Prüfungen zur Erkennung von Abweichungen zwischen Modellen	Deployment
24	Ermöglichen automatischer Rollbacks für Produktionsmodelle	Deployment
25	Protokollierung von Produktionsvorhersagen mit Modellversion und Eingabedaten	Deployment
26	Verwendung einer kollaborativen Entwicklungsplattform	Team
27	Arbeiten mit einem gemeinsamen Backlog	Team
28	Kommunikation, Abstimmung und Zusammenarbeit mit interdisziplinären Teammitgliedern	Team
29	Durchsetzung von Fairness und Datenschutz	Governance

Eine kürzlich veröffentlichte Case Study[163] über die Entwicklung eines automatisierten Handelssystem für Wertpapiere stellt exemplarisch dar, wie AI Engineers aus einer Vielzahl von Methoden die treffenden wählen müssen: Vorliegend zehn aus 62 verfügbaren Methoden. Dabei achteten die Autoren nach eigenen Angaben darauf, Praktiken auszuwählen, die die Qualität in

163 *Grote/Bogner*, A Case Study on AI Engineering Practices: Developing an Autonomous Stock Trading System, 2023 IEEE/ACM 2nd International Conference on AI Engineering – Software Engineering for AI (CAIN), Melbourne, Australia, 2023, S. 145 ff.

verschiedenen Kategorien wie Daten, Training und Deployment verbessern könnten, und wählten auch einige aus, von denen sie eine Auswirkung auf den Großteil des Entwicklungsprozesses erwarteten:

1. **Standardisierung und Automatisierung von Datenqualitätsprüfungen**, um sicherzustellen, dass nur valide Daten für Training oder Testing verwendet werden.
2. **Implementierung von Fehlervalidierung und -kategorisierung**, um Einblicke zu gewinnen, wann und warum das ML-Modell versagt, und so dessen Zuverlässigkeit zu verbessern.
3. **Erfassung des Trainingsziels** in einer Metrik, die leicht messbar und verständlich ist, um die Interpretierbarkeit zu erhöhen und verflochtene Messungen zu vermeiden.
4. **Verwendung von Cross-Validation**, um zu verhindern, dass eine ML-Komponente auf Daten getestet wird, die sie bereits gesehen hat.
5. **Kontinuierliche Messung von Modellqualität, Leistung und Drift**, um Fehler frühzeitig zu erkennen und zu beheben.
6. **Überprüfung der Modelltrainingsskripte** zur Sicherstellung der Qualität. Die ursprüngliche Praxis schlägt Peer-Review vor, aber da die Entwicklung in unserer Fallstudie größtenteils von einem Entwickler durchgeführt wurde, haben wir diese Praxis verallgemeinert, um eine spätere Überprüfung durch denselben Entwickler zu ermöglichen.
7. **Testen des Feature-Extraktionscodes**, um sicherzustellen, dass die transformierten Daten konsistent und genau sind.
8. **Automatisierung der Hyperparameter-Optimierung und Modellauswahl**, um die Erkundungszeit zu verkürzen und die Modellqualität zu erhöhen.
9. **Protokollierung der Vorhersageergebnisse zusammen mit der Modellversion und den Eingabedaten**, um Einblicke in die Verbesserungsmöglichkeiten des Modells zu erhalten. Die ursprüngliche Praxis schlug vor, Vorhersagen nach dem Deployment zu protokollieren. Wir haben dies jedoch verallgemeinert, damit es auch während der Entwicklung und des Testings genutzt werden kann.
10. **Zusammenarbeit mit interdisziplinären Stakeholdern**, um die Entwicklung zu vereinfachen und die resultierende Software durch domänenspezifisches Wissen zu verbessern. Die ursprüngliche Praxis berücksichtigt nur die Zusammenarbeit mit Teammitgliedern, aber wir haben dies verallgemeinert, um auch relevante externe Stakeholder einzubeziehen.

Während der Case Study wurde die Effektivität jedes einzelnen Kriteriums detailliert überwacht und analysiert. Das Fazit der Autoren der Studie: Nahezu alle zehn Best Practices hatten einen positiven Effekt, am stärksten Nr. 10, **Zusammenarbeit mit interdisziplinären Stakeholdern**. Diese

Case Study zeigt deutlich, dass es auf die Frage nach Kriterien für die Qualitätssicherung von ML-Modellen keine einfache Antwort geben kann, sondern stets nur eine individuelle, wobei anerkannte ingenieurstechnische Best Practices jedoch eine gute erste Orientierung sein können.

(c) Praxisbeispiel: Sicherheit und Robustheit von AI Systems im Automotive-Bereich

Details zur sicheren Nutzung von ML-Komponenten im Bereich Automotive Software sind mittlerweile explizit adressiert in ISO 21448:2022, insbesondere im Kapitel D.2 Implications for machine learning.[164] Dieser Standard liefert als einer der wenigen anwendungsbezogenen Sicherheitsstandards für AI Systems wichtige Erkenntnisse. Unter D.2.4 (Implications for off-line training of machine learning algorithms) werden zum Off-line-Trainingsprozess von AI Models relevante Aussagen getroffen, welche die **„Universal Lessons" in Machine Learning** widerspiegeln. Demnach kann der Trainingsprozess mehrere Schritte und Werkzeuge beinhalten, wobei potenzielle Probleme aufgrund von eingebauten Verzerrungen, unvollständigen Trainingssätzen oder unzureichender Verifizierung des Modells auftreten können.

Probleme im ML-Entwicklungsprozess umfassen:

- **Unvollständige Trainingssätze oder unzureichende Verifizierung der trainierten Parameter:** Fehlerhafte oder unvollständige Datensätze können zu falschen Vorhersagen führen.
- **Kontraintuitive Gründe für Vorhersagen:** Beispielsweise können adversariale Angriffe die Zuverlässigkeit von Vorhersagen untergraben.
- **Einfluss der Trainingsdatenauswahl auf die Leistung des ML:** Verzerrungen in den Trainingsdaten (bias in training data) können zu falsch erlernten Korrelationen führen.
- **Fehlende Steuerbarkeit des Lernprozesses durch den Menschen:** Falsch erlernte Korrelationen können nicht immer manuell korrigiert werden.[165]

---

164 Grundlegend zuvor *Salay/Queiroz/Czarnecki*, An Analysis of ISO 26262: Using Machine Learning Safely in Automotive Software, 2017, mittlerweile ist die in Bezug genommene Norm aus 2011 im Jahr 2018 durch die Normfamilie ISO 26262 1-12 ersetzt worden; dazu *Pimentel*, An Analysis of ISO 26262: Machine Learning and Safety in Automotive Software, in: SAE: Safety of the Intended Functionality, 2020, S. 13 ff.

165 Grundlegend zuvor *Salay/Queiroz/Czarnecki,* An Analysis of ISO 26262: Using Machine Learning Safely in Automotive Software, 2017, mittlerweile ist die in Bezug genommene Norm aus 2011 im Jahr 2018 durch die Normfamilie ISO 26262 1-12 ersetzt worden; dazu *Pimentel*, An Analysis of ISO 26262: Machine Learning and Safety in Automotive Software, in: SAE: Safety of the Intended Functionality, 2020, S. 13 ff.

– **Auswahl der Testdaten:** Eine unsachgemäße Partitionierung der Testdaten kann zu einer Über- oder Unterschätzung der Leistungsfähigkeit im Feld führen.

Aufgrund der teils unberechenbaren Natur der verwendeten Algorithmen kann bei komplexen Aufgaben, insbesondere solchen im „Open-World-Kontext" wie der Wahrnehmung für automatisiertes Fahren, keine 100 %ig genaue Leistung erreicht werden. Es wird immer Fälle geben, in denen der Algorithmus falsche Vorhersagen trifft. Eine korrekte Ausbildung wird die Anzahl falscher Ergebnisse verringern, aber niemals vollständig eliminieren. Eine der Aufgaben der standardisierten SOTIF besteht darin, sicherzustellen, dass diese Einschränkungen kein unzumutbares Risiko darstellen.

Der Standard liefert in diesem Abschnitt selbst eine Erläuterung für das Zusammenspiel von Leistungs- und Sicherheitsparametern und formuliert (frei übersetzt): In einem Objekterkennungssystem, das ML-basierte Bilderkennung einsetzt, könnten Fehlklassifikationen auftreten. Diese werden jedoch nicht als Fehler betrachtet, sondern als **leistungsbezogene Ereignisse**, da die Nachbearbeitungsmechanismen oft in der Lage sind, diese Fehlklassifikationen aus den Bildsequenzen herauszufiltern. Nur die verbleibenden Fehlklassifikationen, die nicht herausgefiltert werden können, haben potenzielle Auswirkungen auf die Sicherheit. Während **epistemische Unsicherheit** (Mangel an Information) durch zusätzliche Daten und verbesserte Modelle reduziert werden kann, bleibt **aleatorische Unsicherheit** (z. B. inhärente Zufälligkeit des datengenerierenden Prozesses, Messfehler) bestehen und muss durch robuste Mechanismen zur Fehlerbehandlung und Nachbearbeitung gemanagt werden, um die Sicherheit und Leistungsfähigkeit des Systems zu gewährleisten. Die Sicherheitsanforderungen dieser Anwendungen machen es dringend erforderlich, Unsicherheiten neben den Modellvorhersagen zu berichten. Bedeutungsvolle Unsicherheitsschätzungen sind unverzichtbar für das Vertrauen in ML-gestützte Entscheidungen, da sie anzeigen, wann eine Vorhersage nicht zuverlässig genug ist, um darauf basierend Entscheidungen zu treffen.[166]

Mohseni et al.[167] schlugen vor diesem Hintergrund „Practical Solutions for Machine Learning Safety in Autonomous Vehicles" vor, welche klassische Ingenieursmethoden ergänzen sollen. Teilweise finden sich die dortigen Vorschläge auch in der ISO 21448:2022 wieder, die wiederum ein umfassendes

---

166 Mit dem Vorschlag der Zuordnung der jeweiligen Unsicherheit zu ihren Quellen: *Sale* et al., Label-wise Aleatoric and Epistemic Uncertainty Quantification, 2024, Preprint: arXiv:2406.02354v1.

167 *Mohseni* et al., Practical Solutions for Machine Learning Safety in Autonomous Vehicles, The AAAI Workshop on Artificial Intelligence Safety (Safe AI), 2020, https://ceur-ws.org/Vol-2560/paper40.pdf (letzter Aufruf: August 2024).

Testing zu Verifikation und Validierung (V&V) auf drei Ebenen vorschreibt (D.2.3 Achieving safety when the intended functionality is utilizing ML):

1. **Standalone-Test des ML-Algorithmus**: Dieser Test fokussiert sich ausschließlich auf den ML-basierten Algorithmus und ist effektiv, um unbekannte Unzulänglichkeiten zu finden, die typisch für die ML-Komponente sind. Beispielsweise können Visualisierungen genutzt werden, um die Funktionalität des Algorithmus besser zu verstehen und Schwachstellen zu identifizieren.
2. **Komponententests**: Diese Tests bewerten das Verhalten des Algorithmus innerhalb seiner zugehörigen Komponenten. Abhängig von der zu prüfenden Funktionalität und dem Aspekt, der getestet werden soll, kann dies eine bessere Methode sein, um das Verhalten des Algorithmus zu bewerten, insbesondere wenn dieser andere verwandte Komponenten enthält. Ein Beispiel wären Nachbearbeitungsfilter im Objekterkennungssystem, die zusammen mit dem ML-Algorithmus getestet werden.
3. **Tests auf Fahrzeugebene**: Diese Tests prüfen das Fahrzeug auf gefährliches Verhalten, indem das Zusammenspiel aller Komponenten auf Systemebene betrachtet wird. Hier wird das gesamte System im realen Einsatz getestet, um sicherzustellen, dass es keine sicherheitskritischen Fehler gibt, die das Fahrzeug betreffen könnten.

Diese dreistufige Teststrategie ermöglicht es, die verschiedenen Aspekte der ML-Komponenten gründlich zu evaluieren und sicherzustellen, dass das gesamte System sicher und zuverlässig funktioniert.

(d) Inhärent sicheres Design im Machine Learning[168]

Das Konzept eines inhärent sicheren Designs zielt darauf ab, potenzielle Gefahren vollständig aus einem System zu entfernen, anstatt sie lediglich zu kontrollieren. Ein technisches Beispiel hierfür ist die Entscheidung, Helium statt Wasserstoff für Luftschiffe zu verwenden, um Explosionsrisiken zu vermeiden.

Im Bereich des Machine Learning bedeutet inhärent sicheres Design, ML-Modelle so zu gestalten, dass sie robust gegenüber Unsicherheiten sind, die durch Unterschiede zwischen Trainings- und Testdaten entstehen können. Trainingsdaten enthalten oft Biases oder Quirks (Ausreißer), die in der Testphase fehlen, wodurch komplexe Modelle wie Deep Neural Networks (DNNs) oder Extreme Gradient Boosting (XGBoosting) möglicherweise fehleranfällig werden. Diese Modelle sind so komplex, dass es schwierig ist, vorherzusagen, wie sie auf Domain Shifts reagieren, was Ausfälle nach

168 Hierzu ausführlich: *Varshney*, Engineering safety in machine learning, 2016 Information Theory and Applications Workshop (ITA), La Jolla, CA, USA, 2016.

sich ziehen kann. **Domain Shift** bezeichnet die Veränderung der Datenverteilung zwischen dem Trainingsdatensatz und den Daten, denen ein Modell in der Praxis begegnet. Diese Verschiebung kann zu einer signifikanten Verschlechterung der Modellleistung führen, da das Modell auf eine andere Datenverteilung trifft, als die, für die es optimiert wurde.[169]

Der **klassische Ansatz der Risikominimierung** im maschinellen Lernen konzentriert sich in der Regel darauf, den Fehler auf den Trainings- und Testdaten zu minimieren, ohne notwendigerweise zu berücksichtigen, ob die gelernten Beziehungen kausal oder nachvollziehbar sind. Dies kann dazu führen, dass Modelle gut auf die Trainingsdaten passen, aber in realen Szenarien, in denen die Datenverteilung variieren kann (z.B. durch einen **Domain Shift**), versagen. Um ein inhärent sicheres Design zu erreichen, sind zusätzliche Regularisierungen oder Einschränkungen erforderlich. Diese Maßnahmen können zwar in kontrollierten Umgebungen die Modellgenauigkeit verringern, da sie das Modell daran hindern, scheinbar „nützliche" aber nicht kausale Muster zu nutzen. Sie erhöhen jedoch die Robustheit und verringern die epistemische Unsicherheit – also die Unsicherheit, die durch Modellmängel oder unvollständiges Wissen über das Problem entsteht. Diese Reduktion der Unsicherheit trägt zur Erhöhung der Systemsicherheit bei.

Interpretierbarkeit und Kausalität in maschinellen Lernmodellen ist zentral für ein inhärent sicheres Design. Interpretierbare Modelle ermöglichen es Entwicklern und Nutzern, die Entscheidungsprozesse eines Modells nachzuvollziehen und zu prüfen. Dies ist besonders wichtig, um datenspezifische Eigenheiten – sogenannte spurious correlations – zu erkennen und solche Korrelationen auszuschließen, die zu Fehlentscheidungen führen könnten. Ein klassisches Beispiel hierfür sind Modelle, die vermeintliche Zusammenhänge in den Trainingsdaten lernen, die in der Realität nicht kausal sind. So könnte ein Modell, das auf Bilddaten trainiert wurde, etwa fälschlicherweise lernen, dass bestimmte Hintergründe oder Artefakte stark mit einer bestimmten Klassifizierung korrelieren, obwohl diese Korrelation rein zufällig und nicht kausal ist.

Bei der Feststellung von Kausalitäten und der Herstellung von Erklärbarkeit dienen Ansätze wie **LIME (Local Interpretable Model-agnostic Explanations)**,[170] die die Vorhersagen eines beliebigen Klassifikators auf nachvollziehbare und glaubwürdige Weise erklären können, indem sie ein interpretierbares Modell um die Vorhersage herum trainiert. LIME hat seine

169 Hierzu aus der Praxis der Histopathologie: *Stacke* et al., Measuring Domain Shift for Deep Learning in Histopathology, IEEE Journal of Biomedical and Health Informatics, 2021, S. 325 ff.

170 Hierzu detailliert: *Ribeiro* et al., „Why Should I Trust You?": Explaining the Predictions of Any Classifier, in: KDD '16, Proceedings of the 22nd ACM SIGKDD International Conference on Knowledge Discovery and Data Mining, 2016, S. 1135 ff.

Leistungsfähigkeit in den letzten acht Jahren mehrfach anhand verschiedener Modelle für Textklassifikation (z.B. Random Forests) und Bildklassifikation (z.B. KNN) demonstriert.

Um zu veranschaulichen, wie stark die vom System identifizierten Korrelationen vom Trainingsdatensatz abhängen und wie leicht Interpretationen des Systems irreführend sein können, trainierten die Entwickler von LIME ein Modell, das darauf ausgelegt war, Bilder von Huskys und Wölfen zu unterscheiden. Obwohl das Modell bei Tests zunächst erfolgreich schien, zeigte sich, dass es in Wirklichkeit gelernt hatte, Bilder mit Schnee von Bildern ohne Schnee zu unterscheiden („Overfitting"). Dies war auf einen **Mangel der Diversität der Trainingsdaten** zurückzuführen, da die meisten Bilder von Wölfen Schnee enthielten, während dies bei den Bildern von Huskys nicht der Fall war und das System so eine Korrelation („Schnee = Wolf") enthielten, die sich im Realbetrieb als nicht kausal und damit falsch darstellte.

(a) Husky classified as wolf (b) Explanation

Figure 11: Raw data and explanation of a bad model's prediction in the "Husky vs Wolf" task.

Abbildung 14: Abbildung entnommen aus *Ribeiro* et al[171]

Die **Integration von Interpretierbarkeit und Kausalität** in einem Modell kann die Zuverlässigkeit und Sicherheit von AI Systems erheblich steigern. Solche Systeme sind besser in der Lage, in realen Anwendungsszenarien verlässliche Vorhersagen zu treffen, insbesondere in sicherheitskritischen Bereichen. Ein inhärent sicheres Design sorgt dafür, dass das Modell nicht

171 *Ribeiro* et al., „Why Should I Trust You?": Explaining the Predictions of Any Classifier, in: KDD '16, Proceedings of the 22nd ACM SIGKDD International Conference on Knowledge Discovery and Data Mining, 2016, S. 1135 ff.

nur auf statistischen Zusammenhängen basiert, sondern auf robusten, kausalen Beziehungen, die auch unter veränderten Bedingungen Bestand haben.

(e) Ein Framework für das Testing von AI Systems

AI Systems müssen getestet werden, um festzustellen ob sie die gewünschten Leistungsparameter erreichen. Eine Orientierung für das Testing bietet der Technical Report **ISO/IEC TR 29119-11:2020 (Software and systems engineering – Software testing – Part 11: Guidelines on the testing of AI-based systems)**. Unter 6.2 Testing AI-based systems across the life cycle werden zunächst die Testebenen im Lebenszyklus eines AI-basierten Systems adressiert, unabhängig vom Lebenszyklusmodell (z. B. agile, Wasserfall), dessen Details wiederum der ISO/IEC 5338:2023 (Information technology – Artificial intelligence – AI system life cycle processes) entnommen werden können. Tests sollten risikobasiert ausgewählt werden, wobei die ISO/IEC TR 29119-11:2020 hier zusätzlich das Kriterium der Kosten aufnimmt, das allerdings aus Sicht der Anforderungen des AI Acts geringer ins Gewicht fallen dürfte. Eine Erkenntnis des Reports ist unbestritten: Frühe Tests (Unit- und Integrationstests) sind kostengünstiger und sollten Risiken frühzeitig abdecken, während einige Risiken nur durch Systemtests adressiert werden können.

- **Unit-/Komponententests:**
  Nicht-AI-Komponenten (z. B. Web Interfaces) werden wie bei traditionellen Systemen getestet. Bei ML-Modellen entsprechen Unit-Tests den Evaluations- und Testphasen des ML-Workflows, um die Modellqualität zu verbessern. ML-Leistungsmetriken werden auf dieser Ebene getestet. Abdeckung bei ML-Komponenten kann durch die Repräsentativität der Datensätze gemessen werden. Vorverarbeitete Daten werden auf korrekte Skalierung oder Normalisierung geprüft.
- **Integrationstests:**
  Die Integration einer AI-Komponente kann als eingebettete Komponente oder als Stand-Alone Service erfolgen. Integrationstests stellen sicher, dass die AI-Komponente korrekt integriert und interpretiert wird, z. B. durch Überprüfung der Schnittstellen und Datenkommunikation.
- **Systemtests:**
  Systemtests für AI-basierte Systeme umfassen funktionale und nicht-funktionale Tests, einschließlich Sicherheit und Leistungseffizienz. AI-spezifische Merkmale wie Erklärbarkeit sollten berücksichtigt werden. ML-Leistungsmetriken als Akzeptanzkriterien[172] werden auf dieser Ebene getestet.

---

172 Zur Entwicklung von Risikotoleranzmustern im Softwaredesign von AI Systems: *Myllyaho* et al., On misbehaviour and fault tolerance in machine learning systems, Journal of Systems and Software, Volume 183, 2022, 111096.

- **Systemintegrationstests:**
  Relevant, wenn ein AI-basiertes System große Datenmengen von anderen Systemen verwendet (z. B. Sensor Fusion) oder z. B. mit IoT-Geräten interagiert.
- **Abnahmetests:**
  Ob das AI System Geschäftsziele wie Rentabilität erfüllt, kann auf dieser Ebene getestet werden. ML-Leistungsmetriken können auch auf dieser Ebene getestet und relevant werden. In Systemen mit Human-in-the-Loop ist ein Test der Genauigkeit der vom Nutzer bestätigten, automatisiert vorbereiteten Informationen erforderlich, um z. B. Machine Bias auszuschließen.
- **Wartungstests:**
  Regelmäßige Tests sind notwendig, um sicherzustellen, dass das System die ursprünglichen Akzeptanzkriterien erfüllt. Diese Tests können automatisiert werden. Regressionstests müssen Toleranzen beinhalten, um akzeptable Variationen in den Ergebnissen zu berücksichtigen. Selbstlernende Systeme sollten während der Tests kein unerwünschtes Lernen durchführen.

(f) AI Red Teaming

Red Teaming ist eine Teststrategie, die ursprünglich aus dem militärischen Umfeld stammt und zunehmend auch im Bereich des Machine Learning angewendet wird. Dabei versucht eine Gruppe, das sogenannte „Red Team", systematisch **Schwachstellen in einem System zu finden und auszunutzen**. Die „Executive Order on Safe, Secure, and Trustworthy Artificial Intelligence" von 2023 definiert Red Teaming wie folgt:

> *„A structured testing effort to find flaws and vulnerabilities in an AI system, often in a controlled environment and in collaboration with developers of AI. Artificial Intelligence red-teaming is most often performed by dedicated ‚red teams' that adopt adversarial methods to identify flaws and vulnerabilities, such as harmful or discriminatory outputs from an AI system, unforeseen or undesirable system behaviors, limitations, or potential risks associated with the misuse of the system.*"[173]

Ziel ist es, potenzielle Bedrohungen, Schwachstellen und Sicherheitslücken zu identifizieren, bevor diese von tatsächlichen Angreifern ausgenutzt wer-

---

173 https://www.whitehouse.gov/briefing-room/presidential-actions/2023/10/30/executive-order-on-the-safe-secure-and-trustworthy-development-and-use-of-artificial-intelligence/ (letzter Aufruf: August 2024).

den können. Im Kontext von Machine Learning wird **Red Teaming** verwendet, um die Robustheit und Sicherheit von AI Systems zu testen.

Trotz der Rolle, die AI Red Teaming in politischen Diskussionen und Unternehmenskommunikation einnimmt, bleiben jedoch Fragen offen: Was genau bedeutet AI Red Teaming? Welche Rolle kann es im Rahmen von Compliance spielen? Und wie unterscheidet es sich von den ursprünglich im Bereich der Cybersicherheit konzipierten Red-Teaming-Praktiken? Eine kürzlich veröffentlichte Studie[174] argumentiert, dass Red Teaming zwar eine wertvolle und umfassende Idee zur Charakterisierung von Schadensminderungen insbesondere bei Generative AI sein kann und die Industrie Red Teaming und andere Strategien hinter verschlossenen Türen effektiv anwenden könnte, um AI Systems zu schützen, jedoch Red Teaming als Allheilmittel und *Panacea* für jedes mögliche Risiko an die Grenze zum „**Security Theater**"[175] stößt.

Während traditionelles Red Teaming manuell durchgeführt wird, gibt es zunehmend automatisierte Ansätze, die dies effizienter gestalten. Ein Beispiel hierfür ist die **Multi-round Automatic Red-Teaming (MART)-Methode**[176] für das Red Teaming von LLMs, bei der ein adversariales Modell und das Zielmodell iterativ miteinander interagieren, um kontinuierlich Angriffe zu generieren und das Zielmodell durch Feinabstimmung auf diese Angriffe zu verbessern. Lesenswert ist in diesem Zusammenhang der im Rahmen des Open-Loop-Programms entstandene Bericht „Red-Teaming & Synthetic Content",[177] der in seiner Analyse auf dem NIST AI Risk Management Framework basiert und wertvolle Hinweise für das Risk Management und Policies bereitstellt.

---

174 *Feffer* et al., Red-Teaming for Generative AI: Silver Bullet or Security Theater?, Preprint, 2024, https://doi.org/10.48550/arXiv.2401.15897.

175 Der Begriff „Security Theater" hat eine lange Geschichte und zu Recht einen eigenen Wikipedia-Eintrag: https://en.wikipedia.org/wiki/Security_theater#cite_note-1 (letzter Aufruf: August 2024); beispielhaft für die kritisierte Theatralik ist dieser Blogpost von „Anthropic", in dem einer Vergesellschaftung der durch mangelhafte Modelle entstandenen Risiken das Wort geredet wird. Qualitätsmanagement und angemessene Produktsicherheit sind jedoch Aufgaben des Providers, nicht der Nutzer: https://www.anthropic.com/news/challenges-in-red-teaming-ai-systems (letzter Aufruf: August 2024).

176 *Ge* et al., MART: Improving LLM Safety with Multi-round Automatic Red-Teaming, 2023, Proceedings of the 2024 Conference of the North American Chapter of the Association for Computational Linguistics: Human Language Technologies (Volume 1: Lang Papers), p. 1927, https://aclanthology.org/2024.naacl-long.107.pdf (letzter Aufruf: August 2024).

177 *Galindo* et al., Open Loop US program on Generative AI risk management: AI red teaming and synthetic content risk, 2024, https://openloop.org/reports/2024/01/red-teaming-synthetic-content.pdf (letzter Aufruf: August 2024).

(g) NIST-Testplattform „Dioptra“

Ende Juli 2024 hat das NIST die Open-Source-Software „Dioptra“ veröffentlicht. Diese Software soll Nutzern und Entwicklern von AI Systems dabei helfen, zu messen, wie bestimmte **Arten von Angriffen die Leistung eines AI Systems beeinträchtigen** können.

Dioptra ist eine spezialisierte Software-Testplattform, die entwickelt wurde, um die vertrauenswürdigen Eigenschaften von AI zu bewerten. Sie zielt darauf ab, die „Measure“-Funktion des NIST AI Risk Management Frameworks zu unterstützen, indem sie umfassende Funktionen zur Bewertung, Analyse und Nachverfolgung identifizierter AI Risks bereitstellt. Dioptra ermöglicht es nach eigenen Angaben Entwicklern und Forschern, sicherzustellen, dass AI Systems validiert und zuverlässig, sicher, resilient, verantwortungsvoll, transparent, erklärbar, datenschutzfreundlich und fair sind.

Die Plattform unterstützt eine Vielzahl von Anwendungsfällen, darunter die Modellprüfung während des **gesamten Entwicklungszyklus**, sowohl Inhouse als auch durch externe Audits oder Compliance-Checks. Darüber hinaus dient Dioptra als kontrollierte Umgebung für Red-Teaming-Aktivitäten, bei denen AI Systems gezielt auf Schwachstellen hin getestet werden.

Die Motivation hinter Dioptra ist die zunehmende Abhängigkeit von Machine-Learning-Technologien, deren inneres Funktionieren für Außenstehende oft undurchsichtig bleibt. Dioptra bietet in diesem Kontext eine Testumgebung, die es Forschern ermöglicht, die Sicherheit von AI Systems unter verschiedenen Bedingungen zu evaluieren und dadurch die Sicherheit und Verlässlichkeit der Systeme zu erhöhen. Die Architektur von Dioptra basiert auf einem **Microservices-Ansatz**, der eine verteilte Bereitstellung über mehrere physische Maschinen oder auch eine lokale Installation auf einem Laptop ermöglicht. Im Kern der Architektur steht die zentrale Testbed-API, die Anfragen und Antworten über einen Reverse Proxy verwaltet und mit einem Backend-Datenspeicher verbunden ist, der Datensätze, registrierte Modelle sowie Experimentergebnisse und Metriken hostet.

Die zentralen Eigenschaften von Dioptra: Die Ergebnisse sind reproduzierbar, indem automatische Snapshots von Ressourcen erstellt werden, sodass Tests reproduziert und validiert werden können. Die Plattform ist nachvollziehbar, da sie die vollständige Historie von Tests und deren Eingaben verfolgt. Zudem ist Dioptra erweiterbar durch ein Plugin-System, das die Integration und Nutzung bestehender Python-Pakete ermöglicht. Ein Typensystem fördert die **Interoperabilität** zwischen Plugins, während die modulare Architektur es Nutzern ermöglicht, neue Tests einfach aus modularen Komponenten zusammenzustellen.

2. Überblick über Data Governance und Data Management (Art. 10)

„There are two types of people in this world: 1) those who can extrapolate from incomplete data."
(*Unbekannt*)

a) Machine Learning und Trainingsdaten in a nutshell

Die für ein einheitliches technisches und sprachliches Verständnis grundlegende ISO/IEC 22989:2022 (Information technology – Artificial intelligence – Artificial intelligence concepts and terminology), Abschnitt 3.2.11, definiert Machine-Learning-Modelle (ML-Modelle) als **mathematische Konstruktionen, die auf Basis von Eingabedaten oder Informationen eine Vorhersage oder eine Schlussfolgerung generieren**. ML-Modelle bestehen jeweils aus einer Datenstruktur und Software, die zur Verarbeitung dieser Struktur dient, beide werden durch einen gewählten ML-Algorithmus bestimmt. Die Modelle sind so konfiguriert, dass sie Eingaben und Ausgaben enthalten, die für die Lösung des gegebenen Problems essenziell sind.

Während des Trainingsprozesses wird das Modell „trainiert", um die **relevanten statistischen Eigenschaften der Trainingsdaten** zu repräsentieren. So „lernt" das Modell, wie es Probleme anhand der Trainingsdaten lösen kann. Der Prozess ist dem Ziel verschrieben, erworbenes Wissen für reale Anwendungen zu nutzen.

ML-Modelle liefern Ergebnisse, die Annäherungen an optimale Lösungen darstellen. Diese Annäherung wird durch statistische Optimierungsmethoden erreicht, die ML-Algorithmen nutzen. Die Zuordnung von Eingaben zu Ausgaben des Modells reflektiert die aus den Trainingsdaten gelernten Muster, die Korrelationen, kausale Beziehungen oder Kategorien von Datenobjekten umfassen können. Daher **spiegeln ML-Modelle die Qualität der Trainingsdaten wider**; sind die Daten unvollständig oder enthalten sie gesellschaftliche Verzerrungen, schlägt dies auf die Modellleistung durch. Deshalb ist bei der Auswahl der Datensätze für das Training Vorsicht geboten.

Die während des Machine-Learning-Prozesses erstellte **Logik**, die durch das trainierte Modell repräsentiert wird, wird nicht von einem Programmierer explizit festgelegt, sondern **entwickelt sich während der Trainingsaktivitäten**. Um die Leistung des Modells zu bewerten, wird es anhand von Evaluierungsmetriken getestet.

Das erneute Training eines Modells, auch als Retraining bezeichnet, erfolgt durch die Verwendung unterschiedlicher Trainingsdaten. Dies kann notwendig sein aufgrund verschiedener Faktoren wie dem Fehlen großer Trainingsdatenmengen, Data Drift und Concept Drift.

Kommt es zu einem **Data Drift**, so nimmt die Genauigkeit der Modellvorhersagen im Laufe der Zeit ab, weil sich die statistischen Merkmale der Produktionsdaten verändern. In diesem Fall muss das Modell mit neuen Trainingsdaten, die die Produktionsdaten besser repräsentieren, erneut trainiert werden.

Bei einem **Concept Drift** verschiebt sich die Entscheidungsgrenze, wodurch sich die Genauigkeit der Vorhersagen verschlechtert, obwohl sich die Daten selbst nicht verändert haben. In diesem Fall müssen die Zielvariablen in den Trainingsdaten neu beschriftet und das Modell erneut trainiert werden. Aus Gründen der terminologischen Konsistenz bei der Besprechung der Anforderungen von Art. 10 wird der Begriff „Machine-Learning-Modell/ML-Modell" nachfolgend durch „AI Model" substituiert.

b) Verpflichtende Qualitätskriterien für Training, Validierung und Testing von AI Systems (Art. 10.1)

Wenn man das Vorstehende verinnerlicht hat, ist das Fundament zum Verständnis von Art. 10 gesetzt. Unter der Überschrift **Data and Data Governance** adressiert die Norm den Kern eines jeden AI Systems: Den Umgang mit Daten. Ohne Daten kein Machine Learning, ergo kein AI System.[178] Leider ist die Norm sperrig geraten. Sie adressiert Data Governance und Data Management (vgl. Erwägungsgrund 67) weder in gleichem Maße noch trennscharf. Ihre Vorgaben sind teils diffus, mangeln gesetzlicher Definition und müssen durch Rechtsanwenderinnen und Rechtsanwender in den einzelnen Absätzen mühsam zusammengesucht und strukturiert werden. Um ihre normativen Vorgaben zu systematisieren, bedarf es eines Konzepts, das der Gesetzgeber selbst nicht liefert. Hilfe für das Verständnis und die Erfüllung der alle technischen Aspekte von AI Systems umspannenden Dokumentations- und Nachweispflicht (Art. 11) bieten technische Normen und Best Practices aus dem Machine Learning, die Data Governance und Data Quality Management adressieren.[179]

Obwohl **Data Governance** als Begriff nahezu omnipräsent ist in der Welt des Machine Learning, mangelt es an einer genauen Definition. Art. 10 sowie Erwägungsgrund 67 „Data governance and management practices" setzen ein Begriffsverständnis voraus, ohne dieses zu offenbaren. Erwägungsgrund 27,

---

178 *Gröger*, There Is No AI Without Data: Industry Experiences on the Data Challenges of AI and the Call for a Data Ecosystem for Industrial Enterprises, Communications of the ACM, 64(11), S. 98 ff., 2021, http://dx.doi.org/10.1145/3448247.

179 Einführendes Tutorial: *Jain* et al., Overview and Importance of Data Quality for Machine Learning Tasks, KDD '20: Proceedings of the 26th ACM SIGKDD International Conference on Knowledge Discovery & Data Mining, S. 3561 ff., https://doi.org/10.1145/3394486.3406477 (letzter Aufruf: August 2024).

der nicht nur formal, sondern auch inhaltlich auf die **Ethics Guidelines for Trustworthy AI** der High-Level Expert Group on Artificial Intelligence (HLEG AI, 2019) rekurriert, erwähnt Data Governance in einem Atemzug mit Privacy und formuliert „Including respect for privacy, quality and integrity of data, and access to data", und zwar als eine von sieben Teilanforderungen von Trustworthy AI (S. 14, „Interrelationship of the seven requirements: all are of equal importance, support each other, and should be implemented and evaluated throughout the AI system's lifecycle"):

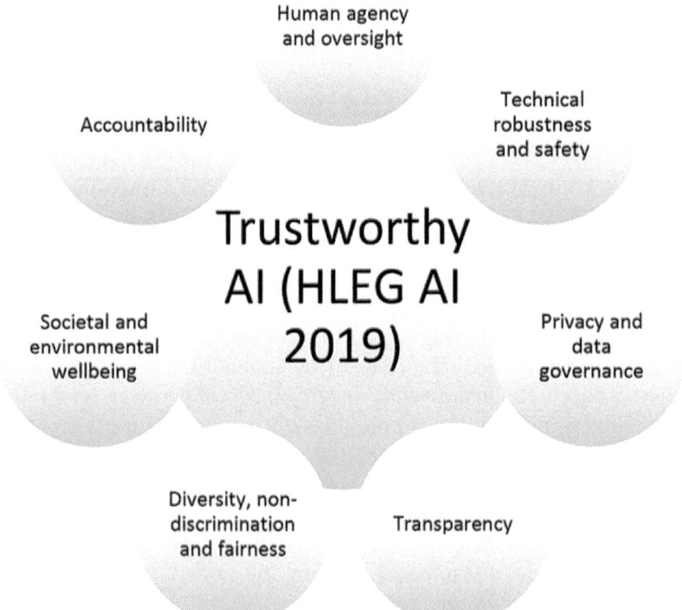

Abbildung 15: Übersicht der sieben Teilanforderungen von Trustworthy AI (HLEG AI).

Die von der HLEG AI entwickelte und über Erwägungsgrund 27 Teil des Gesetzestextes gewordene Verknüpfung erklärt das Konvolut an sehr unterschiedlichen Anforderungen und Zielsetzungen in Art. 10.2 bis 10.6. Mit dem Wissen um das Konzept von Trustworthy AI,[180] wie von der HLEG AI definiert, **erschließt sich ein besseres Verständnis**. Dies macht auch bereits

180 „Trustworthy AI" ist kein originär europäischer Begriff, sondern Gegenstand internationaler Forschung: *Kaur* et al., Trustworthy Artificial Intelligence: A Review, ACM

ein kurzer Blick auf 1.3 „Privacy and data governance" kenntlich, der unter dem Stichpunkt „Quality and integrity of data" formuliert:

> *„The quality of the data sets used is paramount to the performance of AI systems. When data is gathered, it may contain socially constructed biases, inaccuracies, errors and mistakes. This needs to be addressed prior to training with any given data set. In addition, the integrity of the data must be ensured. Feeding malicious data into an AI system may change its behaviour, particularly with self-learning systems. Processes and data sets used must be tested and documented at each step such as planning, training, testing and deployment. This should also apply to AI systems that were not developed in-house but acquired elsewhere."*

Diese Passage versucht, der umgangssprachlichen Formulierung: *„Garbage in, garbage out"*[181] politische und rechtliche Konturen zu verleihen.

Da es sich beim Thema Daten jedoch um ein primär technisches Thema handelt, lohnt ein Blick in die **faszinierende Welt der internationalen Standards**, den auch die HLEG AI in ihrer Trustworthy AI Assessment List (Pilot Version) unter 3. „Privacy and data governance" einfordert:

> *„Did you align your system with relevant standards (for example ISO, IEEE) or widely adopted protocols for daily data management and governance?"*

Die hohe Relevanz internationaler Standards, die in unserem Buch an mehreren Stellen thematisiert wird, wird im Bereich Datenqualitätsmanagement dadurch unterstrichen, dass das Joint Research Centre des Europäischen Parlaments im Jahr 2022 einen umfassenden Workshop unter dem Titel **„Putting Science into Standards"** gemeinsam mit CEN/CENELEC durchführte. Dabei kamen europäische Normungsexperten, Gesetzgeber, Wissenschaftler und gesellschaftliche Interessengruppen zusammen, um den prä-normativen Forschungsbedarf und den Standardisierungsbedarf zu erörtern. Die Ergebnisse des Workshops sind inhaltlich für den aktuellen Umgang mit dem AI Act hochgradig relevant und können unter dem Titel „Data Quality Requirements for inclusive, non-biased and trustworthy AI" nachgelesen werden[182]. Eine aktuelle Perspektive auf Data Quality Require-

---

Computing Surveys (CSUR), Volume 55, Issue 2, 2022, Article No.: 39; *Thiebes/Lins/Sunyaev*, Trustworthy artificial intelligence, Electron Markets 31, 2020, S. 447 ff.

181 Kurz und gut dazu aus der Praxis m. w. N.: *Kilkenny/Robinson*, Data quality: „Garbage in – garbage out", Health Information Management Journal, Volume 47, Issue 3, 2018, S. 103 ff.

182 *Balahur-Dobrescu* et al., Data quality requirements for inclusive, non-biased and trustworthy AI, https://publications.jrc.ec.europa.eu/repository/handle/JRC131097 (letzter Aufruf: August 2024).

ments aus ingenieurstechnischer Sicht stellt heraus, dass die angewandten Data Management Practices zwischen Forschung und Industrie durchaus variieren können.[183] Umso wichtiger ist es, auf internationale Standards zurückgreifen zu können, die eine Orientierung und nachprüfbare Qualitätssicherung ermöglichen.

Der für das **Data Quality Management** von AI Systems grundlegende ISO/IEC 5259-1:2024 (Artificial intelligence – Data quality for analytics and machine learning (ML) – Part 1: Overview, terminology, and examples, 3.1.6) beschreibt AI Governance lediglich als „*[…]system by which the current and future use of data is governed*" und trägt damit wenig zur Aufklärung bei.

Die sehr viel umfassendere und ausgesprochen nützliche 8000er-Serie der ISO hingegen wird präziser und definiert in ISO 8000 – 2 Data quality – Part 2: Vocabulary, 3.16.1, Data Governance als „development and enforcement of policies related to the management of data". Die Norm verweist zudem auf ISO/IEC 38500:2015 Information technology – Governance of IT for the organization und die dort spezifizierten sechs Prinzipien der Information Technology Governance: **responsibility, strategy, acquisition, performance, conformance und human behaviour**; diese Prinzipien gelten standardgemäß auch für Daten.[184]

Das 2024 überfällige Update der ISO/IEC 38500:2024 löst sich allerdings von diesen knappen Begriffen und ersetzt sie durch eine neue Gliederung von nunmehr elf Prinzipien der IT Governance, die sich auch für Data Governance fruchtbar machen lassen:

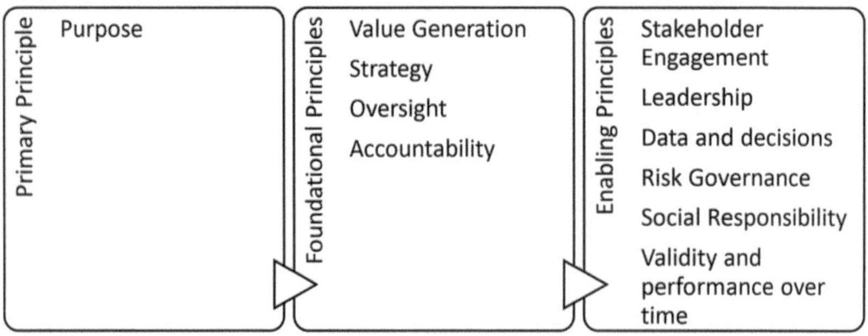

Abbildung 16: IT (Data) Governance Principles nach ISO/IEC 38500:2024

183 *Priestley* et al., 11 A Survey of Data Quality Requirements That Matter in ML Development Pipelines, ACM J. Data Inform. Quality 15, 2, Article 11, 2023), https://doi.org/10.1145/3592616.

184 ISO/IEC 38505-1:2017, Information technology – Governance of IT – Governance of data – Part 1: Application of ISO/IEC 38500 to the governance of data.

Erwägungsgrund 67 adressiert nahezu den gesamten Art. 10 und formuliert umfassend, warum hochwertige Daten essenziell sind für die Leistung und Sicherheit von High-Risk AI Systems. Diese Systeme, die auf datengetriebenen Machine-Learning-Modellen basieren, benötigen sorgfältig ausgewählte und verwaltete Trainings-, Validierungs- und Testdatensätze, um diskriminierungsfreie und sichere Ergebnisse zu gewährleisten.

Konsequente Data Governance und ein effektives Data Quality Management sind entscheidend, um sicherzustellen, dass die Datensätze vollständig, repräsentativ und relevant für den spezifischen Anwendungsfall sind. Dabei gilt es, Verzerrungen (Biases), die bestehende Diskriminierungen verstärken könnten, zu identifizieren und zu mindern. All dies berührt datenschutzrechtliche Anforderungen nicht; ihre zentrale Rolle bleibt von dem AI Act unberührt.

Den Zusammenhang zwischen Data Quality und Data Quality Management illustriert die nachfolgende Übersicht, angelehnt an die ISO/IEC 5259-4:2024, Artificial intelligence – Data quality for analytics and machine learning (ML) – Part 4: Data quality process framework, 6.6 Using the DPQF:

Zudem können **zertifizierte Compliance-Dienste** zur Sicherstellung der Datenintegrität und der Einhaltung gesetzlicher Vorgaben beitragen, was die Anwendung und Einhaltung technischer Standards jedoch voraussetzt.

Die gesetzlichen Anforderungen aus Art. 10 können den jeweiligen **Phasen des AI Life Cycle** wie nachfolgend zugeordnet werden:

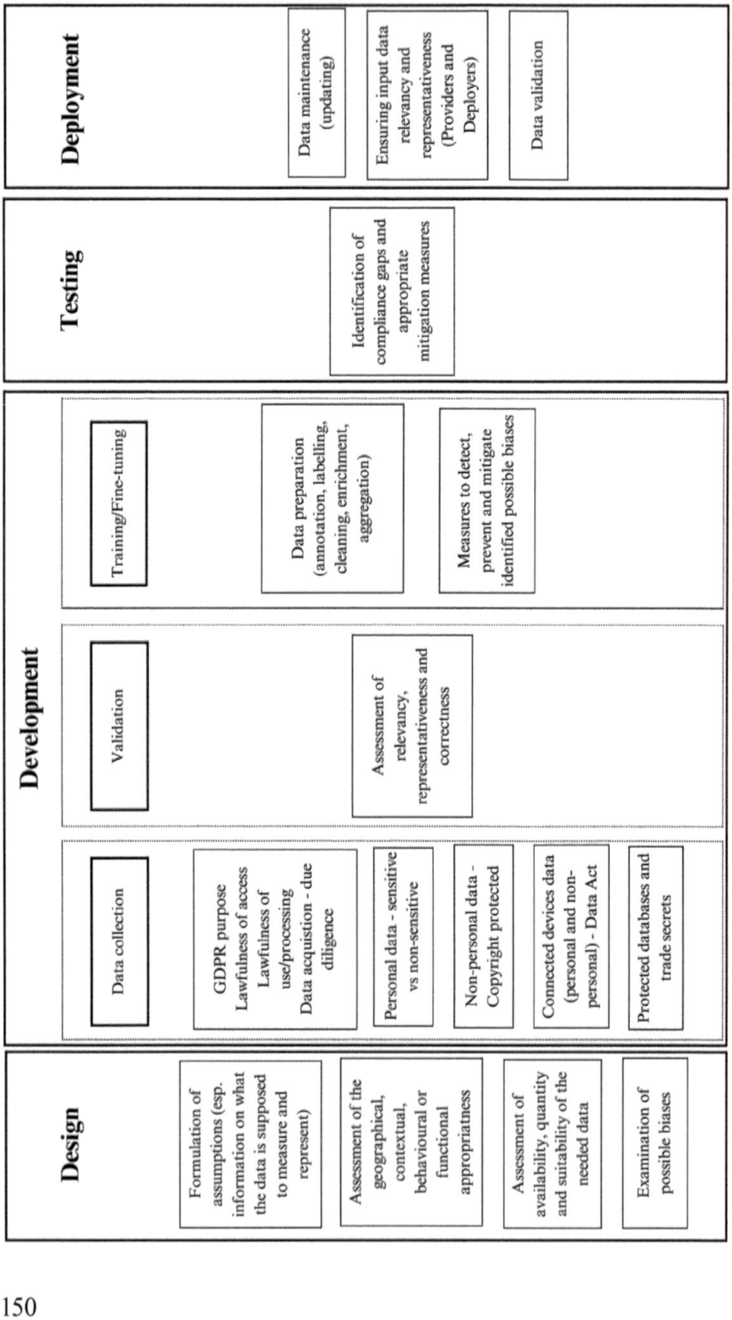

Abbildung 17: Rechtliche Anforderungen von Art. 10 AI Act, zugeordnet den Phasen des typischen Lebenszyklus eines AI Systems

c) Data Governance und Data Management (Art. 10.2)

Mit der Formulierung „Für Trainings-, Validierungs- und Testdatensätze gelten Daten-Governance- und Datenverwaltungsverfahren, die für die Zweckbestimmung des Hochrisiko-KI-Systems geeignet sind“ schafft das Gesetz in Art. 10.2 eine normative Grundlage, die als Ausgangspunkt für das Verständnis der unmittelbar folgenden Detailvorgaben dient. Es hebt die **Notwendigkeit eines durchgängig hohen Qualitätsstandards** hervor, der sich über den gesamten Lifecycle von High-Risk AI Systems erstrecken muss. Dieser Anspruch an die Datenqualität und -integrität muss sich zwingend in den angewandten Data-Governance- und Data-Management-Praktiken niederschlagen. Es bedarf sorgfältiger und zweckgerichteter Maßnahmen, die sämtliche Phasen der Datenverarbeitung umfassen, um Compliance mit den strengen gesetzlichen Anforderungen zu gewährleisten und das Vertrauen in die Rechtssicherheit und Zuverlässigkeit solcher Systeme zu sichern. Nur so können am Ende AI Systems entstehen, die dem Leitbild von „Trustworthy AI“ entsprechen.[185]

d) Standardisierung von Data (Quality) Management

Die bestehenden Data Quality Standards, wie die ISO 8000-Serie, wurden ursprünglich aus der Perspektive der Data Production und des Data Management entwickelt. Schließlich waren Datenproduzenten traditionell auch die größten Konsumenten von Daten. Diese Standards nehmen Data Quality in dem Kontext spezifischer, vorab definierter Zwecke in den Blick. Häufig bedarf es zusätzlicher Verarbeitungsschritte, um Daten, die für einen bestimmten Zweck produziert wurden, für andere Kontexte nutzbar zu machen. In den Bereichen Data Analytics und Machine Learning greifen Anwender häufig auf Daten zurück, die Dritte produzieren. Sie suchen, sammeln und verarbeiten Daten, die sie für ihre Projekte als notwendig und geeignet erachten. Die Qualität dieser Daten hat direkten Einfluss auf die **Qualität der Analyseresultate und die Leistung der AI Models**. Selbst ein exzellentes Data Analytics- oder AI Model wird unzuverlässige Ergebnisse liefern, wenn die verwendeten Daten nicht den Requirements entsprechen. Daten, die für eine spezifische Anwendung oder einen bestimmten Kontext geeignet sind, erfüllen nicht zwangsläufig die Anforderungen anderer Anwendungen oder Kontexte.

---

185 Für Retrieval Augmented Generation (RAG) Systems anhand von sechs Key Features der Trustworthyness detailliert und praxisnah erläutert: *Zhou* et al., Trustworthiness in Retrieval-Augmented Generation Systems: A Survey, Preprint, 2024, https://doi.org/10.48550/arXiv.2409.10102 (letzter Aufruf: August 2024).

Um sicherzustellen, dass die Daten für Data Analytics und Machine Learning den Anforderungen entsprechen, definiert die ISO/IEC 5259-Serie Qualitätskriterien für Daten, Maßnahmen zur Sicherung von Data Quality, Anforderungen an das Data Quality Management und einen **beispielhaften Prozess zur Erzielung von Data Quality** über den gesamten Data Life Cycle. Zusätzlich stellt sie ein Governance Framework bereit, um die Implementierung und den Betrieb all dieser Aspekte zu leiten und zu überwachen.

Die noch sehr junge ISO/IEC 5259-1:2024 (Artificial intelligence – Data quality for analytics and machine learning (ML) – Part 1: Overview, terminology, and examples) liefert ein „Data life cycle model for analytics and ML“:

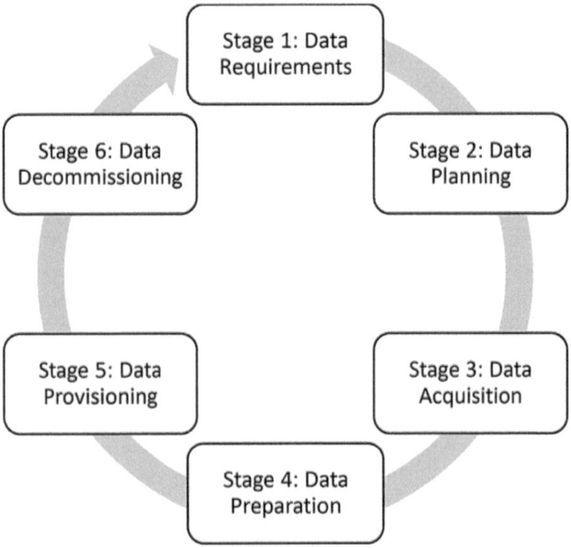

Der Prozess der Datenverarbeitung für Analytics- und Machine-Learning-Projekte lässt sich in sechs zentrale Phasen unterteilen.

In der **Stage 1: Data Requirements** sind die spezifischen Datenanforderungen festzulegen, einschließlich der Bestimmung und Verfügbarkeit der benötigten Daten sowie der Instanziierung eines Data Quality Models mit relevanten Qualitätsmerkmalen.

In der darauffolgenden **Stage 2: Data Planning** ist die Datenarchitektur zu entwerfen und der Aufwand für die Datenbeschaffung und -aufbereitung zu schätzen, um sicherzustellen, dass die Daten den zuvor definierten Anforderungen entsprechen und die Projektziele unterstützen.

In **Stage 3: Data Acquisition** erfolgt die eigentliche Datenbeschaffung, bei der es gilt, sowohl Live-Daten als auch historische Daten aus den identifizierten Quellen zu sammeln. Diese Phase umfasst den Schutz der Datenprivatsphäre, die Sicherstellung der Datenqualität sowie die Optimierung der Beschaffungsmethoden.

Anschließend sind **in Stage 4: Data Preparation** die gesammelten Daten so aufzubereiten, dass sie im Projekt verwendet werden können. Diese Phase kann verschiedene Prozesse wie die Transformation, Validierung, Bereinigung und Aggregation der Daten sowie die Erstellung und Auswahl von Features umfassen.

In der **Stage 5: Data Provisioning** sind die aufbereiteten Daten im Analytics- oder ML-Projekt einzusetzen. Hier ist die Leistung des AI Models zu überprüfen und gegebenenfalls Anpassungen vorzunehmen, sofern die Ergebnisse nicht den Erwartungen entsprechen.

Schließlich ist in **Stage 6: Data Decommissioning** zu entscheiden, ob die Daten für zukünftige Nutzungen archiviert, gelöscht oder an den Dateninhaber zurückgegeben werden. Diese systematische Vorgehensweise stellt sicher, dass die Daten während ihres gesamten Lebenszyklus den Anforderungen entsprechen und effektiv genutzt werden können.

e) Definitionen und Metriken

(1) Trainingsdaten („training data"), Art. 3.29

Trainingsdaten sind die Grundlage und **Quelle für das Erlernen von Patterns und Correlations in einem AI Model**. Sie dienen dazu, die lernbaren Parameter eines AI Models anzupassen. Lernbare Parameter (z. B. die Gewichtungen in einem neuronalen Netzwerk) werden durch den Trainingsprozess iterativ angepasst, um die Fehler zwischen den Vorhersagen des AI Models und den tatsächlichen Ergebnissen zu minimieren. Dieser Prozess, oft unter Verwendung von Algorithmen wie Gradient Descent,[186] optimiert das AI Model, um möglichst genaue Vorhersagen zu treffen. Trainingsdaten müssen repräsentativ für das Einsatzgebiet des Modells sein, um eine gute Generalisierung zu gewährleisten. Ungleichgewichte in den Trainingsdaten können zu systematischen Verzerrungen (Bias) führen, die in einem AI Model auftreten können. Deshalb ist es essenziell, sie sorgfältig auszuwählen und aufzubereiten. Die Qualität der Trainingsdaten beeinflusst direkt die

186 Im ISO/IEC 23053:2022 Framework for Artificial Intelligence (AI) Systems Using Machine Learning (ML), 6.5.4.2 beschrieben als: „Gradient descent is an iterative technique to find the minimum of a function: while feeding the whole dataset as a single batch the parameters are updated step by step, in the same direction as the first order derivative (gradient) of the function. […]".

Effizienz und Genauigkeit des Modells. Die Anforderungen an Relevanz, Repräsentativität, Fehlerfreiheit und Vollständigkeit (Art. 10.3) erfordern, Trainingsdaten sorgfältig zu kuratieren, um jede Art von Bias zu vermeiden und die Robustheit des AI Models (Art. 15) zu gewährleisten.

(2) Validierungsdaten („validation data“), Art. 3.30

Validierungsdaten werden dazu verwendet, Vorhersagefehler eines vorgeschlagenen AI Models zu bewerten. Diese Daten dienen nicht nur der einfachen Bewertung des AI Models, sondern sind auch ein zentrales Instrument für die Model Selection im Machine Learning. **Während des Trainingsprozesses wird das AI Model auf den Trainingsdaten optimiert**. Hingegen werden die Validierungsdaten genutzt, um die Leistung des AI Models zu überprüfen und sicherzustellen, dass es weder unter- noch überangepasst ist (Overfitting[187], Underfitting, vgl. Kapitel zu Art. 15). Validierungsdaten kommen nicht zur Anpassung der lernbaren Parameter des AI Models zum Einsatz, sondern vielmehr zur Feinabstimmung der nicht-lernbaren Parameter (Hyperparameter) und zur Vermeidung von Overfitting und Underfitting. Damit ermöglichen Validierungsdaten verschiedene AI Models miteinander zu vergleichen und dasjenige auszuwählen, das die beste **Generalisierungsfähigkeit** aufweist. Die Modellvalidierung, die durch die Validierungsdaten unterstützt wird, spielt daher eine entscheidende Rolle bei der endgültigen Auswahl des maschinellen Lernmodells, das in Produktion geht.

(3) Validierungsdatensatz („validation data set“), Art. 3.31

Ein Validierungsdatensatz ist ein separater Datensatz oder ein Teil der Trainingsdaten, der zur Validierung des AI Models verwendet wird. Im Gegensatz zu Testdaten, die für die abschließende Bewertung des AI Models verwendet werden, wird der Validierungsdatensatz während des Trainingsprozesses **wiederholt verwendet**, um Hyperparameter zu optimieren und das AI Model auf eventuelle Überanpassungen (Overfitting) oder Unteranpassungen (Underfitting) zu überprüfen. **Hyperparameter** sind Einstellungen des AI Models, die nicht während des Trainings gelernt werden, wie z. B. die Lernrate oder die Anzahl der Schichten in einem neuronalen Netzwerk. Der Validierungsdatensatz wird verwendet, um verschiedene Kombinationen dieser Hyperparameter zu testen und diejenige zu identifizieren, die die beste Modellleistung ermöglicht.

Der Validierungsdatensatz kann entweder fix oder variabel aufgeteilt sein. Bei einer fixen Aufteilung wird ein bestimmter Prozentsatz der Daten vor

187 Overfitting ist definiert in ISO/IEC 23053:2022, Framework for Artificial Intelligence (AI) Systems Using Machine Learning (ML), 3.1.4 als „creating a model which fits the training data too precisely and fails to generalize on new data“.

dem Training als Validierungsdatensatz ausgesondert. Bei einer variablen Aufteilung kann die Validierung während des Trainings dynamisch erfolgen, beispielsweise durch Methoden wie **Cross-Validation.**[188] Dieses Methodenset verbessert die Robustheit der Modellbewertung, indem es sicherstellt, dass das AI Model auf verschiedenen Teilen des Datensatzes getestet wird und nicht nur auf einer fixen Teilmenge. Bei Cross-Validation wird zunächst über eine feste Anzahl von Folds oder Partitionen entschieden, in die die Daten aufgeteilt werden sollen. Wenn beispielsweise eine 5-Fold Cross-Validation gewählt wird, werden die Daten in fünf annähernd gleich große Teile aufgeteilt („K-Fold Cross-Validation", K steht für die Anzahl der Folds). In jedem Iterationsschritt wird einer dieser Teile als Testdatensatz verwendet, während die verbleibenden vier Teile zur Modellbildung (Training) genutzt werden. Dieser Prozess wird **so lange wiederholt, bis jeder Teil einmal als Testdatensatz verwendet wurde**. Das Ergebnis dieser Methode ist eine Reihe von Modellbewertungen, die zusammen eine robustere Schätzung der Modellleistung bieten, als es bei einer einfachen Aufteilung in Trainings- und Testdaten der Fall wäre. Ein besonders gängiger Ansatz ist die stratifizierte **10-Fold Cross-Validation**, bei der die Daten in zehn Teile aufgeteilt werden. Diese Methode wird häufig verwendet, um sicherzustellen, dass die Verteilung der Klassen in den Folds erhalten bleibt, was besonders wichtig ist, wenn die Daten unausgewogene Klassen enthalten. Eine besondere Form der Cross-Validation ist die rechnerisch intensivere **Leave-One-Out Cross-Validation (LOOCV)**. Hierbei handelt es sich um eine extreme Form der n-Fold Cross-Validation (n steht für die Anzahl der Gesamtzahl der Datenpunkte im Datensatz), bei der die Anzahl der Folds der Anzahl der Datenpunkte entspricht. In jedem Schritt wird ein einzelner Datenpunkt als Testdatensatz verwendet, während das AI Model auf den restlichen Daten trainiert wird. Dieser Prozess wird so lange wiederholt, bis jeder Datenpunkt einmal als Testdatensatz verwendet wurde. Diese Methode maximiert die Menge der für das Training verwendeten Daten und bietet eine deterministische Schätzung der Modellleistung, was sie in bestimmten Forschungskontexten besonders attraktiv macht.

(4) Testdaten („testing data"), Art. 3.32

Testdaten sollen eine objektive Einschätzung der Modellleistung ermöglichen. Sie werden verwendet, um eine **unabhängige Bewertung der Leistung des AI Systems** vorzunehmen, bevor es auf den Markt gebracht oder in Betrieb genommen wird. Testdaten werden strikt getrennt von den Trainings- und Validierungsdaten gehalten, um eine unvoreingenommene Be-

188 Praxiserläuterungen hierzu: *Qahtan*, in: Asselbergs et al., Clinical Applications of Artificial Intelligence in Real-World Data, 2023, Kapitel Machine Learning – Evaluation (Cross-validation, Metrics, Importance Scores …).

wertung der Modellleistung zu ermöglichen. Der Testprozess prüft, wie gut das AI Model auf neuen, zuvor ungesehenen Daten generalisiert und ob es die erwartete Leistung erbringt. Diese unabhängige Prüfung ist entscheidend, um sicherzustellen, dass das AI Model nicht nur auf den Trainingsdaten, sondern in der realen Welt zuverlässig arbeitet. Gute Testdaten liefern den letzten Nachweis dafür, dass das AI Model den im Gesetz definierten Anforderungen an Genauigkeit und Zuverlässigkeit entspricht.

Die definierten Begriffe „Trainingsdaten", „Validierungsdaten", „Validierungsdatensatz" und „Testdaten" spielen eine **zentrale Rolle im Entwicklungsprozess** von High-Risk AI Systems. Jeder dieser Datensätze hat eine spezifische Funktion und Bedeutung innerhalb des Modellierungsprozesses, die zusammen sicherstellen, dass das AI System robust, verlässlich und frei von Verzerrungen ist. Die systematische Trennung und spezifische Nutzung dieser Datensätze gewährleisten, dass die im Gesetz geforderten Qualitätsstandards erfüllt werden und dass das entwickelte System den höchsten Anforderungen an Präzision und Fairness gerecht wird.

Um die Robustheit und Generalisierbarkeit eines AI Models zu validieren, existieren eine Reihe von Metriken:[189]

- **Accuracy:** Das Verhältnis der korrekt vorhergesagten Beobachtungen zur Gesamtzahl der Beobachtungen. Sie wird oft als erste Metrik verwendet, um die Leistung eines AI Models zu bewerten, da sie eine einfache und direkte Messung der Richtigkeit der Vorhersagen bietet.
- **Precision:** Präzision misst den Anteil der korrekt vorhergesagten positiven Beobachtungen an allen Beobachtungen, die als positiv vorhergesagt wurden. Sie gibt an, wie viele der positiv klassifizierten Fälle tatsächlich positiv sind. „Falsch positive" Diagnosen sind in allen Hochrisikobereichen zu minimieren, man denke nur an die Konsequenzen medizinischer Fehldiagnosen. Wenn das AI Model beispielsweise bei 100 Patienten eine Krankheit diagnostiziert und davon 80 tatsächlich krank sind (während 20 gesund sind, also „falsch positive" Ergebnisse), dann beträgt die Präzision 80%.
- **Recall:** Recall misst den Anteil der korrekt vorhergesagten positiven Beobachtungen an allen tatsächlich positiven Beobachtungen. Es gibt an, wie viele der tatsächlich positiven Fälle vom AI Model erkannt wurden. Ein hoher Recall-Wert ist besonders wichtig in Szenarien, in denen es ent-

189 Detailliert: *Mathai/Chen/Kirchmair*, Validation strategies for target prediction methods, Briefings in Bioinformatics, 21(3), 2020, S. 791 ff.; beispielhaft für Named Entity Recognition (NER): *Barberá*, AI Possible Risks & Mitigations, Named Entity Recognition, EDPB Support Pool of Experts Programme, 2024; Übersicht mit Charts: *Tellakrishnaprasad*, Cross Validation & Evaluation Metrics, https://medium.com/@tellakrishnaprasad2002/cross-validation-evaluation-metrics-5e13a9fee7c5, 2024 (letzter Aufruf: August 2024).

scheidend ist, möglichst alle positiven Fälle zu erkennen, auch auf Kosten einer höheren Anzahl von falsch positiven Ergebnissen, wie etwa bei der Früherkennung von Krankheiten.

- **F1-Score:** Der F1-Score ist das harmonische Mittel von Präzision und Recall und gibt eine ausgewogene Metrik, die beide Aspekte berücksichtigt. Er ist besonders nützlich, wenn ein Ausgleich zwischen Präzision und Recall wichtig ist. Der F1-Score ist hilfreich, wenn die Daten unausgeglichen sind und es wichtig ist, sowohl Präzision als auch Recall zu berücksichtigen. Er gibt einen einzigen Wert aus, der die Gesamtleistung des AI Models in Bezug auf diese beiden Metriken beschreibt.
- **ROC-AUC-Wert:** Der ROC-AUC-Wert misst die Fähigkeit eines AI Models, zwischen den Klassen zu unterscheiden. Die ROC („Receiver Operating Characteristic")-Kurve zeigt das Verhältnis von True Positive Rate und False Positive Rate bei verschiedenen Schwellenwerten. Der AUC-Wert („Area Under the Curve") ist der Flächeninhalt unter der ROC-Kurve und gibt einen numerischen Wert für die Unterscheidungsfähigkeit des AI Models an. Der AUC-Wert liegt zwischen 0 und 1, wobei 1 eine perfekte Klassifikation und 0.5 eine zufällige Klassifikation darstellt. Der ROC-AUC-Wert ist besonders nützlich, wenn man die Modellleistung bei verschiedenen Schwellenwerten analysieren möchte. Er wird häufig in der medizinischen Diagnostik und anderen Bereichen verwendet, in denen es entscheidend ist, die Trade-offs zwischen Sensitivität und Spezifität zu verstehen.

f) Die einzelnen Verfahren

Für die nachfolgenden Erläuterungen werden im Folgenden die englischsprachigen gesetzlichen Vorgaben verwendet. Diese sind bei einer tieferen Recherche wesentlich ertragreicher. Die Publikationslandschaft zu diesem Themenkreis auf Deutsch ist sehr begrenzt, auf Englisch nahezu unerschöpflich.

Data Governance- und Management-Verfahren müssen gemäß Art. 10.1 geeignet sein, die nachfolgenden Themenkreise zu adressieren.

(1) Relevant design choices (Art. 10.2.a)

Design Choices umfassen die **strategischen Entscheidungen, die die gesamte Architektur und das funktionale Verhalten eines AI Systems festlegen**. Diese Entscheidungen bestimmen nicht nur, welche Algorithmen und AI Models eingesetzt werden, sondern auch, wie das System mit Daten interagiert, welche Datenquellen es nutzt und wie es auf Veränderungen in der Datenumgebung reagiert. Diese Designentscheidungen legen den Grundstein für die Systemarchitektur und haben direkte Implikationen für die Anforderungen an Data Governance und Data Management.

Design Choices unterfallen – den gängigen technischen Standards entsprechend – bereits den **allgemeinen Transparenzanforderungen** an AI Systems. Die ISO/IEC 22989:2022 (Information technology – Artificial intelligence – Artificial intelligence concepts and terminology, 3.5.15, note 1 to entry) formuliert:

> „*Appropriate information for system transparency can include aspects such as features, performance, limitations, components, procedures, measures, design goals, design choices and assumptions, data sources and labelling protocols.*“

Transparenz ist elementar, um nach einem Blick unter die Motorhaube feststellen zu können, ob überhaupt ein AI System vorliegt und wenn ja, welche Leistungen und Einschränkungen zu erwarten sind.

In der Entwicklung von AI Systems stehen Design Choices in engem Zusammenhang mit dem Data Management und sind von zentraler Bedeutung für die Leistung, Sicherheit und Robustheit des AI Models. Jede Entscheidung in Bezug auf den Umgang mit Daten wirkt sich direkt **auf das Modelltraining und die Ergebnisse** aus. So bestimmt die Wahl der Datenquellen – ob interne Datenbanken, öffentlich verfügbare Datensätze oder Echtzeitdatenströme – die Qualität und Relevanz der Daten. Dies hat einen direkten Einfluss darauf, wie gut das AI Model Muster erkennt und Vorhersagen trifft.

Die Datenvorbereitung, wie beispielsweise die **Datenbereinigung, Normalisierung oder Aggregation**, spielt eine entscheidende Rolle in der Datenpipeline. Gut aufbereitete Daten führen zu präziseren AI Models und verringern das Risiko von Verzerrungen (Bias), die durch fehlerhafte oder unvollständige Daten entstehen können. Der Einsatz von Deep Neural Networks erfordert zum Beispiel eine umfangreiche Datenvorverarbeitung und große Mengen an Trainingsdaten, während einfachere Algorithmen wie Decision Trees mit weniger Daten arbeiten können.

Eine weitere relevante Designentscheidung ist die **Integration von Daten aus verschiedenen Quellen**. Entscheidungen darüber, ob heterogene Datenquellen wie strukturierte Datenbanken und unstrukturierte Textdaten kombiniert werden, beeinflussen die Art und Weise, wie das AI Model trainiert wird und wie es auf unterschiedliche Eingabedaten reagieren kann.

Darüber hinaus beeinflusst die Wahl der Anonymisierungsframeworks, etwa Differential Privacy, die Balance zwischen Datensicherheit und Modellleistung.

Die Festlegung einer **Datenstrategie für Modellupdates**, wie beispielsweise kontinuierliches Lernen (Online Learning) oder Batch-Updates, beeinflusst die Fähigkeit des AI Models, sich an neue Daten anzupassen. Diese Entscheidungen müssen auch in Bezug auf den Schutz vor Bias getroffen werden, indem Mechanismen zur Erkennung und Korrektur von Verzerrungen implementiert werden.

Design Choices im Machine Learning sind direkt mit **Data Governance und Data Quality Management** verknüpft. Sie bestimmen, wie Daten gesammelt, verarbeitet, geschützt und genutzt werden, und legen die Grundlage für die Leistungsfähigkeit, Effizienz und Zuverlässigkeit eines AI Systems.

(2) Data collection processes and the origin of data, and in the case of personal data, the original purpose of the data collection (Art. 10.2.b)

Erwägungsgrund 27 zu Trustworthy AI und, stärker noch, Erwägungsgrund 69 zu Aspekten des Datenschutzes formen den datenschutzrechtlichen Unterbau für die von Art. 10 adressierte Datenverarbeitung. Daher bietet es sich an, an dieser Stelle bei den „Data Collection Processes“ **grundlegende datenschutzrechtliche Ausführungen** einzufügen. Da eine vollständige Darstellung den Rahmen dieses Handbuchs sprengen würde, möchten wir es bei einem Aufriss bewenden lassen.

i. Datenquellen in der Machine-Learning-Praxis

Es gibt grundsätzlich fünf Arten von Datenquellen:

- Datensätze, die online frei oder gegen Entgelt auf Plattformen wie OpenML (ca. 6.000 Datensätze), Huggingface-Hub (ca. 200.000 Datensätze), OpenData AWS (ca. 600 Datensätze), LAION (ca. 4 Datensätze) oder govdata.de (ca. 117.000 Datensätze) verfügbar sind. Diese Datasets können entweder „In-the-wild-Datasets“ mit unklarer Provenienz oder kuratiert mit Herkunftsangabe (z. B. ImageNet) sein. Manche Datensätze, wie „The Pile“, enthalten Unmengen **offensichtlich urheberrechtlich geschützter Inhalte**, weshalb ihre Nutzung generell rechtlich unzulässig ist;
- öffentlich zugänglich gemachte Daten, die z. B. durch das Scraping von Websites gewonnen werden und derzeit im Fokus stehen. Diese Daten können entweder mit eigenen Crawlern gescrapt werden oder aus bestehenden Scraping-Datensätzen (z. B. dem riesigen Common Crawl) stammen;
- manuelle Datengewinnung, z. B. über **Model-Release-Verträge**, z. B. bei der Nutzung dieser Daten für sehr engen Anwendungsbereich, wie hochspezialisierte Diagnosen oder Voice Cloning;

- Lizenzierung von Daten, so z.B. die **Lizenzierung** von wissenschaftlichen Publikationen oder News zu Zwecken der Verarbeitung in Large Language Models (LLMs);
- **synthetische Daten**, die durch Ableitung aus personenbezogenen Daten gewonnen wurden.

Die derzeit populären LLMs hingegen werden auf einer vielschichtigen und vielfältigen Datenbasis trainiert, die weit über das bloße Scraping des Internets hinausgeht. Neben öffentlichen Webdaten wird auch **kuratierter Content** verwendet, der von menschlichen Auftragnehmern erstellt oder optimiert wird. Diese Auftragnehmer führen spezifische Aufgaben durch, wie die Erstellung von annotierten Texten, Bewertung von Modellergebnissen oder das Erstellen von Beispieldaten für komplexere Anwendungsfälle.

Zusätzlich kommt eine große Menge an **synthetisch erzeugten Daten** zum Einsatz. Diese werden programmatisch generiert, um das Modell auf bestimmte Aufgaben vorzubereiten, die in den Trainingsdaten möglicherweise unterrepräsentiert sind. Beispiele hierfür sind automatisch erzeugte Frage-Antwort-Paare, Textzusammenfassungen, Übersetzungen oder generierte Code-Beispiele, die das Modell auf spezifische Anwendungen wie Natural Language Understanding (NLU), Question-Answering oder Code-Komplettierung trainieren.

Durch diese Kombination von Quellen wird versucht, eine dichte Abdeckung des gesamten Input-Spektrums zu erreichen, dem das Modell in der Praxis begegnen könnte. Die Zielsetzung ist dabei, die **inhärente Schwäche der Modelle bei der Generalisation zu kompensieren**.

LLMs neigen dazu, ohne explizite Beispiele für bestimmte Aufgaben Schwierigkeiten zu haben, was durch diese breite Datengrundlage ausgeglichen werden soll. Solche Modelle sind stark datengetrieben und benötigen daher eine immense Datenvielfalt und Task-Spezifität, um in möglichst vielen Anwendungsbereichen brauchbare Ergebnisse zu liefern.

Diese methodische Diversifizierung im Training soll sicherstellen, dass LLMs nicht nur auf formalisierte Datenstrukturen wie Webtexte, sondern auch auf kontextspezifische Inhalte und aufgabenorientierte Daten optimiert werden.

ii. Datasheets for Datasets

Es ist eine Binsenweisheit, dass Daten eine zentrale Rolle im Bereich des Machine Learning spielen. Jedes AI Model wird auf Basis von Daten trainiert und evaluiert, oft in Form statischer Datensätze. Die Eigenschaften dieser Datensätze haben einen **maßgeblichen Einfluss auf das Verhalten eines AI Models**. Wenn der Kontext, in dem ein AI Model eingesetzt wird, nicht kongruent mit dem Kontext der Trainings- oder Evaluationsdatensätze ist („Äpfel mit Birnen messen"), oder wenn diese Datensätze unerwünschte Verzerrungen (Biases) aufweisen, ist es unwahrscheinlich, dass das AI Model in der Praxis gut funktioniert. Solche Diskrepanzen können schwerwiegende Folgen haben, insbesondere im Kontext von High-Risk AI Systems. Selbst in weniger kritischen Bereichen können solche Mismatches zu finanziellen Verlusten oder Reputationsschäden führen. Aktuelle Beispiele zeigen, dass Machine-Learning-Modelle in der Lage sind, bestehende gesellschaftliche Verzerrungen, die in den Trainingsdatensätzen vorhanden sind, zu reproduzieren oder zu verstärken. Aus diesen Gründen ist allen Organisationen zu empfehlen, die **Herkunft, Erstellung und Verwendung von Datensätzen zu dokumentieren**, um fehlerhafte Ergebnisse zu vermeiden oder zumindest analysieren zu können. Selten findet dieser Schritt die ihm gebührende Beachtung.

Das Konzept der Data-Centric Artificial Intelligence (DCAI) ist ein recht junges Paradigma, das die zentrale Rolle von Daten im Machine Learning jenseits der Forschungsvorhaben betont und somit das Modelltraining als solches ergänzt. Dieses vielversprechende Konzept befindet sich noch in den Anfängen. Derzeit fehlt es an einem standardisierten Rahmenwerk, das notwendige datenzentrierte Überlegungen in verschiedenen Phasen der ML-Pipeline – einschließlich Datenakquise, Training, Testing und Deployment – berücksichtigt.[190]

Trotz der Bedeutung von Daten für Machine Learning gibt es derzeit keinen standardisierten Prozess zur Dokumentation von Machine-Learning-Datensätzen. Eine **empirische Studie der auf HuggingFace angebotenen Datensätze und Pre-trained ML-Models**[191] belegt, dass Transparenz hinsichtlich der Datensätze, Verzerrungen und gegebenenfalls lizenzrechtlicher Vorgaben ein frommer Wunsch bleibt.

Um diese Lücke zu schließen, wird vorgeschlagen, sogenannte „Datasheets for Datasets" einzuführen.[192]

Dieser Ansatz nimmt bei der Elektronikindustrie Anleihe, die jedem Bauteil – unabhängig von seiner Komplexität – ein Datenblatt zur Seite stellt, welches die Betriebseigenschaften, Testergebnisse und empfohlene Anwendungen beschreibt. Kongruent hierzu sollte jeder Datensatz von einem

190 Mit dem Vorschlag eines sehr praxisrelevanten Frameworks names „Data Centric Checklist: DC Check": *Seedat/Imrie/van der Schaar*, Navigating Data-Centric Artificial Intelligence With DC-Check: Advances, Challenges, and Opportunities, IEEE Transactions on Artificial Intelligence, vol. 5, no. 6, 2024, S. 2589 ff.

191 *Pepe* et al., How do Hugging Face Models Document Datasets, Bias, and Licenses? An Empirical Study, in: ICPC '24: Proceedings of the 32nd IEEE/ACM International Conference on Program Comprehension, 2024, S. 370 ff.

192 *Gebru* et al., Datasheets for Datasets, Communications of the ACM, 2021, S. 86 ff.

entsprechenden Datasheet begleitet werden, das seine Motivation, Zusammensetzung, den Erfassungsprozess und empfohlene Verwendungszwecke dokumentiert. „**Nutrition Labels for Datasets**" verfolgt einen ähnlichen Ansatz, praktisch wirksame Kennzeichnungen aus anderen Bereichen des Lebens in die Domäne der Datenqualität zu transportieren.[193]

Solche und vergleichbare Datasheets können **Transparenz und Accountability erhöhen**, unerwünschte Verzerrungen in AI Systems mindern, die Reproduzierbarkeit von Forschungsergebnissen verbessern und Forschung sowie Praxis helfen, geeignetere Datensätze für ihre spezifischen Aufgaben auszuwählen.

Der **Fragenkatalog zur Erstellung eines „Datasheets for Datasets" (nur auf Englisch)** ist aus mehreren Gründen hilfreich: Einerseits gibt er einen Überblick darüber, was für AI Systems auf Datenebene alles relevant sein kann. Andererseits lassen sich auf Basis des Fragenkatalogs Checklisten für das Procurement von AI Systems erstellen, die es Deployern ermöglichen, ihren Providern klare und eindeutige Fragen zur Provenienz ihrer Trainingsdaten zu stellen, ohne im Dunkeln stochern zu müssen:

Motivation
- For what purpose was the dataset created? (Was there a specific task in mind? Was there a specific gap that needed to be filled? Please provide a description.)
- Who created this dataset (e. g., which team, research group) and on behalf of which entity (e. g., company, institution, organization)?
- Who funded the creation of the dataset? (If there is an associated grant, please provide the name of the grantor and the grant name and number.)

Composition
- What do the instances that comprise the dataset represent? (e. g., documents, photos, people, countries) (Are there multiple types of instances? Please provide a description.)
- How many instances are there in total? (of each type, if appropriate)
- Does the dataset contain all possible instances or is it a sample? (not necessarily random); (If the dataset is a sample, then what is the larger set? Is the sample representative of the larger set? Please describe.)
- What data does each instance consist of? („Raw" data (e. g., unprocessed text or images) or features? Please provide a description.)
- Is there a label or target associated with each instance? (If so, please provide a description.)
- Is any information missing from individual instances? (If so, please provide a description.)

193 *Holland* et al., The Dataset Nutrition Label: A Framework to Drive Higher Data Quality Standards, 2020; *Chmielinski* et al., The Dataset Nutrition Label (2nd Gen): Leveraging Context to Mitigate Harms in Artificial Intelligence, NeurIPS 2020 Workshop on Dataset Curation and Security, Projektwebsite: https://datanutrition.org (letzter Aufruf: August 2024).

– Are relationships between individual instances made explicit? (If so, please describe how these relationships are made explicit.) – Are there recommended data splits? (e. g., training, development/validation, testing); (Please provide a description of these splits.) – Are there any errors, sources of noise, or redundancies in the dataset? (If so, please provide a description.) – Is the dataset self-contained, or does it link to or otherwise rely on external resources? (e. g., websites, tweets, other datasets); (Please provide descriptions of all external resources and any restrictions associated with them.) – Does the dataset contain data that might be considered confidential? (e. g., data that is protected by legal privilege or by doctor-patient confidentiality) – Does the dataset contain data that, if viewed directly, might be offensive, insulting, threatening, or might otherwise cause anxiety? – Does the dataset relate to people? (If not, you may skip the remaining questions in this section.) – Does the dataset identify any subpopulations? (e. g., by age, gender) – Is it possible to identify individuals from the dataset? (i. e., one or more natural persons, either directly or indirectly) – Does the dataset contain data that might be considered sensitive in any way? (e. g., data that reveals racial or ethnic origins, sexual orientations, etc.)
Collection Process – How was the data associated with each instance acquired? (Was the data directly observable, reported by subjects, or indirectly inferred/ derived from other data?) – What mechanisms or procedures were used to collect the data? (e. g., hardware apparatus or sensor, manual human curation, software program, software API) – If the dataset is a sample from a larger set, what was the sampling strategy? (e. g., deterministic, probabilistic with specific sampling probabilities) – Who was involved in the data collection process? (e. g., students, crowdworkers, contractors) (How were they compensated?) – Over what timeframe was the data collected? – (Does this timeframe match the creation timeframe of the data associated with the instances?) – Were any ethical review processes conducted? – (e. g., by an institutional review board) – Does the dataset relate to people? – (If not, you may skip the remaining questions in this section.) – Did you collect the data from the individuals in question directly, or obtain it via third parties or other sources? – Were the individuals in question notified about the data collection? – Did the individuals in question consent to the collection and use of their data? – If consent was obtained, were the consenting individuals provided with a mechanism to revoke their consent in the future or for certain uses?

– Has an analysis of the potential impact of the dataset and its use on data subjects been conducted?
Preprocessing/Cleaning/Labeling – Was any preprocessing/cleaning/labeling of the data done? (e. g., discretization or bucketing, tokenization, part-of-speech tagging, etc.) – Was the „raw“ data saved in addition to the preprocessed/cleaned/labeled data? – Is the software used to preprocess/clean/label the instances available?
Uses – Has the dataset been used for any tasks already? – Is there a repository that links to any or all papers or systems that use the dataset? – What (other) tasks could the dataset be used for? – Is there anything about the composition of the dataset or the way it was collected and preprocessed/cleaned/labeled that might impact future uses? – Are there tasks for which the dataset should not be used?
Distribution – Will the dataset be distributed to third parties outside of the entity on behalf of which the dataset was created? – How will the dataset be distributed? (e. g., tarball on website, API, GitHub) – When will the dataset be distributed? – Will the dataset be distributed under a copyright or other intellectual property (IP) license, and/or under applicable terms of use (ToU)? – Have any third parties imposed IP-based or other restrictions on the data associated with the instances? – Do any export controls or other regulatory restrictions apply to the dataset or to individual instances?
Maintenance – Who is supporting/hosting/maintaining the dataset? – How can the owner/curator/manager of the dataset be contacted? – Is there an erratum? – Will the dataset be updated? (e. g., to correct labeling errors, add new instances, delete instances) – If the dataset relates to people, are there applicable limits on the retention of the data associated with the instances? – Will older versions of the dataset continue to be supported/hosted/maintained? – If others want to extend/augment/build on/contribute to the dataset, is there a mechanism for them to do so?

Ein **Beispiel für ein Data Sheet** für das „Gender Inclusive Coreference Dataset“ findet sich auf Github.[194] Es gibt einige weitere Beispiele für „Fact Sheets“, die entlang der AI Supply Chain Anwendung finden können, z. B. aus Procurement-Perspektive.[195]

194 Gender Inclusive Coreference Dataset, https://github.com/TristaCao/into_inclusive-coref/blob/master/GICoref/datasheet-gicoref.md (letzter Aufruf: August 2024).

195 *Arnold* et al., FactSheets: Increasing Trust in AI Services through Supplier's Declara-

Wie Konzepte und Methoden der Kuratierung von Daten auf die Entwicklung von Machine-Learning-Datensätzen angewendet werden können, um mehr Fairness, Accountability, Transparenz und ethischere Praktiken im Bereich AI zu fördern, ist Gegenstand lebhafter Debatten. Forscher im Bereich AI fokussieren sich oft stark auf die reine Modellentwicklung und haben Schwierigkeiten, standardisierte Prinzipien der **Datenkuratierung** in ihrer Arbeit zu integrieren. Die Qualität von Daten beeinflusst maßgeblich die Genauigkeit und Zuverlässigkeit von Vorhersagen. Deswegen spielt sie in High-Risk AI Systems und Anwendungen eine besonders wichtige Rolle. Paradoxerweise ist der Aspekt der Datenqualität in der Entwicklung von AI Systems jedoch oft unterbewertet und erhält weniger Aufmerksamkeit im Vergleich zu anderen Aspekten wie der Modellarchitektur. Dies führt dazu, dass Daten in der Praxis oft vernachlässigt werden, obwohl sie das Fundament für rechtskonforme, belastbare und ethisch verantwortungsvolle KI-Systeme bilden.[196] Hier liegt das Potenzial von jungen Frameworks und Toolkits,[197] die Prinzipien wie die „**FAIR Guiding Principles for scientific data management and stewardship**“[198] für das Machine Learning und damit die Entwicklung von AI Systems fruchtbar machen.

iii. Datenschutzrecht

Nicht alle Trainingsdaten sind personenbezogen. Dennoch müssen nach Art. 10 alle Datenarten die Anforderungen an Data Governance und Data Management erfüllen, die unter dem AI Act neben Datenschutz auch urheber- und persönlichkeitsrechtliche Dimensionen abbilden.

- Den möglicherweise immer noch besten Einstieg in das Thema DSGVO und Machine Learning bietet der didaktisch exzellent aufbereitete Report „Artificial intelligence and privacy“[199] der norwegischen Datenschutzaufsichtsbehörde „**Datatilsynet**“ von 2018.
- Als vertiefende Einführung in das Thema Big Data, DSGVO und AI Systems ist zudem der Leitfaden der britischen Datenschutzaufsichtsbehörde

---

tions of Conformity, IBM Journal of Research and Development, Volume 63, No. 4/5, Paper 6, 2019.

196 *Sambasivan* et al., Everyone wants to do the model work, not the data work: Data Cascades in High-Stakes AI, in: CHI ’21: Proceedings of the 2021 CHI Conference on Human Factors in Computing Systems Article No.: 39, 2021.

197 *Bhardwaj* et al., Machine Learning Data Practices through a Data Curation Lens: An Evaluation Framework, in: FAccT ’24: Proceedings of the 2024 ACM Conference on Fairness, Accountability, and Transparency, S. 1055 ff.

198 *Wilkinson* et al., The FAIR Guiding Principles for scientific data management and stewardship, Scientific Data, (3)(1), 2016, https://doi.org/10.1038/sdata.2016.18 (letzter Aufruf: Oktober 2024).

199 Artificial intelligence and privacy, https://www.datatilsynet.no/globalassets/global/english/ai-and-privacy.pdf (letzter Aufruf: August 2024).

ICO „Big data, artificial intelligence, machine learning and data protection“[200] lohnenswert, der auch international aufgrund seiner regelmäßigen Aktualisierungen seit dem Erscheinen 2017 als Referenzdokument, unter anderem für Privacy Best Practices, dient.
- State of The Art für das Zusammenspiel von AI System Development und DSGVO sind die jüngst publizierten „AI how-to sheets“ der französischen Datenschutzaufsichtsbehörde **CNIL.**[201] In derzeit rund einem Dutzend von detaillierten und klar aufbereiteten Kapiteln werden alle relevanten datenschutzrechtlichen Fragen konsistent adressiert, darunter auch die besonders praxisrelevanten nach Zwecken (Sheet 2), Rechtsgrundlagen (Sheet 4/1) und Zweckänderung (Sheet 4/2), daneben gibt es Hinweise zur Durchführung von DSFAs sowie Privacy by Design and Default.
- Das aktuellste und gleichzeitig technischste europäische Dokument zu Datenschutz und Machine Learning/AI Systems stammt vom **European Telecommunications Standards Institute (ETSI)**[202]. Es handelt sich dabei um eines technische Spezifikation zur Risikomitigation im Zusammenhang mit dem Deployment von AI Systems, wobei Angriffsszenarien für das AI Model selbst, sowohl von Seiten anderer AI Systems als auch konventioneller Quellen adressiert werden. Aufgrund der herausgehobenen Stellung von ETSI als Quelle harmonisierter Standards kommt diesem Dokument ein besonderer Stellenwert zu.

Bei der Nutzung von Trainingsdaten aus den Händen Dritter (Plattformen, Darknet etc.) ist es nicht nur ratsam, sondern zwingend, diese Datensätze einer rechtlichen Überprüfung („Due Diligence“) hinsichtlich datenschutzrechtlicher, urheberrechtlicher, datenbankrechtlicher, leistungsschutzrechtlicher und strafrechtlicher Fragestellungen zu unterziehen sowie die erworbenen Datensätze im Rahmen einer DSFA nach Art. 35 DSGVO auf hohe Risiken für Rechte und Freiheiten von betroffenen Personen hin zu analysieren.[203] Wer diese rechtlichen Anforderungen entlang der Data Supply Chain nicht beachtet, endet schnell mit einem nicht nur rechtswidrigen AI Model. Er geht sogar die Gefahr ein, dass bereits der Besitz seines AI Models – etwa im Falle von integrierten Missbrauchsdarstellungen – strafbar

---

200 Big data, artificial intelligence, machine learning and data protection, Auflage 2.2, 2023, https://ico.org.uk/for-organisations/uk-gdpr-guidance-and-resources/artificial-intelligence/guidance-on-ai-and-data-protection/about-this-guidance/ (letzter Aufruf: August 2024).

201 AI how-to sheets, https://www.cnil.fr/fr/ai-how-to-sheets (letzter Aufruf: August 2024).

202 Securing Artificial Intelligence TC (SAI); Privacy aspects of AI/ML systems, ETSI TR 104 225 V1.1.1 (2024-04).

203 *Taeger/Pohle*, ComputerR-HdB, Teil 3, 33.2 Projektspezifischer Datenschutz Rn. 51, Datengewinnung für datengetriebene Projekte.

sein kann.[204] Die **Folgen entlang der AI Supply Chain sind bei Mängeln am Modellfundament massiv**. Ein Totalverlust der Investitionen nebst Regressansprüchen von Nutzern ist nicht nur möglich, sondern wahrscheinlich.

Was die datenschutzrechtlichen Anforderungen angeht, so hat der EuGH mit seiner Entscheidung in der Rechtssache C-252/21 BKartA v. Meta[205] die Anforderungen an die Rechtmäßigkeit von Datengewinnung durch Scraping noch einmal verschärft.[206]

Die nachfolgende Checkliste basiert auf aktueller EuGH-Rechtsprechung und gibt damit die objektive Rechtslage unabhängig von persönlichen Präferenzen wieder.

Die Checkliste ist ein Arbeitsprogramm für im Datenschutzrecht versierte Personen zur Herstellung oder Prüfung datenschutzrechtlicher Compliance von Trainingsdaten für AI Systems:

- Der **Anwendungsbereich** von Art. 9.1 DSGVO („Sensible Daten", Wortlaut aus Erwägungsgrund 51 DSGVO) umfasst aufgrund grundrechtsfreundlicher Auslegung von Art. 7, 8 der Grundrechtecharta die Gesamtheit einer Person aktuell zugeordneten und potenziell zuordenbaren Daten der in Art. 9.1 DSGVO genannten besonderen Kategorien.
- „Ein einzig faules Ei verdirbt den ganzen Brei": Enthalten Datensätze einzelne sensible Daten, so unterfällt der **Datensatz insgesamt** dem Anwendungsbereich von Art. 9.1 DSGVO.
- Die für Machine Learning und AI Systems relevanten „Ableitungen"/„**Inferenzen**"/„Prognosen" fallen, sofern sie besondere Kategorie personenbezogener Daten betreffen, unter das Verarbeitungsverbot von Art. 9.1 DSGVO, und zwar unabhängig von ihrem Wahrheitsgehalt.
- Der Anwendungsbereich der Kategorien von Art. 9.1 DSGVO ist objektiv zu bestimmen. Er ist eröffnet, auch wenn keine Absicht des Verantwortlichen besteht, einen Datensatz gezielt auf sensible Informationen hin auszuwerten. Selbst entgegenstehende subjektive

---

204 Mängel in den Trainingsdaten, hier Laion-5B, führten bei diversen Diffusion-Modellen wie Stable Diffusion zu strafrechtlichen Ermittlungen: Investigation Finds AI Image Generation Models Trained on Child Abuse, https://cyber.fsi.stanford.edu/news/investigation-finds-ai-image-generation-models-trained-child-abuse (letzter Aufruf: August 2024).

205 EuGH, Urt. v. 4.7.2023 – Rs. C-252/21 – BKartA v. Meta.

206 Detaillierte Besprechung inklusive aller nachfolgenden Punkte der Checkliste: *Hense*, Informationsaskese vs. Meta – Perspektiven des EuGH auf datengetriebene Praktiken in der modernen Gesellschaft, K&R 2023, 556, 559 f.

Zweckbestimmungen („wir verarbeiten keine sensiblen Daten" etc.), die Verneinung von **Auswertungsabsichten** und sonstige Mentalreservationen sind unbeachtlich.

- Den Verantwortlichen trifft eine **proaktive Prüfpflicht,** sich zu vergewissern, ob einzelne Datenfelder oder ihre Gesamtheit als Pool oder Profil die Offenlegung von Informationen ermöglichen, die unter eine der Kategorien von Art. 9 Abs. 1 DSGVO und damit unter ein Verarbeitungsverbot fallen. Je mehr Informationen gewonnen und kumuliert werden, desto kritischer wird die Datenverarbeitung.
- Der Zugriff auf „Publicly Available Data" mag rechtspolitisch debattenfähig sein, findet im objektiven Recht der DSGVO jedoch keine Entsprechung. „**Offensichtliche Öffentlichmachung**" nach Art. 9.2.e DSGVO und damit der Entfall der Hürden von Art. 9.1 DSGVO liegt nur dann vor, wenn im Falle sozialer Netzwerke „in voller Kenntnis der Sachlage vorgenommene individuelle Einstellungen" erfolgen oder eine Einwilligung „auf der Grundlage von auf dieser Website oder App erteilten expliziten Informationen" erfolgt. Undifferenziertes Scraping von Websites, Apps und APIs ignoriert diese Hürde regelmäßig.
- Jenseits der Einwilligung verbleibt für die Verarbeitung i. d. R. nur Art. 6.1.f DSGVO mit der Normierung „**überwiegender berechtigter Interessen**" als mögliche Rechtsgrundlage. Diese Rechtsgrundlage setzt, lege artis angewendet, eine dreistufige Prüfung im Einzelfall voraus: (1) die Feststellung eines berechtigten Interesses, (2) die Beurteilung der Erforderlichkeit der Verarbeitung für dieses Interesse und (3) die Abwägung der Interessen des Verantwortlichen oder eines Dritten gegenüber den Rechten des Betroffenen. Um rechtmäßig handeln zu können, müssen die berechtigten Interessen klar und deutlich vorab mitgeteilt werden (Art. 13.1.d DSGVO), was beim Web Scraping fast unmöglich sein dürfte.

  Der EuGH verweist zudem auf EG 47 S. 4 DSGVO, wonach eine Verarbeitung zu unterbleiben hat, wenn Betroffene nicht mit ihr rechnen müssen. Wenn Nutzer mit der Verarbeitung ihrer Daten zu weitergehenden Zwecken noch nicht einmal auf Social Media rechnen müssen, liegt nahe, diesen Schluss **erst recht für das Scraping der eigenen Website durch Dritte** anzunehmen. Die vom Verantwortlichen durchzuführende Interessenabwägung unterliegt vollständig gerichtlicher Kontrolle. Dabei sind die mitgeteilten berechtigten Interessen vollumfänglich gerichtlich überprüfbar, wobei Zweifel zulasten des Verantwortlichen gehen.

Die Verarbeitung darf nicht gegen andere, nicht datenschutzrechtliche Normen des Unionsrechts verstoßen, was bereits auf der ersten Stufe der Feststellung eines „berechtigten Interesses“ zu prüfen ist. Verstöße gegen urheberrechtliche Bestimmungen führen dazu, dass ein Verarbeitungsinteresse eben nicht mehr „legitim“ ist, da es nie ein berechtigtes Interesse an rechtswidriger Datenverarbeitung geben kann.

- Die Erteilung von **Pflichtinformationen** nach Art. 12 ff., insbesondere Art. 13 und 14 DSGVO, ist Rechtmäßigkeitsvoraussetzung einer jeden Verarbeitung, wie der EuGH in der Rechtssache C-757/22 App-Zentrum II bestätigte.[207]
- **Betroffenenrechte** einzuhalten, insbesondere der Rechte auf Widerruf, Widerspruch, Korrektur, Löschung und die Auskunft, sind notwendige Bedingungen einer datenschutzkonformen Verarbeitung. Sollte das fertige AI Model auch nur an einer dieser Positionen Mängel aufweisen, fällt die Verarbeitung insgesamt unter das Verdikt der Rechtswidrigkeit.
- Eine **zweckändernde Weiterverarbeitung** von personenbezogenen Daten für Zwecke der Erstellung von spezifischen AI Systems kommt nach der Rechtsprechung des EuGH (Rechtssache C-77/21 Digi Távközlési és Szolgáltató Kft. v Nemzeti Adatvédelmi és Információszabadság Hatóság) dann in Betracht, wenn der Kompatibilitätstest nach Art. 6.4 DSGVO erfolgreich ist. Dabei ist zu berücksichtigen, ob (1) ein Zusammenhang zwischen der initialen Verarbeitung und der beabsichtigten Weiterverarbeitung besteht, (2) in welchem Kontext die Daten zunächst erhoben wurden, (3) um welche Art personenbezogener Daten es sich handelt, (4) welche Folgen die beabsichtigte Weiterverarbeitung für die betroffenen Personen hat sowie (5) ob sowohl bei der ursprünglichen als auch der beabsichtigten Weiterverarbeitung geeignete Garantien für Rechte und Freiheiten der betroffenen Personen bestehen. Die Erwartungen, Rechte und Freiheiten der Betroffenen stehen auch hier im Vordergrund. Die Dokumentation des initialen Zwecks der Verarbeitung ist erforderlich, um jederzeit den Kompatibilitätstest durchführen und updaten zu können.
- **Datenminimierung** ist das Leitmotiv einer jeden Datenverarbeitung und jeder Rechtsgrundlage immanent. Maßnahmen zur Datenminimierung sind Teil des Data Management und der Data Governance und entsprechend zu dokumentieren.

---

207 EuGH, Urt. v. 11.7.2024 – Rs. C-757/22 – App-Zentrum II mit Anm. *Hense,* ZD 2024, 510 ff.

– Die volle **Beweislast** für die Rechtmäßigkeit der Verarbeitung, darunter insbesondere die Grundsätze von Privacy by Design und Privacy by Default, trägt der Verantwortliche. Unter dem AI Act sind Provider, Deployer sowie eventuelle Nutzer der Systeme jeweils (allein oder gemeinsam) Verantwortliche.

Die Frage, ob ein AI-Modell selbst personenbezogene Daten enthält, wird im Kapitel Cybersicherheit sowie im Kapitel zu Generative AI näher ausgeführt, insbesondere unter welchen Bedingungen diese extrahiert oder reproduziert werden können.

Der ICO hat im August einen *„Generative AI fifth call for evidence: allocating controllership across the generative AI supply chain"* gestartet[208] und dabei zwei lesenswerte Tabellen erstellt als Übersicht zur Verteilung von Rollen und Verantwortlichkeiten nach der DSGVO bei typischen (generativen) AI Systems, die sich aber auch auf andere, diskriminative AI Systems, übertragen lassen.

– Scenario 1: A „closed-access" model provided as AIaaS

Organisation A plant, ein Base Model namens „Core" zu entwickeln, das monetarisiert werden soll, indem es entweder an Dritte, einschließlich der Organisation B, bereitgestellt oder in die eigenen Business-to-Consumer (B2C)-Dienste eingebettet wird. Dies umfasst folgende Verarbeitungstätigkeiten und Zuweisungen von Rollen/Verantwortlichkeiten:

Verarbeitungstätigkeit	**Rolle/Verantwortlichkeiten**	**Warum?**
1. A sammelt Trainings- und Feinabstimmungsdaten (aus dem Internet, von Dritten usw.).	A ist Verantwortlicher.	A entscheidet allein über die Zwecke und Mittel.
2. A verwendet die Trainingsdaten zur Entwicklung des Basismodells Core.	A ist Verantwortlicher.	A entscheidet allein über die Zwecke und Mittel.
3. A passt Core mit eigenen Daten an, um Core-1 zu erstellen.	A ist Verantwortlicher.	A entscheidet allein über die Zwecke und Mittel.

208 Generative AI fifth call for evidence: allocating controllership across the generative AI supply chain, 2024, https://ico.org.uk/about-the-ico/what-we-do/our-work-on-artificial-intelligence/generative-ai-fifth-call-for-evidence/ (letzter Aufruf: August 2024).

Verarbeitungstätigkeit	Rolle/Verantwortlichkeiten	Warum?
4. A entwickelt seine eigene B2C-Anwendung auf der Grundlage von Core-1.	A ist Verantwortlicher.	A entscheidet allein über die Zwecke und Mittel.
5. B sendet eigene Kundendaten an A, um Core zu verfeinern und Core-2 zu erstellen, das B für eigene Zwecke verwenden wird.	B ist Verantwortlicher. A ist wahrscheinlich Auftragsverarbeiter, vorausgesetzt, A handelt im Auftrag von B und B kann nachweisen, dass A ausreichende Garantien für die Einhaltung bietet.	B entscheidet über die Zwecke und Mittel, da die Organisation wahrscheinlich die volle Kontrolle und Einfluss darauf hat, wie die Daten verarbeitet werden und warum.
6. A verwendet die Daten von B, um Core zu verfeinern und Core-2 zu erstellen. Abhängig von der Kontrolle und dem Einfluss von B auf den Feinabstimmungsprozess gibt es zwei Optionen (siehe rechts).	6.1 B ist Verantwortlicher und A ist Auftragsverarbeiter.	A verarbeitet die Daten von B im Auftrag von B und nach den Anweisungen von B, während B einen wesentlichen Einfluss und Kontrolle über die übergeordneten Entscheidungen während der Feinabstimmung hat.
	6.2 A und B sind gemeinsam Verantwortliche.	A und B bestimmen gemeinsam den Zweck und die Mittel. Sie können unterschiedliche Einflussgrade haben (z. B. hat B möglicherweise keinen wesentlichen Einfluss und Kontrolle über die übergeordneten Entscheidungen während der Feinabstimmung), aber die Zwecke und Mittel sind in Bezug auf das Ergebnis untrennbar miteinander verbunden.
7. A setzt Core-2 in seiner eigenen Cloud im Auftrag von B ein, um Inferenzdaten für B zu erstellen.	7.1 B ist Verantwortlicher und A ist Auftragsverarbeiter.	A verarbeitet die Daten von B im Auftrag von B und nach den Anweisungen von B, während B einen wesentlichen Einfluss und Kontrolle über die überge-

Verarbeitungstätigkeit	Rolle/Verantwortlichkeiten	Warum?
		ordneten Entscheidungen während des Einsatzes des Modells zur Erstellung von Inferenzdaten hat.
	7.2 A und B sind gemeinsam Verantwortliche.	A und B bestimmen gemeinsam den Zweck und die Mittel. Sie können unterschiedliche Einflussgrade haben, aber die Zwecke und Mittel sind in Bezug auf das Ergebnis untrennbar miteinander verbunden.
8. A verarbeitet Daten, die betroffene Personen in Core-2 eingeben, für spätere Trainingsrunden von Core.	Wenn 6.1 zutrifft, darf A die Daten nicht weiterverarbeiten, um Core weiter zu trainieren. Dies ist nur möglich, wenn B dem Transfer als separate Verantwortliche zustimmt.	Späteres Training ist ein anderer Zweck und liegt außerhalb der ursprünglichen Anweisungen von B.
	Wenn 6.2 zutrifft, ist A ein separater Verantwortlicher.	A entscheidet allein über die Zwecke und Mittel für diese Verarbeitung, was eine Datenfreigabevereinbarung zwischen A und B erfordert und die Verarbeitung muss den Anforderungen des Datenschutzrechts entsprechen.

– **Scenario 2: A model built on top of another „off-the-shelf" model**

Organisation A stellt **Organisation B** eine „off-the-shelf"-Kopie des Basismodells **Core** zur Verfügung. **B** möchte eine neue, öffentlich zugängliche Anwendung namens **LookUp** entwickeln, die **Core** mit anderen Modellen und Verarbeitungstätigkeiten kombiniert (z. B. Retrieval Augmented Generation [**RAG**], Ranking-Algorithmen, Dienstleistungen Dritter usw.).

Verarbeitungstätigkeit	Rolle/Verantwortung	Warum?
1. A verwendet eigene Daten, um ein Basismodell Core zu trainieren.	A ist Verantwortlicher.	A entscheidet allein über die Zwecke und Mittel.

Verarbeitungstätigkeit	Rolle/Verantwortung	Warum?
2. A verkauft eine „fertige“ Kopie von Core an B.	A könnte Verantwortlicher sein.	A muss alle Risiken der Re-Identifizierung im Modell untersuchen, um zu entscheiden, ob es personenbezogene Daten enthält.
3. B erstellt LookUp, indem es Core mit anderen Modellen kombiniert.	B ist Verantwortlicher.	B entscheidet allein über die Zwecke und Mittel.

(3) Relevant data-preparation processing operations, such as annotation, labelling, cleaning, updating, enrichment and aggregation (Art. 10.2.c)

i. Annotation und Labelling

Annotation und Labelling sind zentrale Konzepte in der Data Preparation für Machine Learning, wobei Annotation der allgemeinere Begriff ist, der verschiedene Formen der Anreicherung von Rohdaten umfasst, während Labelling eine spezifische Art der Annotation darstellt. Beide Begriffe unterscheiden sich in Umfang und Spezifität, erfüllen jedoch zusammen die Aufgabe, Daten für das Training von AI Models nutzbar zu machen.

Annotation bezieht sich auf jegliche Form der Anreicherung von Daten mit zusätzlichen Informationen. Diese Informationen können die Position, Form oder andere relevante Eigenschaften der Daten umfassen und dienen dazu, den Daten mehr Kontext und Bedeutung zu verleihen. Ein Beispiel für Annotation wäre ein Bildverarbeitungsprojekt zur Gesichtserkennung, in dem Bounding Boxes um die Gesichter der Personen im Bild gezogen werden, um ihre genaue Position zu markieren. Zusätzlich könnten Key-Points wie Augen, Nase und Mund annotiert werden, um präzisere Informationen für das AI Model bereitzustellen. Annotation wird in Szenarien eingesetzt, in denen komplexere Informationen erforderlich sind, die über eine einfache Kategorisierung hinausgehen.

Labelling hingegen ist eine spezifische Form der Annotation, bei der Datenpunkten konkrete Kategorien oder Labels zugewiesen werden. Diese Labels repräsentieren in der Regel die Klassifizierung oder die Zugehörigkeit eines Datenpunkts zu einer bestimmten Kategorie. In einem Textklassifizierungsprojekt könnte Labelling beispielsweise bedeuten, dass jede E-Mail mit einem Label wie „Spam“ oder „Nicht-Spam“ versehen wird. Hier geht es um die direkte Zuweisung eines einzelnen Labels zu einem gesamten Datenelement, wie etwa einer E-Mail. Labelling wird besonders häufig in Klassifizierungsaufgaben eingesetzt, bei denen es darum geht, Daten eindeutig in Kategorien einzuteilen.

Die ISO/IEC 22989:2022 (Information technology – Artificial intelligence – Artificial intelligence concepts and terminology, 3.5.15) definiert „**Data Annotation**" unter 3.2.1 als

> „*Process of attaching a set of descriptive information to data without any change to that data. [...] The descriptive information can take the form of metadata, labels and anchors.*"

Die Annotierung von Daten ist ein ausgesprochen praxisrelevanter Prozess. Daten können mit Metadaten annotiert werden, die beschreibende Informationen über einen Datensatz enthalten. Diese Metadaten dienen verschiedenen Zwecken, wie der Katalogisierung von Daten, der Unterstützung von Such- und Empfehlungstools, der Nachverfolgbarkeit und dem Datenaustausch. Sowohl Data Holders als auch Data Users können Metadaten, basierend auf spezifischen geschäftlichen Anforderungen, erstellen. Durch den **gezielten Einsatz von Metadaten** können Anwender die Relevanz und Eignung eines Datensatzes besser bewerten und fundierte Entscheidungen bei der Selektion der Trainingsdaten treffen. Stakeholder können Metadaten verwenden, um sicherzustellen, dass das Dataset die notwendigen qualitativen und rechtlichen Anforderungen erfüllt, was insbesondere für Dataset-Due-Diligence oder Datenschutz-Folgenabschätzungen nach Art. 35 DSGVO einen erheblichen Mehrwert bietet.

Metadaten lassen sich in verschiedene Kategorien einteilen:[209]

- **Vorbereitungsbezogene Metadaten** umfassen beispielsweise Informationen über die Datenquellen, die für die Datenannotation eingesetzten personellen Ressourcen sowie Zeitpunkte der Datenverarbeitungsoperationen und Besitzübergänge beim Datenaustausch.
- **Inhaltsbezogene Metadaten** beinhalten Angaben wie die geschäftliche und technische Domäne, Datenformate, das Datenvolumen, statistische Informationen zur Datenverteilung sowie spezifische Datenattribute wie Bounding Boxes (rechteckige Rahmen zur Definition von Bildbereichen) oder Segmentierungen (beliebige Form zur Definition von Bildbereichen).
- Darüber hinaus gibt es **qualitätsbezogene Metadaten**, die Ergebnisse von Datenqualitätsmessungen umfassen.

Die ISO/IEC 5259-1:2024 (Artificial intelligence – Data quality for analytics and machine learning (ML) – Part 4: Data quality process framework (8.4.1) illustriert und erläutert den Prozess des Data Labelling wie folgt:

---

209 Detailliert hierzu: ISO/IEC 5259-4:2024, Artificial intelligence – Data quality for analytics and machine learning (ML) – Part 4: Data quality process framework, 7.5.7.

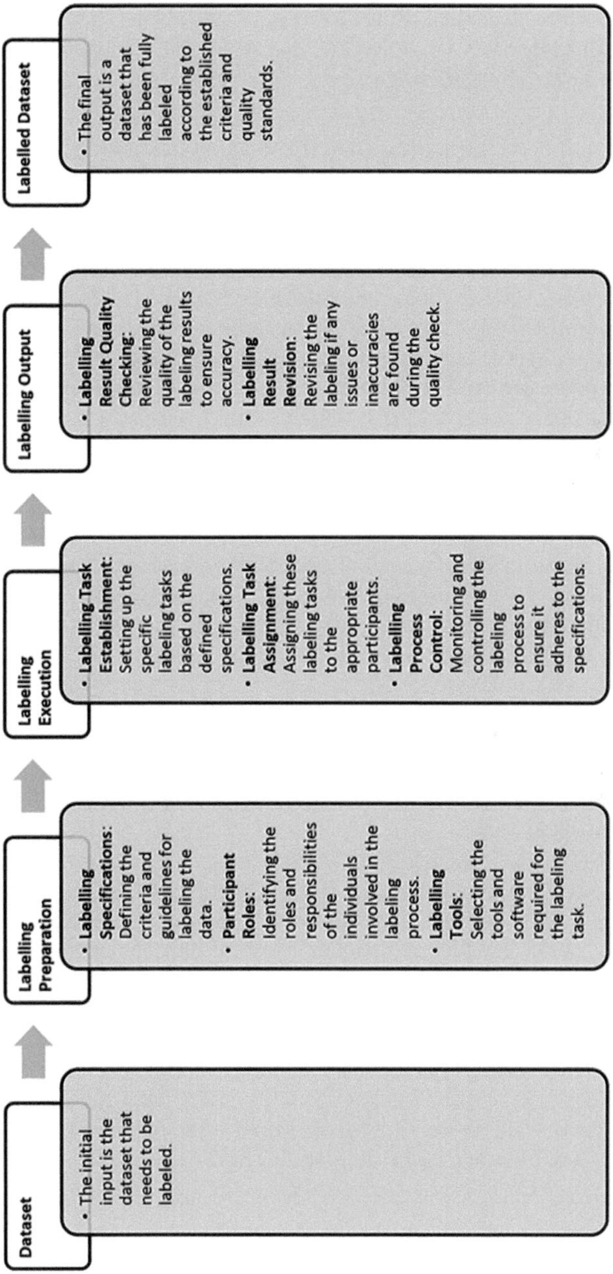

Abbildung 18: Data Labelling-Prozess nach ISO/IEC 5259-1:2024

Der Prozess des Data Labelling für Machine Learning erfordert klare Spezifikationen und eine klare Organisation, um die Qualität und Genauigkeit der erzeugten Labels sicherzustellen.

Im Detail:

- Eine gut definierte **Labelling Specification** sollte Anweisungen, Labelling Examples und Labelling Notes umfassen. Anweisungen klären die Definition der Labels, ihre Komponenten und die in den Labelling Tools verwendeten Operationen. Labelling Examples dienen dazu, korrekte Umsetzungen zu demonstrieren, einschließlich der Handhabung schwieriger Fälle. Labelling Notes listen potenzielle Fehler wie Unter- und Über-Erkennungsfehler sowie Bereichsfehler auf, die vermieden werden müssen. Zusätzlich sollten in der Spezifikation auch die Verantwortlichkeiten der Beteiligten, die erwarteten Lieferzeiten sowie Anforderungen an Genauigkeit, Datensicherheit und Datenschutz definiert werden.
- Im **Labelling Process** gibt es drei zentrale Rollen: (1) Der **Annotator** führt die eigentliche Beschriftung durch, der (2) **Inspector** überprüft die Labels auf ihre Richtigkeit und der (3) **Manager** koordiniert die Aufgabenverteilung und überwacht den gesamten Prozess. Die Auswahl der geeigneten Labelling Tools und Plattformen ist entscheidend, um Leistungsabweichungen zu minimieren, Fehler zu reduzieren und eine effektive Nachverfolgbarkeit der Arbeit jedes Annotators zu gewährleisten. Diese Tools sollten vor Beginn des ML-Trainings festgelegt werden und alle Datenanforderungen unterstützen. Die Aufgabenstellung im Labelling Process sollte klar definiert sein und die spezifischen Anforderungen des AI Models und der Szenarien berücksichtigen. Die Zuweisung dieser Aufgaben erfolgt nach organisatorischen Ansätzen und hängt von der Komplexität der Daten, dem erforderlichen Fachwissen und dem Verständnis der ML-Aufgaben ab.
- Die **Qualitätskontrolle** erfolgt in zwei Schritten: Zunächst annotieren die Annotatoren die Daten nach den festgelegten Anweisungen und reichen einen Qualitätsbericht ein. Anschließend führen Inspektoren Stichprobenprüfungen durch, um sicherzustellen, dass die Labels den Anforderungen entsprechen. Bei Mängeln werden die Daten zur Überarbeitung an die Annotatoren zurückgegeben. Die abschließende **Qualitätsprüfung der Labelling Results** zielt darauf ab, die Erfüllung der Anforderungen hinsichtlich Genauigkeit, Präzision, Vollständigkeit und Konsistenz sicherzustellen. Abhängig von der Risikoebene des AI-Projekts und der gewählten Organisationsstrategie kann die Inspektion umfassend oder stichprobenartig erfolgen. Interne Beschriftungen bieten ein hohes Maß an Kontrolle, während bei ausgelagerten oder crowdgesourceten Labelling Tasks striktere Inspektionen erforderlich sind.

– Gelabelte Daten können aufgrund von Qualitätsproblemen überarbeitet werden. Eine gängige Methode zur **Erkennung von Fehlbeschriftungen** ist die Cross-Validation, bei der das Trainingsset in mehrere Teile aufgeteilt und ein AI Model auf den verbleibenden Teilen trainiert wird, um Abweichungen in den Labels zu identifizieren. Diese identifizierten Abweichungen werden dann an die Annotatoren zur Überarbeitung zurückgegeben. Um die Änderungen zu dokumentieren, sollten sowohl die ursprünglichen als auch die überarbeiteten Daten gespeichert werden, einschließlich der Zeitstempel und der Namen der Personen, die die Änderungen vorgenommen haben.

Die **ISO/IEC 5259-3:2024 (Artificial intelligence – Data quality for analytics and machine learning (ML) – Part 3: Data quality management requirements and guidelines)** stellt in Kapitel 7 („Life cycle-specific data quality management“) insgesamt fünf Anforderungen an das Qualitätsmanagement von „Data labelling and annotation“ (7.3.6.2):

– **Data Labelling Specification:** Die Organisation muss klare Spezifikationen für die Datenbeschriftung festlegen, die den Prozess standardisieren. Diese Spezifikationen sollten definieren, wie Daten beschriftet werden sollen, welche Kriterien erfüllt sein müssen und wie die Konsistenz der Labels gewährleistet wird.
– **Required Skills and Resources:** Es ist wichtig, die erforderlichen Fähigkeiten und Ressourcen für die Datenbeschriftung zu identifizieren. Dazu gehören die Qualifikationen der Data Labeller, die verwendeten Tools und Software sowie die notwendige Schulung, um eine präzise und konsistente Beschriftung sicherzustellen.
– **Selection of Data for Labelling:** Die Auswahl der Daten, die beschriftet werden sollen, ist entscheidend für den Erfolg des Projekts. Es sollten Daten ausgewählt werden, die repräsentativ für die zu lösenden Probleme sind und die Vielfalt der zu erwartenden Szenarien abdecken.
– **Monitoring and Quality Management of Labelling Processes:** Der Beschriftungsprozess sollte kontinuierlich überwacht werden, um sicherzustellen, dass die Qualität den festgelegten Standards entspricht. Qualitätsmanagementsysteme sollten implementiert werden, um die Genauigkeit und Konsistenz der Labels zu überwachen und bei Bedarf Korrekturmaßnahmen zu ergreifen.
– **Potential Physical and Psychological Impact on Data Labeller:** Die Organisation sollte auch die möglichen physischen und psychologischen Auswirkungen auf die Data Labeller berücksichtigen, insbesondere wenn es sich um repetitive oder belastende Aufgaben handelt. Es sollten Strategien zur Minderung dieser Auswirkungen entwickelt werden, um das Wohlbefinden der Mitarbeiter zu schützen.

ii. Data Cleaning

Die ISO/IEC 5259-1:2024 (Artificial intelligence – Data quality for analytics and machine learning (ML) – Part 1: Overview, terminology, and examples (5.3.2.5) hilft unter „Stage 4: Data Preparation“ mit dem Verständnis von „Data Cleaning“ und beschreibt es als:

> „*detecting inaccurate data or missing data and correcting the data by replacing, modifying, imputing or deleting*“.

- **Data Cleaning** ist ein zentraler Prozess in der Data Preparation, der darauf abzielt, Fehler, Unvollständigkeiten und Inkonsistenzen in Datensätzen zu korrigieren, um die Datenqualität zu verbessern und damit die Grundlage für präzise Analysen und zuverlässige AI Models zu schaffen. Erfasste Daten können aufgrund von Unterschieden in den Datenquellen und dem Niveau der Datenqualität Fehler oder fehlende Werte aufweisen. In solchen Fällen kann Data Cleaning eingesetzt werden, um die Konsistenz der Daten gemäß einem einheitlichen Standardformat zu überprüfen, ungültige und fehlende Daten während der Speicherung zu behandeln und identifizierbare Fehler zu korrigieren.
- Zu den gängigsten Methoden des Data Cleaning gehört **Handling Missing Data**, bei dem fehlende Werte entweder durch Löschen der betroffenen Datasets oder durch Imputation, also das Ersetzen fehlender Werte durch plausible Schätzungen, behandelt werden.
- **Removing Duplicates** ist ebenfalls eine häufig verwendete Methode, um doppelt vorhandene Datasets, die durch fehlerhafte Datenintegration oder wiederholte Eingaben entstanden sind, zu identifizieren und zu beseitigen.
- Eine weitere wichtige Methode ist die **Consistency Checking**, bei der sichergestellt wird, dass die Daten innerhalb eines Datasets in sich schlüssig und regelkonform sind.
- **Error Correction** umfasst die Identifizierung und Korrektur offensichtlicher Fehler, wie Rechtschreibfehler oder falsch formatierte Daten.
- **Outlier Detection and Treatment** ist ein weiterer wesentlicher Schritt, der es ermöglicht, Datenpunkte, die sich signifikant von den anderen Datenpunkten in einem Datensatz unterscheiden (Outliers oder Ausreißer) zu identifizieren und angemessen zu behandeln, sei es durch Entfernung oder separate Analyse.
- **Data Transformation** und **Data Standardization** sorgen dafür, dass die Daten in ein einheitliches und vergleichbares Format gebracht werden. Dazu gehört auch das **Find and Replace** von spezifischen, fehlerhaften oder nicht standardisierten Werten sowie das Entfernen irrelevanter Daten, die für die Analyse keinen Mehrwert bieten.
- Ein weiterer wichtiger Aspekt ist die **Validation of Data Relationships**, insbesondere in relationalen Datenbanken, wo die Integrität von Bezie-

hungen zwischen Datasets, wie die Übereinstimmung von Fremd- und Primärschlüsseln, überprüft wird.

iii. Updating

Data Updating im Kontext vom Data Quality Management bezieht sich auf den Prozess der **regelmäßigen Aktualisierung** von Daten, um sicherzustellen, dass sie aktuell, relevant und genau bleiben. Dies ist ein entscheidender Aspekt der Datenqualität, da veraltete oder ungenaue Daten die Integrität von Analysen, Berichten und AI Models erheblich beeinträchtigen können.

iv. Enrichment

Auch hier kann die **ISO/IEC 5259-1:2024 (Artificial intelligence – Data quality for analytics and machine learning (ML) – Part 1: Overview, terminology, and examples)**, 5.3.2.5, „Stage 4: Data Preparation" mit dem Verständnis von „Enrichment" helfen, wenn auch nur mit ein paar dürren Worten:

> *„linking diverse data sources and adding additional context to the data"*.

Data Enrichment im Kontext des Data Quality Management bezieht sich auf den Prozess der Ergänzung und Erweiterung vorhandener Datensätze mit zusätzlichen Informationen, um deren Wert und Aussagekraft zu erhöhen. Im Kontext von Machine Learning bezeichnet Data Enrichment den Prozess, Trainingsdatensätze durch die Hinzufügung relevanter Informationen zu erweitern, um die Leistung und Genauigkeit der AI Models zu verbessern. Durch das Anreichern der Daten können **neue Merkmale (Features)** integriert werden, die dem AI Model helfen, komplexere Zusammenhänge zu erkennen und präzisere Vorhersagen zu treffen. Dies trägt zur Erhöhung der Data Diversity bei und verringert mögliche Verzerrungen, indem eine ausgewogenere Datenbasis geschaffen wird. **Data Diversity** ist entscheidend für die Entwicklung robuster und generalisierbarer Modelle, da sie sicherstellt, dass das AI Model auf einer breiten Palette von Szenarien und Beispielen trainiert wird. Data Enrichment ermöglicht zudem die Integration externer Datenquellen wie GPS-Daten, demografische Daten oder Wetterdaten, die dem AI Model zusätzlichen Kontext bieten.

v. Aggregation

Erneut ist die ISO/IEC 5259-1:2024 (Artificial intelligence – Data quality for analytics and machine learning (ML) – Part 1: Overview, terminology, and examples (5.3.2.5), „Stage 4: Data Preparation" ein guter Einstieg in ein gemeinsames Verständnis. Demnach bedeutet Data Aggregation:

> *„combining two or more datasets into one dataset in summary form".*

Wenn die Menge der erfassten Daten sehr groß wird, kann es notwendig sein, die Daten zu gruppieren, bevor sie analysiert werden können. Data Aggregation ist der Prozess, bei dem stark zusammenhängende Daten, die in verschiedenen Datasets verstreut sein können, kombiniert werden, um eine vollständigere Beschreibung der Daten zu erhalten. **Data Grouping**[210] ist eine Form der Data Aggregation, bei der die ursprünglichen Daten auf der Grundlage bestimmter Merkmale in verschiedene Gruppen unterteilt werden, um den Anforderungen der Analyse gerecht zu werden. Der Hauptzweck von Data Grouping besteht darin, die Verteilungseigenschaften der Daten zu beobachten. Nach der Gruppierung der Daten ist es hilfreich, eine Frequency Distribution Table zu erstellen, indem die Häufigkeit der Daten in jeder Gruppe berechnet wird. Dies ermöglicht eine bessere Beobachtung der zugrunde liegenden Verteilung der Daten und kann wertvolle Einblicke für die weitere Analyse bieten.

(4) Formulation of assumptions, in particular with respect to the information that the data are supposed to measure and represent (Art. 10.2.d)

Die ersten beiden Phasen eines Datenmanagementprozesses für Machine-Learning-Projekte, nämlich **Data Requirements** und **Data Planning**, sind eng mit den gesetzlichen Anforderungen in Hinblick auf die „Aufstellung von Annahmen, insbesondere in Bezug auf die Informationen, die mit den Daten erfasst und dargestellt werden sollen" verknüpft. Die gesetzlichen Anforderungen zielen darauf ab, sicherzustellen, dass Daten korrekt verwendet und interpretiert werden, was eine klare Formulierung der Annahmen erfordert, die den Daten zugrunde liegen, insbesondere in Bezug darauf, welche Informationen die Daten messen und darstellen sollen.

In der **Data Requirements**-Phase werden die Daten identifiziert, die für das Projekt benötigt werden. Es wird sichergestellt, dass diese Daten den Anforderungen an die Datenqualität entsprechen. Hierbei spielt die „Aufstellung von Annahmen" eine zentrale Rolle, da sie festlegt, welche Informationen die Daten tatsächlich repräsentieren sollen. Dies stellt sicher, dass die Daten im Einklang mit den Anforderungen verwendet werden und dass alle Beteiligten ein gemeinsames Verständnis der zugrunde liegenden Annahmen haben. Die klare Formulierung dieser Annahmen ist notwendig, um Verzer-

210 Hierzu: ISO/IEC 5259-4:2024, Artificial intelligence – Data quality for analytics and machine learning (ML) – Part 4: Data quality process framework, 12.5.4.

rungen und Fehlinterpretationen zu vermeiden und sicherzustellen, dass die Daten für den beabsichtigten Zweck geeignet sind.

In der **Data Planning**-Phase wird die Datenarchitektur entworfen und der Aufwand für die Datenbeschaffung und -aufbereitung geschätzt. Auch hier sind die gesetzlichen Anforderungen an **Data Governance** entscheidend, da sie verlangen, dass die Datenstruktur und -nutzung so gestaltet werden, dass die zugrunde liegenden Annahmen über die Daten beachtet und überprüft werden. Dies bedeutet, dass die Annahmen, die in der ersten Phase formuliert wurden, in der Planung berücksichtigt werden müssen, um sicherzustellen, dass die Daten tatsächlich das messen und repräsentieren, was sie sollen.

(5) Assessment of the availability, quantity and suitability of the data sets that are needed (Art. 10.2.e)

Availability: Verfügbarkeit im Sinne des AI Acts bedeutet, dass Daten zugänglich und rechtlich sowie technisch nutzbar sein müssen. Die Herkunft und Qualität der Datenquellen sollten dokumentiert werden, um Accountability sicherzustellen.

Quantity: Ausreichendes Datenvolumen ist entscheidend, um statistische Signifikanz zu erreichen. Eine unzureichende Menge kann zu verzerrten Ergebnissen führen, während zu viele Daten die Verarbeitung erschweren können.

Suitability: Die Eignung der Daten für den spezifischen Zweck muss gewährleistet sein. Dies beinhaltet die Überprüfung, ob die Daten die richtigen Merkmale enthalten und ob sie konsistent und frei von Verzerrungen sind.

(6) Examination in view of possible biases that are likely to affect the health and safety of persons, have a negative impact on fundamental rights or lead to discrimination prohibited under Union law, especially where data outputs influence inputs for future operations (Art. 10.2.f) sowie Appropriate measures to detect, prevent and mitigate possible biases identified according to point (Art. 10.2.g)

Auf den ersten Blick fordert der Gesetzgeber hier zunächst eine gründliche Untersuchung potenzieller Biases (Verzerrungen) in Datensätzen, die die Gesundheit und Sicherheit von Personen beeinträchtigen, negative Auswirkungen auf Grundrechte haben oder zu Diskriminierung führen könnten, wie sie nach dem Unionsrecht verboten ist. Dies ist besonders wichtig, wenn die Datenausgaben zukünftige Eingaben beeinflussen, da dies zu einem **Kreislauf von Verzerrungen (Data Feedback Loops)** führen kann, der die Integrität und Fairness der Datenprozesse gefährdet. Eine detaillierte Besprechung dieser beiden Absätze erfolgt im Kontext von Art. 10.3.

(7) Identification of relevant data gaps or shortcomings that prevent compliance with this Regulation, and how those gaps and shortcomings can be addressed (Art. 10.2.h)

Die Anforderung zur Identifikation von Datenlücken und Mängeln, die die Einhaltung des AI Acts gefährden könnten, ist systematisch eher im Kontext des Risiko- und Qualitätsmanagements des AI Acts zu verorten. Greift man allerdings den „Roten Faden" Trustworthy AI auf, der sicherstellt, dass Transparenz und Accountability in allen Phasen der KI-Entwicklung und -Nutzung beachtet werden, dann erschließt sich auch die Zuordnung zu Art. 10. Diese Anforderungen erfordern eine **proaktive Fehlersuche**, die darauf abzielt, frühzeitig potenzielle Schwachstellen zu erkennen und zu beheben, bevor sie zu ernsthaften Problemen führen können. Ein AI System, bei dem solche Mängel festgestellt werden, ist nicht gesetzeskonform einsetzbar. Dies hätte eine **negative Konformitätsbewertung** zur Folge. Aus diesem Grund ist es unerlässlich, dass Anbieter ihre Systeme einer intensiven Prüfung auf Herz und Nieren unterziehen, um sicherzustellen, dass sie den strengen Anforderungen der Verordnung genügen. Diese gründliche Überprüfung muss über bloße Fingerübungen hinausgehen und erfordert tiefgehende, substanzielle Tests und Analysen, um die Integrität und Verlässlichkeit des Systems zu gewährleisten.

An dieser Stelle bietet sich eine erneute Bezugnahme auf die Assessment List der **Ethics Guidelines for Trustworthy AI** der High-Level Expert Group on Artificial Intelligence (HLEG AI, 2019) an, die unter Punkt 7 „Accountability" vier hilfreiche Hinweise gibt, wie die festgestellten „shortcomings" analysiert und adressiert werden können:

1. **Überprüfbarkeit (Auditability)**
   Zur Herstellung von Auditability sind Mechanismen zu implementieren, die die Rückverfolgbarkeit und Protokollierung der Prozesse und Ergebnisse des AI Systems sicherstellen. Besonders in Anwendungen, die fundamentale Rechte betreffen, ist es notwendig, dass das AI System unabhängig auditiert werden kann.
2. **Minimierung und Meldung negativer Auswirkungen**
   – **Risikobewertung und Impact-Analyse**: Dieser Abschnitt beschreibt die Notwendigkeit einer Risikobewertung oder Impact-Analyse, die verschiedene betroffene Interessengruppen berücksichtigt.
   – **Schulungen und Fortbildungen**: Es wird hervorgehoben, wie wichtig es ist, Schulungen anzubieten, um die Praktiken der Rechenschaftspflicht zu entwickeln. Diese Schulungen sollten das anwendbare rechtliche Rahmenwerk umfassen und über die Entwicklungsphase hinausgehen.

- **Ethische Überprüfung**: Die Einrichtung eines ethischen KI-Überprüfungsgremiums wird empfohlen, um Fragen der Verantwortlichkeit und Ethik zu diskutieren.
- **Externe und interne Auditing-Prozesse**: Es wird empfohlen, neben internen Initiativen auch externe Auditing-Prozesse zur Überwachung von Ethik und Accountability einzurichten.
- **Berichterstattung von Dritten**: Prozesse sollten eingeführt werden, die es Dritten ermöglichen, potenzielle Schwachstellen, Risiken oder Verzerrungen im KI-System zu melden.

3. **Dokumentation von Kompromissen (Trade-offs)**
   - **Identifizierung von Interessen und Werten:** Es sollten Mechanismen zur Identifizierung von relevanten Interessen und Werten geschaffen werden, die durch das KI-System beeinflusst und beeinträchtigt werden.
   - **Dokumentation von Kompromissentscheidungen:** Die Entscheidungsfindung in Bezug auf Kompromisse sollte dokumentiert werden.
4. **Recht auf Wiedergutmachung (Redress)**
   - **Mechanismen zur Wiedergutmachung:** Es sollten Mechanismen eingerichtet werden, die im Falle von Schäden oder negativen Auswirkungen greifen und (End-)Nutzern und Dritten Informationen über Möglichkeiten zur Wiedergutmachung bieten.

g) Der Kampf gegen Bias und Diskriminierung (Art. 10.3, 10.4 und 10.5)

Auch wenn es an einer geeigneten Überschrift als Klammer fehlt, so verfolgen Art. 10.2.f und g sowie 10.3 bis 10.5 das übergeordnete Ziel, Verzerrungen (Bias) und Diskriminierung zu vermeiden, und fordern damit die **Implementierung von Fairness als systemisches Ziel** der Datenverarbeitung in AI Systems ein.

(1) Erwägungsgründe und Ethics Guidelines for Trustworthy AI der High-Level Expert Group on Artificial Intelligence (HLEG AI, 2019)

Eine Annäherung an die Intentionen und Ziele des Gesetzgebers sollte zunächst über die Erwägungsgründe erfolgen, denn ohne diese ist der Gesetzestext, zumal im Deutschen, kaum verständlich. Erwägungsgrund 67 liest sich zunächst wie ein Kurzkommentar zu Art. 10, allerdings kein sonderlich präziser.

Zusammengefasst hebt der Erwägungsgrund die entscheidende Rolle hochwertiger Daten und den Zugang zu diesen als Fundament für die Struktur und Leistung vieler AI Systems hervor, insbesondere in Szenarien, in denen

AI Models mit Daten trainiert werden, um sicherzustellen, dass das Hochrisiko-KI-System seine bestimmungsgemäße Funktion sicher und zuverlässig erfüllt. Von besonderer Bedeutung ist hierbei, dass diese Systeme keine diskriminierenden Praktiken fördern, die nach dem Unionsrecht verboten sind.

Nach Ausführungen zu Data Management und Data Governance, die bereits eingangs adressiert wurden, fordert **Erwägungsgrund 67**, dass die verwendeten Datensätze die geeigneten statistischen Merkmale aufweisen, die für die Zielgruppen und den Einsatzkontext des High-Risk AI Systems typisch sind. Dabei ist besonders darauf zu achten, mögliche Verzerrungen zu minimieren, die die Gesundheit und Sicherheit von Personen beeinträchtigen, die Grundrechte negativ beeinflussen oder zu diskriminierenden Ergebnissen führen könnten. Solche Verzerrungen können entweder in den zugrunde liegenden Datensätzen selbst bestehen – insbesondere wenn historische Daten verwendet werden – oder bei der Implementierung der Systeme in der realen Welt auftreten und sich im Laufe der Zeit verstärken. Schließlich sollen **externe zertifizierte Compliance-Dienste** herangezogen werden, um sicherzustellen, dass die Anforderungen an die Daten-Governance erfüllt werden. Damit verweist der Gesetzgeber implizit auf internationale Standards, die zumeist jedoch noch entwickelt werden müssen, bevor Zertifizierungen erfolgen können. Anbieter sollen die Integrität der Datensätze sowie die Schulungs-, Validierungs- und Testverfahren prüfen, um die Konformität mit den gesetzlichen Vorgaben zu gewährleisten. Man darf skeptisch sein sowohl ob der Qualität als auch der Quantität derartiger Angebote im Markt.

Der „rote Faden" der Ethics Guidelines for Trustworthy AI der High-Level Expert Group on Artificial Intelligence (HLEG AI, 2019) wirkt über Erwägungsgrund 27 auch auf Art. 10 und kann auch an dieser Stelle hilfreich sein, um gesetzgeberische Ziele zu verstehen und umzusetzen. Dies gilt insbesondere für die Begriffe Fairness[211] sowie Verzerrungen (Bias). Die HLEG AI definiert Vielfalt, Nichtdiskriminierung und Fairness zu Kernelementen von Trustworthy AI. Um diese Prinzipien zu verwirklichen, müssen **Inklusion und Diversität während des gesamten Lebenszyklus eines AI Systems** sichergestellt werden. Dies bedeutet nicht nur die Berücksichtigung und Einbeziehung aller betroffenen Stakeholder im gesamten Prozess, sondern auch die Sicherstellung des gleichen Zugangs durch inklusive Designprozesse sowie die Gewährleistung einer fairen Behandlung. Dabei ist es nicht leicht, die Vielgestaltigkeit der Definitionen von Fairness, die im nationalen

211 Umfassend zum aktuellen Forschungsstand: *Caton/Haas*, Fairness in Machine Learning: A Survey, ACM Computing Surveys, Volume 56, Issue 7, Article No.: 166, 2024; instruktiv und kritisch: *Buyl/De Bie*, Inherent Limitations of AI Fairness, Communications of the ACM, Volume 67, Issue 2, 2024.

und internationalen Recht, in den Sozialwissenschaften und der Informatik präsent ist, unter einen Hut zu bekommen.[212]

Ein zentrales Problem bei AI Systems ist die Möglichkeit, dass die verwendeten Datensätze (sowohl für das Training als auch für den Betrieb) **unbewusste historische Verzerrungen sowie Lücken und generell mangelhafte Daten** enthalten können. Solcher Bias auf der Datenebene kann zu unbeabsichtigten Vorurteilen und Diskriminierungen gegenüber bestimmten Gruppen oder Personen führen und bestehende Vorurteile und Marginalisierung verstärken. Dabei sollte beachtet werden, dass mangelhafte Daten ein AI System auch generell unzuverlässig und ungenau machen, sodass die Benachteiligung von Personen oder Gruppen auch schlicht das **Ergebnis einer miserablen Daten- und Modellqualität** sein kann. Die HLEG AI adressiert allerdings früh den Lifecycle von Daten und will identifizierbare, diskriminierende Verzerrungen möglichst bereits in der Erhebungsphase der Daten beseitigen lassen. Auch die Art und Weise, wie AI Systems entwickelt werden, kann von unfairen Verzerrungen betroffen sein, beispielsweise durch das Design von Algorithmen oder die Definition von Hyperparametern, also das Systemdesign als solches. Menschliche Aufsicht zur Analyse und Überprüfung des Zwecks, der Einschränkungen, Anforderungen und Entscheidungen des Systems können derartigen Mängeln entgegenwirken. Darüber hinaus sollte die Mitwirkung von Personen aus interdisziplinären und interkulturellen Teams gefördert werden, um eine **Vielfalt an Perspektiven bei der Entwicklung** sicherzustellen, Grenzfälle adäquat zu lösen und sich nicht nur auf ein schlichtes „Wird schon passen" zurückzuziehen.[213]

Passend formuliert die HLEG AI, dass insbesondere im Business-to-Consumer-Bereich AI Systems **nutzerzentriert gestaltet** sein sollten, sodass alle Menschen, unabhängig von Alter, Geschlecht, Fähigkeiten oder Merkmalen, AI-Produkte oder -Dienstleistungen nutzen können. Die Zugänglichkeit dieser Technologie für Menschen mit Behinderungen, die in allen gesellschaftlichen Gruppen vertreten sind, ist von besonderer Bedeutung. AI Systeme sollten keine Einheitslösungen bieten, sondern die Prinzipien des Universal Designs berücksichtigen, um die breitestmögliche Benutzergruppe zu erreichen. Dies wird durch die Einhaltung relevanter **Barrierefreiheitsstandards** ermöglicht und fördert den gleichberechtigten Zugang und die aktive Teilnahme aller Menschen an bestehenden und aufkommenden computervermittelten menschlichen Aktivitäten sowie im Zusammenhang mit unter-

212 Sehr gut dargestellt in dem ausgezeichneten Paper von *Calvi/Kotzinos*, Enhancing AI fairness through impact assessment in the European Union: a legal and computer science perspective, in: FAccT '23: Proceedings of the 2023 ACM Conference on Fairness, Accountability, and Transparency, 2023, S. 1229 ff.

213 Sehr lesenswert mit Beispielen aus dem Software und UX-Design: *Meyer/Wachter-Boettcher*, Design for Real Life, 2016.

stützenden Technologien. Die HLEG AI Assessment List für Trustworthy AI liefert noch etwas Koloratur zum Thema und stellt sinnvolle Fragen, anhand derer AI-Provider ihre Prozesse überprüfen und ausrichten können:

- **Unfair Bias Avoidance:**
  - **Strategien und Verfahren**: Es wird empfohlen, klare Strategien und Verfahren zu implementieren, um die Entstehung oder Verstärkung von unfairen Verzerrungen in AI Systems zu verhindern. Dies betrifft sowohl die Nutzung von Input-Daten als auch das Design der Algorithmen.
  - **Data Composition**: Es bedarf einer Bewertung der möglichen Einschränkungen, die sich aus der Zusammensetzung mehrerer Datensätze ergeben. Verzerrungen könnten sich potenzieren.
  - **Diversity und Repräsentativität**: Die Auswahl der Daten sollte die Diversität der Nutzerbasis widerspiegeln. Es sollte geprüft werden, ob spezifische Bevölkerungsgruppen oder problematische Anwendungsfälle getestet wurden.
  - **Technische Werkzeuge**: Der Einsatz technischer Tools zur Verbesserung des Verständnisses von Daten, Modellen und deren Performance sind essenziell.
  - **Monitoring-Prozesse**: Prozesse sollten implementiert werden, um potenzielle Verzerrungen während der Entwicklungs-, Deployment- und Nutzungsphasen des Systems zu überwachen.
- **Mechanismen zur Identifizierung und Kommunikation von Problemen:**
  - **Meldemechanismen:** Abhängig vom Use Case sollten Mechanismen eingeführt werden, die es ermöglichen, Probleme im Zusammenhang mit Bias, Diskriminierung oder schlechter Performance des AI Systems zu melden.
  - **Kommunikationswege:** Es ist wichtig, klare Schritte und Wege zu definieren, wie und an wen solche Probleme gemeldet werden können.
  - **Betroffene Gruppen:** Auch indirekt betroffene Personen oder Gruppen sollten in Betracht gezogen werden.
- **Decision Variability und Fairness:**
  - **Variabilität von Entscheidungen**: Es sollte untersucht werden, ob unter denselben Bedingungen Entscheidungsvariabilität auftritt und was die möglichen Ursachen hierfür sein könnten.
  - **Messung der Auswirkungen**: Bei festgestellter Variabilität sollten Mechanismen implementiert werden, um den potenziellen Einfluss auf fundamentale Rechte zu bewerten.
  - **Definition von Fairness**: Eine klare Definition von „Fairness" sollte angewendet werden, die bei der Gestaltung von AI Systems berücksichtigt wird. Diese Definition sollte möglichst verbreitet und durch quantitative Analysen und Metriken gemessen und getestet werden.

- **Accessibility und Universal Design:**
  - **Anpassung an individuelle Bedürfnisse**: Das AI System sollte so gestaltet sein, dass es eine breite Palette von individuellen Präferenzen und Fähigkeiten berücksichtigt. Es sollte bewertet werden, ob das System für Menschen mit besonderen Bedürfnissen oder Behinderungen nutzbar ist.
  - **Zugänglichkeit von Informationen**: Informationen über das AI System sollten auch für Nutzer von assistive technologies zugänglich sein.
  - **Repräsentativität des Entwicklungsteams**: Es sollte überprüft werden, ob das Team, das das AI System entwickelt, repräsentativ für die Zielnutzergruppe und die breitere Bevölkerung ist.
  - **Feedback von verschiedenen Gruppen**: Rückmeldungen von Teams oder Gruppen mit unterschiedlichen Hintergründen und Erfahrungen sollten eingeholt werden, um sicherzustellen, dass das System inklusiv und fair gestaltet ist.

(2) Die Fundamental Right Agency (FRA)

In ihrer Veröffentlichung „**Data quality and artificial intelligence – mitigating bias and error to protect fundamental rights**“[214] erläutert die FRA, weshalb die Qualität von Daten eine zentrale Rolle in den aktuellen politischen Diskussionen über AI spielt: Neben der Erklärung von komplexen Algorithmen sei es ebenso wichtig, den Typ und die Qualität der Daten, die von diesen Algorithmen verwendet werden, genau zu betrachten. Politische Dokumente heben immer wieder hervor, dass hochwertige Daten für die Entwicklung von KI unerlässlich sind. Der Europäische Rat erkannte in seinen Schlussfolgerungen vom 28.6.2018 an, dass „hochwertige Daten für die Entwicklung von Künstlicher Intelligenz wesentlich sind“.[215] Ebenso betonte der Ausschuss für bürgerliche Freiheiten, Justiz und Inneres des Europäischen Parlaments (LIBE-Komitee) in seiner Stellungnahme, dass die Qualität und Genauigkeit sowie die repräsentative Natur der für Algorithmen verwendeten Daten entscheidend sind.[216] Das LIBE-Komitee warnte davor, dass die **Verwendung minderwertiger, veralteter, unvollständiger oder fehlerhafter Daten** zu schlechten Vorhersagen und Bewertungen führen kann, was letztlich zu einer Verletzung

---

214 https://fra.europa.eu/en/publication/2019/data-quality-and-artificial-intelligence-mitigating-bias-and-error-protect (letzter Aufruf: August 2024).

215 European Council (2018), Council's conclusions from 28 June 2018, EUCO 9/18.

216 Committee on Civil Liberties, Justice and Home Affairs (2018), Opinion of the Committee on Civil Liberties, Justice and Home Affairs for the Committee on Industry, Research and Energy on a comprehensive European industrial policy on artificial intelligence and robotics (2018/2088(INI)), 11 December 2018.

der Grundrechte von Einzelpersonen oder zu falschen Ergebnissen führen könnte.

Auch die von der Europäischen Kommission eingesetzte HLEG AI betonte in ihren Ethikleitlinien für vertrauenswürdige KI die Bedeutung der Datenqualität. Sie wies auf die Notwendigkeit hin, Verzerrungen in Datensätzen zu vermeiden, die durch menschliche Fehlurteile, Fehler und Ungenauigkeiten entstehen können.

Schließlich wurde in der „Toronto Declaration",[217] die von mehreren Menschenrechtsgruppen, Technologen und Forschern unterzeichnet wurde, darauf hingewiesen, dass private Unternehmen die Risiken berücksichtigen sollten, die häufig mit Machine-Learning-Systemen verbunden sind, einschließlich unvollständiger oder nicht repräsentativer Daten oder Datensätzen, die historische oder systemische Verzerrungen widerspiegeln.

(3) Forschung und Wissenschaft: It's not just the data, stupid!

Der holistische Ansatz der HLEG AI erhält Unterstützung aus der Wissenschaft: AI Models und AI Systems sind nicht nur passive Werkzeuge, die bestehende algorithmische Verzerrungen in den zugrunde liegenden Datensätzen widerspiegeln, sondern können durch spezifische Designentscheidungen aktiv zur Verstärkung dieser Verzerrungen beitragen.[218] Algorithmen sind von Natur aus nicht unvoreingenommen. Daher ist es entscheidend, bei der Entwicklung von AI Models bewusst darauf zu achten, wie **Designentscheidungen wie Architektur, Verlustfunktionen, Optimierungsmethoden und Hyperparameter** die Ergebnisse beeinflussen. Es wird oft angenommen, dass Verzerrungen in AI Models hauptsächlich auf Probleme in der Datenpipeline zurückzuführen sind, vgl. Erwägungsgrund 67 und daher vorgeschlagen, Verzerrungen durch Methoden wie Resampling oder Reweighting der Trainingsdaten zu korrigieren.

- **Resampling** ist eine Technik, um die Verteilung von Daten in einem Datensatz zu verändern, indem entweder zusätzliche Datenpunkte für unterrepräsentierte Klassen erzeugt (Oversampling) oder Datenpunkte aus überrepräsentierten Klassen entfernt werden (Undersampling), um ein ausgewogeneres Training von AI Models zu ermöglichen.
- **Reweighting** ist ein Verfahren, bei dem den Datenpunkten in einem Datensatz unterschiedliche Gewichte zugewiesen werden, um Verzerrungen

217 The Toronto Declaration: Protecting the right to equality and non-discrimination in machine learning systems, 2018, https://www.accessnow.org/wp-content/uploads/2018/08/The-Toronto-Declaration_ENG_08-2018.pdf (letzter Aufruf: August 2024).

218 Detailliert: *Hooker*, Moving beyond „algorithmic bias is a data problem", Patterns, Volume 2, Issue 4, 100241, 2021.

in der Datenverteilung auszugleichen. Dies stellt sicher, dass unterrepräsentierte Klassen bei der Modellbildung stärker berücksichtigt werden.

Diese Ansätze sind jedoch häufig unpraktisch und teuer, da es schwierig ist, alle relevanten sensiblen Merkmale und Proxy-Variablen vollständig zu identifizieren und zu kennzeichnen. Effektiver ist es, den **Fokus auf das Modell-Design selbst** zu legen, da hier oft weniger aufwendige und dennoch wirksame Techniken zur Minderung von algorithmischen Verzerrungen eingesetzt werden können. Modellentscheidungen beeinflussen nicht nur die Genauigkeit auf dem Testdatensatz, sondern auch andere wesentliche Eigenschaften wie Fairness, Robustheit und Datenschutz. Die Wahl bestimmter Modellparameter kann beispielsweise dazu führen, dass übermäßiges Overfitting auftritt, was wiederum die Verstärkung bestehender Verzerrungen zur Folge haben kann sowie die Memorisierung von Trainingsdaten.

(4) Internationale Standardisierung

Derzeit widmen sich CEN/CENELEC dem neuen Standard „Information technology – Artificial intelligence – Treatment of unwanted bias in classification and regression machine learning tasks“ (ISO/IEC DTS 12791:2024). Es ist davon auszugehen, dass dieser zumindest gegen Ende des Jahres 2024 das Licht der Welt erblicken wird.

Einen Vorgeschmack bietet der **Technical Report ISO/IEC TR 24027:2021 (Information technology – Artificial intelligence (AI) – Bias in AI systems and AI aided decision making)**, der neben einer Zusammenstellung der Quellen von unerwünschtem Bias auch Hinweise zu Assessment und Treatment von Bias entlang des Life Cycles von AI Systems gibt. Bias wird in 3.2.2 definiert als:

> „*systematic difference in treatment of certain objects, people, or groups in comparison to others*“.

Interessant sind auch die Ausführungen zum Begriff „Fairness“, die jedoch im Rahmen der europäischen Rechtsanwendung allenfalls illustrativen Charakter haben können.

Eine Gesamtdarstellung würde den Umfang des Buches sprengen, die Lektüre des Technical Reports wird allerdings dringend angeraten, um die im Wesentlichen internationale Literatur zu diesem Themenkomplex ansatzweise verstehen zu können.

Gleichfalls neu erscheinen wird der derzeit noch nicht veröffentlichte **IEEE Standard for Algorithmic Bias Considerations P7003™-2024**. Der Standard beschreibt Prozesse und Methoden, um Bias bei der Erstellung von Algorithmen und AI Models anzugehen. Dazu gehören Kriterien für die Auswahl von Datensätzen, Richtlinien zur Festlegung und Kommunikation der

Grenzen von Anwendungen sowie Vorschläge zum Erwartungsmanagement von Nutzern, um unerwünschte Verzerrungen durch falsche Interpretation der Systemausgaben zu minimieren, etwa durch die Unterscheidung zwischen Korrelation und Kausalität. Bias in AI Systems wird erläutert als nicht eine einzelne, inhärente Eigenschaft, sondern das Ergebnis eines komplexen Zusammenspiels verschiedener Elemente. Bias kann aus den Entscheidungen während der Konzeption, der Spezifikation der Anforderungen, dem Design, der Entwicklung und dem Testen, dem Betrieb und der Überwachung oder der Stilllegung eines AI Systems resultieren.

Das US-amerikanische **National Institute for Standards and Technologies (NIST)** widmete dem Thema „Bias" 2021 eine „Special Publication" mit dem Titel „**Towards a Standard for Identifying and Managing Bias in Artificial Intelligence**".[219] Die Autoren betonen die Notwendigkeit eines sozio-technischen Ansatzes zur effektiven Bewältigung und Minderung von Verzerrungen (Bias) in AI Systems. Bias ist nicht nur ein technisches Problem, sondern tief in menschlichen, institutionellen und gesellschaftlichen Faktoren verwurzelt. Die derzeitigen Bemühungen zur Bekämpfung von Bias in AI Systems, die sich hauptsächlich auf mathematisch-technische Lösungen wie die Repräsentativität von Datensätzen und die Fairness von Machine-Learning-Algorithmen konzentrieren, werden allein nicht ausreichen. Um Verzerrungen nachhaltig zu bekämpfen, wird vorgeschlagen, die Perspektive über die reine Betrachtung des Machine-Learning-Prozesses hinaus zu erweitern und zu berücksichtigen, wie diese Technologien in gesellschaftliche Kontexte eingebettet und genutzt werden. Dies erfordert nicht nur eine verbesserte Transparenz und robuste Praktiken **für Testing, Evaluation, Validation und Verification (TEVV)**, sondern auch die Integration von menschenzentrierten Ansätzen wie partizipativem Design und einer breiten Beteiligung von Interessengruppen. Man hört die Anklänge der HLEG AI-Prinzipien. Das Dokument identifiziert drei Arten von AI Bias – systemisch, statistisch und menschlich – und diskutiert deren Beitrag zu negativen Ergebnissen, die das Vertrauen der Öffentlichkeit in AI untergraben können. Es skizziert auch die großen Herausforderungen bei der Mitigation dieser Verzerrungen, einschließlich der Verbesserung von Datensätzen, der Verfeinerung von Test- und Bewertungsmethoden und der Berücksichtigung menschlicher Faktoren. NIST strebt an, flexible, kontextunabhängige Methoden zur Identifizierung, zum Verständnis und zum Management von AI Bias zu entwickeln. Dies wird die Schaffung formeller Leitlinien, Standards und bewährter Praktiken umfassen, die für verschiedene Interessengruppen zugänglich sind, unterstützt durch Workshops, öffentliche Konsultationen

---

219 *Schwartz* et al., NIST Special Publication 1270, Towards a Standard for Identifying and Managing Bias in Artificial Intelligence, https://doi.org/10.6028/NIST.SP.1270 (letzter Aufruf: August 2024).

und kontinuierliches Engagement mit der breiteren Gemeinschaft. Durch die Betrachtung von AI Bias durch diese breite sozio-technische Perspektive unterstreicht die Publikation die Bedeutung der Ausrichtung der Entwicklung von AI Systems an gesellschaftlichen Werten und stellt sicher, dass die Systeme nicht nur technisch irgendwie funktionieren, sondern dies auch auf eine Weise tun, die fair, ethisch und vertrauenswürdig ist. „Trustworthy" eben.

(5) Hinreichend relevant, repräsentativ und so weit wie möglich fehlerfrei und vollständig in Hinblick auf die Zweckbestimmung

i. Die Zweckbestimmung des Systems

Die Zweckbestimmung eines AI Systems bezieht sich auf den klar definierten primären Zweck, für den das **System entwickelt, trainiert und implementiert wird**. Dieser Zweck umfasst das spezifische Problem oder die Aufgabe, die das System lösen soll, sowie die Rahmenbedingungen, unter denen es operiert. In der Praxis bedeutet dies, dass die gesamte Architektur, die Auswahl der Trainingsdaten, die Modellparameter und sogar die ethischen Überlegungen in Bezug auf das System eng mit dieser Zweckbestimmung verknüpft sind.

Ein AI System könnte beispielsweise darauf ausgelegt sein, Kreditrisiken zu bewerten, medizinische Diagnosen zu unterstützen oder Verkehrsflüsse zu optimieren. Die **Zweckbestimmung setzt die Maßstäbe für die Relevanz der Daten, die Auswahl der AI Models und die Art der Ergebnisinterpretation**. Sie ist also der Leitfaden, der die Entwicklung und Anwendung des Systems in eine bestimmte Richtung lenkt und sicherstellt, dass das System innerhalb der gesetzten Grenzen effektiv, ethisch und zielgerichtet funktioniert.

Die Zweckbestimmung geht über eine bloße Funktionsbeschreibung hinaus und umfasst auch die Überlegungen zu den potenziellen Auswirkungen des Systems, einschließlich der gesellschaftlichen, ethischen und rechtlichen Implikationen, insbesondere wenn das System in sensiblen oder risikoreichen Bereichen eingesetzt wird.

Der noch im Entwurfsstadium befindliche **ISO/IEC DIS 42005:2024 (Information technology – Artificial intelligence – AI system impact assessment)** fordert unter 5.3.3 System Purpose, dass die Zweckbestimmung eines AI Systems dokumentiert wird, damit potenzielle Prüfer besser verstehen, warum die Organisation das AI System entwickelt oder verwendet wurde und wie die Technologie dazu beiträgt, diese Ziele zu erreichen.

Bei der Dokumentation der Zweckbestimmung des AI Systems sollten Organisationen mindestens die folgenden Aspekte berücksichtigen:

– den Endbenutzer oder primären Kunden des KI-Systems;
– wie diese das System nutzen, um ihre Aufgaben zu erfüllen;
– den Mehrwert des KI-Systems.

Diese sorgfältige **Dokumentation hilft, die Ziele des Systems klar darzustellen** und die Integration der KI-Technologie in die übergeordneten Ziele der Organisation nachvollziehbar zu machen.

(a) Relevanz („relevance")

Zu einem gemeinsamen Verständnis von Relevanz und weiteren Begriffen im Kontext von Art. 10 kann der noch im Entwurfsstadium befindliche ISO/IEC FDIS 5259-2:2024 (Artificial intelligence – Data quality for analytics and machine learning (ML) – Part 2: Data quality measures) verhelfen, der unter 6.5.6.1 formuliert:

> „*relevance refers to the degree to which a dataset (assuming that it is accurate, complete, consistent, current, etc.) is suitable for a given context.*"

Die Definition von Relevanz in diesem Kontext beschreibt den Grad, in dem ein Datensatz – unter der Annahme, dass er genau, vollständig, konsistent, aktuell und in anderer Hinsicht qualitativ hochwertig ist – für einen spezifischen Verwendungszweck oder Kontext geeignet ist. Das bedeutet, dass die Relevanz eines Datensatzes sich nicht nur auf seine inhärente Qualität bezieht, sondern auch darauf, wie gut er in den spezifischen Anwendungsfall passt, für den er bestimmt ist. Ein Datensatz könnte also in sich perfekt sein (d. h. keine Fehler, vollständig, konsistent), aber dennoch **irrelevant, sofern seine Daten nicht die Informationen liefern, die für den aktuellen Kontext benötigt werden**. Beispielsweise könnten demografische Daten über die Bevölkerung eines Landes in einem wirtschaftsbezogenen AI Model extrem relevant sein, während dieselben Daten in einem AI Model zur Vorhersage von Naturkatastrophen irrelevant wären. Es geht also darum, die Nützlichkeit und Anwendbarkeit der Daten im spezifischen Kontext zu bewerten.

(b) Repräsentativität („representative")

Die ISO 20252:2019 (Market, opinion and social research, including insights and data analytics – Vocabulary and service requirements), 3.79, definiert „**Representativeness**" als:

> „*the degree to which a sample (dataset) reflects the target population being studied*".

Die Repräsentativität eines Datensatzes beschreibt, wie gut dieser die Zielpopulation, die untersucht wird, **widerspiegelt**. Ein repräsentativer

Datensatz muss die relevanten Merkmale der Zielpopulation, wie Alter, Geschlecht, Einkommensklasse oder geografische Lage, in denselben Proportionen enthalten, um Verzerrungen und Ungenauigkeiten zu vermeiden. Wenn ein Datensatz nicht repräsentativ ist, kann das trainierte AI Model bei der Anwendung auf die tatsächliche Zielpopulation fehlerhafte oder verzerrte Ergebnisse liefern.

Im **Machine Learning** kann ein Trainingsdatensatz als eine Teilmenge einer größeren Population betrachtet werden, während die Produktivdaten die Zielpopulation darstellen, aus der Schlussfolgerungen gezogen werden können. Die Qualität und Aussagekraft eines AI Models hängen stark davon ab, wie gut der Datensatz die Realität abbildet. Ein nicht-repräsentativer Datensatz kann zu systematischen Fehlern und eingeschränkter Generalisierbarkeit des AI Models führen.

Das Datenqualitätsmerkmal Repräsentativität steht in enger Verbindung mit dem Merkmal der Relevanz, da ein Datensatz, der die untersuchte Zielpopulation nicht repräsentiert, wahrscheinlich keine guten Prädiktoren für die Zielvariable liefert.

Die noch im Entwurfsstadium befindliche ISO/IEC FDIS 5259-2:2024 (Artificial intelligence – Data quality for analytics and machine learning (ML) – Part 2: Data quality measures) liefert unter 6.5.7.1 zwei Beispiele:

- **Beispiel 1:** Ein Facial Recognition System, das nur mit Bildern von Menschen mit helleren Hauttönen trainiert wurde, könnte versagen, wenn es auf Bilder von Menschen mit dunkleren Hauttönen angewendet wird.
- **Beispiel 2:** Ein Predictive Maintenance System, das ausschließlich mit Daten von Elektromotoren trainiert wurde, könnte ungenaue Vorhersagen treffen, wenn es zur Wartung von Verbrennungsmotoren eingesetzt wird.

(c) Fehlerfreiheit („error-free")

Was Fehlerfreiheit im Sinne des AI Acts genau bedeutet, ist unklar. **Daten sind Daten**, ob sie „frei von Fehlern" sind, sieht man ihnen nicht unbedingt an. Beim Kriterium „Fehlerfreiheit" handelt es sich womöglich um einen untechnischen Begriff, keine realisierbare und operationalisierbare Anforderung an AI Systems.

Eine Annäherung kann jedoch der Begriff der **Accuracy auf Ebene der Datenqualität** bringen, der in 6.2.1.1 der ISO/IEC FDIS 5259-2:2024 (Artificial intelligence – Data quality for analytics and machine learning (ML) – Part 2: Data quality measures) beschrieben wird. Die Genauigkeit eines Datensatzes bezieht sich demnach auf den Grad, in dem die Datenwerte oder Datenlabels im Datensatz korrekt sind.

Die ISO/IEC 25012:2008 (Software engineering – Software product Quality Requirements and Evaluation (SQuaRE) – Data quality model) definiert Genauigkeit als das Maß, in dem Datenwerte Attribute besitzen, die den tatsächlichen Wert der beabsichtigten Attribute korrekt repräsentieren. Dabei wird unterschieden zwischen:

- **Syntaktischer Genauigkeit**: Diese bezieht sich auf die Nähe der Datenwerte zu einer Menge von syntaktisch korrekten Datenwerten in einem relevanten Bereich. Ein Datenwert ist syntaktisch korrekt, wenn er dem explizit angegebenen Datentyp entspricht.
- **Semantischer Genauigkeit**: Diese bezieht sich auf die Nähe der Datenwerte zu einer Menge von semantisch korrekten Datenwerten in einem relevanten Bereich. Ein Datenwert ist semantisch korrekt, wenn er einen erwarteten Wert aufweist, der der spezifischen Aufgabe des maschinellen Lernens entspricht.

Für ein AI Model, das als mathematische Struktur betrachtet werden kann, können geringe syntaktische oder semantische Genauigkeit der Datenwerte in Trainings-, Validierungs-, Test- oder Produktionsdatensätzen dazu führen, dass das AI Model selbst fehlerhaft ist oder die vom AI Model abgeleiteten Schlussfolgerungen fehlerhaft sind. Bei einem überwachten Lernklassifikationssystem kann die Korrektheit der Labelsequenzinhalte die Genauigkeit der Inferenz eines trainierten AI Models beeinflussen. Faktoren, die bei der Messung der Genauigkeit der Kennzeichnung berücksichtigt werden sollten, umfassen:

- Korrektheit der Labelwerte;
- Korrektheit der gekennzeichneten Tags;
- Korrektheit der Labelsequenzinhalte.

Beispiel 1: Wenn der Ausdruck „lazy dog“ als „lzy dg“ eingegeben wird, kann ein ML-basiertes System zur natürlichen Sprachverarbeitung den Ausdruck möglicherweise nicht korrekt interpretieren.

Beispiel 2: Wenn die Zahl 100 in den Trainingsdaten als 1000 eingegeben wird, kann ein Regressionsmodell möglicherweise nicht korrekt das Gewicht des zugehörigen Merkmals berechnen. Wird dieser Eintrag in den Produktionsdaten gemacht, können die Inferenzschlüsse falsch sein.

(d) Vollständigkeit („complete“)

Vollständigkeit im Kontext von ISO/IEC 25012:2008 (Software engineering – Software product Quality Requirements and Evaluation (SQuaRE) – Data quality model) bezieht sich auf das Maß, in dem **Datenwerte für alle erwarteten Attribute und Entitäten innerhalb eines Datensatzes vor-**

handen sind. Diese Eigenschaft ist im Machine Learning besonders wichtig, da fehlende Daten während der Trainings-, Validierungs- oder Testphasen zu Modellfehlern führen können und auch Probleme bei der Anwendung des AI Models auf Produktionsdaten verursachen können. In manchen Fällen können Machine-Learning-Algorithmen fehlschlagen, wenn sie auf leere Dateneinträge in Trainings-, Validierungs- oder Testdatensätzen stoßen. Maßnahmen zur Überprüfung der Vollständigkeit können ML-Praktikern dabei helfen, ihre Datenanforderungen zu erfüllen und aufzeigen, ob zusätzliche Imputationsschritte erforderlich sind, wie sie die ISO/IEC FDIS 5259-2:2024 (Artificial intelligence – Data quality for analytics and machine learning (ML) – Part 2: Data quality measures) beschreibt.

Beispiel 1: Eine Vollständigkeitsmessung für einen Datensatz zeigt, dass mehr als die Hälfte der Datenwerte für das Attribut „Postleitzahl" fehlen. Der Datenwissenschaftler entscheidet, dass das Attribut „Postleitzahl" für seine Klassifizierungsaufgabe nicht notwendig ist und entfernt dieses Attribut aus den Trainings-, Validierungs-, Test- und Produktionsdatensätzen.

Beispiel 2: Eine Vollständigkeitsmessung für einen Datensatz, der für eine ML-Regression verwendet wird, zeigt, dass ein Prozent der Datenwerte für ein Attribut, das ein guter Prädiktor ist, leer sind. Der Rest der Daten folgt einer Normalverteilung. Der Datenwissenschaftler entscheidet, die fehlenden Datenwerte mit dem statistischen Mittelwert der verfügbaren Datenwerte zu füllen.

(6) Statistische Merkmale in Datensätzen, einzeln oder kombiniert

i. Statistische Merkmale (Statistical Characteristics)

Die statistischen Merkmale eines Datensatzes müssen ausbalanciert sein, d. h., sie müssen geeignet sein, auch bezüglich der Personen, die das HRAIS verwenden. Was das bedeutet, erschließt sich ohne weitere gesetzgeberische Erläuterung auch nicht aus den Materialien. Auch die anerkannten technischen Normen helfen kaum weiter. Es gibt schlicht kein einheitliches Verständnis darüber, was diese Anforderungen beinhalten. Wir können nur versuchen, Kriterien aus der gegen diese Norm vorgebrachten Kritik abzuleiten und mithilfe von Beispielen zu verdeutlichen, was gemeint sein könnte und aus Grundrechtsperspektive gemeint sein sollte. Dabei berücksichtigen wir die Ethics Guidelines der HLEG AI gemäß Erwägungsgrund 27.

„*Geeignete statistische Merkmale*" bezieht sich bei unbefangener Lektüre auf die spezifischen Eigenschaften und Verteilungen von Daten innerhalb eines Datensatzes, die sicherstellen, dass ein AI System seine **Aufgaben**

gemäß Zweckbestimmung effizient und präzise erfüllen kann.[220] Diese Merkmale müssen so gewählt werden, dass sie die relevanten Aspekte der Zielpopulation oder der zu analysierenden Daten korrekt widerspiegeln und Verzerrungen minimieren, die zu ungenauen oder diskriminierenden Ergebnissen führen könnten.

Beispiel 1: Ein AI System zur Kreditbewertung sollte bei der Beurteilung von Kreditwürdigkeit keine statistischen Merkmale wie Namen, Herkunft oder Geschlecht verwenden, wenn diese Merkmale nicht direkt mit der Kreditwürdigkeit zusammenhängen. Stattdessen sollten Merkmale wie Einkommen, Beschäftigungsdauer und das Fehlen von Zahlungsausfällen verwendet werden, um sicherzustellen, dass die Bewertung auf objektiven und relevanten Daten basiert.

Beispiel 2: Bei einem AI System zur Krankheitsdiagnose, das auf medizinischen Bilddaten basiert, müssen die statistischen Merkmale sicherstellen, dass die Trainingsdaten eine Vielfalt an Erkrankungen und Patientengruppen – einschließlich unterschiedlicher Altersgruppen und ethnischer Merkmale – repräsentieren, um genaue Diagnosen zu gewährleisten.

ii. Kombination von Datensätzen (Combination of Datasets)

Der letzte Satz von Art. 10.3 bedeutet, dass die notwendigen statistischen Merkmale, die für die Funktion eines Hochrisiko-KI-Systems erforderlich sind, nicht unbedingt in jedem einzelnen Datensatz vollständig enthalten sein müssen. Stattdessen können diese Merkmale durch eine Kombination mehrerer Datensätze erreicht werden. Technisch bedeutet dies, dass ein Entwickler nicht gezwungen ist, jedes einzelne Datenelement eines AI Systems, wie **Trainings-, Validierungs- und Testdatensätze**, separat mit allen notwendigen statistischen Merkmalen auszustatten. Stattdessen können diese Merkmale auch durch die kombinierte Betrachtung aller Datensätze erreicht werden. Das erlaubt eine größere Flexibilität in der Datensammlung und -strukturierung. Zum Beispiel könnte ein Trainingsdatensatz gezielt auf die Erfassung von demografischen Informationen wie Alter, Geschlecht und ethnischer Herkunft ausgerichtet sein, während der Validierungsdatensatz sich mehr auf geografische und sozioökonomische Merkmale konzentriert. Zusammen bieten diese Datensätze ein vollständiges Bild, das alle erfor-

220 Selbst geringfügige Änderungen an einzelnen Datenpunkten eines Datensatzes oder Parametern eines Modells können massive Auswirkungen auf die Leistungsfähigkeit, Genauigkeit und Compliance eines AI Systems haben. Detailliert dazu: *Ferrara*, The Butterfly Effect in artificial intelligence systems: Implications for AI bias and fairness, Machine Learning with Applications, Volume 15, 2024, 100525.

derlichen statistischen Merkmale für das HRAIS abdeckt. Darüber hinaus könnte ein AI System zur Vorhersage von Krankheiten, das in einem Kontext eingesetzt wird, in dem mehrere unterschiedliche Bevölkerungsgruppen existieren (z. B. globaler Einsatz), von einer solchen Datensatzkombination profitieren. Beispielsweise könnte ein Datensatz auf Personen aus städtischen Gebieten abzielen, während ein anderer Datensatz ländliche Regionen abdeckt. Erst die Kombination beider Datensätze ermöglicht ein umfassendes und sinnvolles AI Model, das für alle Zielgruppen relevant ist.

(7) Geografisch, kontextuell, verhaltensbezogen oder funktional typische Datensätze

Art. 10.4 enthält – getrennt von den Anforderungen an das Data Quality Management aus Art. 10.2 – zumindest vier weitere inhaltliche Anforderungen an das Design von Datensätzen. Ob es dieser bedurft hätte, ist zweifelhaft. In der ISO/IEC 5259-4:2024 (Artificial intelligence – Data quality for analytics and machine learning (ML) – Part 4: Data quality process framework), 7.2 Data Requirements, werden diese Begriffe immerhin als Anforderungen an die Datenqualität erwähnt, was zumindest ein **Indikator für deren Zuordnung zum Data Quality Management** ist:

Datenanforderungen basieren auf dem Kontext der ML-Aufgabe, der Anwendung und dem Ansatz und bilden die Grundlage für den restlichen Datenqualitätsprozess. Um die Datenqualität sicherzustellen, sollten die Datenanforderungen mindestens die folgenden Aspekte umfassen und dokumentieren:

- notwendige Features in den Daten;
- erforderliche Datenmenge;
- Provenance (Herkunft der Daten);
- akzeptabler Bias;
- statistische Eigenschaften;
- **Repräsentativität in Bezug auf das Verhalten, die Demografie und die Geografie der Subjekte des ML-Modells**;
- Datenqualitätsmodell basierend auf ausgewählten Datenqualitätsmerkmalen;
- geeignete Datenqualitätsmaßnahmen;
- Zielvorgaben für Datenqualitätsmaßnahmen;
- rechtliche Anforderungen.

i. Geografische Rahmenbedingungen

Geografische Merkmale sind von besonderer Bedeutung, wenn AI Systems in verschiedenen Regionen der Welt eingesetzt werden. Diese Merkmale können sich auf klimatische Bedingungen, Landschaften, Bevölkerungsdichte oder auch auf regionale Gesetzgebungen beziehen, aber auch kulturelle und Kontext.

Beispiel 1: Ein AI Model für ein autonomes Fahrzeug, das in Norwegen eingesetzt wird, sollte mit Daten trainiert werden, die die Fahrbedingungen im Schnee und die häufigen Dunkelheitsphasen während des Winters berücksichtigen. In Saudi-Arabien hingegen müsste das System auf heiße Temperaturen und Wüstenbedingungen abgestimmt sein.

Beispiel 2: Ein **AI System zur Bewerberbewertung**, das in den USA trainiert wurde, soll in Frankreich eingesetzt werden. In den USA basieren Bewerbungsverfahren häufig auf einem breiteren Spektrum an Datenpunkten, einschließlich Hochschulabschlüssen, GPA (Grade Point Average), und standardisierten Testwerten wie dem SAT oder ACT. Diese Art von Daten ist in den USA üblich und spiegelt die dortige Bildungs- und Arbeitsmarktstruktur wider. Ein AI System, das in den USA trainiert wurde, könnte beispielsweise stark auf solche Metriken fokussiert sein, um Bewerber zu bewerten. Wenn dieses System jedoch in Frankreich eingesetzt wird, könnten diese Metriken weniger relevant oder sogar irreführend sein. Das französische Bildungssystem hat eine andere Struktur, in der standardisierte Tests wie in den USA nicht den gleichen Stellenwert haben. Stattdessen könnte das französische System mehr Wert auf spezifische berufliche Qualifikationen, die Art der Universitätsausbildung (z. B. Grandes Écoles) oder auf andere, stärker kontextabhängige Daten legen.[221]

ii. Kontextuelle Rahmenbedingungen

Diese umfassen die **kulturellen, sozialen und ökonomischen Bedingungen**, die den Einsatz des AI Systems beeinflussen. Diese Merkmale sind oft subtiler, aber ebenso entscheidend. Ein AI System, das in einem westlichen Kontext entwickelt wurde, könnte bei der Anwendung in einem ostasiatischen oder nordafrikanischen Kontext völlig unterschiedliche Ergebnisse liefern, wenn es nicht entsprechend angepasst wurde. Hier sind tiefes kulturelles Verständnis und spezifisches Wissen über die Zielgruppe notwendig.

221 Aufschlussreich zu den Herausforderungen der Lokalisierung von HR-Systemen: *Sánchez-Modedero/Dencik/Edwards*, What does it mean to ‚solve' the problem of discrimination in hiring?: social, technical and legal perspectives from the UK on automated hiring systems, in: FAT* '20: Proceedings of the 2020 Conference on Fairness, Accountability, and Transparency, S. 458 ff.

Beispiel: Ein KI-gestütztes Kreditbewertungssystem muss die lokalen finanziellen Praktiken und das Vertrauen in verschiedene Arten von Krediten in unterschiedlichen Kulturen berücksichtigen. In einigen Kulturen könnte ein niedriger Bankguthabenstand als Zeichen finanzieller Instabilität angesehen werden, während dies in anderen Kulturen, in denen Bargeld gängig ist, keine große Bedeutung hat.

iii. Verhaltensbezogene Rahmenbedingungen

Diese Merkmale beziehen sich auf die **Interaktionen und das Verhalten von Nutzern**, die das AI System im spezifischen Kontext nutzen werden. Diese sind entscheidend für Systeme, die direkt mit Menschen interagieren, wie etwa Chatbots, Sprachassistenten oder Empfehlungsalgorithmen. Unterschiedliche Verhaltensweisen in der Kommunikation, Kaufgewohnheiten oder Interaktionen mit Technologie müssen in die Entwicklung und das Training des Systems einfließen.

Beispiel: Der frei verfügbare UCI HAR-Datensatz (Human Activity Recognition Using Smartphones[222]) umfasst sensorische Daten von Smartphones, die verschiedene körperliche Aktivitäten wie Gehen, Treppensteigen oder Laufen erfassen. Diese Aktivitäten wurden von Probanden durchgeführt, die ein Smartphone am Hüftgurt trugen, und die dabei gesammelten Daten wurden zur Entwicklung von AI Models für die Aktivitätserkennung verwendet. Wenn ein AI System, das auf dem UCI HAR-Datensatz basiert, in unterschiedlichen kulturellen oder geografischen Kontexten eingesetzt wird, können sich die täglichen Aktivitäten, die Häufigkeit dieser Aktivitäten sowie die Art und Weise, wie Menschen ihre Smartphones tragen, erheblich unterscheiden. Diese Unterschiede können die Leistung des Systems beeinflussen, wenn das AI Model nicht auf solche **verhaltensbezogenen Unterschiede** abgestimmt ist. Ein solches AI System, das auf dem UCI HAR-Datensatz trainiert wurde, könnte in den USA gut funktionieren, wo die Art der aufgezeichneten Aktivitäten und die Smartphone-Nutzung dem Verhalten der Probanden im Datensatz entspricht. Wenn dieses System jedoch in Italien eingesetzt wird, wo Menschen bestimmte Aktivitäten häufiger ausführen (z. B. Radfahren und Gehen) oder das Smartphone anders tragen (z. B. in einer Tasche statt am Gürtel), könnte das System Schwierigkeiten haben, diese Aktivitäten korrekt zu erkennen. In einem Land wie den Niederlanden, in dem das Pendeln per Fahrrad häufig ist,

222 Human Activity Recognition Using Smartphones, https://archive.ics.uci.edu/dataset/240/human+activity+recognition+using+smartphones (letzter Aufruf: August 2024).

könnte ein AI System, das auf Gehen und Laufen spezialisiert ist, die Radfahraktivität entweder nicht richtig klassifizieren oder gar nicht erkennen. Daher müssen die Daten, die zum Training eines solchen Systems verwendet werden, verhaltensmäßig typisch für die Zielpopulation und den spezifischen Kontext sein, in dem das System eingesetzt werden soll. Andernfalls könnte das System nicht die erwarteten Ergebnisse liefern oder Fehlfunktionen aufweisen, wenn es mit Aktivitäten oder Verhaltensmustern konfrontiert wird, die es nicht kennt.

iv. Funktionale Rahmenbedingungen

Funktionale Merkmale betreffen die spezifischen Aufgaben und Anforderungen, die das AI System erfüllen soll. Dies schließt die genaue Funktion des Systems in seiner **Betriebsumgebung** ein und ist oft eng mit den spezifischen Anwendungsfällen verbunden. Hier ist eine detaillierte Analyse der Anwendungsanforderungen und eine Anpassung der Datensätze an diese Anforderungen notwendig, um sicherzustellen, dass das System die beabsichtigten Aufgaben effizient und korrekt ausführen kann.

Beispiel: Ein AI System, das in der Gesundheitsdiagnostik verwendet wird, muss mit medizinischen Daten trainiert werden, die speziell für die zu behandelnden Krankheiten und die demografischen Merkmale der Patientengruppe relevant sind. Ein System, das in einem Krankenhaus in einer Region mit hoher Inzidenz von Malaria eingesetzt wird, muss andere Datenanforderungen erfüllen als ein System in einem Krankenhaus, wo Herzerkrankungen häufiger sind.[223]

(8) Verarbeitung sensibler Daten zur Analyse und Mitigation von Verzerrungen (Bias)

Art. 10.5 ist ausweislich der wortreichen Erläuterung der Norm in Erwägungsgrund 70 als unionale Rechtsgrundlage i. S. v. Art. 9.2.g DSGVO ausgestaltet. Die Norm beinhaltet insbesondere angemessene und spezifische Maßnahmen zur Wahrung der Grundrechte und Interessen der betroffenen Person bei der Verarbeitung besonderer Kategorien personenbezogener Daten.

Der Gesetzgeber geht davon aus, dass auch sensible Daten verarbeitet werden dürfen, um Verzerrungen auf sensiblen Daten zu prüfen. Jedoch sagt das Gesetz nicht, wessen Daten es meint. Sicherlich kommen aber nur solche Daten in Betracht, die ihrerseits **zuvor rechtmäßig verarbeitet** wurden,

223 Illustrativ: *Obermeyer* et al., Dissecting racial bias in an algorithm used to manage the health of populations, Science, 2019, S. 447 ff.

also keine Zufallsfunde oder Daten von Data Brokern mit zweifelhaftem Leumund.[224]

Eine erste Leitplanke für die ingenieurstechnische Praxis ist die Einschränkung *„unbedingt erforderlich“* in Art. 10.5 S. 1, die nahelegt, dass ein gegenüber dem allgemeinen Erforderlichkeitsgrundsatz **verschärfter Maßstab** gelten soll. Damit verengt sich das Nadelöhr. Es lässt die begehrten Daten nur dann durch, wenn zuvor alle anderen Möglichkeiten der Verarbeitung nicht sensibler Daten ausgeschöpft wurden. Ob es sensibler Daten überhaupt bedarf, ist von dem Verantwortlichen nachzuweisen und zu dokumentieren. Dies setzt voraus, dass weder synthetische noch anonymisierte Daten[225] zu einem im Kern vergleichbaren Ergebnis führen.

Für **synthetische Daten** ist zu beachten, dass weder der Begriff noch die Methodik hinter dem Begriff bislang vollständig greifbar sind.[226] Synthetische Daten sollten nach unserer Lesart eine Unterform der anonymisierten Daten sein, weil sie aufgrund ihres artifiziellen Ursprungs keinen Personenbezug aufweisen dürften. Allerdings ist die Praxis von Anbietern synthetischer Daten oft nicht mehr als ein schlechter und damit rechtlich unbeachtlicher Versuch der Anonymisierung zur Umgehung des Einwilligungserfordernisses.[227] Ohne Nachweis eines wirksamen Anonymisierungskonzeptes liegt keine Anonymisierung vor. Ein Verantwortlicher kann sich nicht auf derartige Anbieter verlassen. Einige weitere Herausforderungen synthetischer Daten[228] sind, dass:

– synthetische Daten nicht automatisch anonym sind. Mitunter sind sie nicht einmal pseudonym, da sie oft **Informationen der Ausgangsdaten in sich tragen**;
– sich **Ausreißer (Outlier)** kaum datenschutzkonform synthetisieren lassen, was die Erstellung inklusiver und de-biased synthetischer Datensätze erschwert;
– sie **kein Ersatz für Realdaten** sind, sondern notwendigerweise deren gezielt verzerrtes Abbild.

---

224 Zum Einstieg: Meineck/Dachwitz, Databroker Files: Die große Datenhändler-Recherche im Überblick, https://netzpolitik.org/2024/databroker-files-die-grosse-datenhaendler-recherche-im-ueberblick/ (letzter Aufruf: August 2024).

225 Zu den Herausforderungen der Anonymisierung: *Gadotti* et al., Anonymization: The imperfect science of using data while preserving privacy, Science Advances, Vol. 10, Issue 29 (2024), DOI:10.1126/sciadv.adn7053.

226 Eine Einführung bietet der EDPS: Synthetic Data, https://www.edps.europa.eu/press-publications/publications/techsonar/synthetic-data_en (letzter Aufruf: August 2024).

227 *Whitney/Norman*, Real Risks of Fake Data: Synthetic Data, Diversity-Washing and Consent Circumvention, in: FAccT ’24: Proceedings of the 2024 ACM Conference on Fairness, Accountability, and Transparency, S. 1733 ff.

228 Mehr dazu in dem exzellenten Report des Alan Turing Institutes: *Jordan* et al., Synthetic Data – what, why and how?, The Royal Society, 2022.

Im Bereich der **Anonymisierung** sollte man sich bewusst machen, dass der Begriff selbst in der Praxis uneinheitlich verwendet und oft mit Pseudonymisierung gleichgesetzt wird.[229] Weder Informationswissenschaft noch Rechtswissenschaft, geschweige denn staatliche Aufsichtsbehörden, haben bislang ein allgemeingültiges Vorgehensmodell entwickelt, das über methodische Zweifel erhaben ist.[230]

Schließlich ist zu beachten, dass bereits seit einiger Zeit die Forschung nachgewiesen hat, dass sensible Echtdaten nur sehr **selten „unbedingt erforderlich“** *für das ML-Engineering sind*,[231] was die hohen Hürden zur Verarbeitung dieser Daten untermauert.

Die **Ausnahmevorschrift** in Art. 10.5 ist selbst bereits früh Gegenstand intensiver Pro- und Contra-Debatten gewesen.[232] Es ist zu erwarten, dass hier kein „Loophole“ *für die Speicherung und Verarbeitung besonderer Kategorien personenbezogener Daten geschaffen wurde, sondern eine Ausnahme mit schmalem Anwendungsbereich.*

Innerhalb der Ausnahmevorschrift von Art. 10.5 bewegt sich nicht mehr, wer ein ML AI Model auf sensiblen Daten trainiert, **um überhaupt erst ein AI System zu erstellen** oder um die Performance des Systems zu verbessern. Die Norm erlaubt allein die „Korrektur von Verzerrungen“. Die sensiblen Datensätze sind zu löschen, sobald der **Verwendungszweck erreicht** wurde. Das Verfahren ist insgesamt im Verzeichnis der Verarbeitungstätigkeiten nach DSGVO und JI-Richtlinie detailliert zu dokumentieren.

(9) AI, Bias und europäisches Antidiskriminierungsrecht: ein Überblick[233]

Ob bei der Wohnungssuche, bei der Kreditbeantragung, im Onlineshop oder im Bewerbungsverfahren: AI Systems können relevante Auswirkun-

---

229 *Gadotti* et al., Anonymization: The imperfect science of using data while preserving privacy, Science Advances, Vol. 10, Issue 29 (2024), DOI:10.1126/sciadv.adn7053.

230 Kritisch gegenüber der Methodik zu Bewertung von Re-Identifizierungsangriffen etwa *Francis/Wagner*, Towards more accurate and useful data anonymity vulnerability measures, 2024, Preprint: arXiv:2403.06595. Einer solchen Methodik entbehrt auch Art.-29-Gruppe, WP 216, Stellungnahme 5/2014 zu Anonymisierungstechniken.

231 *Veale/Binns*, Fairer machine learning in the real world: Mitigating discrimination without collecting sensitive data, Big Data & Society, 4(2), 2017.

232 *Van Bekkum/Borgesius*, Using sensitive data to prevent discrimination by artificial intelligence: Does the GDPR need a new exception?, Computer Law & Security Review, Volume 48, 2023, 105770, https://doi.org/10.1016/j.clsr.2022.105770.

233 Instruktiv: *Borgesius*, Discrimination, Artificial Intelligence and Algorithmic Decision Making, Studie für das Council of Europe, 2018, https://rm.coe.int/discrimination-artificial-intelligence-and-algorithmic-decision-making/1680925d73 (letzter Aufruf: August 2024).

gen auf die persönlichen Chancen von Menschen in vielen Lebensbereichen zeigen.

AI Systems weisen unter Umständen verschiedene Arten struktureller Verzerrungen (Biases) auf. Besonders wenn Machine-Learning-Algorithmen mit Daten aus der realen Welt trainiert werden, in der Menschen benachteiligt oder nicht repräsentiert waren, lernen die Systeme, diese Ungleichbehandlungen der Vergangenheit zu reproduzieren.

Je nach Aufgabe eines AI Systems können solche Verzerrungen bestimmte Personengruppen benachteiligen: Mittels generativer KI erstellte Inhalte können zur Fehlrepräsentation von Gruppen der Bevölkerung führen, z. B. in der Werbung, in sozialen Netzwerken, Online-Stellenbörsen[234] sowie bei Chatbots, die Berufsberatung anbieten. Besonders sensibel sind AI Systems, die an Entscheidungen mitwirken, die relevante Auswirkungen auf Menschen haben. Hierzu zählen beispielsweise Portale für die Wohnungssuche, Kreditvergabeprozesse, Tools zur Unterstützung des Bewerbermanagements (Applicant Tracking Systems) oder Systeme, die Arbeit koordinieren. Provider und Deployer solcher Systeme müssen sich daher mit der Frage auseinandersetzen, ob ihre algorithmischen Systeme fair sind und/oder diskriminierende Auswirkungen haben.[235]

i. Rechtsnormen

Bias und Diskriminierung durch AI Systems werden durch das Datenschutz-, das Anti-Diskriminierungsrecht und den AI Act reguliert.

Die DSGVO sowie der AI Act legen Anbietern bzw. Verantwortlichen prozedurale Pflichten auf, um Betroffene vor Diskriminierung zu schützen. Das Antidiskriminierungsrecht hingegen gibt Betroffenen subjektive Ansprüche auf Schutz vor Diskriminierung und sanktioniert Benachteiligungen.

Während das **europäische Primärrecht** in erster Linie vor Diskriminierung durch staatliche Akteure und Organe der Europäischen Union schützt (z. B. Art. 14 EMRK, Art. 21 GRCH sowie Art. 10 AEUV), erließ die Europäische

---

234 *Rao/Korolova*, Discrimination through Image Selection by Job Advertisers on Facebook, in: FAccT '23: Proceedings of the 2023 ACM Conference on Fairness, Accountability, and Transparency, 2023, S. 1772 ff.

235 Zum Balanceakt zwischen algorithmischer Fairnesskonzeption und Diskriminierungsschutz: The Conflict Between Algorithmic Fairness and Non-Discrimination: An Analysis of Fair Automated Hiring, in: FAccT '24: Proceedings of the 2024 ACM Conference on Fairness, Accountability, and Transparency, 2024, S. 1907 ff. *Lee Poe* et al., The Conflict Between Algorithmic Fairness and Non-Discrimination: An Analysis of Fair Automated Hiring, in: FAccT '24: Proceedings of the 2024 ACM Conference on Fairness, Accountability, and Transparency, 2024, S. 1907 ff.

Union Anfang der 2000er-Jahre **vier Richtlinien**, die die Diskriminierung zwischen Privaten in der EU verbieten.

Jede Richtlinie gilt nur in ausgewählten Bereichen und legt Merkmale fest, deretwegen Personen nicht ungleich behandelt werden dürfen.

Da es sich um europäische Richtlinien handelt, müssen diese von den Staaten in nationales Recht umgesetzt werden. Daher sind seitens der Anbieter und Betreiber von KI-Systemen die geltenden nationalen Antidiskriminierungsvorschriften zu prüfen, die im Einzelfall weiter reichen können als das Unionsrecht.

ii. Anwendungsbereiche und geschützte Merkmale

Die Antidiskriminierungsrichtlinien der EU verbieten die:
- Diskriminierung wegen der „Rasse" oder der ethnischen Herkunft im Bereichen Beschäftigung und Beruf sowie beim Zugang zu Waren und Dienstleistungen, **Antirassismusrichtlinie** (RL 2000/43/EG vom 29.6.2000);
- Diskriminierung wegen der Religion oder der Weltanschauung, einer Behinderung, des Alters oder der sexuellen Ausrichtung in Beschäftigung und Beruf, **Gleichbehandlungsrahmenrichtlinie** (RL 2000/78/EG vom 27.11.2000);
- Diskriminierungen wegen des Geschlechts in Beschäftigung und Beruf, **Gleichbehandlungsrichtlinie** (RL 2006/54/EG vom 5.7.2006, zuletzt geändert am 14.5.2024);
- geschlechtsspezifische Diskriminierungen beim Zugang zu und der Versorgung mit Gütern und Dienstleistungen, **Unisex-Richtlinie** (RL 2004/113/EG vom 13.12.2004).

Der EuGH legt die Diskriminierungsmerkmale weit aus. Auch eine „**Diskriminierung durch Assoziierung**" fällt in den Anwendungsbereich der Richtlinien, etwa die Benachteiligung der Mutter eines behinderten Kindes.

iii. Direkte und indirekte Benachteiligung

Eine direkte Diskriminierung liegt vor, wenn eine Person wegen eines geschützten Merkmals schlechter behandelt wird als eine vergleichbare Person, die nicht dieses Merkmal aufweist. Dies ist bei AI Systems etwa der Fall, wenn die Eigenschaft Geschlecht einen Einfluss auf das Ranking in einem **Applicant Tracking System** hat und Frauen statistisch betrachtet bei gleicher Eignung für eine Stelle schlechter gerankt werden als Männer. Eine Benachteiligung kann auch dann vorliegen, wenn ungleiche Sachverhalte gleich behandelt werden, z.B. wenn ein Plattformlieferdienst die Vergabe von Schichten von einem Zuverlässigkeitscore abhängig macht, der abgesagte Schichten ohne Berücksichtigung des Grundes der Absage (z. B. Teilnahme an einem Streik, Betreuung eines kranken Kindes) gleich behandelt, wie ein Gericht in Bologna (Tribunale Ordinario di Bologna[236]) im Verfahren gegen Deliveroo entschied. Gleichstellung bedeutet daher nicht immer, alle gleich zu behandeln. Sie kann gerade auch die Berücksichtigung von relevanten Unterschieden erfordern.

Eine **indirekte oder mittelbare Diskriminierung** liegt vor, wenn scheinbar neutrale Vorschriften, Kriterien oder Verfahren dazu führen, dass Personen mit geschützten Merkmalen benachteiligt werden. Das kann zum Beispiel das Kriterium Teilzeitbeschäftigung als Stellvertretermerkmal für weibliches Geschlecht sein oder die Postleitzahl des Wohnorts als Proxy für einen Migrationshintergrund.[237]

Im ersten Schritt müssen Anbieter und Betreiber von AI Systems daher überprüfen, inwiefern die Datenbasis der verwendeten Algorithmen Informationen berücksichtigt, die Aufschluss über geschützte Merkmale geben. Mit der Eliminierung dieser Daten ist es jedoch keineswegs getan: Ob scheinbar neutrale Kriterien zur Benachteiligung von Merkmalsträgern führen, lässt sich in der Regel nur **mittels umfassender Testreihen mit echten oder synthetischen Datensätzen** feststellen.

iv. Rechtfertigung

Nicht jede Ungleichbehandlung stellt eine rechtswidrige Diskriminierung dar. Im Einzelfall stellt sich vielmehr die Frage nach ihrer sachlichen Rechtfertigung.

Direkte Ungleichbehandlungen können nur in den durch die Richtlinien ausdrücklich festgelegten Fällen gerechtfertigt werden. Im Kontext von **Beschäftigung und Beruf** ist dies insbesondere aufgrund wesentlicher beruflicher Anforderungen (z. B. weibliche Sozialarbeiterin im Frauenhaus), aufgrund von Ausnahmen für religiöse Einrichtungen sowie wegen des Alters und zum Schutz der öffentlichen Sicherheit möglich (Art. 2 Abs. 5 der Richtlinie zur Gleichbehandlung in Beschäftigung und Beruf). Beim **Zugang zu Waren und Dienstleistungen** kann die direkte Diskriminierung wegen des Geschlechts gerechtfertigt sein, wenn es durch ein legitimes Ziel

236 Tribunale Ordinario di Bologna, Urt. v. 31.12.2020 – 2949/2019.

237 Die wahrscheinlichste Form der direkten Diskriminierung im algorithmischen Kontext wird als *inhärente* direkte Diskriminierung bezeichnet, bei der ein *Proxy* untrennbar mit einem geschützten Merkmal verbunden ist. Ausführlich dazu: *Weerts* et al., Unlawful Proxy Discrimination: A Framework for Challenging Inherently Discriminatory Algorithms, in: FAccT '24: Proceedings of the 2024 ACM Conference on Fairness, Accountability, and Transparency, 2024, S. 1850 ff.

gerechtfertigt ist, die Güter und Dienstleistungen ausschließlich oder vorwiegend Angehörigen eines Geschlechts bereitzustellen und die Mittel zur Erreichung dieses Ziels angemessen und erforderlich sind (Art. 4 Abs. 5 RL 2004/113/EG vom 13.12.2004). Für eine direkte Diskriminierung wegen der „Rasse" oder ethnischen Herkunft beim Zugang zu Waren und Dienstleistungen sieht die RL 2000/43/EG vom 29.6.2000 keine Rechtfertigungsmöglichkeit vor.

Hingegen können indirekte Ungleichbehandlungen stets aufgrund der Generalklausel gerechtfertigt sein, wenn die scheinbar neutralen Kriterien einen sachlichen Zweck verfolgen, zu dessen Erreichung sie angemessen, geeignet und verhältnismäßig sind, vgl. z. B. Art. 2 Abs. 2 lit. b RL 2000/43/EG vom 29.6.2000.

v. Positive Maßnahmen

Die Antidiskriminierungsrichtlinien sehen vor, dass positive Maßnahmen getroffen werden können, um **bestehende Nachteile auszugleichen**. Die Idee der positiven Maßnahmen geht auf das **Konzept der Affirmative Action** zurück, das in der US-amerikanischen Bürgerrechtsbewegung entwickelt wurde. So sind z. B. nach Art. 5 der RL 2000/43/EG spezifische Maßnahmen gestattet, mit denen Benachteiligungen aufgrund der Rasse oder ethnischen Herkunft ausgeglichen werden sollen. In der Praxis kann es sich um verschiedene Formen der Bevorzugung von zuvor benachteiligten Gruppen handeln, z. B. um Quoten. Während das EU-Recht solche Bevorzugungen benachteiligter Gruppen – die in der Regel mit einer Benachteiligung aller Personen, die nicht der Gruppe angehören, einhergeht – grundsätzlich gestattet, mahnt der EuGH dabei eine **strikte Verhältnismäßigkeitsprüfung** an: Bestimmt eine öffentliche Stelle, dass im Rahmen von Personalentscheidungen weiblichen Bewerberinnen grundsätzlich gegenüber gleich geeigneten männlichen Bewerbern absolut und unbedingt der Vorzug gegeben werden muss, so ist eine solche Regelung laut Entscheidung des EuGH nicht verhältnismäßig.

vi. Beweislastumkehr

Regelmäßig haben Betroffene von Ungleichbehandlungen keinen unmittelbaren Zugriff auf Informationen über Entscheidungsprozesse in Organisationen. Deshalb sehen **alle Antidiskriminierungsrichtlinien** eine **Beweislastumkehr** vor. Diese Beweislastumkehr wird ausgelöst, sobald Betroffene Indizien für eine Ungleichbehandlung aufgrund geschützter Merkmale vorlegen. Solche Indizien können z. B. in der Erhebung von Daten über geschützte Merkmale in einem Bewerbungsverfahren liegen, wenn nicht ersichtlich ist, welchem legitimen Zweck die Verarbeitung dieser Informationen dienen soll. Steht fest, dass ein geschütztes Merkmal oder ein scheinbar neutrales Kriterium, das mit einem solchen Merkmal korreliert, Einfluss auf das Ergebnis eines AI-gestützten Prozesses hatte, so greift in jedem Fall die Beweislastumkehr für das Vorliegen einer Ungleichbehandlung. Das wirft die Frage auf, wie der Beweis der Nicht-Diskriminierung durch ein AI System geführt werden kann. Mit Blick auf spezifische Merkmale kann z.B. durch statistische Tests geprüft werden, ob Personen, die ein gestütztes Merkmal tragen, von dem AI System anders behandelt werden als Personen, die dieses Merkmal nicht tragen und sonst in relevanten Eigenschaften übereinstimmen.

Die Beweislast für das Vorliegen eines Rechtfertigungsgrundes liegt stets aufseiten der benachteiligenden Stelle.

Betroffene können datenschutzrechtlichen Transparenzpflichten (insbesondere Art. 15.1.h, Art. 13.2.f DSGVO) nutzen, um an Indizien für eine Ungleichbehandlung zu gelangen.

vii. Rechtsfolgen

Die Richtlinien verpflichten die Mitgliedsstaaten, Sanktionen festzulegen. Diese können unter anderem Schadenersatzleistungen an die Opfer umfassen und müssen wirksam, verhältnismäßig und abschreckend sein. Im Fall von Deliveroo sprach das oben zitierte Tribunale Ordinario di Bologna den Betroffenen Fahrerinnen und Fahrern Schadenersatz in Höhe von insgesamt 50.000 EUR zu.

viii. Anspruchsgegner

Während der AI Act abgestufte Pflichtenkataloge für die verschiedenen Akteure entlang der Lieferkette eines AI Systems definiert, legen die Europäischen Antidiskriminierungsrichtlinien nicht unmittelbar fest, wer im Falle einer arbeitsteiligen Diskriminierung haftet. Nach der deutschen Implementierung im Allgemeinen Gleichbehandlungsgesetz (AGG) ist im Kontext von Beschäftigung und Beruf insbesondere der Arbeitgeber verpflichtet, Maßnahmen zum Schutz gegen Diskriminierung zu treffen und bei Verstößen Schadenersatz zu leisten, §§7, 15 AGG. In der bisherigen Rechtsprechung wurde in erster Linie die Organisation zur Verantwortung gezogen, die als Anbieterin von Waren oder Dienstleitungen oder als Arbeitgeber unmittelbar Vertragspartnerin der betroffenen Person ist.

Faktisch werden in der Regel jedoch nur Anbieter von KI-Systemen, die gerade nicht Vertragspartner der Betroffenen sind, technisch in der Lage sein, diskriminierende Wirkungen ihrer Algorithmen zu überprüfen und abzustellen. Der Wortlaut der europäischen Antidiskriminierungsrichtlinien schließt eine Haftung der Anbieter eines AI Systems nicht aus. Hierbei sind auch globale Entwicklungen im Antidiskriminierungsrecht zu berücksichtigen: Im April 2024 hat sich z. B. die US Equal Employment Opportunity Commission dafür ausgesprochen, den Hersteller der Bewerberscreeningsoftware Workday als „employment agency" im Sinne des US-amerikanischen Antidiskriminierungsrechts einzuordnen.

3. Testing und Compliance

„It takes less time to do things right than to explain why you did it wrong."
(*Henry Wadsworth Longfellow*)

Der AI Act setzt großes Vertrauen in die Provider von AI Systems: Sie müssen sich in den meisten Fällen selbst bescheinigen, die Vorgaben des Gesetzes einzuhalten. Zugleich sieht der Gesetzgeber empfindliche Strafen für Verstöße vor. Jenseits des AI Acts darf zudem nicht übersehen werden, dass **Compliance-Risiken** aus dem Datenschutzrecht, dem Verbraucherschutzrecht und dem Recht des unlauteren Wettbewerbs resultieren können. Aufgrund des Charakters als Schutzgesetz[238] i. S. v. § 823 Abs. 2 BGB dürfte bei einer Verletzung von Kernvorschriften des AI Acts auch eine Durchgriffshaftung auf Leitungspersonal naheliegen. Auch die neuen Kollektivklageelemente des deutschen Zivilprozesses sollten in Blick genommen werden, wenn Provider allzu forsch die eigenen Systeme schönreden wollen. Gerade die Folgen falscher oder fehlender Konformitätserklärungen (Art. 47 und Anhang V) können über die Anwendung der UGP-Richtlinie sehr schnell zu einem Vertriebs- und Nutzungsverbot führen und das gegebenenfalls im einstweiligen Rechtsschutz.

Für Importer, Distributor, aber vor allem für Provider – insbesondere für jene, die interne Konformitätsbewertungen durchführen – ist es daher unerlässlich, die entsprechenden High-Risk-Systeme vor der Markteinführung gründlich zu testen. Der AI Act enthält bestimmte Mechanismen, die die **Rechtssicherheit während des Bewertungsprozesses** erhöhen und den Providern dabei helfen können, sicherzustellen, dass ihre Systeme den erforderlichen Standards entsprechen. Diese sind in Kapitel VI des AI Acts geregelt, welches sich mit innovationsfördernden Maßnahmen und der Art und Weise, wie diese von den einzelnen Providern in Anspruch genommen werden können, beschäftigt. Es ist ratsam, sich im Vorfeld der Konformitätsbewertung und dem Inverkehrbringen bzw. der Inbetriebnahme der Systeme mit diesen zu beschäftigen.

---

238 Vgl. hierzu EuGH, 21.3.2023 – C-100/21 – QB v. Mercedes Benz.

a) Sandboxes

Regulatory Sandboxes sind als Reaktion auf ein sich schnell veränderndes regulatorisches und technologisches Umfeld entstanden.[239] Sie gewannen zunächst im Vereinigten Königreich an Bedeutung bei der Regulierung von FinTech-Technologien und verbreiteten sich schnell in Länder wie die Niederlande[240,] Australien[241], Singapur[242], Hongkong[243] und Mauritius[244].

Sie haben sich jedoch nicht nur geografisch, sondern auch auf andere Sektoren und Technologien ausgeweitet, die durch schnelle technologische Entwicklungen und strenge regulatorische Anforderungen gekennzeichnet sind. So haben beispielsweise das Information Commissioner's Office (ICO) im Vereinigten Königreich und das norwegische Datatilsynet Data-Protection-Regulatory-Sandboxen eingerichtet, um Unternehmen bei der **Entwicklung innovativer Technologien** zu unterstützen, die Daten sicher und datenschutzfreundlich zu nutzen.[245] Diese innovativen Technologien beinhalten häufig AI-Technologien, wie zum Beispiel das Domestic Abuse Assessment Tool der Polizei von West Yorkshire. Das Tool nutzt maschinelles Lernen zur Durchführung von Risikobewertungen für das Auftreten von Straftaten im Zusammenhang mit häuslichem Missbrauch und wird derzeit in der ICO Sandbox geprüft. Die Norweger wiederum berichteten, dass generative AI ein zentraler Aspekt erfolgreicher Sandbox-Anmeldungen geworden ist.[246] Mauritius verfügt außerdem über ein „Sandbox Framework for Adoption of Innovative Technologies in the Public Service", das zur Unterstützung der Entwicklung eines AI-Chatbots für die Personalverwaltung genutzt wur-

---

239 *Truby* et al., A Sandbox Approach to Regulating High-Risk Artificial Intelligence Applications, European Journal of Risk Regulation 2022, 13(2), S. 270, 277, doi:10.1017/err.2021.52 (letzter Aufruf: August 2024).

240 AFM & DNB InnovationHub, https://www.afm.nl/en/sector/themas/digitalisering/innovationhub-afm-dnb (letzter Aufruf: August 2024).

241 ASIC, Enhanced regulatory sandbox (ERS), https://asic.gov.au/for-business/innovation-hub/enhanced-regulatory-sandbox-ers/ (letzter Aufruf: August 2024).

242 https://www.mas.gov.sg/development/fintech/regulatory-sandbox (letzter Aufruf: August 2024).

243 https://www.hkma.gov.hk/eng/key-functions/international-financial-centre/fintech/fintech-supervisory-sandbox-fss/ (letzter Aufruf: August 2024).

244 Monetary Authority of Singapore, Overview of Regulatory Sandbox, https://www.africanobservatory.ai/social/sandboxes-in-mauritius (letzter Aufruf: August 2024).

245 ICO, Regulatory Sandbox, https://ico.org.uk/for-organisations/advice-and-services/regulatory-sandbox/; https://www.datatilsynet.no/en/regulations-and-tools/sandbox-for-artificial-intelligence/ (jeweils letzter Aufruf: August 2024).

246 Datatilsynet, Regulatory privacy sandbox, https://www.datatilsynet.no/en/news/aktuelle-nyheter-2023/time-for-generative-ai-in-the-sandbox/ (letzter Aufruf: August 2024).

de.[247] Spanien hat bereits im Jahr 2022 die erste AI-Sandbox der EU eingerichtet.[248]

Ziel der Teilnahme an solchen Sandboxen ist es, den Prozess für Developer innovativer Technologien zu vereinfachen, die Compliance-Risiken zu reduzieren und ihnen damit den Markteintritt zu erleichtern.[249] Andererseits sollten die Zusammenarbeit und die Erkenntnisse aus der Teilnahme an den Sandboxes auch den Behörden bei der Überwachung z. B. der Datennutzung bei Entwicklung solcher Technologien, aber auch bei der **Policy-Entwicklung** helfen. Daher ist es auch wenig überraschend, dass Regulatory-Sandboxen auch im AI Act berücksichtigt wurden. Dies gilt insbesondere angesichts des strengen Haftungsregimes, das eine umgekehrte Beweislast (dargelegt in den vorgeschlagenen Änderungen der Produkthaftungsrichtlinie) vorsieht sowie der erheblichen Strafen bei Non-Compliance.

(1) Sandboxen im AI Act

Reallabore bzw. Sandboxes wurden bereits in den ersten Entwurf des AI Acts aufgenommen.[250] Zunächst waren sie eine freiwillige Option, die die Mitgliedstaaten anbieten konnten. Mittlerweile haben sie sich jedoch zu einer Verpflichtung entwickelt, die den Mitgliedstaaten und den von ihnen benannten nationalen Behörden auferlegt, mindestens eine Sandbox zum Testen von AI Systems einzurichten. Diese Änderung ist ein positiver Schritt, insbesondere da bestimmte **Staaten** traditionell **gegen die Einrichtung solcher Sandboxes** sind.[251] Allerdings bestehen nach wie vor gewisse Bedenken hinsichtlich des erreichbaren Harmonisierungsniveaus, da alle Einzelheiten, einschließlich des operativen Aufbaus, der Bestimmung der zuständigen nationalen Behörden, der Zugangsvoraussetzungen usw., den einzelnen Staaten zur Ausgestaltung überlassen werden. Das Gesetz sieht auch die Möglichkeit vor, Sandboxes gemeinsam mit den zuständigen Behörden anderer Mitgliedstaaten einzurichten sowie eine bestehende Sand-

---

247 African Observatory on Responsible Artificial Intelligence, Sandboxes in Mauritius, https://www.africanobservatory.ai/social/sandboxes-in-mauritius (letzter Aufruf: August 2024).

248 Ministeria de Economia, Comercio y Empresa, El Gobierno de España presenta, en colaboración con la Comisión Europea, el primer piloto del sandbox de regulación de Inteligencia Artificial en la UE, 27.6.2022, https://portal.mineco.gob.es/es-es/comunicacion/Paginas/20220627-PR_AI_Sandbox.aspx (letzter Aufruf: August 2024).

249 *Krimphove/Rohwetter*, Regulatory Sandbox – Sandkastenspiele auch für Deutschland?, BKR 2018, 494.

250 *Truby* et al., A Sandbox Approach to Regulating High-Risk Artificial Intelligence Applications, European Journal of Risk Regulation 2022, 13(2), S. 270, 284, doi:10.1017/err.2021.52 (letzter Aufruf: August 2024).

251 Siehe zum Beispiel *Krimphove/Rohwetter*, Regulatory Sandbox – Sandkastenspiele auch für Deutschland?, BKR 2018, 494, 495.

box als zuständig für das Testen von AI Systems im Einklang mit dem AI Act zu benennen. Die einzige mögliche Hilfestellung für die Einzelheiten der effektiven Umsetzung wird möglicherweise von der Kommission kommen, die technische Unterstützung, Beratung und Instrumente für die Einrichtung und den Betrieb der Sandboxes bereitstellen kann.

Ähnlich wie in der Fintech-Branche sollten die regulatorischen AI-Sandboxes den Zweck erfüllen, den Providern von AI Systems zu helfen, eine sinnvolle Compliance zu erreichen, indem sie ihnen eine kontrollierte Experimentier- und Testumgebung für die Entwicklungs- und Vorvermarktungsphase von AI Systems bieten (Erwägungsgrund 139). Dies könnte durch die Zusammenarbeit mit den zuständigen Behörden und die Umsetzung ihrer Empfehlungen erreicht werden, insbesondere um die rechtliche Sicherheit für die Provider fortgeschrittener AI Systems zu erhöhen. Ein Merkmal der AI-Sandboxen, das sie ein wenig von anderen, bereits bestehenden Sandbox-Frameworks unterscheidet, ist die Tatsache, dass diese genutzt werden können und bis zu einem gewissen Grad auch genutzt werden sollten, um zu prüfen, ob eine geplante Änderung des AI Systems als „**wesentliche Änderung“/“substantial modification**“ (Art. 3.23) interpretiert werden kann. In einem solchen Fall wäre eine **neue Konformitätsbewertung** für das betreffende System erforderlich. Dies ist eine begrüßenswerte Klarstellung, da mit der Einstufung einer Änderung als *wesentlich* erhebliche Bedenken verbunden sind und nach wie vor große Unsicherheit über die Bedeutung des Begriffs im Zusammenhang mit AI Systems herrscht.

(2) Einrichtung und Betrieb von AI-Sandboxen

AI-Regulatory-Sandboxen sind in Art. 3.55 definiert als von einer zuständigen Behörde eingerichtete kontrollierte Rahmen, die Providern oder potenziellen Providern von AI Systems die Möglichkeit bieten, ein innovatives AI System nach einem Sandbox-Plan für eine begrenzte Zeit unter behördlicher Aufsicht zu entwickeln, zu trainieren, zu validieren und zu testen, gegebenenfalls unter realen Bedingungen. Abgesehen von diesen Bedingungen und der Tatsache, dass sie zum Zeitpunkt des Inkrafttretens des AI Acts betriebsbereit sein müssen, haben die Mitgliedstaaten jedoch weitgehend freie Hand, die Sandboxen nach eigenem Ermessen einzurichten und zu betreiben. Dieser Spielraum bleibt bestehen, bis die Kommission **Durchführungsrechtsakte** zu den Zulassungs- und Auswahlkriterien für die Teilnahme, zu den Verfahren für die Anmeldung, die Teilnahme, die Überwachung, den Ausstieg und die Beendigung sowie zum Sandbox-Plan, zu den Ausstiegsberichten und zu den für die Teilnehmer geltenden Bedingungen erlässt (Art. 58.1). Wie sich diese Durchführungsbestimmungen in die bestehenden nationalen Vorschriften einfügen werden, ist noch unklar. Ein zentrales Anliegen wird darin bestehen, „Sandbox Shopping“ oder die Auswahl von Sandboxen mit der laschesten Aufsicht zu verhindern.[252] Darüber hinaus könnten **internationale Zusammenarbeit** und die Einrichtung lokaler und regionaler AI-Sandboxen zu einer stärkeren Harmonisierung beitragen. Gleiches gilt für die General-Framework-Guidelines und Ziele für die Durchführungsrechtsakte, die in Art. 58.2 eingeführt werden. Diese müssen:

- sicherstellen, dass der Zugang zu den AI-Sandboxen allen Providern offensteht, die die Eignungs- und Auswahlkriterien erfüllen, dass diese Kriterien fair und transparent sind und dass die Provider innerhalb von drei Monaten nach Antragsstellung über die Entscheidung der Behörde über die Teilnahme informiert werden;
- einen breiten und gleichberechtigten Zugang zu den AI-Sandboxen in Übereinstimmung mit der Marktnachfrage ermöglichen;
- die Ausarbeitung von detaillierten Regelungen und Bedingungen für jeden Provider, die auf das jeweilige AI System zugeschnitten sind, ermöglichen;
- den kostenlosen Zugang zu den AI-Sandboxen für Start-ups und KMU ermöglichen;
- die Einhaltung der Konformitätsbewertungspflichten erleichtern;
- eine breite Beteiligung und Zusammenarbeit der Akteure innerhalb des AI-Ökosystems erleichtern;
- gewährleisten, dass die Verfahren und administrativen Anforderungen für die Beantragung, Auswahl und Teilnahme an AI-Sandboxen einfach, leicht verständlich und klar kommuniziert werden;
- gewährleisten, dass der Teilnahmezeitraum dem Umfang und der Komplexität des Projekts angemessen ist;
- die Entwicklung von Instrumenten und Infrastrukturen für die Prüfung, das Benchmarking, die Bewertung und die Erläuterung von Dimensionen von AI Systems, die für das Lernen im Bereich der Regulierung relevant sind, erleichtern.

Da es noch keine spezifische Durchführungsrechtsakte gibt, könnten diese Guidelines schon jetzt für die Einrichtung und die Planung der Einrichtung von AI-Sandboxen nützlich sein. Zumal viele Mitgliedstaaten nicht über ein bestehendes Modell verfügen, auf dem sie aufbauen könnten. Die Einzelheiten des Antragsverfahrens müssen hingegen abgewartet werden.

(3) Ein guter Grund für die Teilnahme an AI-Sandboxen

Eine Frage, die sich für jeden Provider von AI Systems oder für diejenigen, die sich zu einem solchen entwickeln wollen, stellt, lautet: „*Warum nicht*

252 *Truby* et al., A Sandbox Approach to Regulating High-Risk Artificial Intelligence Applications, European Journal of Risk Regulation 2022, 13(2), S. 270, 272 ff., doi:10.1017/err.2021.52 (letzter Aufruf: August 2024).

einfach diesen Schritt überspringen?" In Anbetracht der Tatsache, dass die Einrichtung dieser AI-Sandboxes – außer in Spanien – noch nicht einmal begonnen hat, ist dies in der Tat eine sehr berechtigte Frage.

Dennoch spricht einiges für die Teilnahme an AI-Sandboxen:

- Der Eintritt in einen neuen Markt oder die Markteinführung eines neuen innovativen Produkts ist immer mit **erheblichen geschäftlichen und rechtlichen Risiken** verbunden.[253] Die Teilnahme an den Sandboxes, sobald diese eingerichtet sind, kann ein überzeugender Beweis für guten Willen und geübte Sorgfalt sein. Darüber hinaus kann sie den Providern helfen, bestimmte Anpassungen rechtzeitig vorzunehmen. Daher könnte sich die Teilnahme an AI-Sandboxes zu einer Art Best Practice für Provider von Spitzentechnologien entwickeln, die es sich leisten können, ein paar Monate länger auf die Markteinführung ihres Produktes zu warten.
- Die Teilnahme an Sandboxen kann in bestimmten Fällen sogar die **Geschwindigkeit der Markteinführung** erhöhen. Dies lässt sich am Beispiel von FinTech-Unternehmen zeigen, die immer eine Genehmigung erhalten müssen, bevor sie ihr Produkt auf den Markt bringen. So berichten *Truby* et al. beispielsweise, dass seit der Einführung der Sandbox der britischen Finanzaufsichtsbehörde (FCA) im Jahr 2016 „mehr als 700 Unternehmen unterstützt wurden und ihre durchschnittliche Markteinführungsgeschwindigkeit im Vergleich zur Standardgenehmigungszeit der Aufsichtsbehörde um 40 % erhöht wurde."[254] Obwohl der AI Act gewisse Ähnlichkeiten aufweist, verlangt er in den meisten Fällen keine strikte Vorabgenehmigung für den Markteintritt. Daher bleibt unklar, ob eine Teilnahme den Markteintritt beschleunigen kann oder nicht. Sie kann ihn jedoch in den Fällen beschleunigen, in denen die Konformitätsbewertung von notifizierten Stellen und nicht von den Providern selbst durchgeführt werden muss.
- Für all diejenigen, die sich den „**moving fast and breaking things**"-Luxus nicht erlauben können oder die solche Praktiken gar nicht erst anwenden wollen, aber dennoch innovative und sehr riskante High-Risk AI Systems auf den Markt bringen wollen, hat die Teilnahme sicherlich erhebliche Vorteile. Für sie können die regulatorischen Vorgaben sowie die Gewissheit, dass sie bei Non-Compliance nicht mit Geldstrafen belegt werden, ein überzeugendes Argument für die Teilnahme sein. Nicht zu vernachlässigen ist jedoch auch das Risiko, dass die Entwicklung oder Erprobung ihres AI Systems ausgesetzt wird, wenn die zuständigen Behörden zu dem Schluss kommen, dass das betreffende AI System nicht

---

253 *Krimphove/Rohwetter*, Regulatory Sandbox – Sandkastenspiele auch für Deutschland?, BKR 2018, 494, 496.

254 *Truby* et al., A Sandbox Approach to Regulating High-Risk Artificial Intelligence Applications, European Journal of Risk Regulation 2022, 13(2), S. 270, 278, doi:10.1017/err.2021.52 (letzter Aufruf: August 2024).

sicher eingesetzt werden kann. Dieses Risiko sowie die Tatsache, dass AI-Provider nach wie vor für alle Schäden haften, die durch das AI System verursacht werden, sollte keinesfalls vernachlässigt werden.

- Ein weiterer potenzieller Vorteil des Vertrauens auf AI-Sandbox-Tests vor dem Einsatz besteht darin, sicherzustellen, ob ein AI System, von dem Provider behaupten (oder sich wünschen), dass es **kein hohes Risiko darstellt**, tatsächlich in diese Kategorie fällt. Dies ist wahrscheinlich eine der wichtigsten Fragen, die es zu Beginn der Entwicklung zu beantworten gilt. Eine grobe Einschätzung der Risikokategorie vor Beginn der Entwicklung ist dennoch erforderlich. Das liegt daran, dass die meisten der entsprechenden Schutzmaßnahmen und Anforderungen nach vollständiger Entwicklung des AI Systems nicht mehr erfüllt werden können, da sie erst entworfen und in das AI System eingebaut werden müssen. Aber auch wenn Sie sicher sind, dass Ihr AI System nicht in die Hochrisikokategorie fällt, kann es vorteilhaft sein, das Produkt noch einmal zu prüfen und eine gegenteilige Stellungnahme der Behörden zu dieser speziellen Frage einzuholen. Schließlich werden diese auf Sie zukommen, wenn Sie die mit Ihrem AI System verbundenen Risiken unterschätzt haben.
- Der positivste Anwendungsfall für den Einsatz von Sandboxen könnte darin bestehen, bereits auf dem Markt befindliche AI Systems zu testen, um festzustellen, ob die geplanten Änderungen zu einer **wesentlichen Veränderung des Systems** führen könnten. Eine wesentliche Änderung bedeutet in diesem Zusammenhang eine signifikante Veränderung des AI Systems, nachdem es freigegeben oder in Betrieb genommen worden ist. Da diese Änderungen nicht ursprünglich geplant waren, können sie sich auf die Compliance des AI Systems mit den Anforderungen auswirken. Andererseits können sie auch zu einer Änderung des Verwendungszwecks führen, was sich wiederum auf die Konformität auswirkt.
  Beispiele für **wesentliche Änderungen** können sein:
  • Änderungen des Codes: Alle größeren Aktualisierungen oder Änderungen am Softwarecode des Systems.
  • Änderungen am System: Andere wichtige Änderungen am System selbst, die seine Funktionsweise beeinflussen.
  • Änderungen des Verwendungszwecks: Änderung des Systems, um es für einen anderen Zweck zu verwenden, als ursprünglich vorgesehen war.
  Die eigentliche Schwierigkeit besteht darin, herauszufinden, was eine Änderung wesentlich macht, außer dass sie ursprünglich nicht geplant war. Daher kann es sich als sehr nützlich erweisen, die Änderung in einer AI-Sandbox zu testen und die Meinung der Behörden einzuholen, um festzustellen, ob eine Änderung tatsächlich „wesentlich" ist.
- Ein letzter Punkt, der allerdings nur Start-ups und KMU betrifft, ist die Tatsache, dass gemäß Art. 62.1.a Start-ups vorrangigen Zugang zu den

Sandboxen haben, wenn sie alle Zulassungsbedingungen und Auswahlkriterien erfüllen. Auf diese Weise fördert der AI Act die verantwortungsvolle Innovation und die Kultur der Zusammenarbeit zwischen den KMU, einschließlich Start-ups, und den Behörden.

(4) Sandbox-Plan

Um die Teilnahme an einer AI-Sandbox zu beantragen, muss ein Sandbox-Plan mit den zuständigen Behörden vereinbart werden. Ein **Sandbox-Plan** ist ein zwischen dem teilnehmenden Provider und der zuständigen Behörde vereinbartes Dokument, in dem die folgenden Punkte beschrieben werden:

- Ziele,
- Bedingungen,
- Zeitrahmen,
- Methodik und
- Anforderungen an die im Rahmen des Sandkastens durchgeführten Tätigkeiten.

Dieser Ansatz ermöglicht es den Behörden, das Entwicklungs- und Testprogramm für die Sandbox auf jeden einzelnen Provider oder potenziellen Provider und sein AI System zuzuschneiden.

(5) Exit-Berichte

Nach erfolgreichem Abschluss der Tests, das heißt, wenn die Entwicklung und die Tests nicht unterbrochen wurden und alle identifizierten Risiken angemessen gemindert wurden, erhalten die Provider einen Abschlussbericht, in dem die in der Sandbox durchgeführten Aktivitäten, die erzielten Ergebnisse und die damit verbundenen Lernergebnisse aufgeführt sind. Darüber hinaus können die Provider auch einen **schriftlichen Nachweis über die erfolgreich durchgeführten Aktivitäten in der Sandbox** verlangen. Diese beiden Dokumente können zwar die Konformität nicht garantieren, werden aber von den Marktüberwachungsbehörden und den notifizierten Stellen „positiv gewertet" und können die Konformitätsbewertung für all jene Provider beschleunigen, die von externen Parteien bewertet werden müssen (Art. 57.7 Abs. 2 S. 4).

(6) Konsequenzen

Wie bereits erwähnt, kann ein AI System entweder genehmigt oder vorübergehend oder dauerhaft ausgesetzt werden, wenn die damit verbundenen Risiken nicht ausreichend gemindert werden können (Erwägungsgrund 139). Um eine solche schwarz-weiß-deterministische Lösung zu rechtfertigen, argumentieren einige Autoren, dass Sandboxen die bestehenden Haftungsregelungen proportional ergänzen sollten.[255] Dies ist jedoch bei den meisten bestehenden Ansätzen nur teilweise der Fall und der AI Act bildet hier keine Ausnahme.

Nach Art. 57.12 haften alle Provider und potenziellen Provider für alle Schäden, die Dritten durch Sandbox-Aktivitäten zugefügt werden. Diese Schäden können z. B. freiwilligen Teilnehmern am Testverfahren entstehen und können sowohl materieller als auch immaterieller Natur sein. Dennoch schützt der AI Act – wie die meisten FinTech-Ansätze[256] – alle bona fide Provider davor, bei Verstößen gegen die Verordnung mit Bußgeldern belegt zu werden. Ob dieser Schutz ausreicht, um die **Provider zu motivieren**, ihre Technologien offenzulegen, muss jeder Provider für sich selbst entscheiden. Einen Versuch sollte es wert sein, allein schon, um im Schadensfall dem durchaus validen Argument „*Warum haben Sie nicht vorher in einer Sandbox getestet?*“ zuvorzukommen.

(7) Verarbeitung von Daten innerhalb der Sandbox

Art. 59 und der entsprechende Erwägungsgrund 140 benennen den AI Act als Rechtsgrundlage für die Verwendung personenbezogener Daten, die ursprünglich für andere Zwecke erhoben wurden, für die Entwicklung von **AI Systems im öffentlichen Interesse** innerhalb der AI-Sandbox. Dies allerdings unter der Bedingung, dass alle anderen rechtlichen Anforderungen der Datenschutz-Grundverordnung (DSGVO) und der Verordnung über die Verarbeitung personenbezogener Daten durch Einrichtungen der Union beachtet werden. Dies kann jedoch nicht als Grundlage für eine automatisierte Entscheidungsfindung verwendet werden.

Diese regulatorische Lösung ist aus mehreren Gründen fragwürdig. Erstens weicht sie von zentralen Grundsätzen der DSGVO, wie der Zweckbindung und der Transparenz gegenüber den betroffenen Personen, ab. Zweitens listet sie **fünf definierte Bereiche** auf, in denen ein solches erhebliches öffentliches Interesse geltend gemacht werden kann, darunter:

- öffentliche Sicherheit und Gesundheit,
- Umweltschutz,
- nachhaltige Energie,
- Sicherheit und Widerstandsfähigkeit von Verkehrssystemen, kritischen Infrastrukturen und Netzen sowie
- Effizienz und Qualität der öffentlichen Verwaltung.

---

255 *Truby* et al., A Sandbox Approach to Regulating High-Risk Artificial Intelligence Applications, European Journal of Risk Regulation 2022, 13(2), S. 270, 279, doi:10.1017/err.2021.52 (letzter Aufruf: August 2024).

256 *Advani*, Regulating to escape regulation: the sandbox approach, 6.8.2020, https://blogs.law.ox.ac.uk/business-law-blog/blog/2020/08/regulating-escape-regulation-sandbox-approach (letzter Aufruf: Juli 2024).

Umgekehrt kennt die DSGVO keine solche ausschließliche Liste geeigneter Bereiche für die Berufung auf das öffentliche Interesse an der Verarbeitung personenbezogener Daten.

Der Artikel fährt mit einer detaillierten Liste von Bedingungen fort, darunter zum Beispiel, dass derselbe Effekt **nicht mit anonymisierten, synthetischen oder anderen nicht-personenbezogenen Daten** erreicht werden kann, analog Art. 10.5.a. Ferner wird gefordert, dass keine personenbezogenen Daten, die in der Sandbox erstellt werden, außerhalb der Sandbox weitergegeben werden dürfen. Das wirft die Frage auf, wie, wann und welche Arten von AI Systems, die durch solche Tests entwickelt werden, später überhaupt verwendet werden können, insbesondere angesichts des Risikos von Data Leakage aus Machine-Learning-Modellen. Nichtsdestotrotz bleibt diese Option für alle Behörden oder andere natürliche und juristische Personen, die solche Systeme entwickeln, bestehen.

b) Testen unter realen Bedingungen außerhalb von AI-Regulatory-Sandboxen

Eine weitere Möglichkeit zum Testen und Sammeln von Daten über die Leistung von High-Risk AI Systems ist das „Testen von High-Risk AI Systems unter realen Bedingungen außerhalb von AI-Sandboxes." Der Zusatz „außerhalb von AI-Sandboxes" ist nur wichtig, um sich von der Möglichkeit abzugrenzen, innerhalb von AI-Sandboxes unter realen Bedingungen zu testen, was mit anderen Anforderungen verbunden ist.

Ähnlich wie bei Sandbox-Tests müssen Provider, die unter realen Bedingungen außerhalb von AI-Sandboxes testen wollen, einen **Plan für Tests unter realen Bedingungen** vorlegen und ihn von den zuständigen Behörden genehmigen lassen. Darüber hinaus gibt es besondere Registrierungsanforderungen für die Durchführung von Tests unter realen Bedingungen in den Bereichen Strafverfolgung, Migration, Asyl- und Grenzkontrollmanagement sowie für AI Systems, die als Sicherheitskomponenten für das Management und den Betrieb kritischer Infrastrukturen eingesetzt werden. Im Gegensatz zu AI-Sandboxen erhalten diejenigen, die diese Art von Tests durchführen, jedoch keine regulatorische Unterstützung oder Anleitung und sind auch nicht vor Verwaltungsstrafen geschützt. Daher bleiben die Vorteile solcher Tests schwer greifbar.

c) Konformitätsbewertung

Der AI Act weist gegenüber den meisten anderen digitalen Gesetzen eine Besonderheit auf: Er wurde von **Produktsicherheitsvorschriften** inspiriert und folgt daher auch einem ähnlichen Muster. Die Konformitätsbewertung bescheinigt, dass bestimmte Standards in der Entwurfs- und Entwicklungsphase eingehalten wurden, dass weitere Standards während des Einsatzes eingehalten werden und dass sogar weitere Standards für Schlüsselkomponenten des Endprodukts (sprich: Daten) sowie für das Endprodukt selbst (sprich: das AI System hat alle in Kapitel II beschriebenen Anforderungen erfüllt) festgelegt wurden. In diesem Kapitel wird daher kurz auf das Was, Wann, Wer, Wie und Warum der Konformitätsbewertung von AI Systems eingegangen.

(1) Was?

Konformitätsbewertungen werden in Art. 3.20 als Verfahren definiert, mit denen bewertet wird, ob die an High-Risk AI Systems (und ihre Provider) gestellten Anforderungen erfüllt wurden. Interessanterweise verlangt die Definition nur den **Nachweis der Konformität**, während einige der früheren Versionen auch die Überprüfung der Konformität beinhalteten.[257]

Wollte man Überprüfung mit Auditierung gleichsetzen und diese Auditierung zur Vorbedingung eines jeden Nachweis machen, so muss noch immer geklärt werden, was diese Überprüfung oder Auditierung konkret bedeuten soll.

Der IEEE-Standard für Softwareentwicklung definiert Audits als:

> „*unabhängige Bewertung[en] der Konformität von Softwareprodukten und -prozessen mit geltenden Vorschriften, Normen, Richtlinien, Plänen, Spezifikationen und Verfahren*".[258]

Die ISO 19011:2018 (Guidelines for auditing management systems) definiert Audit unter 3.1 als:

> „*systematic, independent and documented process for obtaining objective evidence and evaluating it objectively to determine the extent to which the audit criteria are fulfilled*".

Auch die Auditierung selbst kann nur von rechtlich und technisch qualifiziertem Personal durchgeführt werden, wie detailliert der Draft International Standard ISO/IEC DIS 42006:2024 (Information technology – Artificial intelligence – Requirements for bodies providing audit and certification of artificial intelligence management systems) anschaulich in Kapitel 7.1 „Competence of personnel" niederlegt.

Das Bundesamt für Sicherheit in der Informationstechnik formulierte allerdings noch 2021 recht ehrlich zum Training von Machine Learning Models:

---

257 *Demetzou/Rovilos*, Conformity Assessments Under the proposed EU AI Act: A Step-By-Step Guide, November 2023, S. 7, https://fpf.org/wp-content/uploads/2023/11/OT-FPF-comformity-assessments-ebook_update2.pdf (letzter Aufruf: Juli 2024).

258 IEEE 2008, IEEE Standard for Software Reviews and Audits, IEEE Std 1028-2008 (Aug 2008), 1–53.

> *„This is not a standardized procedure but rather intuition and experience of the developer determining the training process.“*[259]

Entscheidend ist die Tatsache, dass der AI Act ein in der Produkthaftung übliches System der Konformitätsbewertung übernimmt.[260] Die gesetzgeberische Entscheidung zeigt relevante Auswirkungen darauf, wie diese Konformitätsbewertungen durchgeführt werden können oder sollten und welche Folgen sie haben. Sie wirkt sich beispielsweise auch darauf aus, wie die Konformitätsbewertungen nach dem AI Act mit anderen Konformitätsbewertungen zur Produktsicherheit harmoniert. Außerdem ist die Durchführung dieser Bewertungen, wie im Produkthaftungsrecht, notwendig, um eine **CE-Kennzeichnung** zu erhalten oder anbringen zu können, die die Konformität des Systems erklärt. Diese Kennzeichnung ist die **Eintrittskarte eines AI Systems für den EU-Binnenmarkt**.

Nach Angaben der Europäischen Kommission sind die Ziele der Konformitätsbewertung im Allgemeinen folgende:
- der Nachweis, dass ein Produkt alle **gesetzlichen Anforderungen erfüllt**, und
- das **Vertrauen** der Verbraucher, der Behörden und der Hersteller in die Konformität der Produkte **zu gewährleisten**.[261]

Was die Prüfung von AI Systems angeht, so mag sich der Prozess in der Praxis anfühlen wie der Versuch, ein Ziel zu treffen, das sich unvorhersehbar in alle Himmelsrichtungen bewegt. Aus diesem Grund konzentriert sich der AI Act bei der Vorgabe des Umfangs der Konformitätsbewertung hauptsächlich auf die Bewertung des Entwicklungs- und Einführungsprozesses und nicht auf die AI Systems selbst. Gefordert wird weiterhin ein Post-Market-Monitoring-System, um sicherzustellen, dass zukünftige Risiken nicht unbehandelt bleiben.

Darüber hinaus sind diese Konformitätsbewertungen laut dem AI Act notwendig, *„um ein hohes Maß an Vertrauenswürdigkeit von Hochrisiko-KI-Systemen zu gewährleisten“* (Erwägungsgrund 123). Das bedeutet im Grunde genommen, dass das Vertrauen in die Konformität des AI Systems sichergestellt werden muss. Das **Merkmal der Vertrauenswürdigkeit** verkompliziert diese Vorgabe jedoch unnötig. Das Ziel sollte sein, ein verlässliches System zu etablieren, bei dem Deployer und Verbraucher AI Systems

259 Bundesamt für Sicherheit in der Informationstechnik, Towards Auditable AI Systems: Current status and future directions, Whitepaper, 2021.

260 *Frost/Steininger/Vivekens*, Nutzen, Chancen, Risiken und Haftung bei der Verwendung von Künstlicher Intelligenz im Kontext der KI-Verordnung und KI-Haftungsrichtlinie, MPR 2024, 4, 10.

261 European Commission, Conformity Assessment, https://single-market-economy.ec.europa.eu/single-market/goods/building-blocks/conformity-assessment_en (letzter Aufruf: Juli 2024).

unbedenklich verwenden können, weil sie darauf vertrauen können, dass die CE-Kennzeichnung die rechtskonforme und sichere Anwendung des Produktes sicherstellt.

(2) Wann?

Hinsichtlich der Frage, **wann** die Konformitätsbewertungen durchgeführt werden müssen, sind mehrere wichtige Aspekte zu beachten.

Erstens müssen sie immer dann durchgeführt werden, wenn ein High-Risk AI System vorliegt. Auf die dazu aufgeführten Ausnahmen wird später noch genauer eingegangen. Im Wesentlichen bedeutet dies, dass sie für alle AI Systems durchgeführt werden müssen, die:

- selbst Produkte oder Sicherheitsbauteile von Produkten sind, die unter die bestehende Harmonisierungsverordnung der Union fallen und in Anhang I zum AI Act aufgeführt sind;
- zur biometrischen Erkennung, zur biometrischen Kategorisierung auf der Grundlage von abgeleiteten Merkmalen natürlicher Personen oder zur Erkennung von Emotionen verwendet werden sowie
- in allen anderen Fällen und für alle anderen in Anhang III aufgeführten Zwecke verwendet werden.

Diese Unterscheidung ist entscheidend dafür, wer die Bewertung durchführen muss und wie die Bewertung durchgeführt werden muss.

Zweitens muss die Konformitätsbewertung durchgeführt werden:

- **vor dem Inverkehrbringen** des High-Risk AI Systems und
- immer dann, wenn das AI System **wesentlich verändert** wird (im Sinne des AI Acts).

Das bedeutet, immer dann, wenn das AI System in einer Weise verändert wird, die sich auf seine Konformität mit dem AI Act auswirken kann, und die durchgeführten Änderungen bei der ursprünglichen Bewertung nicht berücksichtigt wurden. Oder immer dann, wenn der Verwendungszweck des AI Systems geändert wird (Erwägungsgrund 128). Wichtig ist, dass dies nicht für Änderungen gilt, die als Folge des maschinellen Lernprozesses auftreten, die zum Zeitpunkt der anfänglichen Konformitätsbewertung „vorab festgelegt" waren und Teil der technischen Dokumentation sind (Erwägungsgrund 128). Inwieweit diese Änderungen im Voraus bestimmt werden können oder sollten, bleibt offen. Es lässt sich angesichts der Formulierungen in Erwägungsgrund 128 allerdings prognostizieren, dass Machine-Learning-Algorithmen nicht jedes Mal neu bewertet werden müssen, wenn sie lediglich mit neuen Daten konfrontiert werden und dadurch im Rahmen von Continual Learning oder Incremental Learning (beide definiert in ISO/IEC 22989:2022 (Information technology – Artificial intelligence – Artificial intelligence concepts and terminology), 3.1.9, als *„incremental training of an*

AI system that takes place on an ongoing basis during the operation phase of the AI system life cycle“) ihre Parameter anpassen, zumindest dann, wenn dies sich im Rahmen der Systemspezifikation abspielt.

> **Beispiel:** Angenommen, ein autonomes Fahrzeug nutzt Machine Learning, um in Echtzeit seine Fahrstrategie basierend auf neuen Straßen- und Verkehrsbedingungen anzupassen. Wenn das Fahrzeug nach seiner Markteinführung in einer neuen Region eingesetzt wird, könnte es seine Modelle aktualisieren, um spezifisch dörfliche oder verkehrsintensive Verkehrsmuster zu berücksichtigen (z. B. häufige Staus in bestimmten Engstellen). Diese Art von Modellaktualisierung könnte als **nicht-wesentliche Änderung** betrachtet werden, wenn diese Fähigkeit **im Voraus spezifiziert** und bewertet wurde.

Was ist jedoch die Konsequenz, wenn nicht das AI System geändert wird, sondern das Umfeld, in dem das System eingesetzt wird, sich ändert? Hier spielen zwei Phänomene eine Rolle, die unter den Begriffen „Data Drift“ und „Concept Drift“ bekannt sind. Das in solchen technischen Grundsatzfragen ausgesprochen ergiebige **Framework der ISO/IEC 23053:2022 (Framework for Artificial Intelligence (AI) Systems Using Machine Learning)** erläutert wie folgt: Bei **Data Drift** nimmt die Genauigkeit der Vorhersagen von Machine-Learning-Modellen im Laufe der Zeit ab, da sich die statistischen Eigenschaften der Produktionsdaten ändern. In einem solchen Fall muss das Modell mit neuen Trainingsdaten erneut trainiert werden, die die Produktionsdaten besser repräsentieren. Bei **Concept Drift**[262] scheint sich die Entscheidungsgrenze (decision boundary, Trennung zwischen Klassen eines Datensatzes) zu verschieben, was ebenfalls die Genauigkeit der Vorhersagen beeinträchtigt, obwohl sich die Daten selbst nicht geändert haben. In diesem Fall müssen die Zielvariablen in den Trainingsdaten neu gekennzeichnet und das Modell neu trainiert werden. Beide Phänomene, Data Drift und Concept Drift, können die Leistung eines AI Systems erheblich beeinflussen. Gemeinsam haben sie, dass die jeweiligen AI Systems nicht mehr funktionieren wie geplant, und eine Konformität mit den gesetzlichen Vorgaben (Robustness, Data Quality, Trustworthyness) nicht mehr gewährleistet werden kann.

(3) Wer und Wie?

Die Frage, wer die Konformitätsbewertung für ein bestimmtes AI System durchführen muss, ist eng mit der Frage verknüpft, wie diese durchgeführt

262 Detailliert zu Concept Drift und entsprechender Adaption des Lernprozesses: *Lu* et al., Learning under Concept Drift: A Review, IEEE Transactions on Knowledge and Data Engineering, Volume: 31, Issue: 12, 2019, https://doi.org/10.1109/TKDE.2018.2876857 (letzter Aufruf: August 2024).

werden muss. Daher ist es sinnvoll, beide Fragen gemeinsam zu behandeln.

In den meisten Fällen müssen die Konformitätsbewertungen von den Providern von AI Systems durchgeführt werden, zumindest so lange, bis die Kommission anders entscheidet. Das liegt daran, dass laut Erwägungsgrund 125 der **Umfang der Konformitätsbewertung** durch Dritte derzeit begrenzt ist, aufgrund der *„derzeitigen Erfahrung professioneller, dem Inverkehrbringen vorgeschalteter Zertifizierer [, die überwiegend] im Bereich der Produktsicherheit [liegt] und der unterschiedlichen Art der damit verbundenen Risiken*".

Dies bedeutet im Grunde, dass eine Ausweitung des Anwendungsbereichs der Konformitätsbewertung durch Dritte zu erwarten ist oder zumindest im Auge behalten werden sollte, da die Kommission

> *„delegierte Rechtsakte unter Berücksichtigung der Wirksamkeit des Konformitätsbewertungsverfahrens auf der Grundlage einer internen Kontrolle [...] sowie hinsichtlich der Verfügbarkeit angemessener Kapazitäten und Ressourcen in den notifizierten Stellen [erlassen soll].*" (Art. 43.6)

Bis auf Weiteres ist das interne **Konformitätsbewertungsverfahren** jedoch die Regel für alle in Anhang III Nummern 2 bis 8 aufgeführten High-Risk AI Systems. Dazu gehören auch die meisten High-Risk AI Systems, die in den nachfolgenden Bereichen genutzt werden (gestraffte Darstellung):

- Verwaltung und Betrieb kritischer Infrastruktur,
- Feststellung des Zugangs oder der Zuweisung natürlicher Personen zu allgemeinen und beruflichen Bildungseinrichtungen,
- Personalwesen und Personalmanagement,
- Zugänglichkeit zu grundlegenden privaten und öffentlichen Diensten und Leistungen,
- Strafverfolgung,
- Migration, Asyl und Grenzkontrolle und
- Rechtspflege und demokratische Prozesse.

Die interne Konformitätsbewertung folgt dann dem in Anhang VI beschriebenen Prozess, der im Wesentlichen besagt, dass ein Provider von AI Systems Folgendes nachweisen muss:

- Einrichtung eines **Qualitätsmanagementsystems (QMS)**,
- die Vollständigkeit und Richtigkeit der erforderlichen **technischen Dokumentation** nach Kapitel III Abschnitt II und
- die **Übereinstimmung** des Entwicklungsprozesses und des Post-Marketing-Systems mit dieser Dokumentation.

Dies scheint keine allzu große Aufgabe zu sein.

Zu den Ausnahmen gehören die in Anhang III.1 aufgeführten High-Risk AI Systems, im Wesentlichen im Bereich der Biometrie, bei denen die Anbieter zwischen internen und externen Konformitätsbewertungen wählen können.

Hinzu kommen Situationen, in denen es nur wenige oder gar keine harmonisierten Normen und gemeinsamen Spezifikationen gibt, an die sich die Provider halten könnten. Oder diese Normen und Spezifikationen wurden im Entwicklungsprozess nicht befolgt. Paradoxerweise könnte dies angesichts des derzeitigen allgemeinen Fehlens von (harmonisierten) Normen, die gemäß dem in Art. 40 vorgeschlagenen Verfahren angenommen wurden, dazu führen, dass die **meisten AI Systems einer externen Konformitätsbewertung unterzogen werden**. Vermutlich wird sich die Situation aber ändern, bis der AI Act vollständig anwendbar wird.

Diese externe Konformitätsbewertung wird dann von **akkreditierten notifizierten Stellen** nach dem in Anhang VII beschriebenen detaillierteren Verfahren durchgeführt. Das Verfahren läuft jedoch nach wie vor auf Folgendes hinaus:
– Prüfung des **Qualitätsmanagementsystems**,
– Kontrolle der **technischen Dokumentation** und
– Überwachung des genehmigten Qualitätsmanagementsystems.

Dies scheint eine weitaus größere Aufgabe zu sein, vor allem, wenn sie en masse für verschiedenen Provider durchgeführt werden soll. Aber das ist Aufgabe der Behörden und der notifizierten Stellen, damit umzugehen.

Die externen Konformitätsbewertungen werden, wenn sie erfolgreich sind, mit einer Bescheinigung gemäß Art. 44 abgeschlossen. Alle ausgestellten Bescheinigungen haben eine maximale **Gültigkeit** von fünf Jahren, wenn sie für AI Systems aus Anhang I (also AI Systems nach Produktsicherheitsverordnung) ausgestellt werden, und von vier Jahren, wenn sie für ein System aus Anhang III ausgestellt werden. Nach erfolgreicher Neubewertung der Konformität kann das Zertifikat verlängert werden. Jede ausgestellte Bescheinigung kann ausgesetzt, zurückgezogen oder eingeschränkt werden, wenn die notifizierte Stelle feststellt, dass das System die Anforderungen des AI Acts nicht mehr erfüllt und der Provider nicht innerhalb einer bestimmten Frist angeordnete Abhilfemaßnahmen ergriffen hat. Solche Entscheidungen müssen angemessen begründet werden und allen betroffenen Providern muss ein Berufungsverfahren zur Verfügung stehen. Die Einzelheiten der Umsetzung sind jedoch noch unklar und werden wahrscheinlich von einer zertifizierenden Stelle zur anderen variieren.

Schließlich werden High-Risk AI Systems, die unter die in Abschnitt A von Anhang I aufgeführten Rechtsvorschriften fallen, der Konformitätsbewertung gemäß den geltenden **sektoralen Rechtsvorschriften** unterzogen. Zusätzlich wird dabei auch das jeweilige AI System oder die AI-Komponente des regulierten Produkts gemäß den Anforderungen des AI Acts geprüft. Das Ziel dahinter ist laut Erwägungsgrund 124, dass *„für Akteure möglichst wenig Aufwand entsteht und etwaige Doppelarbeit vermieden wird.“* Das klingt zwar vernünftig, allerdings fehlt es generell an Leitlinien dazu, wie und wann dies geschehen soll und wie es zu dokumentieren ist. Dies gilt, abgesehen von der Erwähnung einiger Punkte, die für die Kontrolle der technischen Dokumentation in Anhang VII gelten, und der ausdrücklichen Erwähnung der notifizierten Stellen, die zur Kontrolle der bewerteten Konformität befugt sind. Alles in allem wird die Durchführung dieser neuen und umfassenderen Bewertungen einen gewissen **Mehraufwand** für diejenigen bedeuten, die sie durchführen. Ganz abgesehen davon, dass sie innerhalb der nächsten zwei Jahre Experten für den AI Act werden müssen (oder jemanden einstellen müssen, der über dieses Wissen verfügt).

Ein letzter Hinweis: Die in den Anhängen VI und VII beschriebenen Konformitätsbewertungsverfahren können von der Kommission auch *„unter Berücksichtigung des technischen Fortschritts“* geändert werden. Dies sollte jedenfalls im Auge behalten werden.

(4) Keine Regel ohne Ausnahme

Der AI Act (oder vielleicht diejenigen, die ihn mühsam formuliert haben) arbeitet gern mit Ausnahmen. Daher gibt es auch im Zusammenhang mit Konformitätsbewertungen eine Reihe von Ausnahmen. Im Gegensatz zu den meisten anderen Ausnahmen sind diese jedoch zeitlich begrenzt, da sie es den Providern im Grunde erlauben, ein High-Risk AI System auf den Markt zu bringen oder in Betrieb zu nehmen, während sie gleichzeitig Konformitätsbewertungsverfahren durchführen. Darüber hinaus muss eine solche Ausnahmeregelung in den meisten Fällen von den Marktaufsichtsbehörden eines bestimmten Landes genehmigt werden und kann sich nur auf die Verwendung im **Hoheitsgebiet desselben Landes** auswirken. Und das auch nur dann, wenn die Behörden zu dem Schluss gekommen sind, dass das betreffende AI System alle Anforderungen des AI Acts erfüllt. Schließlich kann dies immer nur aus außergewöhnlichen Gründen der öffentlichen Sicherheit oder des Schutzes von Leben und Gesundheit von Personen, des Umweltschutzes oder des Schutzes wichtiger Industrie- und Infrastrukturanlagen geschehen und gilt niemals für AI Systems im Zusammenhang mit Produkten, die unter Anhang I fallen. Darüber hinaus kann die **erforderliche Genehmigung** in bestimmten Fällen auch vorweggenommen werden, jedoch nur von Strafverfolgungs- oder Katastrophenschutzbehörden in dringenden Situationen aus außergewöhnlichen Gründen der öffentlichen Sicherheit oder zur Abwehr erheblicher und unmittelbarer Gefahren für Leben und Gesundheit natürlicher Personen, was in der Praxis nur selten vorstellbar sein wird. Eine weitere Bedingung ist, dass die Genehmigung weiterhin ohne unangemessene Verzögerung beantragt wird.

Jede erteilte Genehmigung wird auch der Kommission und den anderen Mitgliedstaaten mitgeteilt, die dann Einspruch gegen die erteilte Genehmigung erheben können. Die Kommission kann dann entweder von sich aus oder aufgrund eines begründeten Einspruchs eines Mitgliedstaates tätig werden und Beratungsgespräche mit dem Staat aufnehmen, der die Genehmigung erteilt hat. Nach diesen Beratungen kann die Kommission entscheiden, ob die Genehmigung gerechtfertigt war oder nicht. Wird die Genehmigung als ungerechtfertigt erachtet, muss sie von der ausstellenden Behörde zurückgezogen werden.

(5) Warum?

Der Grundgedanke bei der Durchführung von Konformitätsbewertungen ist recht einfach. Es soll bestätigt werden, dass ein bestimmtes Produkt oder in diesem Fall ein AI System so funktioniert, wie es sollte, bevor es zu einem Problem kommt. Vor allem, um auf dem Markt ein Gefühl des Vertrauens zu schaffen, bei dem die Verbraucher das Produkt unbedenklich benutzen können. Und weil Probleme in den meisten Branchen, die solche Konformitätsbewertungen nutzen, ziemlich ernst sind und oft schwerwiegende Folgen haben.

Der AI Act zielt in diesem Zusammenhang vermutlich darauf ab, aus den Fehlern anderer Branchen zu lernen, bevor die AI-Branche ihre eigenen macht, auf welche die Regulierung dann wiederum reagieren müsste. Es ist also ein **proaktiver Ansatz, um aktuelle Probleme zu lösen**, bevor zukünftige Probleme entstehen. Das ist in der Tat begrüßenswert. Umso mehr, wenn man bedenkt, dass sich beispielsweise im Luftverkehr derzeit etwa ein Unfall pro 2 Millionen Flüge ereignet, was darauf hindeutet, dass wir mit diesem System etwas richtig machen.[263] Sicherheit und der Versuch, sie in transparenter Weise zu gewährleisten, ist jedoch keine einmalige Abhakübung, sondern ein fortlaufender Prozess, der ständige Aufmerksamkeit und wirksame Prozesse erfordert. Denn wenn wir trotz aller bewährten Praktiken und jahrelanger Erfahrung Krisen wie den Absturz einer Boeing 737[264] und die fälschliche Bescheinigung des TÜV Rheinland von 400.000 fehlerhaften Brustimplanta-

---

263 *Raji* et al., Closing the AI Accountability Gap: Defining an End-to-End Framework for Internal Algorithmic Auditing, in: FAT* '20: Proceedings of the 2020 Conference on Fairness, Accountability, and Transparency (FAT* '20), Association for Computing Machinery, New York, NY, USA, S. 35, https://arxiv.org/pdf/2001.00973 (letzter Aufruf: August 2024).

264 *Klee*, A Complete Timeline of the Boeing 737 Max Disaster, RollingStone, 18.5.2024, https://www.rollingstone.com/culture/culture-features/boeing-737-max-disasters-timeline-1235007089/ (letzter Aufruf: August 2024).

ten als „sicher“ erleben können,[265] dann müssen wir in neuartigen Bereichen wie AI,[266] in denen wir es nicht selten mit Unbekanntem zu tun haben, noch wachsamer sein. Nicht zuletzt deshalb, weil der Gesetzgeber in Erwägungsgrund 27 den geprüften AI Systems Vertrauenswürdigkeit abverlangt.

Schließlich ist auch die Tatsache zu berücksichtigen, dass die meisten AI Systems – zumindest derzeit – von den Providern zertifiziert werden, die in den meisten Fällen auch die Developer des AI Systems sein werden. Die Anreize, das AI System als sicher zu zertifizieren, sind also – vorsichtig formuliert – groß. Der Begriff der „**Liar's Dividend**“ wird nicht nur im Bereich Deep Fakes und Watermarking die Runde machen.[267] Allerdings darf nicht vergessen werden, dass durch den hybriden Charakter des AI Acts als einerseits grundrechtsschützende und andererseits Produktsicherheit gewährende Verordnung gegenüber Flugzeugen und Schnabeltassen sich sowohl der Anforderungskatalog als auch das rechtliche Instrumentarium des Normvollzugs deutlich erweitert haben. Insbesondere die Klagebefugnis für Wettbewerber und qualifizierte Einrichtungen nach UWG dürfte vor diesem Hintergrund ein erheblicher Treiber von Compliance werden, stärker jedenfalls als das bereits heute absehbare Nadelöhr Aufsichtsbehörden.

Zurück zum menschlichen Faktor: Bewertungen werden immer von Individuen durchgeführt, was bedeutet, dass keine einzige Art von Bewertung jemals völlig frei von menschlichen **Beurteilungsfehlern** sein wird. Um einem möglichen Laissez-faire entgegenzuwirken, ist die Einhaltung etablierter Prüfverfahren unerlässlich.[268] Deshalb ist es von Vorteil, auf bereits gesammelte Erfahrungen aus der Medizin-, Pharma-, Finanz- oder Luftfahrtbranche zurückzugreifen. Dies gilt zumindest für den grundlegenden Ansatz, den Prozess der Bewertung und die Vermeidung von Voreingenommenheit, sei es in Bezug auf die Behauptung der Konformität oder das Gegenteil.

---

265 The European Commission's Proposal for an Artificial Intelligence Act – A Critical Assessment by Members of the Robotics and AI Law Society (RAILS), https://doi.org/10.3390/j4040043; EuGH, Urt. v. 11.6.2020 – Rs. C581/18, ECLI:EU:C:2020:453 – TÜV Rheinland LGA Products GmbH und Allianz IARD.

266 *Raji* et al., Closing the AI Accountability Gap: Defining an End-to-End Framework for Internal Algorithmic Auditing, in: FAT* '20: Proceedings of the 2020 Conference on Fairness, Accountability, and Transparency, Association for Computing Machinery, New York, NY, USA, S. 35, https://arxiv.org/pdf/2001.00973 (letzter Aufruf: August 2024).

267 Detailliert: *Chesney/Citron*, Deep Fakes: A Looming Challenge for Privacy, Democracy, and National Security, 107 California Law Review 1753, 2019.

268 *Raji* et al., Closing the AI Accountability Gap: Defining an End-to-End Framework for Internal Algorithmic Auditing, in: FAT* '20: Proceedings of the 2020 Conference on Fairness, Accountability, and Transparency, Association for Computing Machinery, New York, NY, USA, S. 35, https://arxiv.org/pdf/2001.00973 (letzter Aufruf: August 2024).

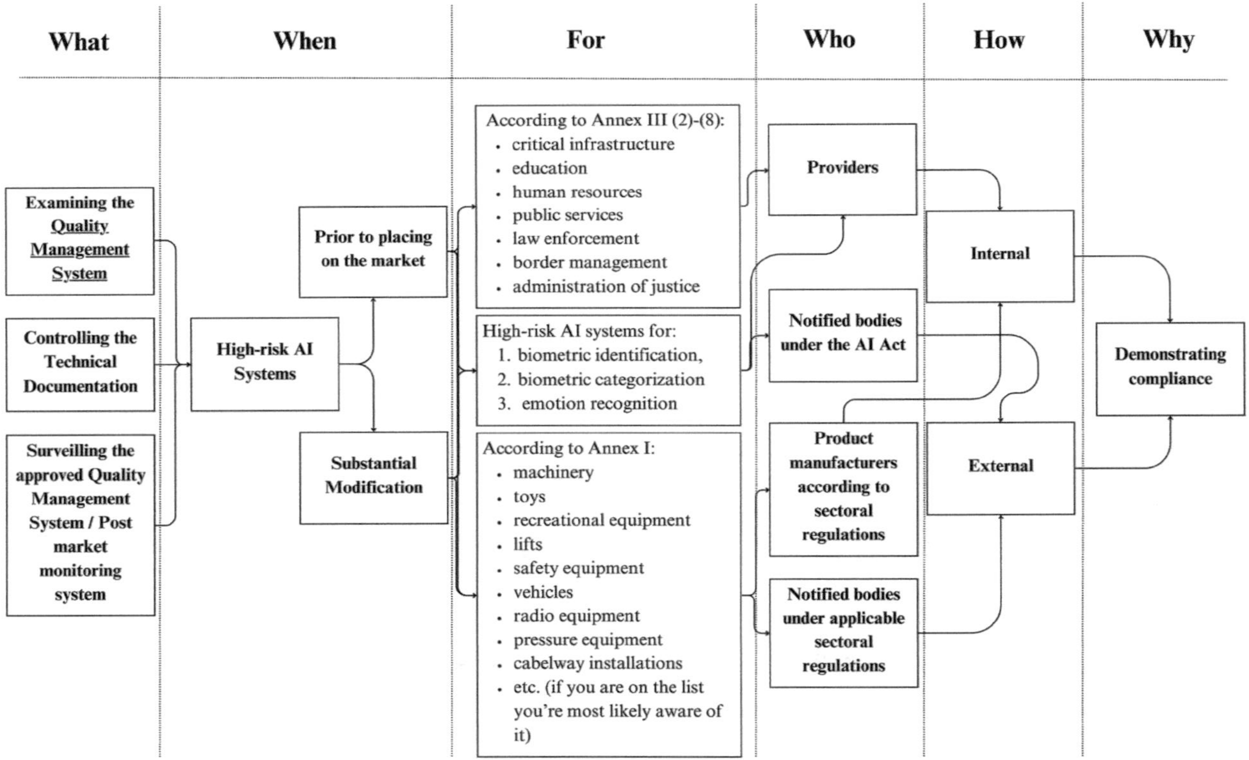

Abbildung 19: Konformitätsbewertungsverfahren

d) Harmonisierte Normen, gemeinsame Spezifikationen und Konformitätsvermutung

Da in diesem Buch bereits häufig auf einschlägige Normen Bezug genommen wird und deren Rolle in Kapitel III.1.d. bereits ansatzweise erläutert wurde, wird an dieser Stelle nicht zu sehr ins Detail gegangen. Vielmehr werden der Prozess und die Idee skizziert, denen die Normen dienen sollen. Außerdem wird kurz dargestellt, was gemeinsame Spezifikationen sind und wie sie in das Bild passen.

(1) Harmonisierte Standards

Was man in erster Linie über harmonisierte Standards wissen muss, ist, dass sie eine sehr lange Geschichte haben. Sie wurden geschaffen, um **Sicherheit von Waren und Dienstleistungen** zu verbessern und das Vertrauen zwischen den Marktteilnehmern zu fördern. Die Einhaltung der Standards ist de jure meist freiwillig, de facto haben sie jedoch eine Bindungswirkung.[269] Das liegt unter anderem daran, dass zumindest in der EU sektorale Gesetze ohne die entsprechenden Standards oft nicht verstanden und eingehalten werden können.[270] Hinzu kommt, dass Standards über unbestimmte Rechtsbegriffe wie den „Stand der Technik“ oder die „im Verkehr erforderliche Sorgfalt“ rechtsschöpfend wirken. Die Kommission ist sich dessen bewusst und beauftragt oft die europäischen **Zertifizierungsorganisationen** mit der Ausarbeitung von Normen, die die Umsetzung bestimmter rechtlicher Verpflichtungen präzisieren und konkretisieren. Zum anderen wird auf diese harmonisierten Normen im Amtsblatt Bezug genommen, wodurch sie aufgrund der Konformitätsvermutung, die mit der Einhaltung der in Bezug genommenen Normen verbunden ist, eine gewisse Rechtsverbindlichkeit gewinnen.

(2) Vermutung der Konformität

Die Konformitätsvermutung und der damit verbundene Effektivitätsgewinn für die Massenproduktion ist vermutlich der ursprüngliche Grund dafür, warum Normen oder Standards überhaupt notwendig oder wünschenswert wur-

---

269 *Soroiu*, The Fall of The Great Paywall for EU Harmonised Standards, 19.3.2024, https://verfassungsblog.de/eu-harmonised-standards/ (letzter Aufruf: August 2024).

270 EuGH, Urt. v. 12.7.2012 – C-171/11, ECLI:EU:C:2012:453, Rn. 27–32 – Fra.Bo SpA; Urt. v. 27.10.2016 – C-613/14, ECLI:EU:C:2016:821, Rn. 40 – James Elliott Construction Limited; Urt. v. 22.2.2022 – C-160/20, ECLI:EU:C:2022:101, Rn. 33–49 – Stichting Rookpreventie Jeugd u. a. Für eine detaillierte Analyse der bestehenden Problematik, siehe *Everson* et al., The Role of Specialised Agencies in Decentralising EU Governance, 1999, https://www.academia.edu/103116487/The_Role_of_Specialised_Agencies_in_Decentralising_EU_Governance (letzter Aufruf: August 2024).

den. Da unsere Welt immer komplexer wurde, war es für die EU nicht mehr möglich, alle technischen Anforderungen, denen Produkte, die mit ernsten Sicherheitsrisiken verbunden sind, genügen müssen, tatsächlich detailliert auszuführen.[271] Nicht zuletzt, weil der Kommission oft das nötige technische Fachwissen fehlt, um sie zu spezifizieren. Nach dem **New Legislative Framework (NLF)** legt die europäische Gesetzgebung daher nur die „grundlegenden Anforderungen" fest, die die Produkte erfüllen müssen, während es den Providern und Herstellern überlassen bleibt, wie sie die Anforderungen am besten erfüllen können.[272] Das wiederum bedeutet, dass die Einhaltung der veröffentlichten und sogar referenzierten harmonisierten Normen freiwillig ist und im Ermessen der einzelnen Provider und Hersteller liegt. Der entscheidende Vorteil ist, dass Provider, wenn sie sich an die referenzierten Standards halten, von der sog. **Konformitätsvermutung** mit den Verpflichtungen profitieren, die ein bestimmter Standard festlegt:[273] z. B. bei Datenqualität, Risikomanagement oder Robustheit. Andernfalls müsste der Provider die Konformität mit den genannten Verpflichtungen Punkt für Punkt und Schritt für Schritt beweisen. Im Falle von Standardkonformität muss er dies nur insoweit tun, als die Vermutungswirkung erschüttert wurde.

Das New Legislative Framework wurde 1985 entwickelt und unterscheidet sich von dem alten Ansatz dadurch, dass zuvor alle technischen Spezifikationen in den Verordnungstext aufgenommen werden mussten.[274] Zweitens unterscheidet sich der neue Ansatz auch dadurch, dass das Framework sich mit großen **Produktfamilien** wie Maschinen, Bauprodukten, Spielzeugen und jetzt auch AI oder **horizontalen Risiken** (wie elektromagnetische Verträglichkeit) befasst, während Regulierung nach hergebrachtem Konzept meist produktbezogen war.[275] Diese großen Produktfamilien müssen aber nach wie vor *„hinreichend homogen sein, damit gemeinsame grundlegende Anforderungen anwendbar sind"*.[276] Anscheinend wird davon ausgegangen, dass alle AI Systems diese notwendige Homogenität aufweisen. Das neue

---

271 *Gornet/Maxwell*, The European approach to regulating AI through technical standards, 2024, S. 4, https://hal.science/hal-04254949/document (letzter Aufruf: Juli 2024).

272 CEN, The ‚New Approach', 2019, https://boss.cen.eu/reference-material/guidancedoc/pages/newapproach/ (letzter Aufruf: Juli 2024).

273 *Gornet/Maxwell*, The European approach to regulating AI through technical standards, 2024, S. 9, https://hal.science/hal-04254949/document[(letzter Aufruf: Juli 2024).

274 New Regulation Framework – Harmonisation legislation – The Blue Guide 2022, https://eur-lex.europa.eu/legal-content/EN/TXT/PDF/?uri=OJ:C:2022:247:FULL (letzter Aufruf: Juli 2024).

275 CEN, The ‚New Approach', 2019, https://boss.cen.eu/reference-material/guidancedoc/pages/newapproach/ (letzter Aufruf: Juli 2024).

276 New Regulation Framework – Harmonisation legislation – The Blue Guide 2022, S. 10, https://eur-lex.europa.eu/legal-content/EN/TXT/PDF/?uri=OJ:C:2022:247:FULL (letzter Aufruf: Juli 2024).

Konzept wurde dann 2008 durch obligatorische Konformitätsbewertungen vervollständigt, die durch das New Legislative Framework hinzukamen. Dadurch wurde die Bedeutung der Konformitätsvermutung aufgrund der damit verbundenen Effizienzgewinne nur noch erhöht.[277]

Aufgrund dieser quasi-rechtlichen Wirkung, die die Standards zeigen, sollen sie auch dann frei zugänglich sein, auch wenn sie ansonsten urheberrechtlich geschützt sind. Der Grundgedanke ist, dass sie immer noch das Ergebnis der Bemühungen und der Arbeit privater Standardisierungsorganisationen sind, die in der Regel nicht gezwungen werden können und auch nicht gezwungen werden sollten, die Produkte dieser Arbeit öffentlich kostenlos zugänglich zu machen. Denn Standardentwicklung ist ein langwieriger, mühsamer und kostenintensiver Prozess, wie wir aus eigener Erfahrung bestätigen können. Wie der EuGH in der Rechtssache Public.Resource.Org feststellte,[278] hindert eine Paywall jedoch nicht daran, in bestimmten Fällen die Einhaltung dieser Normen vorzuschreiben. So wurde in dem genannten Fall der fragliche Standard ausdrücklich in der Verordnung erwähnt, wodurch er unstreitig rechtsverbindlich wurde, was die Veröffentlichung im Lichte der Grundsätze von Transparenz und Offenheit zwingend erforderlich machte.[279] Folgt man dem EuGH, so besteht immer dann, wenn Standards auf Ersuchen der Europäischen Kommission ausgearbeitet und durch ihre Bezugnahme oder Aufnahme in das Sekundärrecht der EU de iure oder de facto verbindlich gemacht werden, ein überwiegendes öffentliches Interesse an der Veröffentlichung der beantragten harmonisierten Standards.[280] Diese Standards müssen dann tatsächlich **öffentlich zugänglich** gemacht werden. Ob und wann dies bei AI-bezogenen Standards der Fall sein wird, bleibt abzuwarten. Eine Übersicht des derzeitigen Arbeitsfortschritts von **CEN/CENELEC** lässt sich unter https://standards.cencenelec.eu und dem Gliederungspunkt „CEN/CLC/JTC 21 – Artificial Intelligence“ nachlesen: Es ist ein Mammutprogramm. Wurden die Standards hingegen nicht von der Kommission angefordert und referenziert, **unterliegen sie weiterhin dem Urheberrecht** und können auf dem Markt verkauft werden. In Anbetracht der Tatsache, dass fast 33 % der CEN-Veröffentlichungen von der ISO und

---

277 New Regulation Framework – Harmonisation legislation – The Blue Guide 2022, S. 10, https://eur-lex.europa.eu/legal-content/EN/TXT/PDF/?uri=OJ:C:2022:247:FULL (letzter Aufruf: Juli 2024).

278 EuGH, Urt. v. 5.3.2024 – C-588/21, ECLI:EU:C:2024:201 – Public.Resource.Org Inc und Right to Know CLG/European Commission et al.

279 EuGH, Urt. v. 5.3.2024 – C-588/21, ECLI:EU:C:2024:201, Rn. 56–87 – Public.Resource.Org Inc und Right to Know CLG/European Commission et al.

280 *Soroiu*, The Fall of The Great Paywall for EU Harmonised Standards, 19.3.2024, https://verfassungsblog.de/eu-harmonised-standards/ (letzter Aufruf: August 2024).

73 % der CENELEC-Veröffentlichungen von der IEC stammen,[281] bleibt abzuwarten, wie sich die Beantragung eines Standards bei einer europäischen Organisation, die den Standard dann von einer anderen globalen und privaten Organisation übernimmt, auf diese Organisationen und ihre Geschäftsmodelle auswirken wird.

(3) Gemeinsame Spezifikationen

Es gibt wenige Fälle, in denen die Kommission Durchführungsrechtsakte erlassen kann, in denen **gemeinsame Spezifikationen** für die Anforderungen festgelegt werden. Die Einhaltung dieser Spezifikationen hat dann die gleiche Wirkung der Konformitätsvermutung wie die Einhaltung harmonisierter Standards.

Dies kann der Fall sein, wenn:

- die Kommission die Ausarbeitung harmonisierter Standards beantragt hat, aber:
  - der Antrag von keiner Standardisierungsorganisation angenommen wurde oder
  - die harmonisierten Standards nicht innerhalb der gesetzten Frist vorgelegt werden oder
  - die einschlägigen harmonisierten Standards den Grundrechtsbelangen nur unzureichend Rechnung tragen oder
  - die harmonisierten Standards nicht dem Antrag entsprechen und
- kein Verweis auf harmonisierte Standards im Amtsblatt veröffentlicht wurde und nicht damit zu rechnen ist, dass ein solcher Verweis innerhalb einer angemessenen Frist veröffentlicht wird.

Interessant ist hier der Aspekt, der sich auf die Grundrechte bezieht. Denn im Gegensatz zu Standards, die nicht angefordert, verfasst oder ausreichend sind, um die Anforderungen im Allgemeinen zu erfüllen, ist ihre **Unzulänglichkeit in Bezug auf die Gewährleistung von Grundrechten** ein viel komplexerer Mangel, den es zu bewerten, zu beweisen oder zu beheben gilt. Das liegt daran, dass Grundrechtskonformität stark **abwägungsgetrieben und kontextabhängig** ist und sich daher kaum standardisieren lässt. Das ist auch der Grund, warum große Fragen im Kontext der Menschenrechte nicht standardisiert sind. Es gibt einfach keine magische, allgemeingültige, ausgewogene und kontextsensitive Standardlösung.

Sollten also ursprünglich technische Standards nunmehr Grundrechte berücksichtigen und sich auch demokratischen Werte sowie ökologischen

---

281 *Gornet/Maxwell*, The European approach to regulating AI through technical standards, 2024, S. 6, https://hal.science/hal-04254949/document (letzter Aufruf: Juli 2024).

und sozialen Grundsätzen widmen?[282] Das wird ein Spagat wie am Beispiel ökologischer Erwägungen und Standardergänzungen, wie das jüngste Amendment zur ISO 9001 (Quality management systems – Requirements, AMENDMENT 1 2024-02: Climate action changes) belegt.

Im Falle des AI Acts bezieht sich der offizielle Standardisierungsantrag an die Kommission nicht auf Normen zur Vermeidung von Diskriminierung oder zur Meinungsfreiheit.[283] Das ist zum Teil darauf zurückzuführen, dass es im AI Act jenseits von Programmsätzen keine konkret definierten Anforderung in Bezug auf eines dieser beiden Themen gibt. Die Wahrung der Grundrechte und Menschenrechte ist jedoch im gesamten AI Act verankert. Sie bei jedem Schritt im Entwicklungsprozess und Betrieb zu wahren, ist eine organisationsprozessuale Aufgabe für Provider und Deployer, wobei Erwägungsgrund 27 mit seinem Bezug auf Trustworthy AI im Sinne der HLEG AI auch hier als Leuchtturm zur Orientierung dient. Ob und wie ein CEN/CENELEC-Standard Grundrechte ausreichend berücksichtigt, ist eine herausfordernde Aufgabe. Vermutlich wird man es bei Verweisen und **unbestimmten Rechtsbegriffen** belassen, wenngleich die Normierung konkreter technisch-organisatorischer Maßnahmen zum Schutz von Grundrechten und Freiheiten z. B. im Rahmen von Art. 10.5 AI Act sowie Art. 22.3 DSGVO denkbar ist. Allerdings besteht die Gefahr, dass die Einhaltung von Grundrechten auf eine Reihe von formalen Maßnahmen reduziert würde. Es wird befürchtet, dass (schlechte) Standardisierung den grundrechtlichen Facettenreichtum bricht und den Wesensgehalt der Grundrechte als moralische Instanz herabsetzt.[284] Dennoch und trotz der Tatsache, dass es keine spezifische Anfrage der Kommission zu vielen der Grundrechtsthemen gab, befassen sich **CEN und CENELEC** weiterhin mit diesem Thema im Rahmen ihrer Arbeitsgruppe CEN/CLC/JTC 21/WG 4 – grundlegende und gesellschaftliche Aspekte –, die das Äquivalent zur Arbeitsgruppe ISO/IEC JTC 1/SC 42/WG 315 zur Trustworthyness von AI ist.[285] Die Arbeit dieser Gruppe

---

282 *Gornet/Maxwell*, The European approach to regulating AI through technical standards, 2024, S. 7, https://doi.org/10.14763/2024.3.1784.

283 European Commission, Draft Standardisation Request to the European Standardisation Organisations in Support of Safe and Trustworthy Artificial Intelligence, https://ec.europa.eu/docsroom/documents/52376 (letzter Aufruf: August 2024).

284 *Gornet/ Maxwell*, The European approach to regulating AI through technical standards, 2024, S. 13, https://hal.science/hal-04254949/document (letzter Aufruf: Juli 2024). Ein ähnliches Argument in Bezug auf Ethik und ethisches Waschen wurde hier ausführlicher beschrieben: *Bietti*, From Ethics Washing to Ethics Bashing: A View on Tech Ethics from Within Moral Philosophy, in: FAT* '20: Proceedings of the 2020 Conference on Fairness, Accountability, and Transparency, S. 210–219, New York, NY, USA, https://doi.org/10.1145/3351095.3372860 (letzter Aufruf: August 2024).

285 *Gornet/Maxwell*, The European approach to regulating AI through technical standards, 2024, S. 8, https://hal.science/hal-04254949/document (letzter Aufruf: Juli 2024).

umfasst beispielsweise Normen zur „Charakterisierung der Vertrauenswürdigkeit von AI", zu „AI-gestütztem Nudging" und zu „Kompetenzanforderungen für Fachleute für AI-Ethik". Das zeigt, dass die europäischen Standardisierungsorganisationen diese Themen nicht scheuen und sie auch ohne offiziellen Auftrag verfolgen können.[286] Das bedeutet aber auch, dass diese Standards denjenigen, die sich an sie halten, keinen unmittelbaren Nutzen in Form der Konformitätsvermutung bringen. Wir erwarten dennoch positive sekundäre Effekte von Normierungs- und Strukturierungsversuchen, auf denen Rechtsanwenderinnen und Rechtsanwender für ihre praktische Arbeit aufbauen können.

(4) Codes of Conduct and Guidelines

Es gibt zwei weitere Instrumente, die das Verständnis des AI Acts sowie die Herstellung von Compliance erleichtern: die in Art. 95 geregelten Codes of Conduct und die in Art. 96 geregelten Guidelines der Kommission.

Zunächst die **Guidelines**: Diese sollen von der Kommission ausgearbeitet und veröffentlicht werden. Ferner sollten sie Hilfestellung bei der Umsetzung und Einhaltung vieler Anforderungen an Provider von High-Risk AI Systems sowie bei der Unterscheidung von AI Systems und Non-AI Systems und High-Risk von Non-High-Risk Systemen geben. Darüber hinaus sollen sie erläutern, was als **wesentliche Änderung** oder als **verbotene Praxis** anzusehen ist und detaillierte Informationen über das Verhältnis des AI Acts zu anderen Harmonisierungsrechtsvorschriften der Union aus Anhang I bereitstellen. Schließlich sollten sie auch auf die Elemente eines vereinfachten Qualitätsmanagementsystems gemäß Art. 63.1 eingehen, um Kleinstunternehmen bei der Einhaltung der Verpflichtungen des Gesetzes zu unterstützen. Solche **Guidelines** werden in der Tat sehr willkommen und in bestimmten Fällen sogar notwendig sein, da viele Begriffe auslegungsbedürftig sind. Zu beachten ist jedoch, dass diese Guidelines niemals über das hinausgehen können, was im AI Act geregelt ist, sondern vielmehr Verständnis und Rechtssicherheit in Bezug auf dessen Bestimmungen schaffen sollten. So begrüßenswert derartige Guidelines sind, so riskant kann es jedoch sein, sie als Quelle der Wahrheit zu betrachten. Der AI Act ist das Ergebnis von intensiven Verhandlungen mit teils unklarem Resultat, nicht die auf Papier verewigte Auffassung der Kommission. Die Kommission allein ist nicht der Gesetzgeber und am Ende werden europäische Gerichte das **letzte Wort in Auslegungsfragen** haben. Nachhaltige Beratung kalkuliert erwart-

286 *Gornet/Maxwell*, The European approach to regulating AI through technical standards, 2024, S. 8, https://hal.science/hal-04254949/document (letzter Aufruf: Juli 2024).

bare Rechtsentwicklungen ein, insbesondere was die grundrechtsfreundliche und Gesetzeslücken schließende Rechtsprechung des EuGH angeht.[287]

Codes of Conduct (CoC) hingegen sollten von den einschlägigen Branchenvertretern mit Unterstützung der Kommission und der Mitgliedstaaten ausgearbeitet werden. Diese CoCs sollten die in Erwägungsgrund 27 des AI Acts genannten Rechtsgrundsätze berücksichtigen. Und in erster Linie sollten sie als Orientierungshilfe für Anbieter, die Non-High-Risk Systeme entwickeln, im Hinblick auf die freiwillige Anwendung einiger Anforderungen des Gesetzes dienen. Sie können von einzelnen Providern oder Deployern oder von Organisationen, die diese vertreten, ausgearbeitet werden und der Prozess kann alle anderen Interessenvertreter einschließlich der Zivilgesellschaft und der Wissenschaft einbeziehen.

Schließlich werden sowohl die Guidelines der Kommission (Art. 96.2) als auch der CoC (Art. 112.7) überwacht und auf ihre Effizienz hin bewertet, was im Idealfall eine rechtzeitige Reaktion auf etwaige Mängel des Rechtsrahmens ermöglicht. Die praktischen Auswirkungen der beiden Instrumente können erst nach deren Veröffentlichung beurteilt werden. Betrachtet man die Codes of Conduct nach Art. 40 DSGVO, so wird die Wirkung begrenzt bleiben. Der aus unserer Sicht überzeugendste Referenzrahmen für Codes of Conduct sind die vom Gesetzgeber in Erwägungsgrund 27 explizit in Bezug genommenen Ethics Guidelines for Trustworthy AI der HLEG AI von 2019.

e) Inverkehrbringen

Schließlich ist es wichtig, den Triggerpunkt für das Erreichen, die Bestätigung und die Dokumentation der Konformität zu verstehen. Dies geschieht, bevor ein AI System in Verkehr gebracht wird. Obwohl das Inverkehrbringen in Art. 3.9 des AI Acts ausdrücklich definiert ist, wurde die Definition ursprünglich aus der **Verordnung (EU) 2019/1020**, die die Marktüberwachung und die Einhaltung der Vorschriften für Produkte im Allgemeinen regelt, übernommen und leicht angepasst. Erwähnenswert ist dies deshalb, weil die Verordnung (EU) 2019/1020 tatsächlich direkt für alle AI Systems gilt, die in den Anwendungsbereich des AI Acts fallen, wie in Art. 74 festgelegt. Darüber hinaus gibt es aufgrund dieser direkten Anwendung der genannten Verordnung bestimmte **Schlüsselkonzepte und -prozesse**, die auch dann gelten, wenn sie im AI Act nicht ausdrücklich definiert sind.

Zu diesen Konzepten gehören:

- „**AI Systems, mit denen ein Risiko verbunden ist**“, bei deren Bekanntwerden die Deployer verpflichtet sind, den Provider, den Distributor und

287 Vgl. die Schließung von Rechtsschutzlücken bei Art. 22 DSGVO durch EuGH, 7.12.2023 – C-634/21, NJW 2024, 413, Rn. 61 – SCHUFA.

die zuständigen Marktüberwachungsbehörden zu informieren und die Nutzung des Systems auszusetzen (Art. 26.5 des AI Acts). Diese Bestimmung ist im Lichte von Art. 79.1 im Sinne von „Produkten, mit denen ein Risiko verbunden ist" im Sinne der Verordnung 2019/1020 auszulegen. Diese werden in Art. 3.19 der genannten Verordnung als Produkte definiert, die unter **normalen oder vernünftigerweise vorhersehbaren Verwendungsbedingungen** die Gesundheit und Sicherheit von Personen, den Verbraucherschutz, die Umwelt, die Öffentlichkeit und andere öffentliche Interessen in einem unannehmbaren Ausmaß beeinträchtigen können.
- „**Operators**", die dann automatisch auch als „economic operators" im Sinne der Verordnung 2019/1020 gelten. Gemeint sind der Hersteller, der Bevollmächtigte, der Importer, der Distributor, der Dienstleistungserbringer oder jede andere natürliche oder juristische Person, die im Zusammenhang mit der Herstellung von Produkten, deren Bereitstellung auf dem Markt oder deren Inbetriebnahme Verpflichtungen unterliegt.
- „**AI Systems**" gelten als „Produkte" im Sinne der Verordnung 2019/1020.
- „**Marktüberwachungsbehörden**" im Sinne des AI Acts werden in der Verordnung 2019/1020 als Behörden definiert, die von einem Mitgliedstaat nach Art. 10 dieser Verordnung als für die Durchführung der Marktüberwachung in dessen Hoheitsgebiet zuständig benannt werden. Art. 10 der Verordnung 2019/1020 schreibt dabei bestimmte Bedingungen für ihre Benennung vor, z. B. Ressourcen, die sichergestellt werden müssen, damit die Behörden ihre Aufgaben wirksam erfüllen können, sowie die Art und Weise, wie ihre Pflichten zugewiesen werden müssen, damit ihre Aufgaben klar definiert sind.

Die Anwendung dieser Verordnung sollte bei der Umsetzung des AI Acts im Auge behalten werden, insbesondere im Hinblick auf die Überprüfung und den Nachweis der Compliance.

Ein letzter Punkt, den es in diesem Zusammenhang zu beachten gilt, ist, dass alle High-Risk AI Systems, einschließlich derjenigen, bei denen die Provider zu dem Schluss gekommen sind, dass sie unter die **Ausnahmeregelung in Art. 6.2** fallen, in der **EU-weiten Datenbank** für High-Risk AI Systems registriert werden müssen. Diese Datenbank wird öffentlich und frei zugänglich sein und soll sowohl die Transparenz als auch die Arbeit der EU und der nationalen Behörden erleichtern. Die Liste der Dokumente, die bei der Registrierung einzureichen sind, ist bereits in Anhang VIII enthalten und umfasst:
- Name, Anschrift und Kontaktdaten des Anbieters oder der Person, die die Informationen einreicht, sowie des bevollmächtigten Vertreters des Anbieters;
- Handelsname;

- eine Beschreibung der Zweckbestimmung des AI Systems sowie der Komponenten und Funktionen dieses AI Systems;
- eine Beschreibung der vom System verwendeten Informationen (Daten, Eingaben) und seiner Funktionsweise;
- den Status des AI Systems (in Verkehr oder in Betrieb; nicht mehr in Verkehr/in Betrieb, zurückgerufen);
- wenn die Konformitätsbewertung von einer notifizierten Stelle durchgeführt wurde, die Art, die Nummer und das Ablaufdatum der ausgestellten Bescheinigung, eine gescannte Kopie der Bescheinigung und die Angaben zur Identifizierung dieser notifizierten Stelle;
- eine Liste der Mitgliedstaaten, in denen das AI System in Verkehr gebracht, in Betrieb genommen oder zur Verfügung gestellt wurde;
- eine Kopie der EU-Konformitätserklärung;
- eine Betriebsanleitung;
- (optional) eine URL für zusätzliche Informationen.

4. Technische Dokumentation

„The guy who knows about computers is the last person you want to have creating documentation for people who don't understand computers."
(*Adam Osborn*)

Alle Provider von High-Risk AI Systems müssen vor dem Inverkehrbringen oder der Inbetriebnahme ihres Systems sämtliche erforderlichen technischen Unterlagen gemäß Art. 11 und Anhang IV erstellen. Diese Dokumentation muss sorgfältig aktualisiert werden und jederzeit in der Lage sein, die Konformität des AI Systems mit den Anforderungen, insbesondere gegenüber den national zuständigen Behörden und den benannten Stellen, nachzuweisen. Insbesondere die benannten Stellen müssen anhand der bereitgestellten Informationen in der Lage sein, die **Übereinstimmung des AI Systems mit den Anforderungen des AI Acts** zu bewerten.

Die **Mindestliste** der Inhalte umfasst:

- Allgemeine Beschreibung des AI Systems einschließlich:
  - Zweckbestimmung des Systems und Angaben zum Provider,
  - wie das System mit Nutzern und anderen Systemen interagiert,
  - Systemversion und erforderliche Updates,
  - Details bezüglich der Software,
  - erforderliche Hardware,
  - visuelle Darstellungen der Integration des AI Systems,
  - grundlegende Beschreibung der Benutzerschnittstelle und
  - Betriebsanleitungen für Deployer.

- Detaillierte Beschreibungen der Elemente des AI Systems und des Entwicklungsprozesses:
  - Beschreibung des Entwicklungsprozesses einschließlich der durchgeführten Methoden und Schritte,
  - eingesetzte Drittprodukte und Dienstleistungen,
  - Entwurfsspezifikationen einschließlich der allgemeinen Logik des Systems, wichtiger Design- und Klassifizierungsentscheidungen usw.,
  - Systemarchitektur sowie die zum Entwickeln, Trainieren, Testen und Validieren des AI Systems verwendeten Rechenressourcen,
  - Datenanforderungen und Trainingsmethoden,
  - Bewertung der Maßnahmen zur menschlichen Aufsicht,
  - Beschreibung der vorab bestimmten Änderungen am AI System,
  - Validierungs- und Testverfahren einschließlich Daten und Metriken und
  - Cybersicherheitsmaßnahmen.
- Überwachungs-, Funktions- und Steuerungsinformationen:
  - Fähigkeiten und Leistungsgrenzen des Systems,
  - Genauigkeitsgrade bei bestimmten Personen oder Personengruppen sowie des in Bezug auf seine Zweckbestimmung insgesamt erwarteten Maßes an Genauigkeit,
  - mögliche unbeabsichtigte Ergebnisse und Risiken,
  - Maßnahmen zur menschlichen Aufsicht und
  - Spezifikationen zu Eingabedaten.
- Beschreibung der angewendeten Leistungskennzahlen.
- Detaillierte Beschreibung des Risikomanagementsystems.
- Beschreibung einschlägiger Änderungen, die durch den Provider während des Lebenszyklus des Systems vorgenommen werden.
- Liste der harmonisierten Normen, mit denen das System übereinstimmt.
- Kopie der EU-Konformitätserklärung.
- Post-Market-Monitoring-System: Detaillierte Beschreibung des Systems zur Bewertung der Leistung des AI Systems in der Phase nach dem Inverkehrbringen.[288]

Diese Dokumentation ist ausweislich Erwägungsgrund 71 „*unerlässlich, um die Nachvollziehbarkeit [der AI-]Systeme, die Überprüfung der Einhaltung der Anforderungen dieser Verordnung sowie die Beobachtung ihres Betriebs und ihre Beobachtung nach dem Inverkehrbringen zu ermöglichen.*“

Die Liste der obligatorischen technischen Dokumentation wird für **Start-ups und KMUs** vereinfacht. In welchem Umfang dies erfolgt, wird voraussichtlich von der Kommission festgelegt, die auch ein Formular für die

---

288 Siehe Anhang IV AI Act: Die erforderliche Dokumentation unterscheidet sich für Provider von General-Purpose AI-Modellen.

Einreichung dieser Dokumentation bei den Behörden und benannten Stellen entwickeln wird (Art. 11.2).

Schließlich könnte die **Liste der erforderlichen technischen Unterlagen** von der Kommission geändert werden, wenn dies zur Anpassung an den technischen Fortschritt erforderlich ist (Art. 11.3).

IV. Deployment

„Scientists have searched for a perpetuum mobile; they have found it; it's ~~science~~ compliance itself."

(*Victor Hugo*)

Die Reise um die Compliance-Welt ist noch nicht am Ende, wenn das AI System als konform zertifiziert, mit einer CE-Kennzeichnung versehen und auf den Markt gebracht wurde. Ganz im Gegenteil, man könnte behaupten, dass die Geschichte erst dann beginnt. Das liegt daran, dass die Provider ihre AI Systems **kontinuierlich überwachen** müssen, unabhängig davon, ob sie das System selbst in Betrieb nehmen oder es extern eingesetzt wird. Außerdem haben auch die Deployer von AI Systems eine lange Liste von Verpflichtungen, die sie einhalten müssen. Doch lassen Sie uns zunächst kurz auf die Verpflichtungen eingehen, die den Providern auferlegt werden, sobald ihr System in Betrieb genommen wird.

1. Provider

Die Pflichten aller Provider von AI Systems sind in Art. 16 des AI Acts aufgeführt. Diese gelten unabhängig davon, ob die Provider selbst ein AI System entwickeln, die Entwicklung eines AI Systems bei einem Dritten in Auftrag geben oder auf die Weise in die Rolle des Providers schlüpfen, indem sie das AI System naiv mit ihrem **Firmenlogo** versehen **(Providerfiktion)**. Art. 16 enthält eine lange **Liste von Verpflichtungen**, von denen viele eine kontinuierliche Überwachung, Aktualisierung, Überprüfung, Zusammenarbeit usw. implizieren. Das bedeutet, dass ihre Anwendung über die Design- und Entwicklungsphasen des AI Life Cycle hinausgeht. Im Folgenden werden alle kurz erklärt, um aufzuzeigen, wie bestimmte Anforderungen, die in der Entwicklungsphase implementiert werden mussten, zu fortlaufenden Verpflichtungen werden, sobald es zum Einsatz des Systems kommt.

a) Das Offensichtliche

Die erste Verpflichtung für Provider von AI Systems besteht darin, sicherzustellen, dass ihre AI Systems mit allen Anforderungen aus Abschnitt II des AI Acts übereinstimmen. Dies bedeutet im Wesentlichen, dass die Provider zumindest die Kapitel I und II dieses Buches einhalten müssen. Dabei müssen sie stets den beabsichtigten Zweck ihres AI Systems sowie den **allgemein anerkannten Stand der Technik** (State of the Art, SOTA) der AI-Technologien im Auge behalten. Darüber hinaus sind sie auch dafür verantwortlich herauszufinden, wie die Verpflichtungen aus dem AI Act mit anderen anwendbaren sektoralen Harmonisierungsvorschriften der Union zusammenspielen. Kein Problem, oder? Einfach zurück zu Kapitel I und von vorn anfangen.

Darüber hinaus müssen die Provider von High-Risk AI Systems sicherstellen, dass sie ihre Identität und Rolle als Provider von AI Systems transparent kommunizieren, sodass jede Person, die mit dem Produkt in Berührung kommt, sie leicht erkennen und im Bedarfsfall kontaktieren kann. Außerdem müssen sie die in Abschnitt III.3.c ausführlich beschriebene Konformitätsbewertung durchführen und die CE-Kennzeichnung zum Nachweis der Konformität mit den Anforderungen des AI Acts anbringen sowie eine **Konformitätserklärung** ausstellen, sobald das Konformitätsbewertungsverfahren abgeschlossen ist. Der Grund, warum an dieser Stelle all diese Verpflichtungen noch einmal wiederholt werden, ist die Tatsache, dass die Konformitätsbewertung **in regelmäßigen Abständen wiederholt** werden muss, um die laufende Konformität sicherzustellen. Die erwähnten Kennzeichnungen müssen in allen Iterationen und Versionen des AI Systems sowie in der Begleitdokumentation sichtbar und zugänglich sein. Dazu sogleich mehr.

Schließlich müssen die Provider während des gesamten Lifecycles des AI Systems ein geeignetes **Qualitätsmanagementsystem** einführen und aufrechterhalten, wie in Kapitel II 1. a. ausführlich beschrieben. Ferner müssen sie sicherstellen, dass alle AI Systems die Anforderungen an die **Barrierefreiheit** erfüllen, die in den Richtlinien (EU) 2016/2102 über die Barrierefreiheit von Websites und mobilen Anwendungen öffentlicher Stellen und (EU) 2019/882 über die Anforderungen an die Barrierefreiheit von Produkten und Dienstleistungen geregelt sind. Dabei regelt insbesondere die zweite Richtlinie einen sehr breiten Bereich von verbraucherorientierten Produkten und Dienstleistungen, was wiederum AI-Provider verpflichtet, sicherzustellen, dass ihre verbraucherorientierten AI Systems auch die geltenden Anforderungen an die Barrierefreiheit erfüllen.

Dazu gehören:

- Anforderungen an die **Informationsbereitstellung**: Bereitstellung von Informationen, die über mehr als einen Sinneskanal konsumiert werden können, z.B. durch Text, Audio oder visuelle Darstellungen.
- **Benutzerfreundliche Schnittstellen**: Implementierung von Designmerkmalen, die das System leicht bedienbar machen und verschiedene Möglichkeiten der Interaktion zwischen Benutzer und System bieten.
- **Unterstützungsdienste**: Angebot von Hilfsdiensten wie Helpdesks, Callcentern, technischer Unterstützung, Relay-Diensten und Schulungen zur Unterstützung der Benutzer.

Obwohl diese Verpflichtungen nach der Lektüre von Kapitel II offensichtlich erscheinen mögen, gibt es auch einige weniger offensichtliche, die in den folgenden Abschnitten behandelt werden.

b) Dokumentation (Art. 18) und automatisch erzeugte Protokolle (Art. 19)

Art. 16 verlangt von den Providern von AI Systems, dass sie den Behörden alle erforderlichen Unterlagen für einen Zeitraum von zehn Jahren nach dem Inverkehrbringen des AI Systems zur Verfügung stellen. Diese Bestimmung mag ein kleiner Schock für viele Startups sein, die gerade damit beschäftigt sind, sich für die nächsten zehn Jahre im Geschäft zu halten sowie für einige der Tech-Giganten, die viele der Informationen aus der vorgeschriebenen Dokumentation lieber für sich selbst und nicht für die Behörden aufbewahren würden. Nichtsdestotrotz handelt es sich um eine rechtliche Verpflichtung, die nicht nur die technische Dokumentation, sondern auch einige weitere Besonderheiten umfasst. Art. 18 spezifiziert diese Verpflichtung als Verpflichtung zur Sammlung, Speicherung und Gewährleistung der Verfügbarkeit von:

- technischer Dokumentation (siehe Kapitel III.4),
- Dokumentation über das eingeführte Qualitätsmanagementsystem (siehe Kapitel III.1.a),
- Dokumentation über alle von den notifizierten Stellen genehmigten Änderungen,
- den notifizierten Stellen ausgestellten Entscheidungen und sonstigen Dokumenten und
- EU-Konformitätserklärung(en).

Unklar bleibt, was mit der Verpflichtung nach Ablauf der Frist geschieht, da Art. 18 keine Bedingung nennt, unter der die Frist verlängert wird, z. B. wenn das AI System erheblich geändert wurde. In Anbetracht der recht langen ersten Frist haben die Behörden aber noch etwas Zeit, um diese Frage zu klären. Sicher ist jedoch, dass die gesamte Dokumentation während des gesamten Zeitraums von zehn Jahren verfügbar bleiben muss, auch wenn der Provider vor Ablauf der Frist in Konkurs gegangen ist oder seine Tätigkeit eingestellt hat. Hier bietet es sich an, eine Art **Hinterlegungs- bzw. Escrow-Service** zu nutzen und im Voraus zu bezahlen, um keine spätere Durchgriffshaftung auf die Geschäftsleitung im Fall des Verlustes der Dokumentation zu provozieren. Die Bedingungen, unter denen diese Dokumentation verfügbar gehalten werden muss, werden von den Mitgliedstaaten festgelegt.

Und die obligatorische Dokumentation ist nicht das Einzige, was für eine – zumindest im digitalen Bereich – scheinbare Ewigkeit aufbewahrt werden muss. Wie bereits erwähnt, müssen AI Systems in der Lage sein, während der gesamten Lebensdauer des AI Systems automatisch **Protokolle** zu erstellen, die die folgenden Vorgänge aufzeichnen sollen:

- die **Tätigkeit**, einschließlich wesentlicher Maßnahmen und Entscheidungen, alle Daten, die für die Bereitstellung von System-Outputs verwendet werden, sowie die Datenbanken, aus denen die verwendeten Daten extrahiert wurden, die Zeiten, zu denen das System verwendet wurde und wer es verwendet hat,
- **Leistungsdaten**, im Allgemeinen, und
- **Fehlfunktionen**, wie Ereignisse, die auf erhöhte Risiken hinweisen.

Solange die Protokolle unter der Kontrolle der Provider von AI Systems bleiben, sind diese für ihre laufende Erstellung und sichere Aufbewahrung während eines Zeitraums verantwortlich, der dem Verwendungszweck des Systems entspricht und mindestens sechs Monate beträgt. Die einzige mögliche Ausnahme von dieser Regel wären nationale Gesetze, die ausdrücklich etwas anderes vorsehen, wozu auch spezifische Datenschutzvorschriften gehören. Dies könnte möglicherweise bedeuten, dass je nach System nur Leistungsdaten und Fehlfunktionen vollständig und für den vollen Zeitraum von sechs Monaten gespeichert werden, während bestimmte Aktivitätsinformationen wie die Benutzeridentität oder die Nutzungszeit für einen kürzeren Zeitraum gespeichert werden. **Datenschutzrechtliche Vorgaben** dürften zudem dazu führen, dass Anonymisierungsmethoden auf die derart erstellten Logs und Protokolle angewendet werden müssen. Dennoch dürften die zu erwartenden Datenmengen und die damit verbundenen technisch-organisatorischen Maßnahmen zur Gewährleistung von Datensicherheit erheblich sein, was wiederum ein **Anreiz zu strikter Datenminimierung** wäre.

c) Risikomanagement

Beim Risikomanagement während des Einsatzes von AI Systems kommt es vor allem darauf an, den vor dem Einsatz entworfenen Rahmen erfolgreich **umzusetzen** und so die laufende Compliance zu gewährleisten. Besonders wichtig ist in diesem Zusammenhang Folgendes:

- Termine für regelmäßige Überprüfungen festzulegen,
- Schwellenwerte und Vorfälle, die eine zusätzliche Überprüfung erfordern, festzulegen
- Prozesse und die Zuweisung von Rollen für das Vorfallmanagement einzurichten und
- Kommunikationskanäle einzurichten, um eine schnelle Reaktion auf Vorfälle zu gewährleisten.

Die notwendigen Komponenten eines Risikomanagementsystems wurden zwar bereits in Kapitel III 1.b. behandelt. Sie werden hier noch einmal erwähnt, um sicherzustellen, dass das System als umfassender und operationalisierter Kontroll- und Handlungsrahmen funktioniert, der über den Bereich der rein abstrakten Planung hinausgeht. In dieser Phase ist es daher unerlässlich, das Risikomanagement als einen **fortlaufenden Prozess** der ständigen Überprüfung, Anpassung und Wachsamkeit und nicht als eine einmalige Bewertung zu betrachten. Die Zuweisung menschlicher und damit finanzieller Ressourcen ist Grundvoraussetzung des Funktionierens eines Risikomanagements.

d) Menschliche Aufsicht

Eine weitere Verpflichtung, die sich von der Konzeption über die Entwicklung bis hin zum Einsatz erstreckt, ist die **menschliche Aufsicht**. Alle Provider von AI Systems sind verpflichtet, eine wirksame menschliche Aufsicht zu ermöglichen, durch:

- geeignete Designentscheidungen, Werteintegrationen und strategische Entscheidungen für Prozesse, die von der Automatisierung profitieren können;
- Auswahl geeigneter Daten und Durchführung einer Datenqualitätskontrolle und -validierung;
- Implementierung von Funktionen wie Mensch-Maschine-Schnittstellen, die es dem Menschen ermöglichen, in den Betriebsprozess des AI Systems einzugreifen, einschließlich der Möglichkeit, die Verarbeitungsvorgänge des AI Systems bei Bedarf zu stoppen. Dies kann den Einbau von Instrumenten wie benutzerfreundlichen Dashboards oder Bedienfeldern beinhalten;
- Planung der Entscheidungsvalidierung, u. a. durch den Einbau von Maßnahmen, die es Menschen ermöglichen, die vom AI System getroffenen Entscheidungen zu überprüfen und einzeln zu genehmigen, um sicherzustellen, dass in bestimmten Fällen keine automatisierte Entscheidung ohne menschliche Aufsicht final ist;
- Festlegung von Messgrößen und Intervallen für die Leistungskontrolle und den Überblick, u. a. durch regelmäßige Überwachung und Überprüfung der AI-Systemleistung anhand von Statistiken und Berichten, um Probleme oder mögliche Verbesserungen zu identifizieren.

Doch damit nicht genug: Alle Provider müssen auch detaillierte Informationen über alle implementierten menschlichen Kontrollmaßnahmen weitergeben. Insbesondere bezieht sich das auf diejenigen Aufsichtsmaßnahmen, die **vom Deployer selbst** durchgeführt werden müssen. Diese Betriebsanleitungen müssen gemäß Art. 14.4 die folgenden Punkte enthalten:

- Informationen zum Verständnis der Fähigkeiten und Grenzen des AI Systems, die eine Überwachung seines Betriebs ermöglichen, um Anomalien, Funktionsstörungen und unerwartete Leistungen zu erkennen und zu beheben.
- Informationen über die Risiken eines übermäßigen Verlassens auf die von einem AI System erzeugten Ergebnisse (**Automation Bias**[289]), insbesondere bei High-Risk AI Systems, die zur Bereitstellung von Informationen oder Empfehlungen eingesetzt werden.
- Informationen, die es den Deployern ermöglichen, die **Ergebnisse des AI Systems richtig zu interpretieren**, z. B. unter Berücksichtigung der verfügbaren Interpretationswerkzeuge und -methoden.
- Informationen, die den Deployern bei der **Entscheidung** helfen, das AI System nicht zu verwenden oder die Ergebnisse des AI Systems anderweitig zu ignorieren, außer Kraft zu setzen oder umzukehren.
- Verfügbare Mechanismen, die ein Eingreifen in den Betrieb des AI Systems oder eine **Unterbrechung** des Systems ermöglichen, sodass das System in einem sicheren Zustand zum Stillstand kommt.

Darüber hinaus werden bestimmte Überwachungsmaßnahmen, wie z. B. Designänderungen oder allgemeine Leistungskontrollen, **immer in den Händen und damit auch in der Verantwortung der Provider** bleiben. Wichtig ist, dass die Provider alle geplanten menschlichen Aufsichtsmaßnahmen, die in ihrer Verantwortung verbleiben, durchführen sowie das aufsichtsführende Personal so weit wie möglich beaufsichtigen und bei der korrekten Durchführung der verbleibenden Aufsichtsmaßnahmen unterstützen. Hierbei handelt es sich um **Kardinalpflichten der Provider**, die diese bei der Leistungserbringung einzupreisen haben. Was die konkrete Durchführung der Aufsicht betrifft, so wird es immer darum gehen, die Aufgaben an Personen zu übertragen, die angemessen geschult sind, über ausreichende Ressourcen verfügen, die notwendigen Befugnisse und keine Interessenkonflikte haben, die sie daran hindern könnten, die Aufsicht nach bestem Wissen und Gewissen auszuüben. Angemessene Schulung bedeutet in diesem Zusammenhang, dass die Person, die die Aufsicht ausübt, im **Umgang mit dem konkreten AI System** gut geschult ist und die **Funktionsweise des konkreten Systems** und potenzielle Risiken versteht. Angemessene Ressourcen meint, dass die zugewiesene Aufsichtsperson über alle notwendigen Instrumente, Zeit und Unterstützung verfügt, um ihre Aufsichtspflichten effektiv zu erfüllen. Dazu gehört auch der Zugang zu relevanten Daten und technischer Unterstützung.

289 ISO/IEC TR 24027:2021, Information technology – Artificial intelligence (AI) – Bias in AI systems and AI aided decision making“, 6.2.2, beschreibt Automation Bias als: „Automation bias occurs when a human decision-maker favours recommendations made by an automated decision-making system over information made without automation, even when the automation makes errors.“

Schließlich ist es wichtig, dass die Aufsichtsperson die Entscheidungsbefugnis hat, um bei Bedarf Maßnahmen zu ergreifen.

Alle durchgeführten Maßnahmen müssen sorgfältig auf die **Risiken des konkreten AI Systems** abgestimmt sein. Und in diesem Stadium ist es entscheidend, sicherzustellen, dass diese maßgeschneiderten Maßnahmen auch tatsächlich ordnungsgemäß umgesetzt werden.

e) Transparenz und Bereitstellung von Informationen für Deployer und/oder Endnutzer

Gemäß Art. 3.15 bezeichnet der Begriff „**Betriebsanleitung**" alle Informationen, die der Provider bereitstellt, um den Deployer eines AI Systems insbesondere über die Zweckbestimmung und die ordnungsgemäße Verwendung eines AI Systems zu informieren. Die Betriebsanleitungen wurden bereits an mehreren Stellen in diesem Buch und in Verbindung mit verschiedenen Sicherheitsvorkehrungen, Bewertungen, Maßnahmen und AI-Systemmerkmalen erwähnt. Das lässt den Schluss zu, dass Betriebsanleitungen länger sein können als die Datenschutzinformationen, die in bestimmten Fällen bereits (schlecht lesbaren) Romanen gleichen. Sowohl die **IEC/IEEE 82079-1:2019 (Preparation of information for use (instructions for use) of products – Part 1: Principles and general requirements)**, die allgemeine Nutzungsinformationen behandelt, als auch die speziell auf Maschinenanleitungen zugeschnittene, komplementäre und für jeden, der mit Sprache arbeitet, gewinnbringend zu lesende **ISO 20607:2019 (Safety of machinery – Instruction handbook – General drafting principles)** fordern für derartige Instruktionen in erster Linie Verständlichkeit ein. Die **ISO 20607:2019** beschreibt unter 4.4 **Comprehensible terminology and wording** wie folgt:

> *„Das Handbuch muss:*
>
> *a) Verständlich sein, indem vorzugsweise standardisierte Begriffe, allgemein anerkannte technische Begriffe oder, falls verwendet, spezielle technische Begriffe und Ausdrücke erklärt werden;*
>
> *b) So einfach und kurz wie möglich gehalten sein, beispielsweise durch: – sprachunabhängige Anweisungen zur Unterstützung des Textes (Piktogramme, Bilder, Zeichnungen usw.); – kurze und einfache Sätze; – Verwendung eines einzigen Begriffs, wo Synonyme verfügbar sind; – Tabellen und Auflistungen; – chronologisches, logisches und sequenzielles Schreiben; – Wiederholungen, wo nötig; – Diagramme, Grafiken;*
>
> *c) in konsistenten Begriffen und Einheiten (z. B. SI-Einheiten) ausgedrückt sein;*

> *d) Im Aktiv formuliert sein;*
>
> *e) Leicht übersetzbar sein."*

Das klingt vielversprechend, aber auch arbeitsintensiv. Wer soll nun diese Anleitungen unter Beachtung nicht nur der Produktsicherheit, sondern auch des stets mitschwingenden Grundrechtsschutzes anfertigen? Transparenz und Verständlichkeit von informatorischen Texten sind keine originären Kompetenzen von Juristen. In der Wirtschaftspraxis gibt es seit Jahrzehnten spezialisierte Berufsgruppen wie **technische Redakteure** und Experten für Terminologie, die sich mit der klaren und kohärenten Aufbereitung von Informationen befassen – ein Berufszweig, der allein in Deutschland im Jahr 2016 etwa 85.000 Fachkräfte zählte.[290] Diese Fachpersonen verfügen über ein tiefes Verständnis für linguistische, psychologische, didaktische, ergonomische und technische Aspekte, die für die Erstellung verständlicher und nützlicher Dokumentationen unabdingbar sind. Dennoch wird man nicht umhinkommen, eine Schnittstelle zwischen diesen und den juristischen Kompetenzen zu etablieren, um der hybriden Systematik des AI Acts gerecht zu werden.

In diesem Abschnitt werden noch einmal umfassend alle Informationen aufgelistet, die dem Deployer zusammen mit dem AI System zur Verfügung gestellt werden müssen. Damit sollte ein konformes AI System so eingesetzt werden können, dass eine **kontinuierliche Konformität** gewährleistet ist und alle bestehenden Risiken des AI Systems so weit wie möglich reduziert werden. Zu den **Informationen**, die in den Anweisungen enthalten sein müssen, gehören mindestens die folgenden:

- die Identität und die Kontaktdaten des Providers und seines bevollmächtigten Vertreters,
- die Merkmale, Fähigkeiten und Grenzen des High-Risk AI Systems, einschließlich seines Verwendungszwecks,
  - der Grad der Genauigkeit, Robustheit und Cybersicherheit, mit dem das High-Risk AI System getestet und validiert wurde,
  - alle bekannten oder vorhersehbaren Umstände, die zu Risiken für die Gesundheit, die Sicherheit oder die Grundrechte führen können,
  - die technischen Fähigkeiten und Merkmale des AI Systems, die für die Erklärung seines Outputs relevant sind,
  - die Leistung des AI Systems in Bezug auf bestimmte Personen oder Personengruppen, bei denen das System eingesetzt werden soll,

290 Branchenübergreifende Branchenkennzahlen für die Technische Kommunikation 2020, https://www.tekom.de/fileadmin/tekom.de/user_upload/Branchenkennzahlen_2020_Mitglieder.pdf (letzter Aufruf: August 2024).

- Spezifikationen für die Eingabedaten oder andere relevante Informationen in Bezug auf die verwendeten Trainings-, Validierungs- und Testdatensätze,
- Informationen, die es den Deployern ermöglichen, die Ergebnisse des AI Systems zu interpretieren und angemessen zu nutzen,

– die vom Anbieter im Voraus festgelegten Änderungen am High-Risk AI System,
– die menschlichen Überwachungsmaßnahmen,
– die erforderlichen Rechen- und Hardwareressourcen, die voraussichtliche Lebensdauer des AI Systems und die erforderlichen Wartungs- und Pflegemaßnahmen, einschließlich ihrer Häufigkeit,
– eine Beschreibung der in das AI System integrierten Mechanismen, die es den Einsatzkräften ermöglichen, die Protokolle ordnungsgemäß zu erfassen, zu speichern und auszuwerten.

Jeder einzelne dieser Punkte umfasst relevante Unterpunkte, die in die Betriebsanweisung aufgenommen werden müssen und die bereits in den entsprechenden Kapiteln erwähnt wurden. Um ein Beispiel zu nennen: Menschliche Überwachungsmaßnahmen (Punkt 4) müssen Informationen enthalten, die es denjenigen, die die menschliche Aufsicht ausüben, ermöglichen:

– die Fähigkeiten und Grenzen des AI Systems richtig zu verstehen,
– ihren Betrieb ordnungsgemäß zu überwachen, einschließlich Anomalien, Fehlfunktionen und unerwartete Leistungen zu erkennen und zu beheben,
– sich der möglichen Tendenz bewusst zu sein, sich automatisch auf die von einem High-Risk AI System erzeugten Ergebnisse (zu sehr) zu verlassen (Automation Bias) und
– die Ergebnisse des AI Systems richtig zu interpretieren.

Ähnliche Listen gelten für alle Punkte von Art. 13.

Diese Informationen können in verschiedenen Formaten bereitgestellt werden, solange sie **präzise, vollständig, korrekt und klar** sind und alle relevanten und verständlichen Informationen enthalten, die es den Deployern ermöglichen, die Ergebnisse eines Systems zu interpretieren und angemessen zu nutzen. Um eine solche sinnvolle Transparenz zu ermöglichen, wird in Erwägungsgrund 72 auch vorgeschlagen, anschauliche Beispiele aufzunehmen, z. B. zu den Grenzen und zu den beabsichtigten und ausgeschlossenen Verwendungen des AI Systems. Solche Beispiele wären in der Tat sehr hilfreich, um den Deployern deutlich zu machen, wofür das AI System nicht gedacht ist. Man denkt automatisch an **Warnaufkleber auf Produkten**, die besonders eklatante oder gar absurd scheinende Risiken vermeiden sollen. Doch auch hier darf man sich nicht täuschen lassen, gerade die Erfahrung zeigt, dass eine Vielzahl von missbräuchlichen oder gefährlichen Benutzungen durchaus mit wenig Fantasie vorhersehbar ist.

Die wesentliche Kernaussage von Art. 13 und dem begleitenden Erwägungsgrund 72 besteht jedoch darin, dass das AI System so konzipiert und aufgebaut sein muss, dass der **Provider alle Fähigkeiten und Grenzen des AI Systems versteht** und in der Lage ist, diese auch Dritten präzise und umfassend zu erklären. Dies stellt eine Herausforderung dar, der bereits während des Entwurfs und der Entwicklung begegnet werden muss. Sich diesem Thema erst zu widmen, wenn Provider bereits Anleitungen für die Nutzung vorbereiten, ist zu spät.

f) Post-Market Monitoring (Art. 72); Korrekturmaßnahmen und Informationspflicht (Art. 20); Meldung schwerwiegender Vorfälle (Art. 73) und Zusammenarbeit mit den Behörden

Gemäß Art. 3.25 des AI Acts bezeichnet ein „Post-Market-Monitoring-System“ alle Tätigkeiten, die Provider von AI Systems zur Sammlung und Überprüfung von Erfahrungen mit der Verwendung der von ihnen in Verkehr gebrachten oder in Betrieb genommenen AI Systems durchführen, um festzustellen, ob unverzüglich nötige Korrektur- oder Präventivmaßnahmen zu ergreifen sind. Darüber hinaus verlangt Art. 72, dass dieses System der Art und den Risiken eines bestimmten AI Systems angemessen sein muss. Er schreibt auch die aktive und systematische Erhebung, Dokumentation und Analyse relevanter Daten über die Leistung des AI Systems vor, die entweder von den Deployern oder aus anderen Quellen, wie z. B. automatisch erstellten Protokollen, stammen können. Schließlich sollte der Zweck dieses Systems darin bestehen, die Leistung des AI Systems während seiner gesamten Lebensdauer kontinuierlich zu überwachen, einschließlich seiner Interaktion mit anderen AI Systems, sofern eine solche Interaktion überhaupt stattfindet. All dies muss in Übereinstimmung mit einem **Post-Market-Monitoring-Plan** erfolgen, der als Teil der technischen Dokumentation niedergelegt werden muss. Die Einzelheiten, wie dieser Plan zur Überwachung nach dem Inverkehrbringen aussehen soll, sind noch nicht bekannt, aber die Kommission dürfte bis zum 2.2.2026 eine Vorlage veröffentlichen.

Zwei weitere interessante Besonderheiten des Artikels beziehen sich auf Produkte, die unter die **Harmonisierungsrechtsvorschriften** der Union fallen, sowie auf die von Finanzinstituten eingeführten AI Systems. Dabei können die Anforderungen des AI Acts in alle bestehenden Systeme und Pläne integriert und aufgenommen werden, die gemäß den einschlägigen sektoralen Vorschriften umgesetzt werden. Die zweite Besonderheit betrifft die sensiblen Betriebsdaten von Deployern, bei denen es sich um Strafverfolgungsbehörden handelt, da solche Daten nicht im Post-Market-Monitoring-System des Providers verwendet werden können. Eine solche Ausnahme gibt es für keine andere Art von Deployern.

(1) Zielsetzung und Zweck

Erwägungsgrund 155 beschäftigt sich mit dem Ziel und Zweck dieses Systems. Dieser bezeichnet das Post-Market-Monitoring-System als **Mittel zur Verbesserung von AI Systems und ihres Entwurfs- und Entwicklungsprozesses**, sodass die Provider rechtzeitig Korrekturmaßnahmen ergreifen können. Darüber hinaus ist ein solches Überwachungssystem unerlässlich insbesondere für adaptive AI Systems, die nach dem Inverkehrbringen weiter „lernen“, um mögliche Risiken rechtzeitig und wirksam anzugehen.

Andererseits besteht der Hauptzweck dieses Systems darin, schwerwiegende Vorfälle oder neuartige Risiken, die sich aus dem Einsatz von AI Systems ergeben, melden zu können. In diesem Zusammenhang wird in Erwägungsgrund 155 ausdrücklich erwähnt, dass den Behörden **schwerwiegende Vorfälle zu melden** sind, d.h. Vorfälle oder Fehlfunktionen, die zum Tod oder zu schweren Gesundheitsschäden, zu schwerwiegenden und irreversiblen Störungen der Verwaltung und des Betriebs kritischer Infrastrukturen, zu Verstößen gegen die Verpflichtungen aus dem Unionsrecht, mit denen die Grundrechte geschützt werden sollen, oder zu schweren Sach- oder Umweltschäden führen.

Die **Verpflichtung zur Meldung von Risiken an Behörden** und Einsatzkräfte ergibt sich jedoch aus Art. 20. Dieser verpflichtet die Provider, bei Zweifeln an der Konformität ihres AI Systems mit dem AI Act unverzüglich die erforderlichen Korrekturmaßnahmen zu ergreifen, es gegebenenfalls zurückzunehmen, zu deaktivieren oder zurückzurufen. Sie sind auch verpflichtet, ihren Distributor, Importer, Deployer und bevollmächtigten Vertreter über die getroffenen **Korrekturmaßnahmen** zu informieren. Darüber hinaus sind sie nach Absatz 2 desselben Artikels verpflichtet, neuartige und schwerwiegende Risiken im Zusammenhang mit der Verwendung des AI Systems unverzüglich zu untersuchen und den Deployer und die Marktüberwachungsbehörden sowie gegebenenfalls die Konformitätsbewertungsstelle über diese Risiken zu informieren. Diese Risiken und Vorfälle können nur durch ein effizientes Post-Market-Monitoring-System überwacht und erfasst werden. Daher ist es von entscheidender Bedeutung, dass das Post-Market-Monitoring-System sowohl in der Lage ist, diese Vorfälle zu erkennen und aufzuzeichnen, als auch Zuständigkeiten zuzuweisen und Verfahren für deren Eindämmung und Meldung an andere Operators und die Behörden festzulegen.

(2) Wichtige Merkmale

Wichtige Merkmale eines ordnungsgemäßen und effizienten Post-Market-Monitoring-Systems sind:

- Es ist ein **produktspezifisches System**. Ähnlich wie das Risikomanagementsystem muss auch das Post-Market-Monitoring-System auf die Risiken eines bestimmten AI Systems zugeschnitten sein. Das bedeutet, dass es zwar bestimmte Rollen und Verantwortlichkeiten geben kann, die organisationsübergreifend einer Person zugewiesen sind. Die Besonderheiten müssen dennoch individuell auf die verschiedenen AI Systems zugeschnitten werden.
- Das Post-Market-Monitoring-System dient in erster Linie der **Überwachung der Leistung**, einschließlich des Auftretens unerwarteter und unerwünschter Ereignisse und neuer Risiken. Damit überwacht das Post-Market-Monitoring-System einerseits die Leistung des AI Systems während seiner gesamten Lebensdauer, um die fortlaufende Compliance zu gewährleisten. Andererseits dient es aber auch dazu, Vorfälle und Risiken in Echtzeit zu erkennen und rechtzeitig auf deren Auftreten zu reagieren.
- Das Post-Market-Monitoring-System umfasst immer auch die **Zuweisung von Rollen und Verantwortlichkeiten**. Um sicherzustellen, dass alle festgestellten Risiken und Vorfälle nicht nur erfasst, sondern auch angemessen behandelt werden, müssen Aufgaben und Zuständigkeiten an Personen mit entsprechenden Kompetenzen und ausreichenden Ressourcen vergeben werden, damit diese tatsächlich auf diese Risiken und Vorfälle reagieren und sie erforderlichenfalls melden können.
- Aufgrund der kurzen Meldefristen (Meldung „erfolgt unmittelbar“ (Art. 73.2)) und der Tatsache, dass rechtzeitige Reaktionen an sich schon eine Herausforderung darstellen, sollten **Verfahren und Kommunikationskanäle für das Management von Vorfällen** auch ein Standardbestandteil des Post-Market-Monitoring-Systems sein. Um ein Höchstmaß an Effizienz zu erreichen, ist es ratsam, diese Verfahren für das Management von Vorfällen klar zu definieren und spezifische Prozessanweisungen zu geben.
- Das Post-Market-Monitoring-System sollte sowohl regelmäßig als auch in Ausnahmefällen überprüft werden. Für die **regelmäßige Überprüfung** sollten angemessene Fristen festgelegt werden, wobei diese Fristen aufgrund des neuartigen Charakters der AI-Technologien sowie der unbeständigen Regulierungssituation eher kürzer als länger sein sollten. Die außerordentliche Überprüfung hingegen sollte mit Leistungs- und Überwachungsdaten verbunden sein. Sie sollte beispielsweise immer dann durchgeführt werden, wenn negative Trends, die über die vorgegebenen Toleranzschwellen hinausgehen, sowie schwerwiegende Vorfälle festgestellt oder gemeldet werden.
- Alle zuvor genannten Punkte sowie einige weitere sollten in einem Post-Market-Monitoring-Plan sorgfältig **dokumentiert** werden. Mehr über den Inhalt des Plans im folgenden Unterabschnitt.

- Das Post-Market-Monitoring-System muss mit anderen einzurichtenden Systemen, wie dem **Qualitätsmanagementsystem** [siehe Abschnitt III.1.a.] und dem **Risikomanagementsystem** [siehe Abschnitt III.1.b.], **zusammenwirken** und diese ergänzen.

(3) Post-Market-Monitoring-Plan

Auch wenn noch nicht bekannt ist, wie die Besonderheiten des Post-Market-Monitoring-Systems im Rahmen des AI Acts in Bezug auf AI Systems aussehen werden oder wann die Kommission ihre Vorlage veröffentlicht, lohnt sich ein Blick auf die Anforderungen an Produkthersteller in der medizinischen und pharmazeutischen Industrie. Insbesondere der Technical Report **ISO/TR 20416:2020 (Medical devices – Post-market surveillance for manufacturers)** über Medizinprodukte – Überwachung nach dem Inverkehrbringen für Hersteller könnte helfen, die Forderungen der Kommission zu antizipieren. Der Report beschreibt nicht nur detailliert die wesentlichen Inhalte eines Post-Market-Monitoring-Plans, sondern zeigt auch verschiedene mögliche Quellen für die Datenerfassung sowie verschiedene Methoden zur Analyse der erfassten Daten, um eine wirksame Überwachung zu ermöglichen. Beides ist universell verständlich und damit auf AI Systems übertragbar.

Der ISO/TR 20416:2020 definiert den Post-Market-Surveillance-Plan im Zusammenhang mit Medizinprodukten als einen Plan, der festlegt, wie die Organisation beabsichtigt, aktiv relevante Daten aus der Verwendung des Medizinprodukts während des gesamten Lebenszyklus zu sammeln und zu analysieren. Interessanterweise scheint die Definition viel weiter gefasst zu sein als die des AI Acts, welcher sie auf ein System zur Überwachung von AI Systems reduziert, um notwendige **Korrektur- oder Präventivmaßnahmen** zu ermitteln. Das bedeutet im Grunde genommen, dass es sich nach dem AI Act nur um ein System zur Erkennung von und Reaktion auf Vorfälle handelt. Dies erscheint eher unglücklich. Vor dem Hintergrund, dass die Provider von AI Systems bereits Qualitäts- und Risikomanagementsysteme einrichten müssen, die eine kontinuierliche Verbesserung und Risikoüberwachung beinhalten und in die das Post-Market-Monitoring-System integriert ist, lässt sich über dieses Detail aber hinwegsehen. Daher sollte man sich lieber auf den Post-Market-Monitoring-Plan und die Bestandteile, die er höchstwahrscheinlich beinhalten muss, konzentrieren – natürlich unter Berücksichtigung des auf Vorfälle ausgerichteten Ansatzes des AI Acts.

In Anlehnung an den ISO/TR 20416 kann der Post-Market-Monitoring-Plan bereits unter Berücksichtigung der folgenden Punkte erstellt werden:

- **Umfang des Post-Market-Surveillance-Plans**
  - Festlegung des Typs des AI Systems und der zugrunde liegenden Technologie,

- Festlegung der Risikokategorie des Systems mit einer kurzen Beschreibung der beabsichtigten Verwendung des AI Systems,
- Länder, in denen das AI System verfügbar sein wird,
- verfügbare Daten über die Sicherheit und Leistung des AI Systems,
- technologischer Reifegrad in Bezug auf den Stand der Technik,

– **Festlegung der Ziele des Post-Market-Surveillance-Plans**
- Allgemein: Verringerung der festgestellten Unsicherheit durch Sammlung und Analyse neuer relevanter Informationen und Überwachung neu auftretender Risiken und Vorfälle.
- Spezifisch: Beantwortung konkreter Fragen/Risiken/Bedenken auf der Grundlage der bestehenden Erwartungen und Risikobewertungen des Providers sowie der gesammelten Daten:

– Wurden neue Risiken identifiziert oder hat sich die Akzeptanz von Risiken geändert?
– Wurde ein Missbrauch festgestellt?
– Muss der Verwendungszweck des AI Systems aufgrund des vorhersehbaren oder festgestellten Missbrauchs aktualisiert werden?
– Arbeitet das AI System wie erwartet?
– Können Verbesserungen vorgenommen werden, um die Risiken zu mindern?
– Hat sich der Stand der Technik nach der Einführung geändert?
– Können zusätzliche Benutzerschulungen die Risiken mindern?
– Gibt es Probleme bei der Benutzerfreundlichkeit?
– Gibt es wiederkehrende Fehlfunktionen?
– **Zuständigkeiten und Befugnisse**

Wie bei allen anderen zuvor erwähnten Systemen, die eingerichtet werden müssen (siehe: Qualitäts- und Risikomanagementsysteme), müssen auch hier Zuständigkeiten und Befugnisse für verschiedene Aufgaben festgelegt werden, die während des gesamten Lifecycles eines AI Systems ausgeführt werden müssen. Die Personen, denen die Rollen zugewiesen werden, müssen:

– über (alle) erforderlichen Kompetenzen verfügen, was auch bedeuten kann, dass interdisziplinäre Teams für die Durchführung der Überwachung gebildet werden sollen,
– ausreichend sachkundig sein,
– über genügend Ressourcen verfügen und
– über ausreichende Befugnisse verfügen.

All dies soll sicherstellen, dass sie ihre Aufgaben erfüllen und die Überwachung nach dem Inverkehrbringen wirksam durchführen. Diese Rollen müssen im Post-Market-Monitoring-Plan zugewiesen werden, zusammen mit einer Beschreibung der damit verbundenen Aufgaben.

Auch hier kann der ISO/TR 20416 mit Beispielen für **Rollen und deren Kompetenzen** sehr hilfreich sein. Dazu können gehören:

- Ausarbeitung und Durchführung eines Post-Market-Surveillance-Plans, der der Leitung der Organisation unterstellt ist und sich mit dem allgemeinen Prozess der Überwachung nach dem Inverkehrbringen der Organisation beschäftigt.
- Bearbeitung von Vorfällen nach dem Inverkehrbringen, die sich mit der Bearbeitung von Beschwerden sowie der Meldung von Zwischenfällen beschäftigt.
- Laufende Datenerfassung, die dem Bereich Informationsangelegenheiten zugeordnet ist und die Aufgabe hat, Daten auf der Grundlage bekannter und modernster Bewertungsmethoden sowie unter Berücksichtigung spezifischer Umstände zu sammeln.

Diese werden je nach dem spezifischen AI System, den Ressourcen der Organisation und sogar den bestehenden Rollen innerhalb einer Organisation und ihren Kapazitäten stark variieren. Dennoch sind solche Beispiele nützlich, um eine allgemeine Vorstellung davon zu bekommen, was das Gesetz verlangt.

- **Datenerhebung**

Eine Schlüsselkomponente eines erfolgreichen Post-Market-Monitoring-Systems ist die **Datenauswertung**. Um jedoch über geeignete, zuverlässige, qualitativ hochwertige und integre Daten verfügen zu können, muss zunächst sichergestellt werden, dass die Daten aus den **richtigen Quellen und mit den richtigen Methoden** erhoben werden. Zweitens müssen insbesondere bei High-Risk AI Systems und neuen Technologien möglicherweise Datenquellen in Betracht gezogen werden, die Daten geringerer Qualität produzieren. Dies ist unproblematisch, solange auch der Grad des Vertrauens und der Bedeutung von Daten aus einer bestimmten Quelle definiert wird. So lassen sich zum Beispiel die folgenden Datenquellen definieren:

- Beschwerden,
- Protokolldaten (Logs),
- Updates und Fehlerbehebungen, d. h. Wartung,
- Versionierung und frühere Installationen,
- Benutzerschulungen,
- wissenschaftliche Literatur,
- Normen und Standards,
- regulatorische Aktivitäten und Veröffentlichungen,
- öffentlich zugängliche Daten, verfügbar in öffentlichen Datenbanken,
- soziale Medien und öffentliche Medien usw.

Diese Kategorien von Quellen müssen dann weiter spezifiziert werden, indem die Eigenschaften der aus diesen Quellen gesammelten Daten sowie ihre Verwendung und ihr Nutzen definiert werden.

Sobald die relevanten Datenquellen und der erwartete Wert dieser Quellen erfasst wurden, kann mit der **Definition der Datenerhebungsmethoden** fortgefahren werden, die für jede bestimmte Datenquelle und -art verwendet werden können. Zu diesen Methoden gehören:

- proaktive Datenerhebung, wie z. B.:
  - Sammlung von Nutzerfeedback durch Zufriedenheitsfragebögen,
  - Literaturrecherche,
  - Überprüfung der von den Aufsichtsbehörden veröffentlichten Informationen,
  - Sammlung von Daten aus sozialen Medien und Medien, die relevant sein könnten.
- reaktive Datenerfassung, wie z. B.:
  - Überprüfung von Beschwerden (einschließlich Berichten über Vorfälle),
  - Überprüfung von Service- oder Wartungsberichten,
  - Überprüfung von Meldungen über die Einhaltung von Vorschriften.

Um die richtige Methode zu bestimmen, sollte die Organisation immer die **Analyse- und Bewertungsmethoden**, die auf die Daten angewendet werden sollen, das Ziel einer solchen Datenanalyse (z. B. Feststellung der Ursache und Meldung von Vorfällen oder Identifizierung potenzieller neuer Risiken und Erforschung von Ideen) und die Stichprobengröße (z. B. globaler Einsatz gegenüber regionalem oder nationalem Einsatz) berücksichtigen. Schließlich sollte die Organisation auch die **Zeitspanne** berücksichtigen, in der die Daten gesammelt und ausgewertet werden sollen, insbesondere wenn sie sich auf aktive Datenerfassungsmethoden stützt. Wenn beispielsweise Nutzerfeedback für eine frühere Version des AI Systems eingeholt oder wissenschaftliche Literatur von vor fünf Jahren analysiert wird, sind die so gesammelten Daten für die Wirksamkeit das Post-Market Monitoring irrelevant. Dies gilt ebenso für die Häufigkeit, mit der die Daten erhoben und ausgewertet werden sollen.

Nachdem die Datenquellen und die geeigneten Methoden für die Datenerhebung festgelegt wurden, muss ein Protokoll für die Datenerhebung erstellt werden, das später aufgezeichnet werden kann:

- Wie wird die Datenerhebung verwaltet?
- Wie und von wem wurden die Daten erfasst?
- Wie wurden die Daten überwacht und aktualisiert?
- Wie wurden Datenqualität und -integrität sichergestellt bzw. wer war dafür verantwortlich?
- usw.

Alle Quellen und Methoden müssen beschrieben werden, aber es gibt nach gesetzgeberischer Konzeption an diesem Punkt keine Risikobewertung, keine Maßnahmen zur Risikominderung und keine Rechtsgrundlage für die Datenerhebung bzw. -verarbeitung. Was nicht heißt, dass man die Chance zur Anknüpfung an die einmal vorliegenden Rohdaten ungenutzt verstreichen lassen sollte.

– Die Datenanalyse

Wie bereits unter dem vorangegangenen Punkt erwähnt, beeinflussen unsere erwarteten und geplanten Datenanalysemethoden die Quellen und Methoden der Datenerhebung und vor allem die zugewiesene Relevanz. Es existieren wechselseitige Abhängigkeiten wie in einem System kommunizierender Röhren, d.h., die verfügbaren Quellen und die erwartete Qualität und Quantität der aus diesen Quellen gesammelten Daten bestimmen die geeignete Datenanalysemethode. So werden beispielsweise Vorfallsberichte und Beschwerden anders analysiert als wissenschaftliche Veröffentlichungen und öffentliche Medienquellen, die wiederum anders ausgewertet werden als Log-Dateien. Die **gewählte Methode hängt vom angestrebten Ziel ab** (z.B. ist es auch hier nicht unerheblich, ob Ursachen ermittelt und Vorfälle gemeldet oder potenzielle neue Risiken identifiziert und Ideen erforscht werden). Auf der Grundlage dessen können wir bestimmen, ob **quantitative oder qualitative Methoden** besser geeignet sind und welche quantitative oder qualitative Methode für einen bestimmten Datentyp am besten geeignet ist.

Zu den quantitativen Methoden gehören zum Beispiel:

- deskriptive Statistik (z.B. Mittelwert, Median, Modus, Prozentsatz, Häufigkeit, Spannweite),
- inferentielle Statistik (z.B. Korrelation, Regression, Varianzanalyse).

Zu den qualitativen Methoden können gehören:

- Content Analysis (Inhaltsanalyse),
- Narrative Analysis (Narrative Analyse),
- Grounded Theory.

Es ist auch möglich, diese Methoden zu kombinieren oder in einer bestimmten Reihenfolge durchzuführen oder andere Methoden zu verwenden, solange diese geeignet sind, um Informationen und Erkenntnisse über die Leistung des AI Systems zu gewinnen und Risiken zu überwachen und zu mindern.

(4) Abschlussbericht

Alle Fragen und Ziele, die im Plan beschrieben sind, müssen schließlich im Bericht über die Datenanalyse dokumentiert werden. Wiederum in Übereinstimmung mit dem ISO/TR 20416 kann dieser Bericht Folgendes enthalten:

- eine **Zusammenfassung**: einschließlich Informationen zur Identifikation des Berichts und organisationsbezogenen Informationen;
- Hintergrundinformationen über das AI System, z. B. die Versionierung, ob es sich um ein verankertes (embodied AI) System handelt oder nicht usw.;
- **Beschreibung** des AI Systems, z. B. sein Verwendungszweck und die ausgeschlossenen Verwendungen;
- Überblick über die gesammelten Daten aus dem Post-Market-Monitoring-System;
- Analyse und Bewertung der gesammelten Daten;
- **Empfehlungen** für zu ergreifende Maßnahmen;
- Schlussfolgerungen zur Nutzen-Risiko-Bestimmung, einschließlich aller angewandten Entscheidungskriterien;
- **Zeitspanne für die systematische Überprüfung** auf der Grundlage der Risiken des AI Systems und Berichtsergebnisse.

Sobald das Post-Market-Monitoring-System eingeführt ist, muss auch dieses System daraufhin überprüft werden, ob es geeignet ist, die im Post-Market-Monitoring-Plan festgelegten Ziele zu erreichen. Dazu gehören sowohl regelmäßige Überprüfungen nach neuen **Aktualisierungen** oder **Versionen** des AI Systems als auch z. B. jährliche Aktualisierungen. Aber auch außergewöhnliche Überprüfungen, wenn dies aufgrund von Vorfällen, Berichten oder Mitteilungen von Behörden erforderlich ist. Die Überprüfung von Beweisdaten kann entweder durch ein spezielles Audit oder für bestimmte Datenarten durch dokumentierte Verfahren erfolgen.

Um die gesammelten Daten zu bewerten, müssen auch **Schwellenwerte** festgelegt werden, ab denen eine außerordentliche Überprüfung erforderlich sein könnte. Ferner muss die Annehmbarkeit verbleibender oder nicht behobener Risiken bewertet werden. Falls die Risiken nicht als akzeptabel bewertet werden können oder die ermittelten Schwellenwerte überschritten werden, kann das Post-Market-Monitoring-System nicht nur einer außerordentlichen Überprüfung unterzogen werden, sondern es können auch zusätzliche Verpflichtungen entstehen, wie z. B. das Ergreifen von Korrekturmaßnahmen oder die Meldung an die Behörden. Schließlich sollten alle ermittelten notwendigen Änderungen und Anpassungen sowie deren Ursachen während der Überprüfung und in den aus dieser Überprüfung resultierenden Abschlussberichten festgehalten werden.

(5) Zusammenspiel mit anderen Systemen und Prozessen

Letztlich können und sollen alle gesammelten Informationen in anderen Prozessen und zur Aktualisierung anderer Systeme genutzt werden. Schließlich ist die Einrichtung eines Post-Market-Monitoring-Systems nicht nur eine eigenständige rechtliche Verpflichtung gemäß Art. 72, sondern auch ein Bestandteil des in Art. 17 vorgeschriebenen Qualitätsmanagementsystems sowie ein **Instrument zur Erkennung und Behebung von Risiken**, die sich stets auf das in Art. 9 vorgeschriebene Risikomanagementsystem auswirken werden.

Darüber hinaus sollten die gesammelten Daten für Managementreviews verwendet werden, um mögliche Änderungen an etablierten Prozessen zu identifizieren und als Grundlage für Entscheidungen über die Gestaltung des AI Systems und für **Verbesserungspläne** zu dienen. Damit sind nicht unbedingt Änderungen gemeint, die festgestellte Probleme widerspiegeln und darauf abzielen, diese Probleme zu beheben, sondern auch regelmäßige Verbesserungen und Aktualisierungen, die von den während des gesamten Post-Market-Monitoring-Prozesses gesammelten Daten profitieren können.

Schließlich werden alle gesammelten Daten notwendigerweise verwendet, um rechtliche Anforderungen zu erfüllen, z. B. um überhaupt beweisen zu können, dass ein Post-Market-Monitoring-System umgesetzt ist, aber auch, um **Korrekturmaßnahmen** zu ergreifen, die ergriffenen Maßnahmen den Deployern und Behörden mitzuteilen, alle zusätzlichen festgestellten Risiken gemäß Art. 20 zu melden sowie um schwerwiegende Vorfälle gemäß Art. 26 zu melden oder auf begründete Informationsanfragen von Behörden zu reagieren.

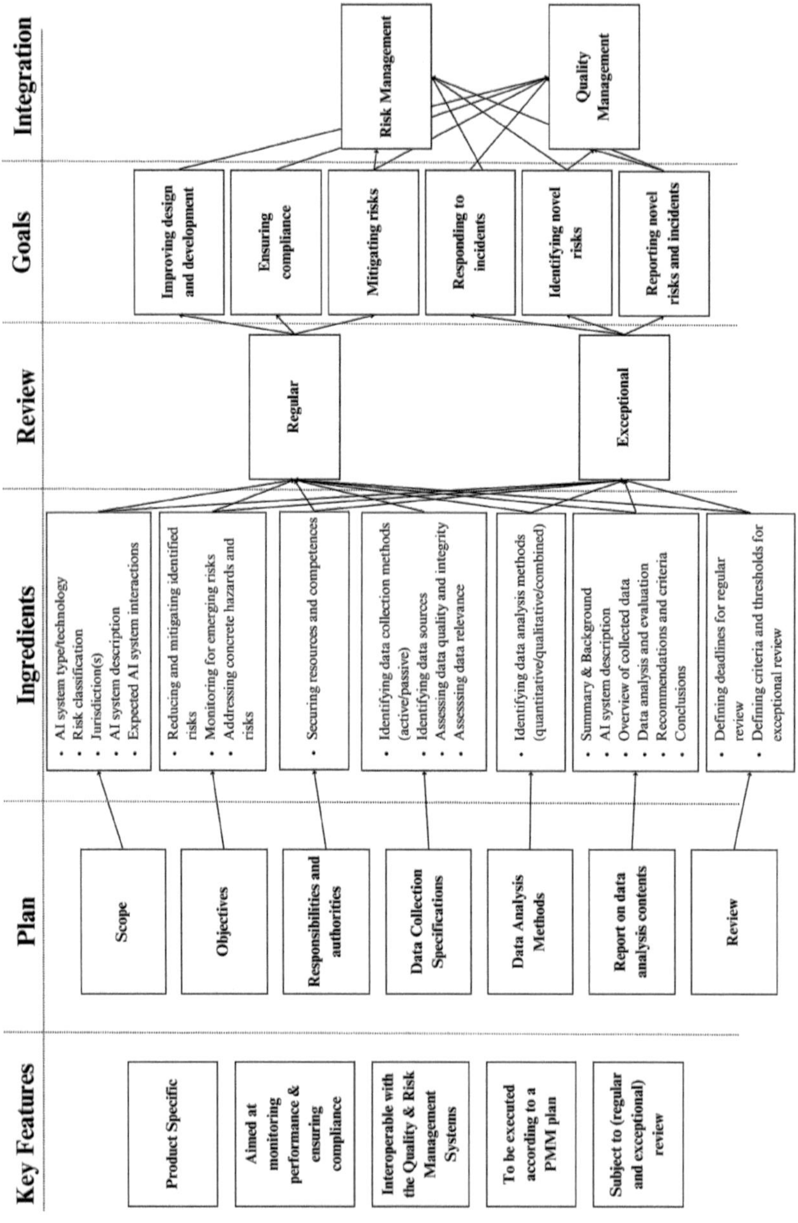

Abbildung 20: Post-Market-Monitoring-System-Struktur nach dem AI Act

2. Deployer

Deployer von AI Systems, d.h. all jene, die ein AI System unter ihrer Aufsicht und im Rahmen ihrer beruflichen Tätigkeit einsetzen, haben deutlich weniger Bestimmungen des AI Acts zu beachten. Nichtsdestotrotz gibt es auch für sie einige Bestimmungen, die teils mehr, teils weniger offensichtlich sind. Die meisten dieser Verpflichtungen sind in Art. 26 aufgeführt und sollen im Folgenden kurz dargestellt werden.

a) Das Offensichtliche: Due Diligence, Verwendung nach Gebrauchsanweisung (Logs, menschliche Aufsicht), Transparenz, Überwachung und Informationspflicht, Berichterstattung

(1) Due Diligence: Die rechtliche Tiefenprüfung

Die wohl wichtigste (und offensichtlichste) Pflicht beim Erwerb eines Produkts oder bei der Inanspruchnahme einer Dienstleistung ist die Durchführung einer grundlegenden Due-Diligence-Prüfung. Das liegt daran, dass man zwar nicht erwarten kann, dass die Deployer die volle Verantwortung für die von ihnen verwendeten AI Systems tragen, aber sie sind dennoch dafür **verantwortlich, rechtmäßige AI Systems auszuwählen** – oder zumindest ihr Bestes zu tun, um sie auszuwählen. Vergleichbar ist dies mit der Verpflichtung zur sorgfältigen Auswahl von Auftragsverarbeitern in Art. 28.1 DSGVO. Der Gesetzgeber geht jedenfalls seit jeher davon aus, dass Händler oder Deployer bei der Auswahl eines geeigneten AI Systems **die gebührende Sorgfalt walten lassen**,[291] was nach der Rechtsprechung zumindest *„die Anstrengungen umfasst, die eine mit normaler Umsicht handelnde oder vernünftige Person unternimmt, um unter Berücksichtigung der Umstände Schaden von anderen abzuwenden“*.[292]

Die juristische Beratung wird nach unserer Einschätzung im Bereich der „gebührenden Sorgfalt“ einen Schwerpunkt setzen.

In Bezug auf den AI Act bedeutet dies die **Überprüfung mindestens der folgenden Punkte**:

- Ist das AI System in der EU-Datenbank für High-Risk AI Systems **registriert**? Alle High-Risk AI Systems, die auf dem europäischen Markt angeboten werden, müssen in dieser von der EU-Kommission verwalteten Datenbank registriert sein. Der Abgleich eines Systems mit dieser Liste

291 So bereits der Bericht – A9-0178/2020 mit Empfehlungen an die Kommission für eine Regelung der zivilrechtlichen Haftung beim Einsatz künstlicher Intelligenz, 2020, Erwägungsgrund 18 sowie Art. 8.2.b.

292 OLG Celle, Urt. v. 19.1.2023 – 13 U 79/21, II.1.a.bb.3.

ist der einfachste und schnellste Weg, um zu bestätigen, dass ein System ein High-Risk AI System ist und dass es höchstwahrscheinlich mit dem AI Act konform ist. Diese Liste soll in den nächsten zwei Jahren zur Verfügung gestellt werden.

– Hält das AI System alle **harmonisierten Normen** ein, die im Auftrag der Kommission ausgearbeitet und im Amtsblatt der EU veröffentlicht wurden? Diese von CEN/CENELEC genehmigten Normen, sofern vorhanden, bedeuten, dass ein AI System vermutlich bestimmte Anforderungen des AI Acts erfüllt. Zu den von der Kommission angeforderten Normen gehören derzeit Normen zu folgenden Themen:
  - Risikomanagement-Systeme,
  - Governance und Qualität der verwendeten Datensätze,
  - Aufbewahrung von Aufzeichnungen durch Protokollierung,
  - Transparenz und Bereitstellung von Informationen für die Einsatzkräfte,
  - menschliche Aufsicht,
  - Genauigkeitsangaben,
  - Robustheitsspezifikationen,
  - Spezifikationen für die Cybersicherheit,
  - Qualitätsmanagementsysteme, einschließlich Post-Market-Monitoring-Prozessen und
  - Konformitätsbewertungen.[293]

  Die Liste der **derzeit angenommenen CEN/CENELEC-Normen** umfasst:
  - ISO/IEC 42001 AI-Managementsystem
  - ISO/IEC DTS 12791.2 Behandlung von unerwünschten Verzerrungen bei Klassifizierungs- und Regressionsaufgaben des maschinellen Lernens
  - ISO/IEC 8183:2023 Rahmenwerk für den Lebenszyklus von Daten
  - CEN/CLC ISO/IEC/TR 24027:2023 Verzerrungen in AI Systems und AI-gestützte Entscheidungsfindung
  - CEN/CLC ISO/IEC/TR 24029-1:2023 Bewertung der Robustheit von neuronalen Netzen.[294]

Wie genau diese auf die Forderung der Kommission hin abgebildet werden können oder sollen, muss die Kommission entscheiden. Es ist wichtig zu beachten, dass die Konformitätsvermutung erst dann gilt, wenn die Kommission die Normen offiziell referenziert oder veröffentlicht. Bis dahin können und sollten die Normen als Orientierungshilfe und als Maßstab für Best

293 European Commission, Draft Standardisation Request to the European Standardisation Organisations in Support of Safe and Trustworthy Artificial Intelligence, https://ec.europa.eu/docsroom/documents/52376.

294 CEN/CENELEC Arbeitsprogramm ist abrufbar unter: https://standards.cencenelec.eu/dyn/www/f?p=205:22:0::::FSP_ORG_ID,FSP_LANG_ID:2916257,25&cs=1827B89DA69577BF3631EE2B6070F207D (letzter Aufruf: August 2024).

Practice verwendet werden. Sie sind ja auch der einzige belastbare Anhaltspunkt, solange und soweit der Gesetzgeber absent bleibt.

- Ist das AI System nach anderen CEN/CENELEC- oder vergleichbaren Zertifizierungen von internationalen oder nationalen Normungsorganisationen **zertifiziert**? Solche Zertifizierungen sind zwar nicht mit einer rechtsverbindlichen Konformitätsvermutung verbunden, können aber dennoch ein höheres Maß an Vertrauen schaffen, dass ein bestimmtes AI System bestimmte Qualitätsniveaus erreicht. Dies kann jedoch keineswegs als Garantie dienen.
- Wurde das AI System einer **Konformitätsbewertung** unterzogen und liegt eine EU-Konformitätserklärung vor, aus der hervorgeht, dass eine solche Bewertung erfolgreich durchgeführt wurde? Diese Bewertung kann von notifizierten Stellen oder von den Providern von AI Systems selbst im Rahmen interner Kontrollverfahren durchgeführt werden.
- Hat das AI System eine **CE-Konformitätskennzeichnung**? Die Buchstaben „CE" erscheinen auf vielen Produkten, die auf dem erweiterten Binnenmarkt im Europäischen Wirtschaftsraum (EWR) gehandelt werden. Sie bedeuten, dass Produkte, die im EWR verkauft werden, auf die Einhaltung hoher Sicherheits-, Gesundheits- und Umweltschutzanforderungen geprüft wurden. Mit der CE-Kennzeichnung erklärt ein Provider, dass das AI System alle gesetzlichen Anforderungen erfüllt und im EWR verkauft werden darf. Dies gilt auch für in anderen Ländern entwickelte AI Systems, die im EWR verkauft werden.

Diese **Kennzeichnung** muss auf **physischen Produkten** sichtbar angebracht werden und in schriftlicher Form als Teil der Begleitdokumentation sowie in digitaler Form bei nicht-physischen Produkten (z. B. bei Softwareprodukten) enthalten sein.

- Hat der Provider des AI Systems auch eine Anleitung für die Nutzung des AI Systems bereitgestellt?
- Hat ein nicht in der EU ansässiger Provider einen bevollmächtigten Vertreter in der EU benannt?
- Ist es möglich ist, dass Personen, die mit dem AI System interagieren oder mit dem AI System oder seinen Ergebnissen in Berührung kommen, sich dessen nicht bewusst sind (Opazität)?

Tatsächlich dürfte die Liste dessen, was unter Anwendung des Maßstabs „gebührender Sorgfalt" zu prüfen ist, wesentlich umfangreicher und hochgradig individualisiert sein, nicht zuletzt aufgrund der Tatsache, dass der Deployer ein AI System in einem von ihm definierten Kontext in Betrieb nehmen möchte.

Sobald das AI System in Bezug auf alle oben genannten Punkte geprüft wurde, kann davon ausgegangen werden, dass ein AI System **wahrscheinlich**

mit dem AI Act konform ist. Die Deployer können eine schriftliche Vereinbarung mit dem Provider des AI Systems abschließen, die alle erforderlichen Informationen enthalten sollte, um:
- die Fähigkeiten des Systems zu verstehen,
- den technischen Zugang zum System zu ermöglichen und
- die Unterstützung des Providers zu gewährleisten, die es dem Deployer ermöglicht, alle rechtlichen Verpflichtungen zu erfüllen.

(2) Verwendung gemäß der Betriebsanleitung (Protokolle, menschliche Aufsicht)

Nachdem die Deployer geprüft haben, ob die AI Systems mit einer **geeigneten Betriebsanleitung** versehen sind, sollten sie auch prüfen, ob diese alle erforderlichen Bestandteile enthält. Dazu gehören, wie bereits in Abschnitt IV.1.e. erwähnt:
- die Identität und die Kontaktdaten des Providers und seines bevollmächtigten Vertreters,
- die Merkmale, Fähigkeiten und Grenzen des AI Systems,
- die vom Provider im Voraus festgelegten Änderungen am High-Risk AI System und an dessen Leistung,
- die Maßnahmen der menschlichen Aufsicht,
- die erforderlichen Rechen- und Hardwareressourcen, die voraussichtliche Lebensdauer des AI Systems und alle erforderlichen Wartungs- und Pflegemaßnahmen, einschließlich ihrer Häufigkeit,
- eine Beschreibung der im AI System enthaltenen Mechanismen, die es den Deployern ermöglichen, die Logs ordnungsgemäß zu erfassen, zu speichern und auszuwerten.

Wenn diese Anweisungen verfügbar sind und alle erforderlichen Informationen enthalten, ist es die **Pflicht der Deployer, diese Anweisungen zu befolgen**, auch durch die Umsetzung technischer und organisatorischer Maßnahmen (TOMs). Dies ist besonders wichtig für die Einhaltung der Verpflichtung zu wirksamer menschlicher Aufsicht und für die Aufbewahrung von automatisch erzeugten Protokollen. Obwohl diese beiden Verpflichtungen ursprünglich von den Providern erfüllt werden sollen, müssen sie in den meisten Fällen von den Deployern umgesetzt werden. Diese Verpflichtungen werden auch in Erwägungsgrund 91 klargestellt, in dem erläutert wird, dass es eigentlich die Deployer sind, die *„eine angemessene Beobachtung der Leistung eines KI-Systems unter Realbedingungen“* gewährleisten müssen. Daher sind sie verpflichtet, geeignete TOMs zu implementieren, um die laufende Aufzeichnung und sichere Aufbewahrung der automatisch erzeugten Protokolle für einen Zeitraum von mindestens sechs Monaten zu gewährleisten. Außerdem müssen sie die Personen, die mit den AI Systems umgehen, und insbesondere diejenigen, die mit der menschlichen Aufsicht betraut sind, schulen und ausbilden.

(3) Transparenz

Die Deployer sollten natürliche Personen, die von einem AI System betroffen oder ihm unterworfen sind, hierüber unterrichten, insbesondere dann, wenn ein AI System automatisierte Entscheidungen über sie trifft (Erwägungsgrund 93). Zu beachten ist außerdem, dass diese Verpflichtungen von denen der DSGVO getrennt sind, die sich auf alle laufenden Datenverarbeitungsvorgänge und damit verbundene automatisierte Entscheidungen beziehen. Außerdem sind die Anforderungen des AI Acts in vielerlei Hinsicht enger gefasst als die des Art. 22 DSGVO, insbesondere nach dessen extensiver Auslegung durch den EuGH in der Rechtssache C-634/21 – OQ gg. Schufa und Land Hessen. Daher ist es vermutlich am besten, diese Verpflichtungen zumindest im ersten Schritt getrennt zu behandeln und eventuelle Synergien erst zu einem späteren Zeitpunkt fruchtbar zu machen. Für die Erfüllung der Transparenzverpflichtungen nach dem AI Act ist es zunächst wichtig:

- natürliche Personen, die mit einem **AI System interagieren**, über die Tatsache zu informieren, dass es sich um ein AI System handelt (Art. 50),
- natürliche Personen, die einem **System zur Erkennung von Emotionen** ausgesetzt sind, über diesen Umstand zu informieren (Art. 50),
- natürliche Personen, die einer **automatisierten Entscheidungsfindung** unterworfen sind, über diesen Umstand zu informieren und zu erläutern, welche Rolle das AI System im Entscheidungsprozess spielt (Art. 86),
- natürliche Personen über den **beabsichtigten Zweck** des AI Systems zu informieren,
- Informationen über die **Kontaktdaten des Providers** des AI Systems, verfügbare Beschwerdemechanismen sowie Alternativen zur Unterwerfung unter das AI System leicht zugänglich zu machen.

Best Practice ist in diesem Falle, diese Informationen oder einen Link, der zu diesen Informationen führt, in dem Moment bereitzustellen, in dem natürliche Personen mit dem AI System in Berührung kommen. Sollen diese Informationen **effektiv** sein, also eine Verhaltensabwägung oder -änderung bei natürlichen Personen bewirken können („Nein, lieber doch nicht …"), müssen sie zeitlich der Systemnutzung vorgelagert erfolgen. Aus unserer Sicht ist diese Auslegung zwingend, damit die Vorschrift – entgegen ihres Erwägungsgrundes 132 und des mitschwingenden Erwägungsgrundes 27 – nicht völlig leerläuft.

Alle anderen Transparenzanforderungen, die nach der DSGVO oder anderen nationalen Vorschriften gelten, müssen **separat und unabhängig** von diesen Anforderungen erfüllt werden.

(4) Monitoring und Informationspflichten

Auch wenn sie vielleicht weniger mit dem AI System unter der Motorhaube vertraut sind, so können Deployer besser verstehen, wie genau das AI System genutzt wird, einschließlich der spezifischen Nutzer und des Nutzungskontextes. Daher erkennen sie auch potenzielle erhebliche Risiken besser, die in der Entwicklungsphase nicht vorhergesehen wurden (Erwägungsgrund 93). Das bedeutet wiederum, dass diese Risiken auch bei der **Konzeption von „angemessenen Abhilfemaßnahmen"** nicht berücksichtigt wurden.

Dies impliziert drei Dinge:

1. Die Deployer müssen die Betriebsanleitungen und alle mit dem AI System gelieferten technischen Dokumentationen **gründlich studieren**, um zu erfahren, welche Risiken bei den ursprünglichen Bewertungen nicht berücksichtigt wurden.
2. Die Deployer müssen die von ihnen eingesetzten AI Systems entsprechend den Betriebsanleitungen **aufmerksam überwachen**.
3. Die Deployer müssen den Provider, den Importer und den Distributor sowie die Marktaufsichtsbehörden **über alle erheblichen Risiken informieren**, die beim Einsatz von AI Systems aufgetreten sind oder auftreten könnten.

Wie bereits zuvor erwähnt, sind diese „erheblichen" Risiken gemäß der Verordnung 2019/1020 über die Marktüberwachung und die Einhaltung der Vorschriften für Produkte im Allgemeinen zu interpretieren. Daher sind mit AI Systems, die ein Risiko darstellen, in diesem Zusammenhang Produkte gemeint, die das Potenzial haben, die Gesundheit und Sicherheit von Personen, den Verbraucherschutz, die Umwelt, die Öffentlichkeit und andere öffentliche Interessen in einem inakzeptablen Ausmaß und unter normalen oder vernünftigerweise vorhersehbaren Verwendungsbedingungen zu beeinträchtigen.

Neben der Überwachung etwaiger zusätzlicher „erheblicher" Risiken müssen die Deployer die AI Systems auch auf etwaige Vorfälle überwachen. Dieser Teil ist jedoch etwas einfacher, da vermutlich kein Deployer solche Vorfälle von vornherein wünscht. Und schon gar nicht möchte er für sie verantwortlich sein. Daher ist es unerlässlich, dass die eingesetzten AI Systems

- entsprechend den Betriebsanleitungen **sorgfältig überwacht** werden,
- über einen **Beschwerdemechanismus** verfügen, über den Betroffene Vorfälle einfach melden können,
- über Verfahren zur schnellen **Untersuchung** des Vorfalls verfügen, um festzustellen, ob es sich um einen „schwerwiegenden Vorfall" im Sinne des AI Acts handelt, und, falls dies der Fall ist,

– über Verfahren verfügen, um den Provider, den Distributor und den Importer sowie die **Marktaufsichtsbehörden** rasch über den schwerwiegenden Vorfall zu informieren.

Ein **schwerwiegender Vorfall** bedeutet in diesem Zusammenhang (legaldefiniert in Art. 3.49):
– den Tod oder die schwere gesundheitliche Schädigung einer Person,
– eine schwere und unumkehrbare Störung der Verwaltung oder des Betriebs kritischer Infrastrukturen,
– die Verletzung von Pflichten aus den Unionsrechtsvorschriften zum Schutz der Grundrechte,
– schwere Sach- oder Umweltschäden.

Auch wenn diese Anforderungen zunächst als hohe Hürde erscheinen mögen, so stellt sich jedoch die Frage, wie damit umzugehen ist, dass auch z. B. Verletzungen des Datenschutzrechts und des Rechts auf Privatsphäre als schwerwiegender Vorfall zu betrachten sein müssen, da dies unzweifelhaft eine Verletzung der Grundrechte in Art. 7, 8 der EU-Grundrechtecharta mit sich bringt. Die Aufnahme der Grundrechte in den Katalog ist kein Versehen, sondern angesichts des Verhandlungsverlaufs Absicht und damit ein sichtbares Zeichen des hybriden, abwägungsintensiven und dadurch schwer operationalisierbaren Charakters des Gesetzes. Deployer müssen also sehr sorgfältig sein, da sie **Datenschutzverletzungen aller Art, nicht nur solche nach Art. 33, 34 DSGVO** unter dem AI Act protokollieren müssen. Dennoch würden sich grundlegende Änderungen am AI System, Abhilfemaßnahmen oder Geldbußen, die als Folge eines solchen Verstoßes verhängt werden, in diesem Fall immer noch gegen den Provider richten, zumindest nach dem AI Act. An dieser Stelle ist der Vertragsgestaltung zwischen Providern und Deployern besondere Aufmerksamkeit zu widmen.

b) Data Governance

Wir alle haben den Satz „*Garbage in, garbage out*" so oft gehört, dass er mittlerweile tief in unserem Unterbewusstsein verwurzelt ist. Wenn nicht sogar so oft, dass wir schon die Augen verdrehen, wenn wir jemanden diese Worte sagen hören. Dennoch lassen sich Schönheit und Wahrheit in den einfachen Dingen finden.

Die meiste Zeit verbringen wir damit, über **Trainingsdaten** zu diskutieren, während nur ein Teil unserer Aufmerksamkeit auch auf **Validierungs- und Testdaten** gerichtet ist. Normalerweise scheint dies aber auch der Punkt zu sein, an dem die meisten Diskussionen abrupt und zu Unrecht enden. Der AI Act versucht dies – wenn auch milde – zu **korrigieren** und berücksichtigt auch den Aspekt von Eingabedaten. Gemeint sind Daten, die als Input in fertige AI Systems anderer, externer Provider einfließen. Die mehrfach angeführte Standardlektüre ISO/IEC 22989:2022 (Information technology – Artificial intelligence – Artificial intelligence concepts and terminology) definiert in 3.2.9 Eingabedaten („Input Data“) als „data for which an AI system calculates a predicted output or inference“.

Warum wir das als mild bezeichnen? Weil Eingabedaten, einen entscheidenden Einfluss darauf haben, wie das AI System in dem engen, spezifischen Anwendungsfall eines bestimmten Deployers funktioniert. Der Einfluss, den diese Eingaben haben können, ist natürlich AI system- und kontextspezifisch. Dennoch spielen diese Daten beim Einsatz eines AI Systems eine Rolle, und der AI Act spiegelt dies in Art. 26. 4 wider, in dem es heißt:

> „[…] *soweit die Eingabedaten ihrer Kontrolle unterliegen, sorgen die Betreiber dafür, dass die Eingabedaten der Zweckbestimmung des Hochrisiko-KI-Systems entsprechen und ausreichend repräsentativ sind.*“

Darüber hinaus enthalten die Artikel und die begleitenden Erwägungsgründe leider keine Hinweise darauf, wie die Deployer diese Relevanz und Repräsentativität sicherstellen sollen. Ebenso nicht zur Frage, ob sie dies auf Anfrage auch nachweisen können müssen. Auch wenn es sich hierbei nicht um eine ausdrückliche rechtliche Verpflichtung handelt, sind Szenarien leicht vorstellbar, in denen ein Provider den Deployer und die Eingabedaten für einen Vorfall oder eine Störung verantwortlich macht, **um sich seiner Verantwortung zu entziehen**. Insbesondere im Kontext der populären und gleichzeitig fragilen Systeme generativer KI spielt der Vorwurf des „Malicious Prompting“ bereits heute eine erhebliche Rolle, während bei diskriminativen Systemen „Adversarial Attacks“ ein anerkanntes Risiko darstellen.

In diesen Fällen ist es in der Tat von entscheidender Bedeutung, dass die Deployer in der Lage sind, nachzuweisen, dass sie alles gemäß den vorgegebenen Anweisungen getan und die Angemessenheit der Eingabedaten sichergestellt haben.

Deployer müssen sich versichern, dass sie
- alle **Anweisungen zur Dateneingabe**, die sie vom Provider erhalten haben, befolgen;
- alle Maßnahmen und Schritte, die sie unternommen haben, sorgfältig dokumentieren, um die **Angemessenheit der Daten** zu gewährleisten;
- das AI System mit Ihren Daten **validiert und getestet** haben, bevor sie es in Betrieb nehmen;
- die Eingabedaten und die Ergebnisse über einen Zeitraum **speichern**, der eine Kontrolle, ein Eingreifen und Beschwerden der Nutzer ermöglicht;
- überwachen, ob das AI System weiterhin die erwartete Leistung erbringt, und die Eingabedaten bei Bedarf anpassen.

c) Grundrechte-Folgenabschätzung (FRIA)

Auch wenn die meisten Bewertungen, wie die Risikobewertung und die Konformitätsbewertung, in der Verantwortung der Provider von AI Systems liegen, verbleibt eine weitere AI-Act-spezifische Bewertung in der Pflicht der Deployer, namentlich die in Art. 27 vorgeschriebene Grundrechte-Folgenabschätzung bzw. **Fundamental Rights Impact Assessment**, wie das Instrument international heißt.[295] Die Durchführung eines FRIA ist Aufgabe der Deployer, da sie den betroffenen Personen näherstehen und daher besser in der Lage sind, die Risiken, die ein AI System für sie birgt, zu erkennen, zu bewerten und zu beseitigen.

Die begrenzte Anzahl von Akteuren, die dieser Bestimmung unterliegen, hat ihren Ursprung in der Tatsache, dass die Achtung der Grundrechte traditionell eine Verpflichtung ausschließlich staatlicher Akteure und öffentlicher Einrichtungen war, um das bestehende Machtungleichgewicht zwischen Staat und Privaten – sowohl natürlichen als auch juristischen Personen – auszugleichen.[296] Zunehmend entstand ein **Machtungleichgewicht** zwischen privaten Einrichtungen und natürlichen Personen, das es zu beseitigen galt. Daher verabschiedeten einzelne Staaten und schließlich auch die EU Rechtsakte mit dem Ziel, von privaten Organisationen die Einhaltung einer immer breiteren Palette von Grundrechten zu verlangen, vom Antidiskriminierungsschutz über den Datenschutz[297] bis hin zu einem sehr weit gefassten, allgemeinen Grundrechtsschutz, den der AI Act von den Deployern bestimmter AI Systems verlangt.

Es gibt mehrere Kategorien von Grundrechten, die in diesem Zusammenhang zu berücksichtigen sind:

- das Recht auf Privatsphäre, einschließlich der persönlichen Autonomie, auf Achtung des Privatlebens, des Datenschutzes usw.;
- Rechte auf freie Meinungsäußerung, einschließlich der Meinungs-, Informations- und der Pressefreiheit;

---

295 Praktische Leitlinien und Templates für FRIAs: The Danish Institute for Human Rights, Human rights impact assessment of digital activities, 2020, https://www.humanrights.dk/publications/human-rights-impact-assessment-digital-activities (letzter Aufruf: August 2024); vertiefend *Leslie* et al., Human Rights, Democracy, and the Rule of Law Assurance Framework for AI Systems: A proposal prepared for the Council of Europe's Ad hoc Committee on Artificial Intelligence, The Alan Turing Institute, 2021, https://doi.org/10.5281/zenodo.5981676.

296 Siehe dazu *Janssen/Seng Ah Lee/Singh*, Practical fundamental rights impact assessments, International Journal of Law and Information Technology (30)(2), 2022, S. 208 ff., https://doi.org/10.1093/ijlit/eaac018 (letzter Aufruf: August 2024).

297 *Janssen/Seng Ah Lee/Singh*, Practical fundamental rights impact assessments, International Journal of Law and Information Technology (30)(2), 2022, S. 213, https://doi.org/10.1093/ijlit/eaac018 (letzter Aufruf: August 2024).

- Gleichheitsrechte, insbesondere das Verbot der Diskriminierung;
- sozioökonomische Rechte, wie der Zugang zu Gesundheitsversorgung, Bildung und Sozialleistungen, und
- Umweltrechte, wie das Recht auf eine saubere und gesunde Umwelt.[298]

All diese und weitere Rechte schützen sowohl den Einzelnen als auch die **Gesellschaft als Ganzes** vor den Risiken des unbefangenen und daher unvorsichtigen Einsatzes von AI Systems. Sie können unter Umständen auch von privaten Akteuren mit schwerwiegenden Folgen verletzt werden. Daher ist es angemessen, dass private Organisationen gezwungen werden, die negativen Auswirkungen und Schäden, die sie verursachen können, zu mindern.

Die **Bewertung der Auswirkungen auf Grundrechte** ist ein komplexes Unterfangen. Im Allgemeinen gibt es zwei Ansätze für diese Bewertungen: risikobasierte und rechtebasierte, die beide ihre eigenen Probleme mit sich bringen. Risikobasierte Ansätze zielen darauf ab, die Grundrechte zu quantifizieren. Diese sind in der Regel jedoch nicht quantifizierbar, sondern qualitativ, sozial verortet und entweder verletzt oder nicht. Ein komplexes, stark kontextabhängiges Konzept wird damit auf eine Kennzahl reduziert und vereinfacht.[299] Währenddessen konzentrieren sich rechtebasierte Ansätze ausschließlich darauf, ob ein bestimmtes Grundrecht verletzt wird oder nicht,[300] was wiederum ebenfalls ihrer Komplexität und ihrer Vernetzung nicht gerecht wird. Denn es mag zwar richtig sein, dass diese Rechte geachtet werden sollten, aber sie sind nicht absolut und müssen mit den Grundrechten anderer in Einklang gebracht werden. Außerdem können und sollten in Fällen, in denen ein Kompromiss zwischen zwei Rechten unvermeidlich ist, diese angemessen miteinander abgewogen werden.

Ein letztes großes Problem in diesem Zusammenhang ist, dass diese Rechte oft falsch interpretiert und vermischt werden mit anderen Konzepten, die zwar verwandt sind, aber dennoch aufgrund fehlender Normierung diffus und subjektiv geprägt sind, wie z. B. Ethik. Auch wenn die Verletzung von Grundrechten ein komplexes und nuanciertes Thema ist, so ist ihre Abwägung doch eine objektivere Frage als die Bestimmung dessen, was in einer bestimmten Situation rechtlich und ethisch ist. Zudem werden nicht nur Grundrechte im Allgemeinen mit anderen Dingen in einen Topf geworfen, sondern auch einzelne Rechte, die oft mit anderen Konzepten vermischt

298 Siehe auch *Janssen/Seng Ah Lee/Singh*, Practical fundamental rights impact assessments, International Journal of Law and Information Technology (30)(2), 2022, S. 209, https://doi.org/10.1093/ijlit/eaac018 (letzter Aufruf: August 2024).

299 *Malgieri/Santos*, Assessing the (Severity of) Impacts on Fundamental Rights (25.6.2024), S. 4, https://ssrn.com/abstract=4875937 (letzter Aufruf: August 2024).

300 *Malgieri/Santos*, Assessing the (Severity of) Impacts on Fundamental Rights (25.6.2024), S. 6, https://ssrn.com/abstract=4875937 (letzter Aufruf: August 2024).

oder schlicht falsch interpretiert werden. Ein Beispiel dafür ist die Frage der Abgrenzung und Unterscheidung von Sicherheit und Schutz[301] oder von Privatsphäre und Datenschutz. Diese sehr theoretischen und nicht selten rechtsphilosophischen Diskussionen können Deployern jedoch kaum helfen, ihrer gesetzlichen Verpflichtung zur Durchführung eines FRIA nachzukommen. Daher konzentrieren wir uns darauf, die in Art. 27 eingeführte rechtliche Anforderung so konkret und praktisch wie möglich zu gestalten.[302]

(1) Wer?

Wie bereits erwähnt, weitet sich der Kreis der Akteure, die zur besonderen Berücksichtigung der Grundrechte verpflichtet sind, erst allmählich aus. Daher ist auch der Kreis derjenigen, die ein FRIA durchführen müssen, verhältnismäßig eng.

Die Verpflichtung betrifft in erster Linie alle öffentlichen Stellen, die High-Risk AI Systems einsetzen. Ausgenommen sind solche, die als Sicherheitskomponenten bei der Verwaltung und dem Betrieb kritischer digitaler Infrastrukturen, im Straßenverkehr oder bei der Versorgung mit Wasser, Gas, Wärme oder Strom eingesetzt werden sollen. Diese Ausnahme ergibt Sinn, wenn man bedenkt, dass diese Art von Systemen das tägliche Leben der Menschen im Allgemeinen weitaus weniger sichtbar beeinflusst als biometrische Fernidentifizierungssysteme oder AI Systems, die bei der Grenzkontrolle an Flughäfen und Bahnhöfen eingesetzt werden. Dennoch ist die Ausnahme auch etwas inkonsequent, wenn man bedenkt, dass diese Systeme im Falle von Fehlfunktionen tatsächlich schwerwiegende Folgen für die Gesundheit oder sogar das Leben von Menschen sowie für die Umwelt haben können. Bereits an dieser Stelle zeigt sich die Vermischung von Sicherheit mit anderen Grundrechten, in diesem Fall zum Vorteil der Deployer solcher Systeme, die eine Verpflichtung weniger zu erfüllen haben.

Die zweite Kategorie von Deployern, die diese Bewertungen durchführen müssen, sind **private Einrichtungen, die öffentliche Dienstleistungen in Bereichen wie Bildung, Gesundheitsfürsorge, Sozialdienste, Wohnungswesen, Rechtspflege** usw. erbringen (Erwägungsgrund 96), z. B. private Schulen und Universitäten, private Krankenhäuser und Kliniken, privatisier-

---

301 Siehe dazu *Ruohonen*, A review of product safety regulations in the European Union, Int. Cybersecur. Law Rev. (2022) 3:345–366, https://link.springer.com/article/10.1365/s43439-022-00057-8 (letzter Aufruf: August 2024).

302 Weiterführend: *Mantelero*, The Fundamental Rights Impact Assessment (FRIA) in the AI Act: Roots, legal obligations and key elements for a model template, Computer Law & Security Review, Volume 54, 2024, 106020, https://doi.org/10.1016/j.clsr.2024.106020 (letzter Aufruf: August 2024).

te Strafvollzugsanstalten, private Militär- und Sicherheitsunternehmen, die Migrationspolitik an den Grenzen durchsetzen, usw.

Die dritte Kategorie umfasst zwei sehr spezifische Gruppen von Deployern, die in Erwägungsgrund 96 ausdrücklich erwähnt werden und die AI Systems zur Durchführung von zwei spezifischen Tätigkeiten einsetzen, die in Anhang III.5.b und c beschrieben sind. Zunächst angesprochen sind Deployer, die AI Systems zur **Bewertung der Kreditwürdigkeit** oder zur **Vergabe von Kreditscores** natürlicher Personen einsetzen. In den meisten Fällen wird es sich dabei um Banken handeln, aber auch externe Dienstleister, die an derartigen Tätigkeiten beteiligt sind, werden damit einbezogen. Hinzu kommen auch Deployer, die AI Systems für Risikobewertungen und Preisanpassungen bei Lebens- und Krankenversicherungen einsetzen, was in den meisten Fällen direkt Versicherungsunternehmen betreffen wird. Aber auch hier sollten sich andere Dienstleister nicht als von der Bestimmung unberührt betrachten, wenn sie ähnliche Tätigkeiten ausüben.

(2) Was?

Die genannten Deployer müssen dann eine FRIA durchführen, die notwendigerweise Folgendes umfasst:

- Eine **Beschreibung des spezifischen Zwecks**, für den das AI System verwendet wird. Das heißt, es muss angegeben werden:
  - Warum ist das System notwendig?
  - Warum ist das System geeignet für die Aufgabe?
  - Was will der Deployer durch den Einsatz des Systems erreichen?
  - Welche Interessen verfolgt der Deployer im konkreten Fall?
  - Wer sind die relevanten Stakeholder, einschließlich der Frage, wer die Bewertung durchführt und welche externen Parteien beteiligt sind?
- Eine **Beschreibung des Zeitraums und der Häufigkeit der Nutzung**. Dies bedeutet, zu dokumentieren, ob das AI System:
  - kontinuierlich, vorübergehend, nur einmalig oder gelegentlich genutzt wird;
  - regelmäßig und für eine große Anzahl von Personen oder ausnahmsweise unter bestimmten Umständen und unter welchen Umständen genutzt wird.

  Wenn es ein Datum gibt, nach dem das AI System auf jeden Fall außer Betrieb genommen wird, sollte dies ebenfalls festgehalten werden.
- Die **Kategorien von natürlichen Personen und Gruppen**, die von dem AI System betroffen sein könnten. Dazu gehört die folgende Dokumentation:

- Welche allgemeine Kategorie von Personen ist betroffen? Handelt es sich um Mitarbeiter, einzelne Nutzer, die einen bestimmten Dienst anfordern, oder um die breite Öffentlichkeit?
- Welche spezifische Kategorie von Personen ist betroffen? Zum Beispiel eine bestimmte Altersgruppe, eine ethnische Gruppe, eine religiöse Gruppe, ein Geschlecht usw.?

– Die **spezifischen Schadensrisiken**, die möglicherweise eintreten können, die Wahrscheinlichkeit, mit der das passieren könnte, sowie die Folgen der Verwirklichung der Risiken. Dies ist der komplizierteste Teil der Aufgabe, da er folgende Feststellung beinhaltet:
- Welche Grundrechte sind betroffen?
- Welche Personenkategorien sind für jedes betroffene Recht betroffen?
- Wie wahrscheinlich ist es, dass die Risiken eintreten werden?
- Welche Folgen und Schäden sind zu erwarten, wenn sich die Risiken verwirklichen?

In diesem Teil sollten Deployer auch alle Informationen des Providers des AI Systems berücksichtigen, insbesondere alle Informationen über Risiken und durchgeführte Abhilfemaßnahmen.

– Eine **Beschreibung der Maßnahmen der menschlichen Aufsicht**. Das umfasst:
- Welche Maßnahmen waren vom Provider des AI Systems vorgesehen?
- Welche Maßnahmen wurden vom Provider des AI Systems umgesetzt?
- Wer ist mit der Durchführung der menschlichen Aufsicht innerhalb der Organisation des Deployers beauftragt? Dies kann auch bedeuten, dass ein Team mit der Aufsicht betraut wird und die Zuständigkeiten zwischen ihnen aufgeteilt werden.
- Wie wurde diese Person geschult und welche Maßnahmen wurden ergriffen, um sicherzustellen, dass die Person die Aufsicht effektiv und objektiv durchführen kann?
- Welche zusätzlichen Maßnahmen wurden ergriffen?

Wie bereits in Kapitel IV.1.d. erwähnt, liegt die menschliche Aufsicht in der Verantwortung sowohl des Providers als auch des Deployers. Während die anfängliche Gestaltung geeigneter Maßnahmen in den Bereich der Pflichten des Providers fällt, obliegt die Sicherstellung einer wirksamen Aufsicht im Einzelfall immer dem Deployer. Daher sollten die Adressaten der Verpflichtung, insbesondere in Fällen von AI Systems, die die Durchführung einer FRIA erfordern, besonders darauf achten, dass die Aufsicht angemessen und wirksam ist. Sie sollten auch in der Lage sein, dies nachzuweisen. Die Dokumentationspflichten werden nicht weniger, sie stapeln sich.

– Eine Liste von Maßnahmen, die im Falle des Verwirklichens von Risiken zu ergreifen sind. Dies beinhaltet:

- Bereitstellung einer **Liste spezifischer Maßnahmen** zur Bewältigung bestimmter Risiken oder Schäden.
- Beschreibung der bestehenden **Beschwerdemechanismen**.
- Beschreibung bestehender **Abhilfemechanismen**.
- Entwurf einer angemessenen internen **Governance-Struktur**, einschließlich der Zuweisung von Rollen und Zuständigkeiten und der Einrichtung von Kommunikationskanälen für den Fall, dass Vorfälle auftreten.

Bei der Durchführung all dieser Schritte können sich die Deployer auf alle zuvor durchgeführten Bewertungen stützen, die entweder von ihnen selbst (z.B. für eine frühere Version des AI Systems oder eine Datenschutz-Folgenabschätzung für die Verarbeitung personenbezogener Daten im Rahmen dieses AI Systems) oder vom Provider (z.B. Risikobewertungen, Datenschutz-Folgenabschätzungen oder sogar FRIA) durchgeführt wurden.

(3) Warum?

Alle im vorigen Abschnitt beschriebenen Schritte können und sollten in erster Linie dazu verwendet werden

- Risiken und Restrisiken zu ermitteln, die nach Umsetzung aller Maßnahmen verbleiben,
- die Restrisiken mit anderen Rechten und Interessen abzuwägen. Dies umfasst sowohl die Rechte und Interessen der Deployer als auch die Rechte anderer natürlicher Personen.

Geht es beispielsweise um einen **Algorithmus zur Kreditwürdigkeitsprüfung**, der in bestimmten Fällen bestimmte Personen diskriminieren kann, dann haben diese Personen natürlich das Recht, sich zu beschweren und eine menschliche Überprüfung zu verlangen. Aber selbst, wenn die Entscheidung des Algorithmus aufgehoben wird, müssen diese Personen immer noch länger warten, bis sie die gewünschten Kredite erhalten. Diese **Wartezeit** kann in bestimmten Fällen andere, **schwerwiegendere Folgen** haben, wie z.B. den Verlust des Hauses wegen einer verpassten Zahlung usw. Es ist sehr leicht zu erkennen, wie sich dies negativ auf mehrere Grundrechte der Betroffenen auswirken kann, die weit über das Recht hinausgehen, nicht diskriminiert zu werden, weil man einer bestimmten Gruppe angehört.

Auf der anderen Seite müssen **gegensätzliche Interessen** berücksichtigt werden. Da gibt es zum einen das geschäftliche Interesse der Bank, ihre Geschäftsabläufe effizienter zu gestalten und keine Zeit mit der manuellen Prüfung aller Anträge zu verschwenden, die eindeutig nicht die Kriterien für die Gewährung eines Kredits erfüllen. Aber das sind nicht alle Rechte und Interessen, die gegen die Forderung nach einer manuellen Prüfung aller Kreditanträge sprechen. Zum anderen gibt es auch all die (anderen) Menschen, die einen Kredit beantragen und eindeutig alle Antragskriterien erfüllen. Diese haben ebenfalls ein Interesse daran, dass ihr Antrag zügig bearbeitet wird und sie den gewünschten Kredit erhalten. Nur wenn all diese gegensätzlichen Interessen berücksichtigt werden, lässt sich bestimmen, unter welchen Umständen und mit welchen Schutzmaßnahmen wir als Gesellschaft einen unvollkommenen Kreditbewertungsalgorithmus tolerieren können.

i. Vornahme von Anpassungen und Durchführung zusätzlicher Maßnahmen

Das Beispiel im vorherigen Schritt muss nicht immer mit einem positiven Ergebnis enden. Das sollte sie auch nicht. Wenn die Deployer also feststellen, dass die Risiken nicht angemessen berücksichtigt werden, die Interessen nicht richtig abgewogen werden und ihre Ziele den Einsatz des unvollkommenen AI Systems im Allgemeinen nicht rechtfertigen, können sie immer noch zusätzliche Abhilfemaßnahmen ermitteln oder Anpassungen an der beabsichtigten Nutzung des Systems vornehmen. Wenn sie dies tun, muss der gesamte Bewertungsprozess im Lichte der vorgenommenen Anpassungen drei Schritte zurückgehen und die Risiken sowie ihre Akzeptanz müssen **neu bewertet** werden.

ii. Bewertung der Akzeptanz von Restrisiken

Bei unvollkommenen AI Systems in diesen Hochrisikobereichen ist es höchst unrealistisch zu erwarten, jedes einzelne der ermittelten Risiken vollständig zu beseitigen oder erfolgreich mindern zu können. Daher muss nach der Umsetzung aller Maßnahmen und der Durchführung aller ermittelten zusätzlichen Maßnahmen die **Akzeptanz der verbleibenden Restrisiken** bewertet werden. Diese Aufgabe ist eng mit der Abwägung zwischen den gegensätzlichen Interessen verbunden, dennoch sind sie nicht dasselbe. In diesem Schritt wurde bereits geprüft, ob es Interessen gibt, die den Einsatz des AI Systems rechtfertigen, und dies war letztendlich auch der Fall. Das heißt aber noch nicht, dass alle Risiken akzeptabel sind. Wenn die Schlussfolgerung in diesem Schritt lautet, dass sie akzeptabel sind, kann fortgefahren und die Ergebnisse festgehalten werden, um die Entscheidung auszuarbeiten. Wird dagegen festgestellt, dass die verbleibenden Risiken nicht akzeptabel sind, muss entweder beschlossen werden, ein AI System überhaupt **nicht einzusetzen oder ein anderes AI System muss gefunden werden**, das die Grundrechte der betroffenen Personen besser schützt.

(4) Endergebnis

Angenommen, dass die Bewertung erfolgreich abgeschlossen wurde, müssen die Deployer gemäß Art. 27.3. die zuständigen Marktüberwachungsbehörden über die Ergebnisse informieren. Die Form dieser Aufzeichnung und der Mitteilung ist jedoch nicht weiter spezifiziert. Das AI Office ist beauftragt, eine **Vorlage und ein Tool** zu entwickeln, um die Durchführung dieser Bewertungen und die Meldung ihrer Ergebnisse zu erleichtern, aber es gibt keine Frist, die mit dieser Verpflichtung des AI Office verbunden ist. Bis zur Einführung dieser Hilfsmittel ist es sinnvoll, die Ergebnisse aufzuzeichnen, sowohl um den Nachweis für die Durchführung des FRIA zu erbringen als auch um die Bewertung den Behörden zu melden. Die FRIA kann auch mit einer zuvor durchgeführten Datenschutz-Folgenabschätzung kombiniert werden, die einige der Anforderungen von Art. 27 (sowie von Art. 22.3 DSGVO und Art. 10.5 AI Act) abdecken kann, insbesondere dann, wenn sie um die Aspekte eines Algorithmic Impact Assessments erweitert wurde.[303]

Es gibt bereits einige Vorlagen für die Durchführung solcher FRIA, von denen einige im Hinblick auf die im AI Act vorgeschriebenen spezifischen Inhalte möglicherweise leicht überarbeitet werden müssen. Dazu gehören:

– Impact Assessment – Fundamental rights and algorithms issued by the Dutch Ministry of Interior and Kingdom Relations.
– *Heleen Janssen, Michelle Seng Ah Lee, Jatinder Singh*, Practical fundamental rights impact assessments, https://doi.org/10.1093/ijlit/eaac018.
– ALIGNER, Fundamental Rights Impact Assessment, https://aligner-h2020.eu/fundamental-rights-impact-assessment-fria/.

Schließlich kann von der Verpflichtung, den Behörden die Ergebnisse mitzuteilen, auf begründeten Antrag und aus außergewöhnlichen Gründen der öffentlichen Sicherheit, des Schutzes des Lebens und der Gesundheit von Personen, des Umweltschutzes oder des Schutzes wichtiger industrieller und infrastruktureller Güter im Einklang mit Art. 46.1 vorübergehend abgewichen werden.

303 Detaillierte Beschreibung der Methodik im ausgezeichneten Paper von *Kaminski/Malgieri*, Multi-layered explanations from algorithmic impact assessments in the GDPR, in: FAT* '20: Proceedings of the 2020 Conference on Fairness, Accountability, and Transparency, S. 68 ff.

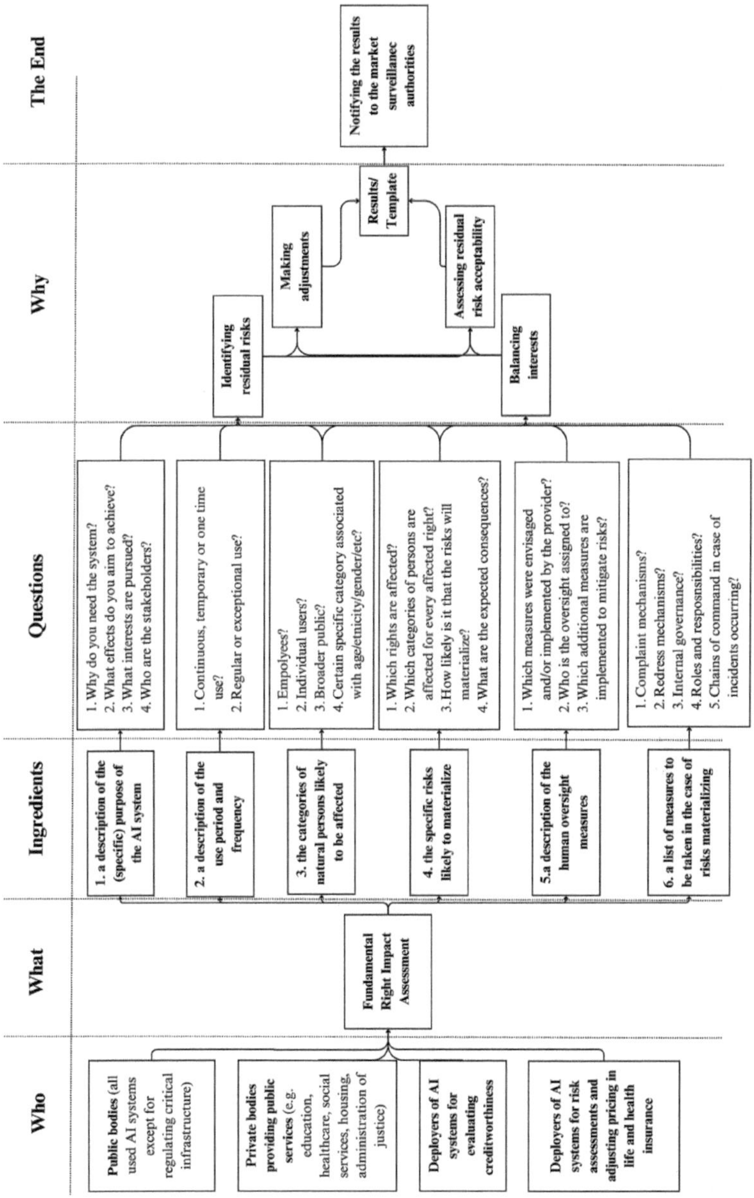

Abbildung 21: Grundrechte-Folgenabschätzung (FRIA), Mapping der einzelnen Phasen

d) Beratung des Betriebsrats

Betriebsräte sind institutionalisierte Gremien, die die Kommunikation zwischen einem Arbeitgeber und seinen Arbeitnehmern erleichtern[304] und die in den europäischen Ländern traditionell eine sehr wichtige Rolle spielen. Sie repräsentieren alle Arbeitnehmer eines bestimmten Unternehmens und vertreten die Arbeitnehmer dieses Unternehmens als Kollektiv und nicht als Vertreter individueller Interessen.[305] Auch wenn sie als **europäische Tradition** betrachtet werden können und teilweise auf europäischer Ebene durch Instrumente wie die Richtlinie über transnationale Betriebsräte[306] geregelt sind, sind ihre Strukturen und die Voraussetzungen für ihre Einrichtung in den europäischen Ländern sehr unterschiedlich. In Deutschland zum Beispiel können die Arbeitnehmer die Gründung eines Betriebsrats beschließen, wenn ein Unternehmen mehr als fünf Beschäftigte hat. Außerdem haben sowohl der Betriebsrat als auch seine Mitglieder nach seiner Gründung bestimmte Rechte, wie z. B. die Pflicht zur Unterrichtung, Anhörung und Mitbestimmung, und die Mitglieder genießen einen besonderen Kündigungsschutz.

Während das Mitbestimmungsrecht für wichtige soziale Angelegenheiten wie die Änderung von Unternehmensregeln, z. B. die Einführung einer Kleiderordnung oder die Änderung des Verhaltenskodex, die Festlegung allgemeiner Urlaubsregelungen, die Einführung und Anwendung technischer Geräte und Software usw. gilt, sind die Anhörungs-, Informations- und Mitbestimmungsrechte noch viel weiter gefasst und umfassen praktisch alles, was Arbeitnehmer angeht. Diese deutschen Vorschriften würden bereits ausreichen, um den Betriebsrat anhören oder dessen Zustimmung einholen zu müssen, wenn ein Unternehmen ein AI System einsetzen will, das seine Mitarbeiter betrifft. Nun verlangt auch Art. 26.8. die Arbeitnehmervertreter und betroffene Arbeitnehmer darüber zu informieren, dass sie dem **Einsatz des High-Risk AI Systems ausgesetzt** sein werden. Um es noch einmal zu betonen: Diese Verpflichtung gilt unbeschadet bestehender Verpflichtungen nach dem Unionsrecht (z. B. DSGVO) oder der nationalen Praxis wie dem deutschen BetrVG. Sollten also spezifischere oder strengere Vorschriften

---

304 *Rogers/Streeck*, The study of works councils: concepts and problems, in: Works councils: Consultation, representation, and cooperation in industrial relations, University of Chicago Press, 1995, S. 6.

305 *Rogers/Streeck*, The study of works councils: concepts and problems, in: Works councils: Consultation, representation, and cooperation in industrial relations, University of Chicago Press, 1995, S. 9.

306 Directive 2009/38/EC of the European Parliament and of the Council of 6 May 2009 on the establishment of a European Works Council or a procedure in Community-scale undertakings and Community-scale groups of undertakings for the purposes of informing and consulting employees.

gelten, wie dies in Deutschland der Fall ist, so gelten diese auch weiterhin. Verfügt ein Mitgliedstaat jedoch über keine nationalen Rechtsvorschriften in diesem Umfang, so schreibt der AI Act vor, dass die Arbeitnehmer vor dem Einsatz von AI Systems in einem Unternehmen zumindest informiert werden müssen (Erwägungsgrund 92). Um aus Betriebsratssicht derartige AI Systems adäquat zu bewerten oder über zu stellende Sachverständige bewerten zu lassen, bietet es sich an, in einer Betriebsvereinbarung die Vorlage der Konformitätserklärung nebst der diese stützenden Begleitdokumentation zur Bedingung für den Einsatz von AI Systems im Unternehmen zu machen.

e) Datenschutz-Folgenabschätzung

Eine weitere Verpflichtung, die unabhängig vom AI Act gilt, aber dennoch in Art. 26.10 wiederholt wird, ist die Verpflichtung, alle vom Provider des AI Systems bereitgestellten Informationen in der Datenschutz-Folgenabschätzung (DSFA) zu verwenden, falls eine solche durchgeführt werden muss.

Die Verpflichtung zur Durchführung einer Datenschutz-Folgenabschätzung ergibt sich im Allgemeinen aus Art. 35 der DSGVO und Art. 27 der JI-Richtlinie. Darüber hinaus bezieht sich diese Verpflichtung auf einzelne **Verarbeitungsvorgänge** personenbezogener Daten und ist verpflichtend, wenn neuartige Technologien verwendet werden. Sie umfasst auch obligatorische Überprüfungen, wenn sich das mit den Verarbeitungsvorgängen verbundene Risiko ändert. Dies bedeutet:
- Für den Betrieb eines einzigen AI Systems können **mehrere DSFAs** vorgeschrieben sein, da ein AI System mehrere separate Verarbeitungsvorgänge umfassen kann.
- Eine Datenschutz-Folgenabschätzung muss fast immer durchgeführt werden, wenn AI Systems entwickelt und eingesetzt werden, es sei denn, das AI System verarbeitet **keine personenbezogenen Daten**. Dies wäre eventuell bei Systemen zur Predictive Maintenance, Wettervorhersage oder sonstigen, rein auf technischen Daten basierenden AI Systems der Fall. Zu beachten ist hierbei, dass auch die Modelle selbst Träger personenbezogener Daten sein können und insoweit in die Bewertung mit einfließen müssen.
- Eine Datenschutz-Folgenabschätzung muss höchstwahrscheinlich auch immer dann **aktualisiert** werden, wenn sich das für einen bestimmten Verarbeitungsvorgang verwendete **AI System ändert**. Sie sollte auf jeden Fall aktualisiert werden, wenn neue und wichtige Informationen über ein AI System und seine Verarbeitungsvorgänge erhalten werden.

Auch hier wird also im AI Act lediglich etwas neu formuliert und bekräftigt, was bereits durch gesonderte Vorschriften gesetzlich vorgeschrieben ist.

f) Art. 25 Verpflichtungen entlang der KI-Wertschöpfungskette[307]

Um eine besonders gewichtige Folge der Verletzung einiger Pflichten des AI Acts für die Deployer zu erwähnen, sei schließlich auf Art. 25 des AI Acts verwiesen, der drei Fälle beschreibt, in denen Deployer, aber auch andere Dritte, rechtlich als Provider eines AI Systems angesehen werden.

Dazu gehören Fälle, in denen Deployer
- ihren **Namen oder ihr Markenzeichen** auf einem High-Risk AI System anbringen, unbeschadet vertraglicher Vereinbarungen, die eine andere Aufteilung der Pflichten vorsehen,
- eine **erhebliche Änderung** an einem High-Risk AI System vornehmen oder
- den **beabsichtigten Zweck eines AI Systems ändern**, auch in einer Weise, die ein zuvor Low-Risk AI System zu einem High-Risk AI System macht.

Es gibt noch einen **weiteren Fall**, in dem die Rolle des Providers des AI Systems wechseln kann, nämlich dann, wenn das AI System als **Sicherheitsbauteil** in ein Produkt integriert ist, das unter die Harmonisierungsrechtsvorschriften der Union fällt. In diesem Fall wird der Produkthersteller auch zum Provider des AI Systems, wenn das AI System zusammen mit dem betreffenden Produkt in Verkehr gebracht oder in Betrieb genommen wird. Dies ist vor allem auf die bereits strengen Anforderungen zurückzuführen, die an solche Produkte gestellt werden, sowie auf die Tatsache, dass die beiden Produkte nicht getrennt voneinander, sondern nur **als ein einziges Produkt** betrachtet werden können. Die einzige mögliche Ausnahme von dieser Regel sind sektorale und spezifischere Vorschriften, die etwas anderes besagen, wie z. B. Art. 16.2. der Verordnung über Medizinprodukte, in dem festgelegt ist, welche Änderungen niemals als erhebliche Änderungen gelten.[308] Dieses Beispiel, das in Erwägungsgrund 84 aufgeführt ist, hat leider nichts mit AI Systems zu tun. Die Quintessenz ist jedoch, dass eine Änderung, die in der sektoralen Verordnung ausdrücklich als unerheblich bezeichnet wird, auch im Rahmen des AI Acts als unbeachtlich betrachtet wird.

---

307 Einen sehr guten Überblick zur AI Supply Chain nebst Akteuren und Herausforderungen bieten *Cobbe* et al., Understanding accountability in algorithmic supply chains, in: FAccT '23: Proceedings of the 2023 ACM Conference on Fairness, Accountability, and Transparency, 2023, S. 1186 ff.

308 Art. 16 Abs. 2 Verordnung (EU) 2017/745 des europäischen Parlaments und des Rates vom 5.4.2017 über Medizinprodukte, zur Änderung der Richtlinie 2001/83/EG, der Verordnung (EG) Nr. 178/2002 und der Verordnung (EG) Nr. 1223/2009 und zur Aufhebung der Richtlinien 90/385/EWG und 93/42/EWG des Rates.

Die erste Fallgruppe ist jedoch die wichtigste: Das liegt daran, dass Deployer gern von Dritten entwickelte AI Systems nutzen möchten, die Systeme aber dennoch mit ihrer Marke in Verbindung bringen, indem sie sie entweder umbenennen oder in ihre IT-Systeme und Websites integrieren („Whitelabel Solutions"). Da es sich beim AI Act jedoch um eine produktsicherheitsrechtliche Regelung handelt, kann ein solches produktsicherheitsrelevantes Handeln nicht ohne **Übernahme der Verantwortung für das AI System** und dessen Leistungsfähigkeit geschehen, da ansonsten ungewollte Haftungslücken zulasten potenziell Geschädigter entstehen würden, für die die Solidargemeinschaft mit Versicherungsleistungen einstehen müsste.

Dieser Ansatzpunkt der Haftung ist in der Produktsicherheit schon seit einiger Zeit üblich, wobei diejenigen, *„die sich als Hersteller präsentieren"*, auch die Haftung und Verantwortung für das betreffende Produkt tragen. Dieses sog. **„Quasi-Hersteller"-Konzept** wurde kürzlich vom EuGH in seiner Entscheidung in der Rechtssache C-264/21: Fennia gegen Koninklijke Philips NV noch weiter gefestigt. Der EuGH entschied, dass die bloße **Anbringung eines Unterscheidungsmerkmals auf einem Produkt** (z. B. eines Logos) ausreicht, um als Hersteller dieses Produkts zu gelten, selbst wenn die Angaben zum ursprünglichen Produkthersteller ebenfalls auf dem Produkt sichtbar sind. Nach Ansicht des EuGH war eine solche Auslegung notwendig, um die Verbraucher zu schützen und ihnen die Möglichkeit zu geben, sich an das Unternehmen zu wenden, das den Anschein erweckt, der Hersteller zu sein, anstatt den tatsächlichen Hersteller ausfindig machen zu müssen. Wenn wir das gleiche haftungsrechtliche Konzept auf AI Systems und den AI Act ausweiten, können wir Folgendes annehmen:

- Die Integration von AI Systems in IT-Systeme wie Websites, Apps oder andere digitale Produkte führt dazu, dass der **Systemintegrator** als Provider eines AI System angesehen wird.
- **Disclaimer und diffuse Begriffe**, die der Quasi-Providerstellung entgegenwirken sollen (e. g. powered by xy/supported by xy), reichen nicht aus, um sich der Verantwortung in Bezug auf das betreffende AI System zu entziehen.
- **Vertragliche Binnenvereinbarungen** zwischen Parteien (z. B. zwischen API-Anbieter, MLaaS-Provider, Infrastrukturanbieter, Deployer) reichen in der Regel nicht aus, um im **Außenverhältnis** eine Änderung der rechtlichen Qualifikation der Stellung als Provider zu bewirken.

Wer dennoch das Risiko auf sich nehmen und z. B. einen Chatbot oder ein Personalverwaltungssystem mit AI-Komponenten mit dem eigenen Firmenlogo auf seiner Website einbinden möchte, ohne für dessen Halluzinationen die Haftung übernehmen zu müssen, sollte mindestens Folgendes tun:

- **Überdeutlich** machen, wer der tatsächliche Provider ist. Es wird dringend empfohlen, explizit und direkt zu sein und nicht Begriffe wie „powered" oder „supported by" zu verwenden. Beachten Sie den Grundsatz „in dubio contra", Zweifel gehen zulasten des Verwenders.
- **Kontaktdaten** und alle notwendigen Informationen über den Provider im Einklang mit Art. 13 leicht zugänglich machen, wenn Nutzer Zugang zu dem betreffenden AI System haben.
- Es sollten detaillierte vertragliche Maßnahmen im Verhältnis zum Provider getroffen werden, die nicht nur besagen, dass eine Partei „*immer als Deployer*" zu betrachten ist (derzeit gängige Praxis), sondern auch spezifische Verpflichtungen für den Fall von Rechtsbehelfen oder Informationsanfragen von Betroffenen enthalten. Zu diesen Verpflichtungen kann es gehören, den **tatsächlichen Provider zu zwingen**, auf eventuelle Anfragen zu antworten oder Informationen zur Konformität des AI Systems zu liefern, die eine vollständige Erfüllung der gesetzlichen Pflichten ermöglichen, damit der ungewollte Provider, der nur Deployer sein wollte, im Ernstfall einer gegenteiligen behördlichen oder gerichtlichen Entscheidung nicht im Regen steht.
- Eine vertragliche Absicherung aufnehmen, die es ermöglicht, **Regress zu nehmen und Schadenersatz** für etwaige Schäden verlangen zu können, die den Benutzern durch das System oder infolge der Nutzung des Systems entstanden sind.

Wenn Deployer sich entgegen ihren subjektiven Absichten **als Provider entpuppen**, sind sie auch für die Einhaltung aller Verpflichtungen des AI Acts verantwortlich. Eine vergleichbare Situation kennen Auftragsverarbeiter, die den Rahmen der ihnen gesteckten Befugnisse nach Art. 28.10 DSGVO überschreiten und sich dadurch zum Verantwortlichen mitsamt des vollen Pflichtenprogramms aufschwingen. Als Provider eines AI Systems zu agieren, das man nicht selbst entwickelt hat, ist eine **wenig beneidenswerte Position**. Es bleibt dann oft nur eine einzige Human Intervention übrig: das AI System abzuschalten. Dies gilt ungeachtet der Tatsache, dass die ursprünglichen Provider gemäß Art. 25.2. immer noch verpflichtet sind, mit den neuen Providern zusammenzuarbeiten, ihnen Informationen zur Verfügung zu stellen und den vernünftigerweise zu erwartenden technischen Zugang und Unterstützung bei der Einhaltung der Verpflichtungen zu gewähren.

Wenn aber das AI System ursprünglich nicht als High-Risk System vorgesehen war und der ursprüngliche Provider eine solche **Umwidmung ausdrücklich ausgeschlossen** hat, ist er von allen Verpflichtungen in Bezug auf dieses System befreit, auch wenn es andere als High-Risk System nutzen. Schließlich erstrecken sich alle Mitwirkungspflichten nur so weit, wie es die Rechte an geistigem Eigentum, vertraulichen Geschäftsinformationen und Geschäftsgeheimnissen zulassen. Und die Verpflichtung erstreckt sich nicht auf die Provider von **free und open-source AI Models**. Daher kann man davon ausgehen, dass viele Provider, insbesondere von Large Language Models (LLMs), Diffusion Models und ähnlichen multimodalen Modellen, die als Grundlage für viele Chatbot-Integrationen dienen, keine Informationen, keinen Zugang und keine Unterstützung gewähren müssen. Jedenfalls nicht unter dem AI Act. Und selbst wenn die ursprünglichen Provider zur Zusammenarbeit gezwungen sind, wird diese Zusammenarbeit wahrscheinlich nicht ausreichen, damit die Anforderungen, die der AI Act an High-Risk AI Systems stellt, tatsächlich erfüllt werden können.

V. Besonderheiten

„Desperate times breed desperate measures.“
(*William Shakespeare*)

1. Urheberrecht, TDM und Generative AI im AI Act

a) General Purpose AI im AI Act

Seit ChatGPT 2022 erstmals öffentlich in Erscheinung trat, hat General Purpose AI oder besser gesagt deren Unterart, generative AI, die Schlagzeilen der Zeitungen und der wissenschaftlichen Literatur erobert und sogar den Weg in den US-Superbowl gefunden.[309] Bis zu diesem Zeitpunkt erwähnte der Entwurf des AI Acts solche Systeme und ihre besonderen Fähigkeiten nicht. Doch GitHub CoPilot, ChatGPT und andere Systeme, die auf derselben Transformer-Architektur basieren, welche bereits 2017 in Googles bahnbrechendem Artikel „Attention Is All You Need“ vorgestellt wurde, werden in der breiten Öffentlichkeit als Meilenstein wahrgenommen.[310] Nach diesem Aufstieg[311] fanden GenAI Systems Eingang in das Kapitel V des AI Acts. Über die Qualität der Regulierung kann man geteilter Auffassung sein: Politik sei *„die Kunst des Möglichen“*, soll *Bismarck* gesagt haben. Was möglich war, besprechen wir gleich.

(1) Anbieter von Modellen und Anbieter von Systemen

Zunächst lohnt sich ein Blick auf die Frage, wer die Verpflichtungen aus Kapitel V des AI Acts erfüllen soll. Zu unterscheiden sind (1) AI Models mit allgemeinem Verwendungszweck (General Purpose AI Model), (2) AI Models mit allgemeinem Verwendungszweck mit systemischem Risiko und (3) AI Systems mit allgemeinem Verwendungszweck (General-Purpose AI System).

Art. 3.63 des AI Acts definiert ein General Purpose AI Model als ein Modell, das

– mit einer **großen Datenmenge** unter umfassender Selbstüberwachung trainiert wird,

---

309 *Edwards*, The Super Bowl’s best and wackiest AI commercials, arstechnica, 12.2.2024, https://arstechnica.com/information-technology/2024/02/the-super-bowls-best-and-wackiest-ai-commercials/ (letzter Aufruf: August 2024).

310 *Vaswani* et al., Attention Is All You Need, in: NIPS’17: Proceedings of the 31st International Conference on Neural Information Processing Systems, 2017, 6000 ff.; dazu lesenswerte Einordnung dieses über 125.000 mal zitierten Aufsatzes: *Maarseveen*, Attention is All You Need: The Game-Changing Paper That Transformed NLP, 2023.

311 Statistiken über ChatGPT Benutzerzahlen verfügbar hier: https://www.aiprm.com/chatgpt-statistics/ (letzter Aufruf: August 2024).

- eine **erhebliche allgemeine Verwendbarkeit** aufweist,
- in der Lage ist, ein **breites Spektrum unterschiedlicher Aufgaben** kompetent zu erfüllen,
- und das in eine **Vielzahl nachgelagerter Systeme oder Anwendungen** integriert werden kann.

Derart sprühend vor Begeisterung formulierte Kriterien zu erfüllen, bemüht sich die Technologie bislang erfolglos. Der Hype um Generative AI ist einer gewissen Ernüchterung gewichen. Synthetische Bilder und Texte mittlerer Art und Güte erstellen zu können, ist nice to have, aber ist das wirklich das „breite Spektrum unterschiedlicher Aufgaben"? Ist nicht „Machine Learning", also der begrifflich nahezu ehrliche Versuch, Maschinen Intellekt zu verleihen, genau für seine spezifischen, eng umrissenen Aufgaben im Rahmen der Verteilung von Trainingsdaten prädestiniert, die in den meisten Fällen auf eine klar definierte Domäne beschränkt sind? Hat sich daran etwas durch Deep Neural Networks (DNNs) in Form der Transformer geändert? Nein. Der Unterschied von generativer „Künstlicher Intelligenz" zu bisherigen Machine-Learning-Methoden ist weniger radikal, als es die initiale Begeisterung vermuten ließ. **Data Drift** und **Concept Drift**, zwei Konzepte, die wir in diesem Buch mehrfach besprochen haben, begleiten jede Form von Machine Learning, auch die Transformer. Ob generative Modelle auf Basis von DNNs je in der Lage sein werden, komplexe, mehrschichtige Aufgaben zu bewältigen, die tiefes Verständnis erfordern, kann getrost bezweifelt werden. Die meisten Anwendungen, in denen diese Modelle derzeit eingesetzt werden, beruhen auf der Reproduktion oberflächlicher Merkmale menschlicher Intelligenz, anstatt deren tiefere kognitive Fähigkeiten zu replizieren. Dies führt zu einer Überbetonung der syntaktischen und semantischen Ebene, während die pragmatische Dimension des menschlichen Verständnisses weitgehend unberücksichtigt bleibt. Technologie ist auch nur die Kunst des Möglichen, auch wenn sie sich nicht selten im Gewand des Erlösers präsentiert.[312]

In Erwägungsgrund 97 des AI Acts wird eher **erfolglos versucht**, die Definition von General Purpose AI zu präzisieren. Solche Modelle werden „*in der Regel mit großen Datenmengen durch verschiedene Methoden, etwa überwachtes, unüberwachtes und bestärkendes Lernen, trainiert*", und „*können auf verschiedene Weise in Verkehr gebracht werden, unter anderem über Bibliotheken, Anwendungsprogrammierschnittstellen (API), durch direktes Herunterladen oder als physische Kopie.*" Außerdem können diese Modelle „*weiter geändert oder zu neuen Modellen verfeinert werden*" und seien

312 Detaillierte, kritische Auseinandersetzung: *Grill*, Constructing Capabilities: The Politics of Testing Infrastructures for Generative AI, in: FAccT '24: Proceedings of the 2024 ACM Conference on Fairness, Accountability, and Transparency, 2024, S. 1838 ff.

zwar wesentlicher Bestandteil von AI Systems, selbst aber keine AI Systems. Diese Ausführungen helfen nicht dabei, die Definition einzugrenzen oder zwischen diesen und anderen Arten von nicht-allgemeinen AI Systems zu unterscheiden.

Ein Faktor zur Schätzung der erforderlichen „**allgemeinen Verwendbarkeit**" eines AI-Modells soll die **Anzahl der Parameter in dem Modell** sein. Gemäß Erwägungsgrund 98 soll davon ausgegangen werden, dass alle Modelle „*mit mindestens einer Milliarde Parametern, die mit einer großen Datenmenge unter umfassender Selbstüberwachung trainiert werden, als Modelle gelten, die eine erhebliche allgemeine Verwendbarkeit aufweisen und ein breites Spektrum unterschiedlicher Aufgaben kompetent erfüllen.*"

Der Gesetzgeber hat sich bei der Regulierung von AI-Modellen offenbar auf eine einfache Metrik verlassen: die Anzahl der Modellparameter. Dies ist aus technischer Sicht eine unzutreffende Herangehensweise, die die Komplexität und tatsächliche Leistungsfähigkeit moderner Machine-Learning-Modelle nur unzureichend abbildet. Die Anzahl der Parameter eines Modells ist zwar ein leicht messbarer Wert, spiegelt jedoch nicht die wirkliche „**Versatilität**" oder „**Verwendbarkeit**" eines Modells wider.

Im Wesentlichen sind die Parameter eines Modells die **justierbaren Variablen**, die während des Trainingsprozesses angepasst werden, um das Modell auf die Trainingsdaten abzustimmen. Bei LLMs wie GPT, Llama oder Mixtral, die Milliarden von Parametern umfassen, könnte man meinen, dass mehr Parameter automatisch eine höhere Leistungsfähigkeit bedeuten. Tun sie aber nicht.

Erstens hängt die Effektivität eines Modells wesentlich von seiner **Architektur** ab. Transformer-Modelle, die Grundlage vieler moderner AI Systems, verwenden Mechanismen wie Self Attention, die eine flexible Verarbeitung von Daten ermöglichen und die Leistungsfähigkeit erheblich steigern, unabhängig von der reinen Anzahl der Parameter. Es ist also die spezifische Implementierung der Architektur, die darüber entscheidet, wie effizient ein Modell in verschiedenen Kontexten arbeitet.

Zweitens spielt die **Qualität der Trainingsdaten** eine entscheidende Rolle. Ein Modell mit vielen Parametern kann nur so gut sein wie die Daten, auf denen es trainiert wurde. Schlechte oder unzureichende Daten führen zwangsläufig zu einem schlecht performenden Modell, unabhängig von der Parameteranzahl. Dies zeigt, dass die **Quantität der Parameter kein verlässlicher Indikator** für die tatsächliche Leistungsfähigkeit oder Anpassungsfähigkeit eines Modells ist. Im Gegenteil, je größer neuronale Netzwerke sind, desto eher neigen sie zu **Overfitting**.[313]

313 Leichter Einstieg hierzu, auch für Juristen geeignet: *Hense*, Overfitting, MMR 2024,

Drittens erlaubt die Implementierung von „Transfer Learning“ oder „Finetuning“, dass Modelle mit weniger Parametern, aber gut durchdachter Architektur, für spezifische Aufgaben effizient angepasst werden können. Dies bedeutet, dass ein Modell mit weniger Parametern, das jedoch auf **spezifische Anwendungsfälle zugeschnitten** ist, oft besser abschneidet als ein allgemeines Modell mit einer großen Anzahl von Parametern. „General Purpose“ würde in diesem Zusammenhang kaum von einem „Hans Dampf in allen Gassen“ zu unterscheiden sein, einem Modell, das vieles halb, aber nichts richtig kann.

Die Regulierung auf Basis der Anzahl der Modellparameter ist daher nicht nur eine fundamentale technologische Fehlinterpretation, weil der Gesetzgeber eine **quantitative Metrik über qualitative Aspekte** gestellt hat, sondern auch eine potenziell (grundrechts)schädliche Maßnahme, die die tatsächlichen Fähigkeiten und Risiken moderner AI-Modelle ignoriert. Sie verkennt die Bedeutung von Modellarchitektur, Datenqualität und gezielter Anpassung, die weitaus kritischere Faktoren für die Bewertung der Leistungsfähigkeit und Sicherheit von AI Systems darstellen.

Das einzige Beispiel für AI Models, welche die im Gesetz genannten quantitativen Kriterien erfüllen, sind gemäß Erwägungsgrund 99 „generative AI Models“. Aber auch andere Arten von AI Models können in die Kategorie von **Modellen mit allgemeinem Verwendungszweck (General Purpose AI)** fallen, solange sie angepasst und in Systemen für verschiedene Zwecke eingesetzt werden können. Wir können also sagen, dass ein allgemeines AI Model jedes zugrunde liegende Basismodell ist, das angepasst und in mindestens drei verschiedenen Kontexten oder für mindestens drei verschiedene Aufgaben verwendet werden kann. Da laut Erwägungsgrund 99 generative AI-Modelle (optimistisch) als Modelle mit allgemeinem Verwendungszweck zu betrachten sind, kann man mit Sicherheit sagen, dass Übersetzung, Zusammenfassung und Generierung von Texten drei verschiedene Aufgaben sind, die z.B. große Sprachmodelle (Large Language Models; LLMs) ausführen können. Kommen weitere Modalitäten hinzu, wie Audio oder Bildgenerierung, fällt die Einordnung noch leichter.

Schließlich sind alle Modelle einschließlich allgemeiner AI Models, die ausschließlich für **Forschungszwecke** entwickelt und verwendet werden, gemäß Art. 2.6. vom AI Act ausgeschlossen.

Damit aus kleinen AI Models große AI Systems werden, müssen „*weitere Komponenten*“ hinzugefügt werden. Der Begriff einer „Komponente“ sollte weit verstanden werden, denn bereits ein **Graphical User Interface (GUI) stellt eine solche Komponente dar**. AI Systems mit allgemeinem Verwen-

449 ff., sowie https://rsw.beck.de/zeitschriften/mmr/meldung/2024/06/06/overfitting (letzter Aufruf: August 2024).

dungszweck (General Purpose AI Systems) werden in Art. 3.66 auch ausdrücklich als AI Systems definiert, die auf einem AI Model mit allgemeinem Verwendungszweck beruhen und in der Lage sind, eine Vielzahl von Zwecken zu erfüllen, sowohl für die direkte Verwendung als auch für die Integration in andere AI Systems.

Um dies zu veranschaulichen: Der Code von GPT ist das Modell, während die OpenAI Online-Version „ChatGPT“ bereits ein System ist, welches das Modell mit einem GUI verbindet. Wenn Sie GPT, also das AI Model, als Chatbot für die Kundenkommunikation in Ihre Website integrieren und auf Ihre Daten abstimmen oder ein CustomGPT[314] trainieren und auf dem GPT Store[315] anbieten, entsteht ein weiteres AI System mit allgemeinem Verwendungszweck, dessen Anbieter Sie werden.

Weiterhin sollte zwischen einem allgemeinen AI Model und einem allgemeinen AI Model mit systemischem Risiko unterschieden werden. Diese Unterscheidung bestimmt die Verpflichtungen **des Providers des AI Models, nicht des AI Systems**. Dieser Perspektivwechsel des Gesetzgebers ist wichtig.

(2) Pflichten des Providers eines AI-Modells

Der Begriff „systemisches Risiko“ ist ein Residuum der Endzeitstimmung, die von bestimmten Anbietern von AI Systems seit 2022 verbreitet wurde, um sinnvolle Regulierung von AI Systems zu unterminieren.[316] Systemisches Risiko im Sinne von Art. 3.65 soll die Risiken umfassen, die für die Fähigkeiten mit hoher Wirkkraft von AI Models mit allgemeinem Verwendungszweck spezifisch sind und aufgrund deren Reichweite oder aufgrund tatsächlicher oder vernünftigerweise vorhersehbarer negativer Folgen für die öffentliche Gesundheit, die Sicherheit, die öffentliche Sicherheit, die Grundrechte oder die Gesellschaft insgesamt erhebliche Auswirkungen auf den Unionsmarkt haben, die sich in großem Umfang über die gesamte Wertschöpfungskette hinweg verbreiten können.

Unter „*Fähigkeiten mit hoher Wirkkraft*“ sind Fähigkeiten zu verstehen, die den Fähigkeiten der fortschrittlichsten AI Models für allgemeine Zwecke entsprechen oder diese gar übertreffen (Art. 3.64). Erwägungsgrund 110 enthält

---

314 https://openai.com/index/introducing-gpts/ (letzter Aufruf: August 2024).

315 https://openai.com/index/introducing-the-gpt-store/ (letzter Aufruf: August 2024).

316 Hintergründe angerissen bei *Bareis*, BigTech's Efforts to Derail the AI Act, 2024, https://verfassungsblog.de/bigtechs-efforts-to-derail-the-ai-act/ (letzter Aufruf: August 2024), sowie *Axiotes*, Lobbying for Loopholes: The Battle Over Foundation Models in the EU AI Act, 2023, https://www.euractiv.com/section/digital/opinion/lobbying-for-loopholes-the-battle-over-foundation-models-in-the-eu-ai-act/ (letzter Aufruf: August 2024).

weitere **Beispiele für erhebliche Risiken**, insbesondere durch die potenziell illegale Verwendung zur Erzeugung von Fake News oder zur Entdeckung und Ausnutzung von Systemschwachstellen. Dass auch **kleine, spezialisierte AI Models** die gleichen Risiken bergen können, zeigt die Ungeeignetheit dieses Teils des AI Acts, realen Risiken nüchtern zu begegnen.[317]

Rechtssicherheit hinsichtlich der Einordnung wird bestehen für Modelle, die die Kommission gemäß Art. 51.1.b entsprechend einstuft, und für Modelle, die den in Art. 51.2 festgelegten Schwellenwert von 10^{25} FLOPS[318] überschreiten. Abgesehen davon wird die Frage, ob ein Modell „systemisches Risiko" aufweist, ein lustiges Ratespiel bleiben, das in erster Linie die **Provider der Modelle** spielen müssen, um die einzuhaltenden Verpflichtungen zu bestimmen. Aber auch nachgelagerte Provider von AI Systems werden darauf achten müssen, keine AI-Modelle mit systemischen Risiken zu verwenden, die die Anforderungen des AI Acts nicht erfüllen. Schließlich kann man mit ziemlicher Sicherheit davon ausgehen, dass alle großen und prominenten Provider von General Purpose AI Models (OpenAI, Google, Meta, Anthropic usw.) in diese Kategorie fallen werden.

Andererseits unterscheiden sich Verpflichtungen von Providern von AI-Modellen mit systemischem Risiko nicht drastisch von denjenigen der Provider von Modellen ohne systemisches Risiko. Provider von **AI Models ohne systemisches Risiko** müssen:

1. über eine technische Dokumentation des AI Models, einschließlich des Trainings- und Testverfahrens und der Ergebnisse der Bewertung, verfügen, die mindestens Folgendes enthält:
   a) eine allgemeine Beschreibung des Modells, einschließlich:
      i. der Aufgaben, die es erfüllen soll, und die Art und Beschaffenheit der AI Systems, in die es integriert werden kann,
      ii. der Richtlinien zur akzeptablen Nutzung,
      iii. des Veröffentlichungsdatums und der Vertriebsmethoden,
      iv. der Architektur und der Anzahl der Parameter,
      v. der Modalitäten (z. B. Text, Bild) und des Formats der Eingaben und Ausgaben,

317 Detailliert dazu: *Varoquaux* et al., Hype, Sustainability, and the Price of the Bigger-is-Better Paradigm in AI, Preprint, 2024, https://doi.org/10.48550/arXiv.2409.14160.

318 Mehr zu dieser Schwelle, ihrem Ursprung und ihren Mängeln findet sich in *Stevens*, Regulating AI: The Limits of FLOPs as a Metric, An Argument for (if one must) Regulating Applications, Not Math, Medium, 1.5.2024, https://medium.com/@ingridwickstevens/regulating-ai-the-limits-of-flops-as-a-metric-41e3b12d5d0c (letzter Aufruf: August 2024). *Friedl/Gasiola*, Examining the EU's Artificial Intelligence Act, VerfBlog, 2024/2/07, https://verfassungsblog.de/examining-the-eus-artificial-intelligence-act/ (letzter Aufruf: August 2024). *Novelli* et al., Generative AI in EU law: liability, privacy, intellectual property, and cybersecurity, 2024, S. 4, Preprint: arXiv:2401.07348 (letzter Aufruf: August 2024).

vi. der Lizenz,

b) alle relevanten Informationen über die Entwicklung auf Anfrage dem AI Office oder den zuständigen mitgliedstaatlichen Behörden vorlegen, einschließlich:
   i. der technischen Mittel (z. B. Betriebsanleitungen, Infrastruktur, Tools), die für die Integration des Modells in AI Systems erforderlich sind,
   ii. der Designspezifikationen des Modells und des Trainingsprozesses, einschließlich:
      ○ der Trainingsmethoden und -techniken,
      ○ der wichtigsten Designentscheidungen, einschließlich der Begründung und der getroffenen Annahmen,
      ○ wofür das Modell optimiert werden soll,
      ○ der Bedeutung der verschiedenen Parameter,
   iii. Informationen über die für Training, Test und Validierung verwendeten Daten, einschließlich:
      ○ der Art und Herkunft der Daten,
      ○ der Aufbereitungsmethoden (z. B. Bereinigung, Filterung etc.),
      ○ der Anzahl der Datenpunkte, ihren Umfang und ihre Hauptmerkmale,
      ○ wie die Daten erlangt und ausgewählt wurden,
      ○ aller anderen Maßnahmen zur Erkennung der Untauglichkeit von Datenquellen und Methoden zur Erkennung von erkennbaren Verzerrungen,
   iv. die für das Training des Modells verwendeten Rechenressourcen (z. B. Anzahl der Gleitkommaoperationen), die Trainingszeit und andere relevante Details im Zusammenhang mit dem Training,
   v. der bekannte oder geschätzte Energieverbrauch des Modells,

2. Informationen und Dokumentationen zu Providern von AI Systems bereitstellen, die das AI-Modell in ihre AI Systems integrieren wollen, welche ihnen erlauben
   a) die Fähigkeiten und Grenzen des Modells zu verstehen,
   b) ihrerseits die Pflichten aus dem AI Act zu erfüllen und
   c) zumindest die unter Punkt 1.a und 1.b.i und iii erwähnten Inhalte sowie Informationen zur Version und zu erwartenden Interaktionen;
3. eine Leitlinie einführen, um das Unionsrecht zum Urheberrecht einzuhalten, einschließlich State-of-the-Art-Technologien[319] zur Identifizierung von Rechtevorbehalten, die gemäß Art. 4.3 der Richtlinie zum Urheber-

---

319 Hierzu *Keller/Warso*, Defining best practices for opting out of ML training, 2023, S. 7 „State of the Art", https://openfuture.eu/wp-content/uploads/2023/09/Best-_practices_for_optout_ML_training.pdf (letzter Aufruf: August 2024).

recht im digitalen Binnenmarkt[320] geäußert wurden (dies wird im folgenden Abschnitt ausführlicher besprochen),
4. eine detaillierte Zusammenfassung der Trainingsdaten öffentlich zugänglich machen. Hierfür soll das AI Office eine Vorlage zur Verfügung stellen.

Für Provider von AI-Modellen, die im Rahmen einer freien und quelloffenen Lizenz (**free and open-source**) bereitgestellt werden, sind nur die Punkte 3 und 4 zu berücksichtigen. Die Unschärfe der beiden Begriffe in Hinblick auf nur partiell „offene" AI Models wie Metas LLama wird derzeit international heiß debattiert.[321]

Provider, deren Erfolg bei der Entwicklung der Modelle mit dem **Etikett des „systemischen Risikos"** belohnt wird, müssen andererseits alle oben genannten und einige weitere Verpflichtungen erfüllen, welche in Art. 55.1 aufgeführt sind. Diese umfassen:
- die Durchführung der Modellbewertung nach standardisierten Protokollen und mit Instrumenten, die dem Stand der Technik entsprechen, so etwa auch durch Angriffstests,
- die Abschwächung möglicher systemischer Risiken, auch durch die Identifizierung ihrer Quellen (z.B. Entwicklung, normale Nutzung, Missbrauch und Ausbeutung),
- Informationen über schwerwiegende Vorfälle und mögliche Abhilfemaßnahmen zu dokumentieren und unverzüglich an das AI Office und die zuständigen nationalen Behörden zu melden,
- die Gewährleistung eines angemessenen Niveaus an Cybersicherheit.

Schließlich gibt es noch eine weitere Verpflichtung, die sich sowohl an die Provider als auch an die Deployer derjenigen AI-Modelle für allgemeine Zwecke richtet, die in der Lage sind, mit Nutzern zu interagieren oder Inhalte zu erzeugen oder zu manipulieren. Diese Verpflichtungen sind in den Art. 50.1, 50.2 und 50.4 aufgeführt und umfassen:
- Die Verpflichtung der Provider von Systemen, die bestimmt sind, mit Nutzern zu interagieren, das System so zu gestalten, dass die betroffenen natürlichen Personen darüber **informiert** sind, es sei denn, das ist aus der Sicht einer angemessen informierten, aufmerksamen und verständigen natürlichen Person offensichtlich.
- Wenn also ein Chatbot xyAI heißt, ist es wahrscheinlich, dass die Nutzer wissen, dass sie mit einem AI System interagieren. Bis zur Ausgabe von

320 Richtlinie (EU) 2019/790 des Europäischen Parlaments und des Rates vom 17.4.2019 über das Urheberrecht und die verwandten Schutzrechte im digitalen Binnenmarkt und zur Änderung der Richtlinien 96/9/EG und 2001/29/EG.

321 Instruktiv für die Debatte: *Liesenfeld/Dingemanse*, Rethinking open source generative AI: open-washing and the EU AI Act, in: FAccT '24: Proceedings of the 2024 ACM Conference on Fairness, Accountability, and Transparency, 2024, S. 1774 ff., https://doi.org/10.1145/3630106.3659005.

Leitlinien durch das AI Office empfehlen wir jedoch, die Informationen **separat hervorzuheben**.

- Die Verpflichtung der Provider von Systemen, die in der Lage sind, Inhalte zu generieren oder zu manipulieren, sicherzustellen, dass die Ausgaben des AI Systems in einem **maschinenlesbaren Format** gekennzeichnet sind und als **künstlich generiert** oder manipuliert erkannt werden können, indem robuste, zuverlässige und interoperable technische Lösungen integriert werden. Die Effektivität dieser Maßnahmen kann man unter dem Aspekt der bereits oben angesprochenen „Liar's Dividend" mit guten Argumenten bezweifeln.[322]
- Die Verpflichtung der Deployer von AI Systems, die in der Lage sind, Inhalte zu generieren oder zu manipulieren, **offenzulegen, dass die Inhalte künstlich erzeugt oder manipuliert wurden**. Die Ausnahme von dieser Regel ist: Die Nutzung ist gesetzlich zur Ermittlung oder Verfolgung von Straftaten erlaubt oder die Inhalte wurden einer menschlichen Überprüfung oder redaktionellen Kontrolle unterzogen und eine natürliche Person trägt die **redaktionelle Verantwortung** für die Veröffentlichung.

Schließlich müssen Provider von Modellen, die nicht in Europa ansässig sind, aber ihre Modelle auf dem europäischen Markt anbieten, einen **Bevollmächtigten in der EU** benennen, der dann für das Modell auf dem Gebiet der EU verantwortlich ist.

(3) Verpflichtungen der Provider eines General Purpose AI Systems

Während alle im vorigen Unterabschnitt aufgeführten Verpflichtungen die Provider von AI-Modellen betreffen, gibt es im AI Act keine expliziten Verpflichtungen, die sich an Provider von General Purpose AI Systems richten, und zwar unabhängig davon, ob das zugrunde liegende Modell mit oder ohne systemisches Risiko ist. Die Pflichten hängen daher hauptsächlich von der beabsichtigten Nutzung des Systems ab. Wenn das System für einen in Anhang III aufgeführten Zweck verwendet werden soll, dann gilt es als High-Risk AI System und muss alle entsprechenden Verpflichtungen erfüllen. Ist das System hingegen für sonstige Verwendung vorgesehen, beschränken sich die Pflichten des System-Providers auf:

- Durchführung der Due Diligence und ausschließliche Verwendung rechtmäßiger AI-Modelle für allgemeine Zwecke,
- Umsetzung der im vorherigen Abschnitt erwähnten und in Art. 50 des AI Acts vorgeschriebenen Transparenzmaßnahmen,

---

322 *Leibowicz*, Why watermarking AI-generated content won't guarantee trust online, MIT Technology Review, 2023, https://www.technologyreview.com/2023/08/09/1077516/watermarking-ai-trust-online/ (letzter Aufruf: August 2024).

– Einhaltung aller anderen Verpflichtungen in Bezug auf Datenschutz, Urheberrecht usw., da diese unabhängig vom AI Act gelten.

(4) Urheberrecht und General Purpose AI Models

Während die meisten der oben aufgeführten Pflichten leicht zu verstehen sind, haben zwei Pflichten öffentliche und rechtliche Debatten ausgelöst: Erstens die Verpflichtung zur Offenlegung einer „Copyright Policy", in der dargelegt wird, wie etwaige Vorbehalte von Rechteinhabern gegenüber **Text- und Data-Mining** gewürdigt werden. Zweitens, die eng damit zusammenhängende Verpflichtung, eine **detaillierte Zusammenfassung der verwendeten Trainingsdaten** vorzulegen, die – sofern lege artis erstellt – ein Indikator ist, ob die Copyright-Policy während des Trainingsprozesses tatsächlich befolgt wurde oder nicht.

Diese Fragen betreffen in erster Linie generative AI-Modelle, die Inhalte produzieren und manipulieren, weil bei ihnen die zugrunde liegenden Urheberrechtsfragen sowohl leicht erkennbar als auch äußerst relevant sind. Angesprochen sind in diesem Zusammenhang das Training der generativen AI-Modelle (1) sowie deren Nutzung (2).

Die urheberrechtlichen Fragen sind dabei in der wissenschaftlichen und juristischen Literatur gut aufbereitet, jedoch **finden diese Antworten keinen Anklang** wegen ihrer **nachteiligen Folgen für die Provider von generativen AI Models und AI Systems**. Aus diesem Grund halten wir es für angebracht, die aufgeworfenen Fragen kurz zu erwähnen und einige relevante Forschungsergebnisse zu den Schlussfolgerungen zu liefern. Dabei wollen wir keine Weltuntergangsszenarien darstellen oder unmittelbare Disgorgements der AI Models fordern,[323] sondern vielmehr pragmatische Lösungen anregen.

b) Training und Trainingsdaten[324]

(1) Generative AI benötigt viele Daten

Alle scheinen sich einig zu sein, dass Machine Learning große Mengen an Trainingsdaten von hoher Qualität benötigt, um hochwertige und genaue Ergebnisse zu erzielen. Bekannt sind auch die Schwachstellen, die etwa durch

323 Einen Überblick über die Befugnisse der FTC zur Herausgabe von Erlösen und wie sie diese in der Vergangenheit ausgeübt hat, findet sich hier: *Riley*, The FTC's biggest AI enforcement tool? Forcing companies to delete their algorithms, 5.7.2023, https://cyberscoop.com/ftc-algorithm-disgorgement-ai-regulation/ (letzter Aufruf: August 2024).

324 Hierzu detailliert *Hense*, in: Kaularz/Merkle, Handbuch Künstliche Intelligenz, 2024, Kapitel Memorisierung von Trainingsdaten in Machine-Learning-Modellen.

Membership Inference Attack,[325] Model Inversion Attacks[326] und anderen, ungewollt ihre Trainingsdaten preisgeben. Dies ist seit geraumer Zeit als ein datenschutzrechtliches Problem insbesondere von neuronalen Netzwerken bekannt,[327] das mit der ansteigenden Größe und Tiefe der Modelle (DNNs) immer drängender wurde. Je größer ein neuronales Netzwerk, desto früher (im Trainingsprozess) und desto stärker neigt es zur Memorisierung von Trainingsdaten.[328]

Bei LLMs und Diffusion Models braucht es zumeist nicht solche aufwendigen Angriffe, um Trainingsdaten aus den Modellen zu extrahieren.[329] Man muss nur höflich und mit den richtigen Worten fragen, genauer gesagt, die richtige Token-Sequenz auffordern, und die Modelle werden ihre Trainingsdaten produzieren, in bestimmten Fällen Wort für Wort[330] – oder eben Bild für Bild, unabhängig von der Frage, ob diese Ausgaben urheberrechtlich geschützt sind oder nicht.[331]

---

325 *Shokri* et al., Membership inference attacks against machine learning models, in: Proceedings of the IEEE Symposion on Security and Privacy (SP) 2017, S. 3 ff.; instruktiv: *Boenisch*, Attacks against Machine Learning Privacy (Part 2): Membership Inference Attacks with TensorFlow Privacy, 2021, https://franziska-boenisch.de/posts/2021/01/membership-inference (letzter Aufruf: August 2024).

326 *Fredrikson* et al., Model Inversion Attacks that Exploit Confidence Information and Basic Countermeasures, in: CCS '15: Proceedings of the 22nd ACM SIGSAC Conference on Computer and Communications Security, 2015, S. 1322; instruktiv: *Boenisch*, Attacks against Machine Learning Privacy (Part 1): Model Inversion Attacks with the IBM-ART Framework, 2020, https://franziska-boenisch.de/posts/2020/12/model-inversion/ (letzter Aufruf: August 2024).

327 *Hartley* et al., Neural networks memorise personal information from one sample, Nature Scientific Report 13, 21366, 2023.

328 *Tirumala* et al., Memorization Without Overfitting: Analyzing the Training Dynamics of Large Language Models, in: NIPS'22: Proceedings of the 36th International Conference on Neural Information Processing Systems, 2022, S. 4 ff., insbesondere 4.2.

329 Für einen detaillierten Überblick über mögliche Angriffe auf LLMs siehe *Li* et al., Privacy in Large Language Models: Attacks, Defenses and Future Directions, 2023, Preprint: arXiv:2310.10383v1; umfassend dazu: *Aditya* et al., Evaluating Privacy Leakage and Memorization Attacks on Large Language Models (LLMs) in Generative AI Applications, Journal of Software Engineering and Applications, 2024, S. 421 ff.

330 *Wallace/Tramèr/Jagielski/Herbert-Voss*, Does GPT-2 Know Your Phone Number?, 20.12.2020, Berkley Artificial Intelligence Research, https://bair.berkeley.edu/blog/2020/12/20/lmmem/ (letzter Aufruf: Oktober 2024).

331 *Somepalli/Singla/Goldblum/Geiping/Goldstein*, Diffusion art or digital forgery? Investigating data replication in diffusion models, in: Proceedings of the IEEE/CVF Conference on Computer Vision and Pattern Recognition, 2023, S. 6048–6058.

Figure 1. *Stable Diffusion* is capable of reproducing training data, creating images by piecing together foreground and background objects that it has memorized. Furthermore, the system sometimes exhibits *reconstructive* memory, in which recalled objects are semantically equivalent to their source object without being pixel-wise identical. Here, we show this behavior occurring with a range of prompts sampled from LAION, and with a hand-crafted prompt (rightmost pair). The presence of such images raises questions about the nature of data memorization and the ownership of diffusion images. Top row: generated images. Bottom row: closest matches in the LAION-Aesthetics v2 6+ set. Sometimes source and match prompts are quite similar, and sometimes they are quite different. See Figure 7 for more examples with prompts, or the Appendix for prompts from this figure.

Abbildung 22: Abbildung entnommen aus *Somepalli/Singla/Goldblum/Geiping/Goldstein*[332]

332 *Somepalli/Singla/Goldblum/Geiping/Goldstein*, Diffusion art or digital forgery? Investigating data replication in diffusion models, in: Proceedings of the IEEE/CVF Conference on Computer Vision and Pattern Recognition, 2023.

(2) Memorization und Overfitting[333]

Diese besondere Eigenschaft ist eine Folge von Overfitting und Memorization. Aber man sollte eigentlich von einem Mangel sprechen, weil Transformatormodelle, wie sie in Googles „*Attention is all you need*"[334] vorgestellt wurden, ursprünglich für die Sprachmodellierung und für Übersetzungen gedacht waren.[335] Daher waren das Abrufen von Informationen oder die Reproduktion von Trainingsdaten weder ein vorgesehenes noch ein wünschenswertes Verhalten von Machine Learning Models. Fünf Jahre nach dem Erstkontakt der Öffentlichkeit mit Transformer-Modellen werden aber unsere Dream Machines[336] plötzlich als Suchmaschinen eingesetzt und träumen allenfalls die Träume, die sie bereits in ihren Trainingsdaten gesehen haben. Dies geschieht sowohl als Folge des Overfittings im Prozess des supervised Learning, bei dem das Modell unwichtige Merkmale aufnimmt und diesen Merkmalen zu viel Relevanz verleiht, sowie der Memorization,[337] die zwar oft mit Overfitting einhergeht, aber in diesem Zusammenhang separat betrachtet werden sollte. Das liegt daran, dass das Overfitting eine Folge des Lernens eines Merkmals ist, das mehrfach im Trainingssatz vorkommt, während Memorization auch bei einem einzigen Beispiel, das nur einmal im Trainingsdatensatz enthalten ist, auftreten kann.[338] Warum oder wie genau dies geschieht wird noch erforscht, ist für die rechtliche Analyse jedoch auch gänzlich irrelevant: Allein die Tatsache, dass die Trainingsdaten vom

333 Einstieg dazu: *Hense*, Overfitting, MMR 2024, 449 ff., sowie https://rsw.beck.de/zeitschriften/mmr/meldung/2024/06/06/overfitting (letzter Aufruf: August 2024).

334 *Vaswani* et al., Attention Is All You Need, in: NIPS'17: Proceedings of the 31st International Conference on Neural Information Processing Systems, 2017; siehe auch *Maarseveen*, Attention is All You Need: The Game-Changing Paper That Transformed NLP, 2023.

335 Transformer: A Novel Neural Network Architecture for Language Understanding, 2017, https://research.google/blog/transformer-a-novel-neural-network-architecture-for-language-understanding/ (letzter Aufruf: August 2024).

336 *Karpathy*, einer der Gründer von OpenAI, kritisiert den anthropomorphisierenden Begriff „Halluzinationen" treffend: „Ich tue mich immer etwas schwer, wenn ich nach dem ‚Halluzinationsproblem' in LLMs gefragt werde. Denn in gewissem Sinne ist Halluzination alles, was LLMs tun. Sie sind Traummaschinen. Wir lenken ihre Träume mit Souffleuren. Die Aufforderungen lösen den Traum aus, und auf der Grundlage der verschwommenen Erinnerung des LLM an seine Trainingsunterlagen führt das Ergebnis meistens zu etwas Nützlichem. Nur wenn die Träume in ein Gebiet gehen, das als faktisch falsch angesehen wird, bezeichnen wir sie als ‚Halluzination'. Es sieht aus wie ein Fehler, aber es ist nur der LLM, der tut, was er immer tut.", 9.12.2023, https://x.com/karpathy/status/1733299213503787018 (letzter Aufruf: August 2024).

337 *Carlini* et al., The secret sharer: Evaluating and testing unintended memorization in neural networks, in: SEC'19: Proceedings of the 28th USENIX Conference on Security Symposium, 2019, S. 267.

338 *Carlini* et al., Extracting Training Data from Large Language Models, in: Proceedings of the 30th USENIX Security Symposium, 2021, S. 2633, 2645.

Modell exakt reproduziert werden können, beweist, dass ein bestimmtes **Beispiel im Trainingsdatensatz enthalten war**. Diese Schlussfolgerung ist entscheidend für die Frage der Rechtmäßigkeit der Verwendung von urheberrechtlich geschütztem Material sowie von personenbezogenen Daten beim initialen Modelltraining. In diesem Kapitel konzentrieren wir uns auf die Frage des Urheberrechts und analysieren in diesem Zusammenhang die **Ausnahmeregelung für Text- und Data-Mining (TDM)**, die allzu oft schlagwortartig und lauthals gegen die Sorge vor der Haftung für Urheberrechtsverletzungen eingesetzt wird. Wir werden die Ausnahmeregelung darstellen und erläutern, wann sie anwendbar ist und warum dies **bei Transformator-basierten Modellen gerade nicht der Fall** ist.

(3) Text- und Data-Mining

Das Urheberrecht entwickelte sich stets aus dem Dialog zwischen verschiedenen Interessengruppen, sobald eine neue Technologie neue Fragen aufgeworfen hat. Von der Einführung der Druckerpresse über die ersten Kameras, Scanner, Speichermedien bis hin zum Internet und allen seinen Besonderheiten – und schließlich auch dem Machine Learning. Dieser Dialog wurde zuletzt auf europäischer Ebene mit der Richtlinie 2019/790 zum Urheberrecht im digitalen Binnenmarkt (**Copyright in the Digital Single Market, „CDSM-Richtlinie“**) abgeschlossen, die zahlreiche Schutzlücken schließen sollte, die zu dieser Zeit immer deutlicher wurden.

i. Richtlinie 2019/790 zum Urheberrecht im digitalen Binnenmarkt (CDSM-Richtlinie)

Die CDSM-Richtlinie erwähnt Text- und Data-Mining einmal als Ausnahme für die Zwecke der wissenschaftlichen Forschung (Art. 3 der CDSM-Richtlinie) und einmal als eine allgemeinere Ausnahme (Art. 4 der CDSM-Richtlinie). Die Ausnahmeregelung wurde ursprünglich vor allem von der Wissenschaft gefordert, die Text- und Data-Mining als ein leistungsfähiges Instrument zum Auffinden von Querverweisen und Korrelationen in bestimmten Bereichen ansah.[339] In diesem Zusammenhang wurde Text- und Data-Mining als jede automatisierte Analysetechnik verstanden, die darauf abzielt, Texte und Daten, einschließlich Töne und Bilder (Erwägungsgrund 8 der CDSM-Richtlinie), in digitaler Form zu analysieren, um Informationen zu generieren, die Muster, Trends und Korrelationen enthalten, aber nicht darauf beschränkt sind (Art. 2.2. der CDSM-Richtlinie).

Laut Erwägungsgrund 8 der CDSM-Richtlinie sollte diese Ausnahme in erster Linie Wissenschaft und Forschung schützen, was auch notwendig war,

---

339 *Binctin*, TDM: Eine Herausforderung für die Künstliche Intelligenz, 2019, S. 6.

da „*das Text und Data Mining Handlungen umfassen [kann], die durch das Urheberrecht, das Sui-generis-Recht an Datenbanken oder beides geschützt sind, vor allem wenn es um die Vervielfältigung von Werken oder sonstigen Schutzgegenständen, die Entnahme von Inhalten aus einer Datenbank oder beides geht, also Handlungen, die beispielsweise erfolgen, wenn die Daten während des Vorgangs des Text und Data Mining normalisiert werden. Können keine Ausnahmen oder Beschränkungen geltend gemacht werden, so ist für solche Handlungen die Erlaubnis des Rechteinhabers erforderlich.*“

Zusammenfassend lässt sich festhalten:

- Die Ausnahmeregelung wurde eingeführt, um ein **Gleichgewicht** herzustellen und die **offene Forschung** zu schützen.
- Die Ausnahmeregelung war notwendig, da es sich bei TDM häufig um **urheberrechtlich relevante Vervielfältigungen** handelt, d.h. dauerhafte Vervielfältigungen im Gegensatz zu vorübergehenden, die bereits durch die InfoSoc-Richtlinie geschützt waren.
- Aufgrund der ursprünglichen Absicht, die Forschung zu schützen, ist es gerechtfertigt, dass **keine Vorbehalte gegen die Ausnahmeregelung** geltend gemacht werden können.

Die für kommerzielle Akteure geltende Ausnahme wird hingegen in Erwägungsgrund 18 der CDSM-Richtlinie erläutert. Es wird klargestellt, dass Text- und Data-Mining „*in großem Umfang sowohl von privaten als auch öffentlichen Einrichtungen eingesetzt [werden], um große Datenmengen in verschiedenen Lebensbereichen und zu unterschiedlichen Zwecken zu analysieren, auch für staatliche Dienste, komplexe unternehmerische Entscheidungen und die Entwicklung neuer Anwendungen oder Technologien.*“

Die Ausnahme gilt jedoch nur, wenn (1) der **Zugriff auf das Werk rechtmäßig** erfolgt und (2) der Rechteinhaber **keinen Rechtevorbehalt** erklärt hat. Solche Vorbehalte sind durch die Verwendung von maschinenlesbaren Mitteln, einschließlich Metadaten und den Geschäftsbedingungen einer Website oder eines Dienstes, auszusprechen. In bestimmten Fällen kann es jedoch auch angebracht sein, den Vorbehalt durch andere Mittel wie etwa vertragliche Vereinbarungen und sogar einseitige Erklärungen zu manifestieren. Aus Erwägungsgrund 18 geht hervor:

- Kommerzielle Akteure haben ein anerkanntes Recht, Text- und Data-Mining zu betreiben.
- Diese Ausnahme gilt nur, wenn der Zugang zu den jeweiligen Werken rechtmäßig war.
- Der Zugriff ist immer dann rechtswidrig, wenn der Rechteinhaber einen Vorbehalt gegen ein solches kommerzielles TDM gemacht hat.

ii. TDM und Transformer-Modelle

Um zu beurteilen, unter welchen Bedingungen die TDM-Ausnahme in Bezug auf LLMs oder Diffusion Models zutrifft, sind folgende Fragen zu beantworten:

- Kann das Training dieser Modelle als eine **TDM-Technik** interpretiert werden?
- War der **Zugang** zu den Werken **rechtmäßig**?
- Gab es irgendwelche **Vorbehalte** seitens der Rechteinhaber?

Zur Beantwortung der ersten Frage muss noch einmal betont werden, dass TDM sowohl das Auslesen als auch die Vervielfältigung von urheberrechtlich geschütztem Material beinhalten kann, und zwar auch dann, wenn diese Vervielfältigungen nicht nur vorübergehend sind.[340] Darüber hinaus kann TDM auch an bloßen Informationen, Daten oder Fakten vorgenommen werden, dabei liegt gar nicht erst eine urheberrechtlich relevante Handlung vor (Erwägungsgrund 9 der CDSM-Richtlinie). In diesem Zusammenhang ist darauf hinzuweisen, dass nach der Entscheidung des EuGH in der Rechtssache Infopaq I isoliert betrachtete Wörter als Daten und nicht als geschützte geistige Schöpfungen zu verstehen sind.[341] Umgekehrt genügen jedoch bereits „*11 aufeinanderfolgende Wörter*“, um die Schwelle der Originalität zu überschreiten und Schutz zu genießen.[342] Bei der Betrachtung verwandter Schutzrechte ist es wichtig, die Pelham-Entscheidung des EuGH zu erwähnen, in der es heißt, dass Tonträgerhersteller die Wiedergabe von nur zwei Sekunden kurzen Rhythmussequenzen verhindern können, wenn sie für das Ohr erkennbar bleiben.[343] Das Kriterium für die Verletzung dieses Rechts ist also die „Erkennbarkeit“ und nicht die „Originalität“.[344]

---

340 *Rosati*, Copyright as an obstacle or an enabler? A European perspective on text and data mining and its role in the development of AI creativity, 2019, Asia Pacific Law Review, Volume 27, Issue 2, S. 200; *Rosati*, The Exception for Text and Data Mining (TDM) in the Proposed Directive on Copyright in the Digital Single Market: Technical Aspects, Briefing angefordert vom JURI-Ausschuss, Politische Abteilung für Bürgerrechte und konstitutionelle Angelegenheiten, Europäisches Parlament, S. 5.

341 EuGH, Urt. v. 16.7.2009 – C-5/08, ECLI:EU:C:2009:465, Rn. 45–46 – Infopaq I.

342 EuGH, Urt. v. 16.7.2009 – C-5/08, ECLI:EU:C:2009:465, Rn. 45–46 – Infopaq I.

343 *Rosati*, Copyright as an obstacle or an enabler? A European perspective on text and data mining and its role in the development of AI creativity, 2019, Asia Pacific Law Review, Volume 27, Issue 2, S. 206; *Geiger* et al., Text and Data Mining in the Proposed Copyright Reform: Making the EU ready for an age of Big Data?, 2019, International Review of Intellectual Property and Competition Law, Band 49, Ausgabe 7, S. 815.

344 *Christensen*, A European solution for Text and Data Mining in the development of creative Artificial Intelligence – With a specific focus on articles 3 and 4 of the Digital Single Market Directive, Stockholm Intellectual Property Law Review Vol 4 (2) 2021, S. 22.

Auf dieser Grundlage kann man davon ausgehen, dass LLMs und Diffusion Models definitiv mit Text- und Data-Mining-Technologien arbeiten. Die nachfolgende Argumentation scheint daher verlockend: Indem LLMs während des Trainingsprozesses einzelne Wörter tokenisieren und einbetten und nur die statistische Wahrscheinlichkeit zur Vorhersage des nächsten Tokens aus ihrer Verarbeitung extrahieren,[345] führen diese Modelle keine urheberrechtlich relevante Handlung durch. Zudem sind Wörter an sich nicht geschützt. Ähnliche Argumente können auch für die Verarbeitung in Diffusion Models angeführt werden. Jedoch, beide Argumentationslinien versagen, wenn man sie im Lichte des Verarbeitungsergebnisses und der einschlägigen wissenschaftlichen und technischen Literatur betrachtet.

Erstens ist es, wie bereits erläutert, üblich, dass sich LLMs, wie alle tiefen neuronalen Netzwerke, ganze Absätze von Büchern, vollständige Liedtexte und auch Bilder memorisieren. Dabei ist es auch völlig unerheblich, ob dies die Absicht der Entwickler war oder ein Bug, den die Entwickler schließlich beibehielten und zum Feature erklärten. Entscheidend ist, dass während des Trainingsprozesses nicht-temporäre Kopien von Werken erstellt und **in den Modellen gespeichert** werden. Zweitens wären, selbst wenn LLMs Wörter separat verarbeiten, diese Wörter ohne Kontext wertlos. Darüber hinaus werden die Tokens (in Form nummerischer Token-IDs) immerhin in über 1000 Dimensionen vektorisiert,[346] d. h., jedes Token ist mit über 1000 anderen Tokens verbunden, um es bei der Beantwortung von Fragen durch Generierung einer Ausgabesequenz in den richtigen Kontext zu setzen. Damit wird das zulässige Kontextfenster von höchstens 11 Wörtern mit Sicherheit überschritten, da die Wörter zusammen mit ihrem relevanten Kontextbezug eingebettet werden, indem Self-Attention innerhalb der Transformer-Architektur verwendet wird.[347] Bei Diffusion Models ist das Bild noch klarer, da diese Art von Modellen die Einbettungen der tatsächlichen Bilder, die beim Training verwendet werden, speichern, wenn auch in einer Form mit zusätzlichem Noise.[348] Schließlich behauptet kaum jemand, dass die Modellanbieter kein Text- und Data-Mining betreiben. Die Frage ist eher, ob sie es in

---

345 Eine detaillierte Beschreibung der Verarbeitungsvorgänge von ChatGPT finden Sie in *Wolfram*, What Is ChatGPT Doing … and Why Does It Work?, 2023, https://writings.stephenwolfram.com/2023/02/what-is-chatgpt-doing-and-why-does-it-work/.

346 Eine großartige visuelle Darstellung der 1536-dimensionalen Komplexität der Modelle und ihrer Verarbeitungsvorgänge findet sich unter https://www.moebio.com/mind (letzter Aufruf: August 2024).

347 OpenAI bietet mit seinem Tokenizer eine gute Möglichkeit, um sich durch Eingabe verschiedener Texte dem Thema Tokenisierung und Embeddings zu nähern: https://platform.openai.com/tokenizer (letzter Aufruf: August 2024).

348 Siehe zum Beispiel *Alammar*, The Illustrated Stable Diffusion, November 2022, https://jalammar.github.io/illustrated-stable-diffusion (letzter Aufruf: August 2024); *Tiu*, Understanding Latent Space in Machine Learning, 2020, https://towardsdatascience.

rechtmäßiger Weise tun. Die Antwort auf unsere erste Frage lautet also: Ja, das Training dieser Modelle stellt Text- und Data-Mining dar.

Die zweite Frage ist entscheidend dafür, ob die Berufung auf die TDM-Ausnahme rechtmäßig ist. Da die Ausnahme in erster Linie zum Schutz von Forschungseinrichtungen und -aktivitäten gedacht war, wird diese Bedingung nur in Bezug auf kommerzielle Akteure erwähnt. Daher betrachten wir hier auch nur kommerzielle Akteure. Um die **Rechtmäßigkeit des Zugangs zu Daten** und geschützten Werken zu bestimmen, die für das Training der Modelle verwendet wurden, muss man sich fragen, ob das jeweilige Werk öffentlich zugänglich war oder nicht. Damit gemeint ist nicht die Frage, ob das Werk gemeinfrei und damit nicht urheberrechtlich geschützt ist, sondern ob es vom Rechteinhaber öffentlich zugänglich gemacht wurde. Nur dann, wenn es öffentlich zugänglich gemacht wurde, kann das Werk für TDM verwendet werden. Das bedeutet, dass die Verwendung von **evident illegalen Datensätzen wie „The Pile“, „Books1“, „Books2“ usw**.,[349] die von einer anderen Person als dem Rechteinhaber veröffentlicht wurden, nicht rechtmäßig für das Training verwendet werden kann, obwohl sie im weiteren Sinne des Wortes öffentlich zugänglich waren.[350] Das bedeutet auch, dass die **TDM-Ausnahme für Modellanbieter nicht einschlägig** sein kann, die **beim Training ihrer Modelle illegale Datensätze verwendet** haben.

Für Modellanbieter, die solche illegalen Datensätze nicht verwendet haben, bleibt immer noch die dritte Frage. Sie prüft, ob die Rechteinhaber, die ihre urheberrechtlich geschützten Inhalte öffentlich zugänglich gemacht haben, auch **Vorbehalte gegen die Verwendung** dieser Materialien für die Zwecke des TDM geäußert haben. Dies schließt die Verwendung von TDM-Techniken für jegliche Inhalte eindeutig aus:

- die hinter einer **Paywall** verfügbar sind,
- die offen zugänglich sind, für die aber **maschinenlesbare Mechanismen** bestehen, die das TDM untersagen, z. B. durch robots.txt-Dateien,[351]
- für die **Allgemeine Geschäftsbedingungen** gelten, die Text- und Data-Mining verbieten.

---

com/understanding-latent-space-in-machine-learning-de5a7c687d8d (letzter Aufruf: August 2024).

349 Vgl. *Reisner*, These 183.000 books are fueling the biggest fight in publishing and tech, The Atlantic, 2023, https://www.theatlantic.com/technology/archive/2023/09/books3-database-generative-ai-training-copyright-infringement/675363/ (letzter Aufruf: August 2024).

350 Paul Tremblay und Mona Awad gegen OpenAI, Inc. und andere, Case 3:23-cv-03223 Document 1 Filed 06/28/23 Rn. 34.

351 *Keller/Warso*, Defining Best Practices for Opting Out of ML Training, Open Future Policy Brief #5, 29.9.2023, https://openfuture.eu/wp-content/uploads/2023/09/Best-_practices_for_optout_ML_training.pdf (letzter Aufruf: August 2024).

Die Tatsache, dass dies **von den meisten Anbietern ignoriert wurde**, und sie so ungefähr das gesamte Internet zum Trainieren ihrer Modelle verwendet haben, ist offensichtlich.[352]

Daraus können wir schließen, dass das Training von LLMs und Diffusion Models den Einsatz von Text- und Data-Mining-Techniken beinhaltet, dass diese Techniken urheberrechtlich relevante Vervielfältigungen der geschützten Werke beinhalten und dass zumindest in einigen Fällen und für einige Modelle die Bedingungen für die Inanspruchnahme der TDM-Ausnahme nicht erfüllt waren, sodass das TDM rechtswidrig war. Da die Frage jedoch auf europäischer Ebene durch eine Richtlinie geregelt wird, gibt es keine unmittelbaren Rechtsbehelfe. Es bleibt nur der Rückgriff auf die verfügbaren nationalen Rechtsbehelfe.

Für all diejenigen, die immer noch nicht von unseren Schlussfolgerungen überzeugt sind oder bestenfalls bereit sind, zuzugeben, dass alle Kopien der Trainingsdaten nur vorübergehend sind, gibt es noch einen weiteren relevanten Test, auf den wir uns stützen können, wenn wir die **Urheberrechtswidrigkeit der meisten generativen AI-Geschäftsmodelle** geltend machen, nämlich den Drei-Stufen-Test.

iii. Drei-Stufen-Test

Der Drei-Stufen-Test kommt in verschiedenen Formen vor und ist Teil der europäischen und sogar weltweiten Urheberrechtstradition, seit er 1967 in **Art. 9 der Berner Übereinkunft** eingeführt wurde. Darin wird gefordert, dass die erlaubte Vervielfältigung eines Werks nicht mit der normalen Verwertung des Werks kollidieren und die legitimen Interessen des Urhebers nicht in unangemessener Weise beeinträchtigen darf.[353] Diese Übereinkunft wurde von den meisten Ländern der Welt sowie auch von der EU unterzeichnet. Die EU hat diese Ausnahmeregelung weiterentwickelt und zum Beispiel in eine der Ausnahmen vom Vervielfältigungsrecht in der InfoSoc-Richtlinie[354] aufgenommen.

---

352 Siehe zum Beispiel The New York Times Company gegen Microsoft Corporation und andere, Case 1:23-cv-11195 Document 1 Filed 12/27/23, https://admin.bakerlaw.com/wp-content/uploads/2024/01/ECF-1-Complaint-1-1.pdf.

353 Der aktuelle Text der Übereinkunft ist hier verfügbar: Berner Übereinkunft zum Schutz von Werken der Literatur und Kunst, Pariser Fassung vom 24.7.1971, geändert am 28.9.1979, https://www.unido.org/sites/default/files/2014-04/Berne_Convention_for_the_Protection_of_Literary_and_Artistic_Works_28.09.1979_0.pdf.

354 Richtlinie 2001/29/EG des Europäischen Parlaments und des Rates vom 22.5.2001 zur Harmonisierung bestimmter Aspekte des Urheberrechts und der verwandten Schutzrechte in der Informationsgesellschaft.

Die Ausnahme ist in dem Recht enthalten, **vorübergehende Kopien** von urheberrechtlich geschützten Werken anzufertigen, und ist in Art. 5.1 der InfoSoc-Richtlinie niedergelegt. Die Ausnahmeregelung sieht fünf kumulative Bedingungen vor, die eng auszulegen sind.[355] Diese verlangen, dass die Vervielfältigung:

- vorübergehend ist,
- flüchtig oder begleitend ist,
- einen integralen und wesentlichen Bestandteil eines technischen Prozesses darstellt,
- bezweckt, die rechtmäßige Nutzung eines Werkes zu ermöglichen, und
- keine eigenständige wirtschaftliche Bedeutung hat.

Zur Erörterung, warum bereits die ersten beiden Bedingungen nicht erfüllt sind, verweisen auf den vorherigen Abschnitt. Die dritte Bedingung ist erfüllt, da die Modelle nur als Ergebnis des Trainingsprozesses und der in diesem Prozess verwendeten Trainingsdaten funktionieren können. Doch selbst wenn die von LLMs und Diffusion Models erstellten Kopien nur vorübergehend und flüchtig wären, blieben als Bruchstelle noch immer die letzten beiden Bedingungen.

Hinsichtlich der vierten Bedingung könnte man noch argumentieren, dass sie erfüllt sei. Während nämlich Rechtsverletzungen objektiv zu verstehen sind – urheberrechtlich geschützte Werke werden entweder vervielfältigt oder nicht – könnte man argumentieren, dass der Zweck von LLMs und Diffusionsmodellen nicht darin bestand, Kopien zu erstellen. Ganz im Gegenteil, dieses Phänomen ist zunächst als Fehler entstanden. Wir erinnern uns: Memorisierung und Overfitting waren seit jeher **unerwünschte Nebeneffekte im Machine Learning**. Darüber hinaus schließen die meisten Provider ausdrücklich aus, die Modelle für die Zwecke von Urheberrechtsverletzungen zu verwenden, was bei genauerer Betrachtung allerdings als ein höchst bemerkenswertes Eigentor daherkommt. Dennoch könnte man gutwillig argumentieren, dass die Modelle und alle flüchtigen und begleitenden Kopien, die während ihres Trainingsprozesses entstehen, nur für rechtmäßige Zwecke bestimmt sind. Das bedeutet jedoch nicht, dass die von ihnen erzeugten Ergebnisse, die gegen das Urheberrecht verstoßen, ebenfalls folgenlos bleiben. Wir betrachten immer noch nur den **Trainingsprozess** und hier kann die vierte Bedingung sehr wohl erfüllt sein.

Die fünfte Bedingung für die Ausnahmevorschrift wird jedoch kaum erfüllt sein. Solange die Modelle in der Lage sind, Inhalte der gleichen Art wie ihr Trainingsmaterial zu produzieren, und solange es Kunden für diese Ergebnisse gibt, die sie eher nutzen werden als die von einzelnen Urhebern

---

355 EuGH, Urt. v. 16.7.2009 – C-5/08, ECLI:EU:C:2009:465 – Infopaq I, und EuGH, 17.1.2012 – Rs. 302/10, ECLI:EU:C:2012:16 – Infopaq II.

produzierten Originalwerke, **haben die Modelle definitiv eine wirtschaftliche Bedeutung** für die ursprünglichen Urheber und **wirken sich auf ihre legitimen Interessen aus**. Es ist schwierig, sich ein Szenario vorzustellen, in dem die Schöpfungen von Urhebern rechtmäßig genutzt werden könnten, um Modelle zu produzieren, die in der Lage sind, diese Urheber zu ersetzen. Man könnte versuchen zu argumentieren, dass die Märkte für „originale" und „AI-generierte" Inhalte zwei getrennte Märkte sind und dass die Menschen den Werken menschlicher Urheberschaft immer einen höheren Wert beimessen werden. Das mag zwar in bestimmten Fällen zutreffen, aber die beiden Märkte könnten kaum jemals vollständig voneinander getrennt werden und die Modelle würden sicherlich viele weniger bekannte Künstler ersetzen. Daher kann die letzte Bedingung niemals für alle Autoren erfüllt werden, deren Werke in den Trainingssätzen enthalten waren, und auf die Ausnahme als Ganzes kann man sich daher nicht verlassen.

iv. Zusammenfassung

Die Ergebnisse dieses Abschnitts sind für alle kommerziellen Provider von generativen AI-Modellen sowie für die Millionen von Nutzern, die gern mit diesen Tools herumspielen, ziemlich betrüblich. Das ist vermutlich auch der Grund für die allgemeine Zurückhaltung, diese auf der Hand liegenden Schlussfolgerungen zu akzeptieren und erst recht, Klagen zu erheben oder – durchaus mögliche – aufsichtsrechtliche (z. B. durch das Bundeskartellamt) oder gar strafrechtliche Maßnahmen zu ergreifen. **Urheberrechtsverletzung ist in Deutschland nach § 106 UrhG strafbar**, umso höher, wenn die Verwertung gewerbsmäßig erfolgt (§ 108a UrhG). Es ist auch unwahrscheinlich, dass sich dies in nächster Zeit ändern wird. Angesichts des robusten staatlichen Vorgehens in Sachen kino.to/kinox.to, bei dem nach Jahren der Ermittlungen mit Razzien an 42 Orten und im Ergebnis vom Bundesgerichtshof bestätigten langjährigen Freiheitsstrafen[356] das Urheberrecht scharfe Zähne gezeigt hat, ist es auch schwer, Compliance-Bedenken einfach vom Tisch zu wischen.

Allerdings wird der AI Act neue Impulse bringen. Provider von AI-Modellen, einschließlich derjenigen, die unter freien und Open-Source-Lizenzen und nur zu Forschungszwecken veröffentlicht werden, sind nach dem AI Act verpflichtet, eine Copyright-Policy einzuführen, in der dargelegt wird, wie etwaige Rechtsvorbehalte gegenüber der TDM-Ausnahme beachtet werden. Außerdem müssen sie eine Zusammenfassung der Trainingsdaten zur Verfügung stellen, aus der klar hervorgeht, ob für das Training per se illegale Datensätze (wie Books1 und Books2) verwendet wurden. Ein solches Wissen würde dann sofort die Marktaufsichtsbehörden auf den Plan rufen, die

356 BGH, Beschl. v. 11.1.2017 – 5 StR 164/16.

unter anderem auch über die Befugnis verfügen, Modelle vom EU-Markt auszuschließen. Ob die Marktaufsichtsbehörden diese Macht tatsächlich ausüben werden und ob die Provider der Modelle wahrheitsgemäße Angaben machen, ist eine andere Frage. Offen bleibt Urheberinnen und Urhebern jedoch jederzeit der Gang zu Gericht und die **Geltendmachung von Auskunftsansprüchen nach § 101 UrhG**, die nach dessen Absatz 7 im Falle offenkundiger Rechtsverletzungen auch im Wege des einstweiligen Rechtsschutzes durchgesetzt werden können.

c) Nutzung, Inputs und Outputs

Die zweite Fallgruppe von Problemen im Zusammenhang mit generativen AI-Modellen bezieht sich auf deren Einsatz und betrifft in erster Linie Deployer, die diese Modelle und/oder Systeme in ihrem Geschäftsbetrieb einsetzen. Wenn das System nicht im Hochrisikobereich verwendet wird, sind zunächst Sorgfaltspflichten und Pflichten zur Transparenz zu beachten. Die Einhaltung aller Urheberrechts- und Datenschutzbestimmungen gehört ebenfalls dazu, auch wenn dies mit dem AI Act nur wenig zu tun hat.

(1) Nutzung und Inputs

Der wichtigste Schritt sollte nicht zuletzt aufgrund von Art. 4 des AI Acts die **Sicherstellung von ausreichender AI Literacy** sein. Und zwar bei allen Mitarbeitern und allen am Betrieb von AI Systems Beteiligten unter ausdrücklicher Berücksichtigung der technischen Vorkenntnisse, der Erfahrung, der Ausbildung und der Schulung der Mitarbeiter sowie des Kontexts, in dem das AI System verwendet wird. Der Zweck dieser Bestimmung besteht darin, Provider, Deployer und die betroffenen Personen mit allen notwendigen Kenntnissen auszustatten, um fundierte Entscheidungen in Bezug auf AI Systems treffen zu können.[357] Daher wird AI Literacy stets kontextspezifisch (nachzuweisen) sein und vom AI System, seinem Nutzungskontext und seinen Nutzern und betroffenen Personen abhängen. Darüber hinaus gibt es bereits mehrere Ansätze und Rahmenwerke, die versuchen, diese Anforderung zu konzeptualisieren und zu konkretisieren.[358] Manche davon haben

357 Erwägungsgrund 20 der Verordnung (EU) 2024/1689 des europäischen Parlaments und des Rates vom 13.6.2024 zur Festlegung harmonisierter Vorschriften für künstliche Intelligenz und zur Änderung der Verordnungen (EG) Nr. 300/2008, (EU) Nr. 167/2013, (EU) Nr. 168/2013, (EU) 2018/858, (EU) 2018/1139 und (EU) 2019/2144 sowie der Richtlinien 2014/90/EU, (EU) 2016/797 und (EU) 2020/1828 (Verordnung über künstliche Intelligenz).

358 Siehe zum Beispiel *Tsz Kit Ng* et al., Conceptualizing AI literacy: An exploratory review, Computer und Bildung: Artificial Intelligence, Volume 2 (2021), https://doi.org/10.1016/j.caeai.2021.100041; *Mills* et al., AI Literacy: A Framework to

wir auch schon in Kapitel I.1.e erwähnt. Sicher ist jedenfalls, dass alle Mitarbeiter Schulungen zu Generative AI erhalten sollten, um die Risiken und Grenzen sowie die Vorteile der Nutzung dieser Technologien zu verstehen. Darüber hinaus sollten diejenigen Mitarbeiter, die die Technologie tatsächlich täglich und zur Erfüllung ihrer Arbeitsaufgaben einsetzen, eine spezielle **Schulung zu dem jeweiligen AI System** erhalten. Diese Schulungen sollten auch regelmäßig und immer dann durchgeführt werden, wenn dies aufgrund neuer technischer Entwicklungen erforderlich ist.

Darüber hinaus sollte ein solches Training immer auch Einschränkungen in Bezug auf die Eingaben in das AI System enthalten. Zum Beispiel sollten Benutzer wissen, dass die Eingabe „*Erstelle ein Bild im Stil von Banksy*" potenziell ein Ergebnis erzeugt, welches das Urheberrecht von Banksy verletzt oder dass etwaige Eingaben von persönlichen oder geschäftlichen Daten zu Data Leaks führen und gegen die DSGVO verstoßen könnten.[359] Diese Regeln sollten auch in einer separaten **Nutzungsrichtlinie** dokumentiert werden, die auch Konsequenzen für Verstöße gegen die Bestimmungen enthält. Einschließlich der Frage, wie die Nutzung überwacht werden soll.

Schließlich sollten alle Mitarbeiter **eigene Zugangsdaten** für das AI System erhalten, insbesondere dann, wenn sie das System zur Erfüllung ihrer Arbeitsaufgaben nutzen sollen. Auf diese Weise können die Deployer 1) die **Nutzung protokollieren** und überwachen, um sicherzustellen, dass die Nutzung den internen Richtlinien und Grundsätzen entspricht und jede rechtswidrige Nutzung blockiert wird, und 2) sicherstellen, dass die **persönlichen Daten oder sogar die Identitäten der Mitarbeiter geschützt** werden, ins-

---

Understand, Evaluate, and Use Emerging Technology, Juni 2024, https://digitalpromise.dspacedirect.org/server/api/core/bitstreams/c09bc1b5-a869-4fc3-b47b-c3bf-d6575ca0/content (letzter Aufruf: August 2024).

359 Ausführliche Erklärungen zu den Datenflüssen beim API-Zugriff sind in mehreren Forschungsarbeiten zu finden, und das volle Ausmaß, in dem diese laufenden Datenflüsse ausgeschlossen werden können, ist noch Gegenstand der Forschung. Ein umfassendes Verständnis dieser Datenflüsse sowie die Möglichkeit, sie vollständig zu unterbinden, wäre sowohl im Interesse der Betreiber als auch der Anbieter solcher Modelle, da die Datenlecks von API-Benutzern zu den Modellanbietern private oder sensible Geschäftsdaten enthalten können. Andererseits kann der Datenfluss auch ausgeklügelte Souffle-Injections enthalten und proprietäre Informationen über die Modelle und ihre Architektur preisgeben. Einen detaillierten Überblick über den aktuellen Stand der Forschung findet sich in: *Greshake* et al., Not What You've Signed Up For: Compromising Real-World LLM-Integrated Applications with Indirect Prompt Injection, in: Proceedings of the 16th ACM Workshop on Artificial Intelligence and Security, 2023; *Liu* et al., Prompt Injection attack against LLM-integrated Applications, 2023, ArXiv abs/2306.05499; *Finlayson/Swayamdipta/Ren*, Logits of api-protected llms leak proprietary information, 2024, Preprint: arXiv:2403.09539; *Balloccu* et al., Leak, cheat, repeat: Data contamination and evaluation malpractices in closed-source LLMs, 2024, Preprint: arXiv:2402.03927.

besondere wenn die Eingaben vom Provider des zugrunde liegenden Modells protokolliert werden oder die Eingaben von dem betreffenden Provider weiterverarbeitet werden. Alle derartigen aufgezeichneten Protokolle sollten nur so lange bzw. so kurz gespeichert werden, wie es für die Durchführung der Überwachung und den Nachweis der Einhaltung der Vorschriften erforderlich ist.

(2) Outputs

Es gilt auch Überlegungen in Bezug auf die Ergebnisse generativer AI Systems anzustellen. Erstens erlauben nicht alle Provider von generativen AI-Modellen oder Systemen die **kommerzielle Nutzung ihrer Outputs**. Daher müssen Deployer vor einer solchen Nutzung die geltenden Lizenzbedingungen prüfen und sicherstellen, dass sie die Outputs tatsächlich rechtmäßig nutzen können. Zweitens sind die Ergebnisse als solche nicht urheberrechtlich geschützt, es sei denn, der Deployer kann nachweisen, dass diese Outputs von Menschen (in diesem Fall höchstwahrscheinlich von Mitarbeitern oder externen Auftragnehmern) wesentlich verändert und modifiziert wurden. Nur in diesem Fall kann der Deployer Rechte an den erzeugten Outputs haben. Andernfalls führt die Veröffentlichung dieser Outputs dazu, dass sie von jedem, der Zugang zu ihnen hat, frei verwendet werden können. Aufgrund der damit verbundenen Transparenzanforderungen, wonach die Erzeugung oder Manipulation von Inhalten durch AI immer sichtbar offengelegt werden muss, können Dritte leicht erkennen, welche Inhalte ungeschützt und frei verwendbar sind.

Falls sich Deployer dennoch für die Verwendung solcher durch AI Systems erzeugten Inhalte entscheiden, sollten sie eine **menschliche Qualitätskontrolle** vor der Veröffentlichung vornehmen. Dies ist nicht nur notwendig, um sicherzustellen, dass z. B. ein generiertes Bild keine bestehenden Urheberrechte verletzt, sondern auch um die Richtigkeit generierter Texte zu gewährleisten und haftungsrechtliche Konsequenzen für den Deployer auszuschließen. In Fällen, in denen nicht alle Ausgaben von Menschen überprüft werden können, z. B. wenn ein AI-Chatbot mit Kunden kommuniziert, sollten sich Deployer darüber im Klaren sein, dass diese Systeme teure Fehler machen können.[360] In diesem Fall können Deployer jedoch lediglich

360 Siehe zum Beispiel *Parsani*, Chatbot Case Study: Purchasing a Chevrolet Tahoe for $1, 20 June 2024, https://medium.com/cut-the-saas/chatbot-case-study-purchasing-a-chevrolet-tahoe-for-1-fc3a51ab2561 (letzter Aufruf: August 2024); *Yagoda*, Airline held liable for its chatbot giving passenger bad advice – what this means for travellers, 23.2.2024, https://www.bbc.com/travel/article/20240222-air-canada-chatbot-misinformation-what-travellers-should-know (letzter Aufruf: August 2024); *Gerken*, DPD error caused chatbot to swear at customer, 191.2024, https://www.bbc.com/news/technology-68025677 (letzter Aufruf: August 2024).

Leitplanken für die Aussagen und Antworten des AI Systems festlegen und sich bemühen, eine Versicherung zu finden, die bereit ist, das Risiko für den Einsatz dieser Technologie zu übernehmen. Es besteht ebenfalls Ungewissheit hinsichtlich der Verantwortung für etwaige Urheberrechtsverletzungen. In erster Linie werden wahrscheinlich die Deployer haften. Open AI versprach, mit einer ganzen Reihe von Haftungsausschlüssen und Einschränkungen natürlich, für jeden einzutreten, der bei der Verwendung seiner Tools einer Rechtsverletzung beschuldigt wird, und die entstandenen Kosten zu tragen.[361] Diese „**Freistellungsklausel**" findet sich in Abschnitt 10.1. ihrer Geschäftsbedingungen und gilt nicht, wenn Deployer ChatGPT mit ihren eigenen Systemen verbinden oder es mit ihren eigenen Daten anpassen.[362] Inwieweit sie diese Zusage einhalten werden, steht in den Sternen. Wenn man bedenkt, dass Open AI selbst bereits mehrere Gerichtsverfahren wegen angeblicher Urheberrechtsverletzungen führt, sollte man sich auf eine solche Klausel nicht allzu sehr verlassen, denn eine finanzielle Zusage ist immer nur so belastbar, wie der Vertragspartner solvent ist und bleibt.

2. AI in Finanzdienstleistungen

Der Finanzsektor ist seit jeher strenger reguliert als die meisten anderen Sektoren, vor allem aufgrund des öffentlichen Interesses an seinem kontinuierlichen und stabilen Funktionieren und des **impliziten systemischen Risikos**, das mit seinem Scheitern verbunden ist. Ein weiterer Grund könnte in der Informationsasymmetrie liegen, die mit der Bereitstellung essenzieller Dienstleistungen für die Bürger verbunden ist, wodurch sie stärker im Blick der Öffentlichkeit stehen. Aus diesem Grund unterliegen ihre Betriebs- und Dokumentationspflichten strengeren und spezifischeren Anforderungen, die durch verschiedene Rechtsvorschriften der Union und der Mitgliedstaaten auferlegt werden.

Um eine kohärente Anwendung aller sektorspezifischen Rechtsvorschriften für Finanzdienstleistungen und des AI Acts zu gewährleisten, stellt die Verordnung klar, dass in Fällen, in denen das **Finanzdienstleistungsrecht der EU oder der Mitgliedstaaten** bereits spezifische Vorschriften und Anforderungen für z. B. die interne Governance und das Risikomanagement enthält, diese Vorschriften weiterhin gelten und Vorrang vor dem AI Act haben. Dies

361 Open AI kündigte auf dem DevDay 2023 an, einen „Copyright-Schutz" für alle seine Kunden einzuführen. Siehe das Versprechen hier: https://openai.com/index/new-models-and-developer-products-announced-at-devday/ (letzter Aufruf: August 2024).

362 Siehe Abschnitt 10.1. der Geschäftsbedingungen von OpenAI, verfügbar hier: https://openai.com/policies/business-terms/(letzter Aufruf: August 2024). Die relevante Version ist vom 14.11.2023.

gilt auch, wenn diese Organisationen AI Systems einsetzen (Erwägungsgrund 158).

Wir werden kurz auf die Vorschriften eingehen, in denen diese Absicht des Gesetzgebers ausdrücklich erwähnt wird. Doch bevor wir dies tun, möchten wir auch kurz eine Art von AI Systems ansprechen, die häufig in Finanzinstituten zum Einsatz kommen und ausdrücklich von den Kategorien der High-Risk und verbotenen AI Systems ausgenommen sind. Darüber hinaus werden wir eine **wichtige zusätzliche Verpflichtung** erwähnen, die Banken und möglicherweise anderen Finanzdienstleistern auferlegt wird, wenn sie AI Systems zur Bewertung der Kreditwürdigkeit natürlicher Personen einsetzen.

a) Zwei Einschränkungen

Erstens ist es wichtig zu wiederholen, dass AI Systems, die zur Risikobewertung natürlicher Personen verwendet werden, um das Risiko einer Straftat vorherzusagen, ausdrücklich verboten sind, wenn sie ausschließlich auf der Profilbildung natürlicher Personen basieren. AI Systems zur Erkennung von Finanzbetrug fallen jedoch nicht in diese Kategorie. Diese Ausnahme wird in Erwägungsgrund 42 weiter erläutert, der erklärt, dass solche Risikoanalysen „*nicht auf dem Profiling von Einzelpersonen oder auf Persönlichkeitsmerkmalen und -eigenschaften von Einzelpersonen beruhen*“, sondern „*auf der Grundlage verdächtiger Transaktionen*“ erfolgen. Dies macht sie objektiv und unabhängig von spezifischen Personen und deren persönlichen Eigenschaften, was ihre Verwendung rechtfertigt.

Zweitens werden AI Systems, die dazu bestimmt sind, die **Kreditwürdigkeit** von natürlichen Personen zu bewerten oder einen Kreditscore zu erstellen, gemäß Anhang III.5.b des AI Acts als **hochriskant** eingestuft. Auch hier werden jedoch AI Systems, die der Aufdeckung von Finanzbetrug dienen, grundsätzlich anders behandelt. Diese Ausnahme wird nicht näher erläutert, sondern lediglich in Erwägungsgrund 58 nochmals erwähnt, wonach AI Systems, „*die nach Unionsrecht zur Aufdeckung von Betrug beim Angebot von Finanzdienstleistungen oder für Aufsichtszwecke zur Berechnung der Eigenkapitalanforderungen von Kreditinstituten und Versicherungsunternehmen vorgesehen sind, nicht als Hochrisiko-Systeme gemäß dieser Verordnung angesehen werden.*“

Diese beiden Ausnahmen sind nachvollziehbar, wenn man sich vor Augen hält, dass die Durchführung solcher Betrugsvorhersagen in verschiedenen sektoralen Vorschriften vorgeschrieben ist. Teils ist es verpflichtend, bei der Vergabe von Verbraucherkrediten eine Kreditwürdigkeitsprüfung durchzuführen, da alles andere als „unverantwortlich“ angesehen würde.[363] Diese Ausnahme ließe sich vielleicht mit den weniger schwerwiegenden Folgen eines falsch klassifizierten Betrugsversuchs rechtfertigen, bei dem das System lediglich von einem menschlichen Operator übersteuert wird und der Nutzer nur vorübergehend an der Durchführung einer Transaktion gehindert wird. In jedem Fall werden die Finanzinstitute von den Verpflichtungen des AI Acts entlastet, wenn sie AI Systems zur Aufdeckung von Finanzbetrug einsetzen, da diese AI Systems im Zusammenhang mit dem AI Act nicht relevant sind.[364]

b) Eine zusätzliche (wesentliche) Belastung

Ein Punkt, an dem die Situation für Banken, aber potenziell auch andere Finanzinstitute, etwas komplizierter wird, ist Art. 27, der sie verpflichtet, Grundrechte-Folgenabschätzungen (FRIAs) durchzuführen. Da diese Verpflichtung bereits ausführlich in Kapitel IV.2.c behandelt wurde, werden wir hier nicht erneut darauf eingehen. Es war uns jedoch wichtig, dies in diesem Abschnitt noch einmal zu erwähnen, da Banken (zusammen mit Versicherungsunternehmen) in Erwägungsgrund 96 ausdrücklich erwähnt werden, als diejenigen, die die Verpflichtung haben, das FRIA durchzuführen, **bevor ein AI System zur Kreditbewertung in Betrieb genommen wird**. Auch wenn es unangenehm sein mag, vor der Inbetriebnahme des Systems noch ein weiteres Assessment durchführen zu müssen, enden hier die schlechten Nachrichten. Im letzten Abschnitt werden wir daher kurz die Artikel darstellen, in denen der AI Act den Finanzinstituten einen Teil der Last abnimmt und häufig auf deren bestehende Dokumentationspflichten verweist, um zumindest teilweise die Einhaltung der Verpflichtungen aus dem AI Act zu gewährleisten.

c) Wo es doch einfacher wird

Für die Einhaltung des AI Acts bei Finanzinstituten soll diejenige Marktüberwachungsbehörde zuständig sein, die auch die Einhaltung aller sektoralen Vorschriften überwacht. Diese Behörden sollten nun zusätzliche Befugnisse erhalten, und zusätzliche Überwachungstätigkeiten sollten in ihre

363 Siehe beispielsweise Art. 18 und Erwägungsgrund 53 der Richtlinie (EU) 2023/2225 des europäischen Parlaments und des Rates vom 18.10.2023 über Verbraucherkreditverträge und zur Aufhebung der Richtlinie 2008/48/EG.

364 Beachte jedoch die aktuellen Hinweise der BaFin zu Fairness und Transparenz automatisierter Entscheidungsfindung: KI bei Banken und Versicherern: Automatisch fair?, https://www.bafin.de/SharedDocs/Veroeffentlichungen/DE/Fachartikel/2024/fa-bj_0801_KI_Finanzindustrie.html (letzter Aufruf: August 2024).

bestehenden Aufsichtsmechanismen und -verfahren integriert werden. Dies wird in Art. 74.6 sowie 74.7 vorgeschrieben und in Erwägungsgrund 158 weiter ausgeführt. Nur in *„geeigneten Umständen“* können die Mitgliedstaaten eine andere Behörde als **zuständige Marktüberwachungsbehörde** für die Überwachung der Einhaltung des AI Acts durch Finanzinstitute benennen. Dies wird sicherlich den Übergang für die Finanzinstitute erleichtern, die weiterhin mit denselben Ansprechpartnern und Behörden zusammenarbeiten müssen.

Zweitens ist es auch sinnvoll *„einige verfahrenstechnische Anbieterpflichten in Bezug auf das Risikomanagement, die Beobachtung nach dem Inverkehrbringen und die Dokumentation in die bestehenden Pflichten und Verfahren ... aufzunehmen“* und insbesondere diejenigen, die durch die Capital Requirements Richtlinie eingeführt wurden.[365]

Spezifische Vorschriften zur Umsetzung dieses Ziels sind enthalten in:

- **Art. 17(4) Qualitätsmanagementsystem**

  Provider, die Finanzinstitute sind, können ihr bestehendes Qualitätsmanagementsystem verwenden, um die Anforderungen des AI Acts zu erfüllen, sofern sie Folgendes in ihr bestehendes **Qualitätsmanagementsystem** integrieren:
  - das Risikomanagementsystem gemäß Art. 9,
  - das Post-Market-Monitoring-System gemäß Art. 72 und
  - Verfahren zur Meldung schwerwiegender Vorfälle im Zusammenhang mit dem AI Act.

  Diese Integration sollte in das bestehende System auf der Grundlage der internen Governance-Vereinbarungen oder -Prozesse erfolgen, die gemäß den einschlägigen EU- oder Nationalrechtsvorschriften für Finanzdienstleistungen eingerichtet wurden.
- **Art. 18.3 Aufbewahrung der Dokumentation**

  Demnach müssen Provider, die Finanzinstitute sind, die technische Dokumentation, die gemäß dem AI Act verpflichtend ist (siehe Kapitel III (4)), als Teil der Dokumentation aufbewahren, die gemäß dem einschlägigen Unionsrecht für Finanzdienstleistungen geführt wird.
- **Art. 19.2 Automatisch erzeugte Protokolle und Art. 26.6 Pflichten der Deployer**

  Sowohl Provider als auch Deployer, die Finanzinstitute sind, müssen die automatisch erzeugten Protokolle ihrer High-Risk AI Systems als Teil der

365 Siehe Erwägungsgrund 158 des AI Acts und dazu die Richtlinie 2013/36/EU des Europäischen Parlaments und des Rates vom 26.6.2013 über den Zugang zur Tätigkeit von Kreditinstituten und die Beaufsichtigung von Kreditinstituten und Wertpapierfirmen, zur Änderung der Richtlinie 2002/87/EG und zur Aufhebung der Richtlinien 2006/48/EG und 2006/49/EG.

Dokumentation aufbewahren, die gemäß dem relevanten Finanzdienstleistungsrecht geführt wird.

- **Art. 26.5 Pflichten der Deployer**
  Deployer, die Finanzinstitute sind, können ihre Überwachungspflichten gemäß dem AI Act als erfüllt betrachten, wenn sie die Vorschriften über Regelungen, Verfahren oder Mechanismen der internen Unternehmensführung gemäß einschlägigem Recht über Finanzdienstleistungen einhalten.
- **Art. 72.4 Post-Market-Monitoring-System**
  Für High-Risk AI Systems, die von Finanzinstituten in Verkehr gebracht oder in Betrieb genommen werden und bei denen bereits ein Marktüberwachungssystem und -plan nach sektoralen Vorschriften etabliert sind, können Provider die notwendigen Elemente in bestehende Systeme und Pläne integrieren.
  Sie müssen natürlich auch alle anderen Anforderungen erfüllen, die an High-Risk AI Systems gestellt werden, wenn sie als deren Provider auftreten sowie alle anwendbaren Verpflichtungen in Abhängigkeit von ihrer Rolle im Allgemeinen einhalten.

3. Biometrische und Emotionserkennungssysteme

Ein besonders sensibles Gebiet, in dem AI zunehmend eingesetzt wird, um bessere Ergebnisse schneller und in größerem Umfang zu erzielen, ist Biometrie. Dieser Begriff ist sowohl allgemein als auch im AI Act sehr weit gefasst. Es ist bedauerlich, dass der AI Act versucht, AI Systems zur Analyse von biometrischen Daten **ganzheitlich zu regulieren**, da es dann leicht passieren kann, dass für den Einzelfall relevante Aspekte übersehen werden. Dieser Befund liegt vor allem deshalb nahe, weil der Gesetzgeber versucht, das Thema in etwa drei Artikeln abzuhandeln. Zum Verdruss der Rechtsanwenderinnen und Rechtsanwender sind diese Bestimmungen über den gesamten AI Act verteilt, was das Verständnis der Vorschriften sowie ihres Zusammenspiels erschwert.

Um etwas Klarheit zu schaffen, werden wir kurz alle verschiedenen Arten von AI Systems besprechen, die der AI Act in diesem Zusammenhang speziell adressiert, was sie voneinander unterscheidet und welche Konsequenzen mit den jeweiligen Typen und Verwendungen verbunden sind. Bevor wir dies tun, ist jedoch zu klären, was wir in diesem Kontext unter „Biometrie" verstehen. Zunächst **definiert Art. 3.1.34 biometrische Daten** als mit speziellen technischen Verfahren gewonnene personenbezogene Daten zu den physischen, physiologischen oder verhaltenstypischen Merkmalen einer natürlichen Person, wie etwa Gesichtsbilder sowie auch Fingerabdruckbilder und Fingerabdrucklatenzen sowie Handflächenabdrücke und Handflächenabdrucklatenzen. Zweitens verweist Erwägungsgrund 14 darauf, dass die Definitionen aus der DSGVO, der Verordnung (EU) 2018/1725 über die Verarbeitung durch Unionsorgane und der Richtlinie (EU) 2016/680 über den Datenschutz bei der Strafverfolgung weiterhin anwendbar bleiben.[366]

Dies bedeutet, dass alle einschlägigen Entscheidungen des EuGH in diesem Zusammenhang ebenfalls Anwendung finden. Darüber hinaus klärt der Erwägungsgrund, dass biometrische Daten die Authentifizierung, Identifizierung oder Kategorisierung natürlicher Personen sowie die Erkennung von Emotionen natürlicher Personen ermöglichen können. Damit wird bereits auf die **drei relevanten Verarbeitungsoperationen** hingewiesen, die, wenn sie unter Verwendung von AI Systems durchgeführt werden, durch den AI Act geregelt sind. Es ist zu beachten, dass die Tatsache, dass ein System unter dem AI Act toleriert oder zugelassen wird, nicht bedeutet, dass ein solches System in Summe rechtmäßig ist (Erwägungsgrund 63). Dies ist besonders relevant für die meisten AI Systems, die von öffentlichen Stellen verwendet werden, da in vielen Fällen die Mitgliedstaaten strengere Gesetze haben, die nicht wenige der vom AI Act unional tolerierten Verwendungen verbieten.

Abschließend sei angemerkt, dass der AI Act den benannten **Marktüberwachungsbehörden** zusätzliche Befugnisse einräumt. Dazu gehört in erster Linie die Befugnis, Zugang zu allen verarbeiteten personenbezogenen Daten und Informationen zu erhalten, die zur Erfüllung ihrer Aufgaben erforderlich sind. Dies ist notwendig, um ihnen **wirksame Untersuchungs- und Abhilfemaßnahmen** zu ermöglichen (Erwägungsgrund 159). Diese Befugnisse beeinträchtigen natürlich nicht die Befugnisse, die diesen oder anderen Behörden über den Geltungsbereich des AI Acts hinaus gewährt werden.

366 Das spezifische Zusammenspiel zwischen den drei Instrumenten sowie zwischen ihnen und dem AI Act wird in den Erwägungsgründen 38, 39 und 94 weiter erläutert, die Folgendes festhalten: 1) Der AI Act ist als lex specialis im Hinblick auf die spezifischen AI Systems und deren darin geregelte Verarbeitungsoperationen zu verstehen. Dies kann jedoch nicht als zusätzliche Rechtsgrundlage für die Verarbeitung herangezogen werden, was bedeutet, dass die Verarbeitung weiterhin auf der Grundlage eines einschlägigen (nationalen) Rechtsinstruments erfolgen muss. Der AI Act lässt jedoch die Möglichkeit offen, ein solches Instrument einzuführen. 2) Jede Verarbeitung biometrischer Daten zu Zwecken der Strafverfolgung muss mit Art. 10 der Richtlinie (EU) 2016/680 übereinstimmen, die eine solche Verarbeitung nur dann zulässt, wenn sie unbedingt notwendig ist, angemessenen Schutzmaßnahmen unterliegt und gesetzlich autorisiert ist. 3) Für andere Zwecke als die Strafverfolgung gelten die in der DSGVO und der Verordnung (EU) 2018/1725 festgelegten Regeln, die die Verarbeitung biometrischer Daten mit begrenzten Ausnahmen verbieten. Daher bleiben bestehende Verbotsentscheidungen nationaler Datenschutzbehörden, die sich auf die Verwendung von Fernbiometrie zu anderen Zwecken als der Strafverfolgung beziehen, weiterhin anwendbar.

Nachdem wir nun kurz die Grundlagen der Biometrie im AI Act durchgegangen sind, werden wir die AI Systems besprechen, die diese Daten verarbeiten und erklären, welche Arten von AI Systems und Verwendungen der AI Act verbietet, duldet oder zulässt und unter welchen Bedingungen dies geschieht.

a) Biometrische Identifizierung

Der AI Act verbietet in Art. 5.h grundsätzlich die Verwendung von „Echtzeit"-Fernidentifizierungssystemen in öffentlich zugänglichen Räumen zu Zwecken der Strafverfolgung. Biometrische Identifizierung wird in Art. 3.35 definiert als automatisierte Erkennung physischer, physiologischer, verhaltensbezogener oder psychologischer menschlicher Merkmale zum Zwecke der Feststellung der Identität einer natürlichen Person durch den Vergleich biometrischer Daten dieser Person mit biometrischen Daten von Personen, **die in einer Datenbank gespeichert sind**. Diese Definition ist wichtig, da sie über die bloße Gesichtserkennung hinausgeht.[367] Gesichtserkennung würde nur das automatische Identifizieren natürlicher Personen umfassen, indem ihre Gesichtsmerkmale mit zuvor gesammelten Gesichtsdaten in Gesichtserkennungsdatenbanken verglichen werden. Der Begriff biometrische Identifizierung schließt jedoch auch andere biometrische Merkmale wie Fingerabdrücke, Iris-Scans oder Verhaltensmuster wie den Gang einer Person mit ein, die zur Identifizierung verwendet werden können.[368]

Lehrreich in technischer und praktischer Hinsicht ist vor diesem Hintergrund der aktuelle Draft International Standard **ISO/IEC DIS 9868:2023 (Information technology – Biometric identification systems involving passive capture subjects)**, der neben der Definition notwendiger Terminologie auch Use Cases und Einsatzszenarien, Design und Development, technische Fähigkeiten, aber auch die operative Praxis passiver biometrischer Erkennungssysteme darstellt. Die Norm erläutert beispielhafte Einsatzszenarien, die aus deutscher Perspektive invasiver wirken als aus Perspektive anderer (Unions-)Staaten:

---

367 Erwägungsgrund 15 des AI Acts enthält eine Liste von Beispielen für solche Merkmale, die potenziell zur Identifizierung einer Person verwendet werden können. Die Liste umfasst Gesicht, Augenbewegungen, Körperform, Stimme, Prosodie, Gang, Haltung, Herzfrequenz, Blutdruck, Geruch, charakteristischer Tastenanschlag.

368 *Zulehner*, EU Artificial Intelligence Act: Regulating the Use of Facial Recognition Technologies in Publicly Accessible Spaces, Stanford-Vienna European Union Law Working Paper No. 91, http://ttlf.stanford.edu (letzter Aufruf: August 2024).

- **Personensuche**: Der Einsatz biometrischer Systeme zur Identifikation und Lokalisierung vermisster Personen stellt eine zentrale Maßnahme im Bereich der Gefahrenabwehr dar.
- **Schutz und Zugangskontrolle für öffentlich zugängliche und private Bereiche**: Biometrische Systeme werden zur Überwachung und Sicherung von Räumlichkeiten verwendet, um den unbefugten Zutritt zu verhindern und die öffentliche Sicherheit zu gewährleisten.
- **Identifizierung von Verdächtigen durch biometrische Verfahren**: Die Nutzung von Überwachungslisten („Watchlists") zur passiven Erfassung biometrischer Merkmale und deren Abgleich mit bestehenden Referenzdatenbanken erfolgt häufig im Rahmen der Strafverfolgung und zum Schutz der öffentlichen Sicherheit. So z. B. durch den Einsatz von Gesichtserkennungs- oder Stimmerkennungssystemen zur Identifikation von Personen in einem spezifischen geografischen Gebiet, die in einer behördlichen Überwachungsliste verzeichnet sind.
- **Ermittlung nach Straftaten**: Biometrische Erfassung unbeteiligter Dritter zur Erstellung eines Referenzdatensatzes, der zur Überprüfung eines Verdachtsfalles dient, ob eine bestimmte Person zur Tatzeit am Tatort anwesend war, z. B. der Einsatz von Gesichtserkennung oder Ganganalyse, um die Anwesenheit eines Verdächtigen an einem Tatort zu einem bestimmten Zeitpunkt festzustellen.

Die ISO/IEC DIS 9868:2023 gibt hilfreiche Hinweise zur **Identifikation von Risiken** dieser Systeme, darunter die Verwendung inkompatibler Hardware-Sensorik, sowie zum **Training der AI Models** unter Verwendung getrennter Trainings-, Test- und Verifikationsdatensätze nebst konkreter Hinweise, die die praktische Anwendung von Art. 10 in diesen Fällen deutlich erleichtert. Insgesamt ist dieser Draft International Standard derzeit eine ergiebige Quelle, die die Compliance biometrischer Identifikationssysteme mit dem AI Act deutlich vereinfacht. Selbst datenschutzrechtliche Aspekte werden qualifiziert und ausführlich gewürdigt.

Darüber hinaus definieren Art. 3.41. und 3.42 ein „biometrisches Fernidentifizierungssystem" als ein AI System, das für den Zweck entwickelt wurde, natürliche Personen ohne deren aktive Beteiligung zu identifizieren, typischerweise aus der Ferne durch den Vergleich der biometrischen Daten einer Person mit den in einer Referenzdatenbank enthaltenen biometrischen Daten. Ein „**biometrisches Echtzeit-Fernidentifizierungssystem**" bedeutet, dass dies ohne erhebliche Verzögerung geschieht, wobei auch kurze Verzögerungen in die Definition einbezogen werden.[369] Es kann festgestellt

369 Die Bedeutung von „biometrischen Echtzeit-Fernidentifizierungssysteme" wird in Erwägungsgrund 17 des AI Acts weiter erläutert. Es heißt dort, dass solche Systeme die Verwendung von „Live"- oder „Nahezu-Live"-Material umfassen, wie beispielsweise Videomaterial, das zum Zeitpunkt der Aufzeichnung analysiert wird.

werden, dass AI Systems grundsätzlich verboten sind, die für die Identifizierung von Personen auf der Grundlage ihrer biometrischen Daten ohne deren aktive Beteiligung und ohne erhebliche Verzögerung zu Zwecken der Strafverfolgung entwickelt wurden.

Es kann jedoch bestimmte Ausnahmen von dieser Regel geben, die Situationen umfassen, in denen die **Verwendung unbedingt erforderlich** ist für eines der folgenden Ziele:

- die gezielte Suche nach bestimmten Opfern von Entführung, Menschenhandel oder sexueller Ausbeutung sowie die Suche nach vermissten Personen;
- die Verhinderung einer konkreten, erheblichen und unmittelbar bevorstehenden Bedrohung des Lebens oder der körperlichen Sicherheit natürlicher Personen oder einer tatsächlichen und bestehenden oder absehbaren Gefahr eines Terroranschlags;
- die Ermittlung und Verfolgung von Straftaten wie Terrorismus, Menschenhandel, sexuelle Ausbeutung von Kindern und Kinderpornografie, illegaler Handel mit Betäubungsmitteln oder psychotropen Substanzen, usw.[370] sowie anderen Straftaten, die mit einer Freiheitsstrafe von mindestens vier Jahren geahndet werden.

Alle diese Verwendungen unterliegen in der Regel einer vorherigen Genehmigung durch eine Justizbehörde oder eine unabhängige Verwaltungsbehörde des Mitgliedstaats und müssen stets sowohl erforderlich als auch verhältnismäßig zur jeweiligen Situation sein.[371] Den Mitgliedstaaten steht jedoch auch die Möglichkeit offen, die Verwendung von biometrischen Echtzeit-Fernidentifizierungssystemen in öffentlich zugänglichen Räumen vollständig oder teilweise zu genehmigen und dabei die Einzelheiten einer solchen allgemeinen Überwachung in ihren **nationalen Gesetzen** zu regeln

---

370 Siehe die vollständige Liste in Anhang II des AI Acts. Diese Liste basiert auf den 32 Straftaten, die im Rahmenbeschluss des Rates vom 13.6.2002 über den Europäischen Haftbefehl und die Übergabeverfahren zwischen den Mitgliedstaaten (2002/584/JI) aufgeführt sind.

371 Mit Ausnahme dringender Fälle, in denen die Genehmigung nachträglich beantragt werden kann. Siehe Art. 5.2 und 5.3AI Act sowie Erwägungsgrund 35. Darüber hinaus kann die Genehmigung nur den Strafverfolgungsbehörden erteilt werden, die zuvor eine Folgenabschätzung der Grundrechte gemäß Art. 27 für das betreffende AI System durchgeführt haben, wie in Erwägungsgrund 34 festgelegt. Eine Ausnahme, die in Erwägungsgrund 33 erwähnt wird, betrifft Strafverfolgungs-, Grenzkontroll-, Einwanderungs- oder Asylbehörden, die Identitätsprüfungen durchführen, insbesondere bei Personen, die sich entweder weigern, sich zu identifizieren, oder nicht in der Lage sind, ihre Identität anzugeben oder zu beweisen. Eine weitere Ausnahme gemäß Art. 26.11 betrifft die Nutzung zur erstmaligen Identifizierung eines potenziellen Verdächtigen auf der Grundlage objektiver und überprüfbarer Fakten, die direkt mit der Straftat in Verbindung stehen.

(Art. 5.5). Solche Gesetze müssen der Kommission gemeldet werden. Abschließend sollen die Marktüberwachungsbehörden der Kommission über die Nutzung von biometrischen Echtzeit-Fernidentifizierungssystemen berichten und die Kommission wird jährliche Berichte über solche Verwendungen veröffentlichen, um die Auswirkungen des Einsatzes etwas transparenter zu machen.[372]

Im Gegensatz dazu – und nur insoweit dies nach anderen anwendbaren Vorschriften rechtmäßig ist – werden alle anderen Verwendungen von Fernidentifizierungssystemen, einschließlich ihrer Nutzung durch private Einrichtungen zu eigenen Zwecken sowie durch öffentliche Stellen zu Zwecken der Strafverfolgung, die jedoch nicht in Echtzeit[373] erfolgt, **als hochriskant eingestuft** und sind gemäß dem AI Act **weiterhin zulässig**.

Es ist zu beachten, dass nachträgliche Fernbiometrie-Identifizierung niemals für Strafverfolgungszwecke in ungezielter Weise und ohne angemessene Schutzmaßnahmen eingesetzt werden darf. Das bedeutet, dass es immer eine Verbindung zu einer Straftat, einem Strafverfahren, einer konkreten Bedrohung durch eine Straftat oder der Suche nach einer bestimmten vermissten Person geben muss. Die Verwendung muss außerdem verhältnismäßig, gerechtfertigt und streng **erforderlich in Bezug auf den Standort, den zeitlichen Rahmen und den analysierten Datensatz** sein (Erwägungsgrund 96).

Schließlich darf keine Entscheidung, die nachteilige Auswirkungen auf eine Person haben könnte, allein auf der Grundlage des Outputs solcher Systeme getroffen werden (Art. 26.11). Art. 14.5 des AI Acts schreibt zudem vor, dass keine Handlung oder Entscheidung von Deployern auf der Grundlage der Identifizierung durch ein AI System getroffen werden darf, es sei denn, diese Identifizierung wurde **separat überprüft** und von **mindestens zwei kompetenten Personen bestätigt** – ausgenommen explizite unionsrechtli-

---

372 Diese Berichte sind gemäß Erwägungsgrund 36 des AI Acts auf der Grundlage der Meldungen der Behörden über jede Nutzung des biometrischen Echtzeit-Fernidentifizierungssystems zu erstellen. Alle diese Verwendungen müssen auch in den entsprechenden Polizeiakten dokumentiert werden, die den zuständigen Marktüberwachungsbehörden und der Datenschutzbehörde auf Anfrage zur Verfügung zu stellen sind, mit Ausnahme sensibler operativer Daten gemäß Art. 26(11).

373 Nach Erwägungsgrund 17 umfassen solche „nachträglichen" biometrischen Fernidentifizierungssysteme alle Systeme, die biometrische Daten verarbeiten, die bereits erhoben wurden und bei denen der Abgleich mit vorhandenen Daten und die Identifizierung erst mit erheblicher zeitlicher Verzögerung erfolgen. Dies betrifft z. B. Bild- oder Videomaterial, das von Überwachungskameras oder privaten Geräten aufgenommen wurde und zu einem späteren Zeitpunkt den Behörden zur Überprüfung auf mögliche Übereinstimmungen übermittelt wird.

che oder gesetzliche Bestimmungen betrachten eine solche Doppelüberprüfung als unverhältnismäßige Belastung.[374]

b) Biometrische Verifizierung

Ein Aspekt, der nicht mit der hochriskanten oder gar verbotenen biometrischen Identifizierung verwechselt werden sollte, ist die biometrische Verifizierung. Dahinter verbirgt sich die **automatisierte „Eins-zu-Eins"-Verifizierung**, einschließlich der Authentifizierung der Identität natürlicher Personen durch den Vergleich ihrer biometrischen Daten mit zuvor bereitgestellten biometrischen Daten (Art. 3.1.36). Solche Verifizierungen werden in der Regel durchgeführt, um zu bestätigen, dass eine bestimmte natürliche Person die Person ist, für die sie sich ausgibt. Sowie zur Bestätigung der Identität einer natürlichen Person zu dem alleinigen Zweck, Zugang zu einem Dienst zu erhalten, ein Gerät zu entriegeln oder Sicherheitszugang zu Räumlichkeiten zu erhalten (Erwägungsgrund 15). Eine solche Ausnahme ist laut Erwägungsgrund 17 stets gerechtfertigt, da *„diese Systeme im Vergleich zu biometrischen Fernidentifizierungssystemen, die zur Verarbeitung biometrischer Daten einer großen Anzahl von Personen ohne ihre aktive Einbeziehung verwendet werden können, geringfügige Auswirkungen auf die Grundrechte natürlicher Personen haben dürften*". Daher fallen AI Systems, die für die biometrische Verifikation entwickelt wurden, immer in die **Kategorie der geringeren Risiken**, vorausgesetzt, die zu verifizierende Person hat die Daten, mit denen ihre Identität überprüft wird, **freiwillig** bereitgestellt.

c) Biometrische Kategorisierung

Eine weitere Komplexität im Rahmen des AI Acts ist mit AI Systems zur biometrischen Kategorisierung verbunden. Dies sind AI Systems, die darauf ausgelegt sind, natürliche Personen **auf der Grundlage ihrer biometrischen Daten bestimmten Kategorien zuzuordnen**, es sei denn, diese Kategorisierung ist nur eine Nebenfunktion eines anderen kommerziellen Dienstes und aus objektiven technischen Gründen unbedingt erforderlich

374 Auch wenn kein Beispiel dafür gegeben wird, wann eine solche Anforderung unverhältnismäßig sein könnte, finden sich weitere Einzelheiten zur vorgeschriebenen verstärkten menschlichen Überwachung in Erwägungsgrund 73. Dieser Erwägungsgrund besagt, dass eine der Personen, die die Identifizierung überprüfen, die Person sein kann, die das System bedient, und dass es ausreichen könnte, die Überprüfung automatisch in den vom System generierten Protokollen aufzuzeichnen. Der Erwägungsgrund erwähnt außerdem die Bereiche Strafverfolgung, Migration, Grenzkontrolle und Asyl, in denen diese Anforderung nicht gelten sollte, wenn das Unions- oder nationale Recht eine solche Anforderung als unverhältnismäßig ansieht.

(Art. 3.40). Warum sprechen wir von Komplexität? Nun, weil solche AI Systems in einigen Fällen verboten sind, während sie in anderen Fällen als High- oder Low-Risk gelten, wobei die Grenze zwischen diesen Einstufungen nicht klar abgesteckt ist.

Die **Nebenfunktion eines Dienstes** kann dazu führen, dass ein AI System, das die Kategorisierung vornimmt, als Low-Risk AI System eingestuft wird. Allerdings ist die Bestimmung dieses Status oft schwierig, obwohl er einen wesentlichen Einfluss auf die Risikokategorie des zugehörigen Systems hat.[375] Darüber hinaus sind diese Systeme zwar sehr ähnlich, aber dennoch unterscheiden sie sich deutlich von den stets verbotenen AI Systems zur Bewertung natürlicher Personen auf der Grundlage ihres sozialen Verhaltens oder bekannter, abgeleiteter oder vorhergesagter persönlicher Eigenschaften oder Persönlichkeitsmerkmale (Art. 5.1.c). Der Unterschied besteht hauptsächlich darin, dass solche Bewertungssysteme auch immer **mit negativen Konsequenzen für die betroffenen Personen verbunden** sein müssen, um verboten zu sein, während biometrische Kategorisierungssysteme dies nicht sind. Schließlich könnten sie auch als vergleichbar mit den stets verbotenen AI Systems angesehen werden, die das Risiko bewerten oder vorhersagen, dass eine natürliche Person eine Straftat begehen könnte, und zwar ausschließlich auf der Grundlage des Profilings einer natürlichen Person oder der Bewertung ihrer persönlichen Merkmale und Eigenschaften (Art. 5.1.d). In diesem Zusammenhang kann davon ausgegangen werden, dass jedes biometrische Kategorisierungssystem, das in der Lage ist, die Kategorie „*tendenziell kriminell*" oder Ähnliches zuzuweisen, ebenfalls immer verboten wäre.

In Bezug auf eindeutige Fälle der biometrischen Kategorisierung verbietet Art. 5.1.g AI Systems zur biometrischen Kategorisierung, die natürliche Personen auf der Grundlage ihrer biometrischen Daten kategorisieren, um deren

- Rasse,
- politische Einstellungen,
- Gewerkschaftszugehörigkeit,
- religiöse oder weltanschaulichen Überzeugungen,

375 Zwei Beispiele für den Nebencharakter solcher Systeme werden in Erwägungsgrund 16 genannt und umfassen Filter, die Gesichts- oder Körpermerkmale auf Online-Marktplätzen kategorisieren, sowie Filter in sozialen Netzwerkdiensten, die Gesichts- oder Körpermerkmale kategorisieren, um es Nutzern zu ermöglichen, Bilder oder Videos hinzuzufügen oder zu bearbeiten. Diese Dienste sind im Vergleich zum ursprünglich angebotenen Dienst immer sekundär und zielen entweder darauf ab, den Nutzer bei der Entscheidungsfindung zu unterstützen oder das Nutzungserlebnis in einem sozialen Netzwerk zu verbessern. Das entscheidende Unterscheidungskriterium könnte hier sein, dass die Kategorisierung nicht um der Kategorisierung willen erfolgt, sondern ausschließlich aufgrund der mit dem Nutzerwunsch verbundenen Bedürfnisse.

– Sexualleben oder sexuelle Orientierung

abzuleiten oder zu erschließen.

Weiterhin erklärt der Artikel, dass dieses Verbot keine Kennzeichnung oder Filterung von rechtmäßig erworbenen biometrischen Datensätzen, wie z.B. Bildern, auf der Grundlage biometrischer Daten oder die Kategorisierung biometrischer Daten im Bereich der Strafverfolgung umfasst. Die Liste der zugewiesenen Kategorien scheint auf der Grundlage der Formulierung der Bestimmung exklusiv zu sein, wobei in **Erwägungsgrund 16 weitere Beispiele für Kategorien** genannt werden, die basierend auf der Verarbeitung biometrischer Daten von Individuen zugewiesen werden können. Dazu gehören Geschlecht, Alter, Haarfarbe, Augenfarbe, Tattoos, Verhaltens- oder Persönlichkeitsmerkmale, Sprache. Es ist jedoch unklar, wie solche Systeme eingestuft werden, die Personen in diese Kategorien einordnen. Da der AI Act in Annex III.1.c festlegt, dass ein System nur dann als hochriskant und nicht als verboten gilt, wenn die sensiblen Eigenschaften, nach denen Personen kategorisiert werden, abgeleitet oder erschlossen werden.

Leider gibt es in den Erwägungsgründen wenig Orientierung zu diesem Thema. Einzig Erwägungsgrund 54 liefert Indizien, wonach AI Systems, *„die bestimmungsgemäß für die biometrische Kategorisierung nach sensiblen Attributen oder Merkmalen, die gemäß Art. 9 Absatz 1 der [DSGVO] auf der Grundlage biometrischer Daten geschützt sind, und sofern sie nicht nach der vorliegenden Verordnung verboten sind [...] als hochriskant eingestuft werden.“*

Bis zur weiteren Klärung durch die Kommission oder den EuGH könnte daher eine gute **Daumenregel** lauten:

Niemals Personen anhand sensibler Daten kategorisieren, um daraus ihre Rasse, politische Einstellung, Gewerkschaftszugehörigkeit, religiöse oder weltanschauliche Überzeugung, ihr Sexualleben oder ihre sexuelle Orientierung abzuleiten. Auch die Kategorisierung von Personen anhand ihrer biometrischen Daten zur Ableitung anderer sensibler Merkmale ist zu vermeiden. Ausnahme: Die Kategorisierung erfolgt ausschließlich, um eine andere Dienstleistung zu ermöglichen, die vom Nutzer ausdrücklich angefordert wurde.

Wenn Sie dennoch Personen auf der Grundlage ihrer biometrischen Daten kategorisieren, um sensible Merkmale abzuleiten, die nicht in Art. 5.1.g erwähnt sind, müssen Sie die betroffenen Personen zusätzlich **auf verständliche Weise über diese Tatsache informieren** und alle Datenschutzanforderungen einhalten, die für die Verarbeitung selbst gelten (Art. 50.3 und Erwägungsgrund 132). Dies gilt nicht für AI Systems, deren Verwendung gesetzlich für die Untersuchung oder Verfolgung von Straftaten erlaubt ist, hier gelten die Vorgaben und Ausnahmen der JI-Richtlinie.

d) Emotionserkennung

Ein letzter Typ von AI Systems, bei dem die Verarbeitung biometrischer Daten von Individuen eine unverzichtbare Rolle spielt, sind **Emotionserkennungssysteme**. Um jedoch das Gesamtbild zu verstehen, müssen wir uns weitergehend alle AI Systems anschauen, die Affective Computing durchführen.

Affective Computing, erstmals 1995 von Rosalind W. Picard eingeführt, beschreibt die Nutzung von Computern zur **Ableitung emotionaler Zustände auf der Grundlage psychologischer und verhaltensbezogener Beobachtungen**. Diese Definition deckt sich fast perfekt, wenn auch etwas umfassender, mit der Definition von Emotionserkennungssystemen im AI Act, die als AI Systems definiert werden, die zur Identifizierung oder Ableitung von Emotionen oder Absichten natürlicher Personen auf der Grundlage ihrer biometrischen Daten entwickelt wurden.[376] Der AI Act behandelt solche Systeme in drei verschiedenen Fällen:

- **Verbotene Systeme:** Bei bestimmten Anwendungen sind Emotionserkennungssysteme verboten.
- **High-Risk AI Systems:** In (fast) allen anderen Fällen werden sie als hochriskant eingestuft.
- **Sonderfälle Strafverfolgung, Migration, Asyl und Grenzmanagement**, wo der Begriff Emotionserkennungssystem etwas verwirrend durch „*Lügendetektoren und ähnliche Instrumente*" ersetzt wird.[377]

Da diese Unterscheidung nicht eindeutig ist, wird im Folgenden auf die verschiedenen Risikokategorien eingegangen, in die Emotionserkennungssysteme fallen, sowie auf die sich daraus ergebenden Verpflichtungen.

---

376 Art. 3.1.39 des AI Acts definiert Emotionserkennungssysteme. Weitere Klarstellungen finden sich in Erwägungsgrund 18, der erklärt, was in diesem Zusammenhang unter Emotionen oder Absichten zu verstehen ist. Der Erwägungsgrund schließt körperliche Zustände wie Ermüdung und Schmerz ausdrücklich als Emotionen aus. Der Erwägungsgrund schließt außerdem Systeme aus, die lediglich offensichtliche Ausdrücke, Gesten oder Bewegungen erkennen, wie z. B. grundlegende Gesichtsausdrücke (etwa Stirnrunzeln oder Lächeln), Gesten (wie Hand-, Arm- oder Kopfbewegungen) oder Merkmale der Stimme einer Person (z. B. eine erhobene Stimme oder Flüstern), es sei denn, diese werden zur Identifizierung oder Ableitung von Emotionen verwendet.

377 *Mustać*, DON'T BE SO EMOTIONAL, Affective Computing under the AI Act and the GDPR, BvD-NEWS Ausgabe 1/2024, S. 46 ff., https://media.licdn.com/dms/document/media/D4D1FAQFWzfmEL4v4BQ/feedshare-document-pdf-analyzed/0/1712741875811?e=1724889600&v=beta&t=Jw-sf_pzGWbg22P9hLrzLIX-2SQMUL522XTr6hPUPpZQ (letzter Aufruf: August 2024).

Art. 5.1.f verbietet ausdrücklich den Einsatz von Emotionserkennungssystemen zur Ableitung von Emotionen natürlicher Personen **am Arbeitsplatz und in Bildungseinrichtungen**,[378] mit einer Ausnahme: Wenn der Einsatz dieser Systeme aus **medizinischen oder sicherheitsrelevanten Gründen** erfolgt. Angesichts der umstrittenen Wissenschaftlichkeit des gesamten Bereichs der Emotionserkennung kann man hier bereits an der Geeignetheit eventueller Systeme zweifeln.[379] Zwei Punkte bedürfen in diesem Zusammenhang einer Klärung:

- **Rechtfertigung des Verbots:** Das Verbot wird durch das **Machtungleichgewicht** im Kontext von Arbeit oder Bildung sowie die **intrusiven Eigenschaften dieser Systeme** gerechtfertigt, die in diesen Bereichen zu nachteiliger oder ungünstiger Behandlung bestimmter Personen führen könnten (Erwägungsgrund 44). Leider erklärt der AI Act nicht weiter, warum das Machtungleichgewicht oder potenziell nachteilige Auswirkungen nur in diesen beiden Kontexten ein Verbot rechtfertigen[380] und lässt auch keinen Raum für Ausnahmen. Zum Beispiel könnte ein AI System, das die Zufriedenheit oder das wahrgenommene Interesse statistisch misst, um dem Arbeitgeber oder der Schule ein allgemeines Stimmungsbild zu geben und notwendige Verbesserungen zu identifizieren, nicht unbedingt nachteilige Auswirkungen haben. Bis auf Weiteres bleiben auch solche Systeme grundsätzlich verboten.
- **Einschränkung der Ausnahme:** Die Wirkung der einzigen vorgesehenen Ausnahme, die den Einsatz solcher Systeme zu medizinischen oder sicherheitsrelevanten Zwecken erlaubt, wird durch Erwägungsgrund 18 stark eingeschränkt. Dieser erklärt nämlich, dass **körperliche Zustände wie Ermüdung und Schmerz nicht als Emotionen betrachtet** werden sollen. Wenn wir diese beiden Zustände ausschließen, ist es schwierig, sich vorzustellen, welche medizinischen oder sicherheitsbezogenen Emotionen von Emotionserkennungssystemen überhaupt erkannt werden könnten, und wann deren Einsatz gerechtfertigt und erlaubt wäre. Eine Ausnahme könnten **therapeutische Anwendungen** sein, die in Erwägungsgrund 44

378 Kritisch hierzu: *DiBerardino/Stark*, (Anti)-Intentional Harms: The Conceptual Pitfalls of Emotion AI in Education, in: FAccT '23: Proceedings of the 2023 ACM Conference on Fairness, Accountability, and Transparency, 2023, S. 1386 ff.

379 Aufschlussreiche Analyse eines Sprachbiometriesystems anhand von dessen „Vocal Biomarkers“: *Ma* et al., You Sound Depressed: A Case Study on Sonde Health's Diagnostic Use of Voice Analysis AI, in: FAccT '23: Proceedings of the 2023 ACM Conference on Fairness, Accountability, and Transparency, 2023, S. 639 ff.

380 *Mustać*, DON'T BE SO EMOTIONAL, Affective Computing under the AI Act and the GDPR, BvD-NEWS Ausgabe 1/2024, S. 46, 49, https://media.licdn.com/dms/document/media/D4D1FAQFWzfmEL4v4BQ/feedshare-document-pdf-analyzed/0/1712741875811?e=1724889600&v=beta&t=Jw-sf_pzGWbg22P9hLrzLIX-2SQMUL522XTr6hPUPpZQ (letzter Aufruf: August 2024).

ausdrücklich erwähnt werden. Diese können aber möglicherweise sogar gefährlicher sein als andere Emotionserkennungssysteme, insbesondere wenn sie in Form von Konversationsagenten eingesetzt werden.[381]

Da Müdigkeit in jedem Fall nicht als Emotion angesehen wird, können wir davon ausgehen, dass die **Überwachung auf Anzeichen von Müdigkeit tatsächlich erlaubt** ist. Daher können wir auch annehmen (zumindest bis weitere Leitlinien dies anders festlegen), dass AI Systems, die Fahrerinnen und Fahrer von KFZ überwachen, auch in Firmenfahrzeugen erlaubt sein können, solange diese Systeme nur zu Zwecken der Fahrsicherheit eingesetzt werden.

Die zweite Kategorie von Affective Computing-Systemen, die wir betrachten werden, sind „*Lügendetektoren und ähnliche Instrumente*", die in den Bereichen Strafverfolgung, Migration, Asyl und Grenzkontrolle eingesetzt werden und im Anhang III des AI Acts als hochriskant eingestuft werden. Wie bereits erwähnt, bleibt unklar, warum diese Systeme mit spezifischerer Terminologie beschrieben werden. Obwohl Erwägungsgründe 59 und 60 auf die besonders verletzliche Position von Personen hinweisen, die mit Strafverfolgungs- oder Grenzbehörden konfrontiert sind, reicht diese Verletzlichkeit nicht aus, um den Einsatz dieser AI Systems unionsweit zu verbieten. Dies gilt selbst dann, wenn sie mit ihrer beschränkten Zuverlässigkeit, mangelnden Eindeutigkeit und begrenzten Generalisierbarkeit verbunden sind, die „*diskriminierende Ergebnisse hervorbringen und in die Rechte und Freiheiten der betroffenen Personen eingreifen*" können (Erwägungsgrund 44). Lesenswert in diesem Zusammenhang ist das Urteil des Bundesgerichtshofs vom 17.12.1998 (Az. 1 StR 156/98), in dem das Gericht betonte, dass bereits die Grundannahme, dass Menschen während sie Lügen nervös seien oder andere Symptome zeigen, nicht zutrifft. Es sei nach einhelliger Auffassung **nicht möglich, eindeutige Zusammenhänge zwischen emotionalen Zuständen eines Menschen und hierfür spezifischen Reaktionsmustern im vegetativen Nervensystem zu erkennen**.

Weiterhin weisen die Erwägungsgründe 59 und 60 auch auf die schwerwiegenden Folgen hin, die der Einsatz solcher Systeme für die betroffenen Personen haben kann, wenn sie nicht ausreichende Genauigkeitsniveaus erreichen. Dennoch gelten zusätzliche Transparenzanforderungen für solche Systeme nicht, wenn sie zur Untersuchung oder Verfolgung von Straftaten eingesetzt werden (Art. 50.3), da diese Systeme lediglich in einem „*sicheren nicht öffentlichen Teil der … EU-Datenbank*" registriert werden müssen

381 *Darzi*, Could Artificial Intelligence be a Therapeutic for Mental Issues?, November 2023, Science Insights (43)(5), S. 1111–1113 DOI:10.15354/si.23.co132; *Li/Zhang/Lee* et al., Systematic review and meta-analysis of AI-based conversational agents for promoting mental health and well-being, npj Digit. Med. 6, 236, 2023, https://doi.org/10.1038/s41746-023-00979-5.

(Art. 49.4). Das bedeutet, dass trotz der Verletzlichkeit der betroffenen Personen in diesen Kontexten und des erheblichen Einflusses, den solche Systeme auf ihr Leben haben können, **nicht einmal die grundlegenden Transparenzanforderungen des AI Acts vollständig anwendbar** sind. Ein letzter Hoffnungsschimmer ergibt sich aus Erwägungsgrund 63, der besagt, dass die Einstufung eines Systems als hochriskant gemäß dem AI Act nicht bedeutet, dass ein solches System auch immer rechtmäßig ist. Der Erwägungsgrund nennt sogar ausdrücklich „*die Verwendung von Lügendetektoren und ähnlichen Instrumenten oder anderen Systemen zur Ermittlung des emotionalen Zustands natürlicher Personen*“ als Beispiel für Situationen, in denen ihre Verwendung durch andere Vorschriften weiter eingeschränkt werden kann. So bleiben zumindest in Deutschland und anderen Ländern, die den Einsatz von Polygrafen vor Gericht oder in strafrechtlichen Ermittlungen verbieten, die Bürger vor den pseudowissenschaftlichen Ergebnissen solcher AI Systems geschützt.[382]

Die dritte Nutzung solcher Systeme umfasst den Einsatz von Emotionserkennungssystemen in allen anderen Kontexten als den zwei zuvor erwähnten. Solche Systeme werden gemäß Anhang III.1.d immer als hochriskant eingestuft und müssen alle in den vorherigen Kapiteln erläuterten Anforderungen erfüllen, einschließlich einer **zusätzlichen Transparenzanforderung** gemäß Art. 50.3. Diese verpflichtet Deployer, die betroffenen Personen darüber zu informieren, dass sie solchen Systemen ausgesetzt sind. Dies schließt nicht aus, dass weitere Informationen mitgeteilt werden müssen, wie dies z. B. im Rahmen der DSGVO gegenüber den betroffenen Personen erforderlich sein kann. Diese Transparenzanforderungen stellen für Deployer eine Herausforderung dar, insbesondere da viele Emotionserkennungssysteme ihre Verarbeitungsoperationen bereits starten, sobald eine Person eine Website besucht, die emotionsbasierte Inhaltsvorschläge anbietet, oder in ein Fahrzeug einsteigt, das Emotionen erkennt.[383] Auf das UX-Design kom-

---

382 Der Einsatz von Polygrafen in Gerichtsverfahren und strafrechtlichen Ermittlungen ist in Deutschland seit 1954 verboten. Grundlegend vor Jahrzehnten: BGH, Urt. v. 16.2.1954 – 1 StR 578/53. Siehe auch *Matz*, Berichte und Urkunden: Die Anerkennung des Lügendetektors in europäischen Rechtsordnungen – Eine vergleichende Betrachtung insbesondere der Zulässigkeit als Beweismittel, https://www.zaoerv.de/59_1999/59_1999_4_b_1107_1132.pdf (letzter Aufruf: August 2024).

383 *Mustać*, DON'T BE SO EMOTIONAL, Affective Computing under the AI Act and the GDPR, BvD-NEWS Ausgabe 1/2024, S. 46, 50, https://media.licdn.com/dms/document/media/D4D1FAQFWzfmEL4v4BQ/feedshare-document-pdf-analyzed/0/1712741875811?e=1724889600&v=beta&t=Jw-sf_pzGWbg22P9hLrzLIX-2SQMUL522XTr6hPUPpZQ (letzter Aufruf: August 2024). Siehe auch *Robitzski*, Amazon Is Teaching Alexa to Analyze Your Emotions – what could possibly go wrong?, The Byte, https://futurism.com/the-byte/amazon-alexa-analyzing-emotions (letzter Aufruf: August 2024). BMW Unveils Color-Changing Car With Emotional Intelligence, Tomorrow's World Today, 9.1.2023, https://www.tomorrowsworldtoday.

men viele **multimodale Herausforderungen** zu, nicht zuletzt unter dem Gesichtspunkt der Barriere- und Diskriminierungsfreiheit.

Ein letztes Beispiel für AI Systems, die zumindest in bestimmten Fällen *Affective Computing* betreiben, ist in Anhang III.5.d aufgeführt. Hier werden „*KI-Systeme, die bestimmungsgemäß zur Bewertung und Klassifizierung von Notrufen von natürlichen Personen oder für die Entsendung oder Priorisierung des Einsatzes von Not- und Rettungsdiensten*" verwendet werden sollen, als hochriskant eingestuft. Die Bewertung und Klassifizierung von Notrufen mithilfe von AI Systems erfolgt häufig durch **Sprachmusteranalyse**, ähnlich wie bei Kundendienst-AI Systems zur Priorisierung und Zuweisung von Kundenserviceagenten.[384] Im Kontext der Anrufumverteilung sind es oft scheinbar erkannte Zustände von Angst und Furcht, die zu einer höheren Priorisierung führen,[385] wobei Notrufkanäle anruferseitig eher selten völlig entspannt genutzt werden. Aufgrund der schwerwiegenden Folgen, die eine solche (Fehl-)Kategorisierung haben kann, insbesondere, wenn die Systeme bei der Einschätzung des Zustands der betroffenen Person und der Zuweisung der Priorität unterdurchschnittlich oder ungenau arbeiten, ist es angemessen, dass diese Systeme in die Kategorie der hochriskanten Systeme fallen und dass ihre Provider gezwungen sind, alle Anforderungen zu erfüllen, die für solche AI Systems gelten. Aufgrund der beschreibenden und spezifischen Terminologie, die für diese AI Systems verwendet wird, müssen sie wahrscheinlich auch nicht den erhöhten Transparenzanforderungen aus Art. 50.3 entsprechen, was angesichts der Dringlichkeit, die in den Situationen, in denen sie eingesetzt werden, oft vorherrscht, auch angemessen ist. Alle anderen Anforderungen für hochriskante AI Systems bleiben jedoch anwendbar.

---

com/transportation/bmw-unveils-color-changing-car-with-emotional-intelligence/ (letzter Aufruf: August 2024).

384 Ein Beispiel für ein solches kommerzielles System ist Sprinklr Service. Weitere Informationen finden Sie unter: https://www.sprinklr.com/help/articles/how-to-setup-business-logic/how-to-prioritise-certain-customer-calls/647c38aa723d925979db78c7 (letzter Aufruf: August 2024).

385 *Bojanić/Delić/Karpov*, Call Redistribution for a Call Center Based on Speech Emotion Recognition, Appl. Sci. 2020, (10), S. 4653, https://doi.org/10.3390/app10134653.

Literaturverzeichnis

Abdelwanis et al. — Exploring the risks of automation bias in healthcare artificial intelligence applications: A Bowtie analysis, Journal of Safety Science and Resilience, 2024, https://doi.org/10.1016/j.jnlssr.2024.06.001

Adam et al. — Hidden Risks of Machine Learning Applied to Healthcare: Unintended Feedback Loops Between Models and Future Data Causing Model Degradation, 2020

Aditya et al. — Evaluating Privacy Leakage and Memorization Attacks on Large Language Models (LLMs) in Generative AI Applications, Journal of Software Engineering and Applications, 2024, S. 421 ff.

Adler et al. — Hardening of Artificial Neural Networks for Use in Safety-Critical Applications – A Mapping Study, 2019, arXiv:1909.03036v1

Advani — Regulating to escape regulation: the sandbox approach, 6.8.2020. https://blogs.law.ox.ac.uk/business-law-blog/blog/2020/08/regulating-escape-regulation-sandbox-approach

Alammar — The Illustrated Stable Diffusion (November 2022), https://jalammar.github.io/illustrated-stable-diffusion

Alufaisan et al. — Does Explainable Artificial Intelligence Improve Human Decision-Making?, 2020, https://arxiv.org/abs/2006.11194

Arnold et al. — FactSheets: Increasing Trust in AI Services through Supplier's Declarations of Conformity, IBM Journal of Research and Development, Volume 63, No. 4/5, Paper 6, 2019

Asselbergs et al. — Clinical Applications of Artificial Intelligence in Real-World Data, Kapitel Machine Learning – Evaluation (Cross-validation, Metrics, Importance Scores …), 2023

Axiotes	Lobbying for Loopholes: The Battle Over Foundation Models in the EU AI Act, 2023, https://www.euractiv.com/section/digital/opinion/lobbying-for-loopholes-the-battle-over-foundation-models-in-the-eu-ai-act/
Balasz	Machine Learning for Grid-Based Sensor Fusion in Automotive Applications, 2021, S. 43
Balloccu et al.	Leak, cheat, repeat: Data contamination and evaluation malpractices in closed-source llms.‘ arXiv preprint arXiv:2402.03927, 2024
Barberá	AI Possible Risks & Mitigations, Named Entity Recognition, EDPB Support Pool of Experts Programme, 2024
Bareis	BigTech’s Efforts to Derail the AI Act, 2024, https://verfassungsblog.de/bigtechs-efforts-to-derail-the-ai-act/
Bauer et al.	Feedback Loops in Machine Learning: A Study on the Interplay of Continuous Updating and Human Discrimination, Journal of the Association for Information Systems, 25(4), 2024, S. 804 ff.
Bhardwaj et al.	Machine Learning Data Practices through a Data Curation Lens: An Evaluation Framework, in: FAccT ’24: Proceedings of the 2024 ACM Conference on Fairness, Accountability, and Transparency, S. 1055 ff.
Bietti	From Ethics Washing to Ethics Bashing: A View on Tech Ethics from Within Moral Philosophy, in: FAT* ’20: Proceedings of the 2020 Conference on Fairness, Accountability, and Transparency, S. 210–219, https://doi.org/10.1145/3351095.3372860
Binctin	TDM: Eine Herausforderung für die Künstliche Intelligenz, 2019, S. 6.
Binns/Veale	Is That Your Final Decision? Multi-Stage Profiling, Selective Effects, and Article 22 of the GDPR, International Data Privacy Law, Volume 11, Issue 4, 2021, S. 319 ff.
Biswas/She/Kang	Towards Safe ML-Based Systems in Presence of Feedback Loops, 2023

Boenisch	Attacks against Machine Learning Privacy (Part 1): Model Inversion Attacks with the IBM-ART Framework, 2020, https://franziska-boenisch.de/posts/2020/12/model-inversion/
Bojanić/Delić/Karpov	Call Redistribution for a Call Center Based on Speech Emotion Recognition, Appl. Sci. 2020, (10), S. 4653, https://doi.org/10.3390/app10134653.
Bomhard/Siglmüller	AI Act – das Trilogergebnis, RDi 2024, 45
Borgesius	Discrimination, Artificial Intelligence and Algorithmic Decision Making, Studie für das Council of Europe, 2018, https://rm.coe.int/discrimination-artificial-intelligence-and-algorithmic-decision-making/1680925d73
Buyl/De Bie	Inherent Limitations of AI Fairness, Communications of the ACM, Volume 67, Issue 2, 2024
Calandrino et al.	‚You might also like:' privacy risks of collaborative filtering, in: Proceedings of the IEEE Symposion on Security and Privacy 2011, S. 231 ff.
Calvi/Kotzinos	Enhancing AI fairness through impact assessment in the European Union: a legal and computer science perspective, in: FAccT '23: Proceedings of the 2023 ACM Conference on Fairness, Accountability, and Transparency, 2023, S. 1229 ff.
Carlini et al.	Extracting Training Data from Large Language Models, in: Proceedings of the 30th USENIX Security Symposium 2021, S. 2633 ff.
Carlini et al.	The secret sharer: Evaluating and testing unintended memorization in neural networks, in: SEC'19: Proceedings of the 28th USENIX Conference on Security Symposium 2019, S. 267 ff.
Carlini/Wagner	Towards Evaluating the Robustness of Neural Networks, 2017 IEEE Symposium on Security and Privacy (SP), 2017, S. 39 ff.
Casper et al.	Black-Box Access is Insufficient for Rigorous AI Audits, in: FAccT '24: Proceedings of the 2024 ACM Conference on Fairness, Accountability, and Transparency, 2024, S. 2254 ff.

Castellano/Bazerque/ Mallada Learning to Act Safely With Limited Exposure and Almost Sure Certainty, IEEE Transactions on Automatic Control, 2023, S. 2979 ff.

Caton/Haas Fairness in Machine Learning: A Survey, ACM Computing Surveys, Volume 56, Issue 7, Article No.: 166, 2024

Chan et al. Visibility into AI Agents, FAccT '24: Proceedings of the 2024 ACM Conference on Fairness, Accountability, and Transparency, 2024, S. 958 ff.

Chen/Babar Security for Machine Learning-based Software Systems: a survey of threats, practices and challenges, ACM Computing Surveys, Volume 56, Issue 6, Article No.: 151, 2024

Chesney/Citron Deep Fakes: A Looming Challenge for Privacy, Democracy, and National Security, 107 California Law Review 1753, 2019

Chmielinski et al. The Dataset Nutrition Label (2nd Gen): Leveraging Context to Mitigate Harms in Artificial Intelligence, NeurIPS 2020 Workshop on Dataset Curation and Security; Projektwebsite: https://datanutrition.org

Christensen A European solution for Text and Data Mining in the development of creative Artificial Intelligence With a specific focus on articles 3 and 4 of the Digital Single Market Directive, Stockholm Intellectual Property Law Review Vol 4 (2) 2021 p 22

Cobbe et al. Understanding accountability in algorithmic supply chains, FAccT '23: Proceedings of the 2023 ACM Conference on Fairness, Accountability, and Transparency, 2023, S. 1186 ff.

Crootof/Kaminski/ Nicholson Price II Humans in the Loop, 76 Vand. L. Rev. 429, 2023

Darzi Could Artificial Intelligence be a Therapeutic for Mental Issues?, November 2023, Science Insights (43)(5) S. 1111–1113, DOI:10.15354/si.23.co132

Demetzou/Rovilos	Conformity Assessments Under the proposed EU AI Act: A Step-By-Step Guide, November 2023, S. 7, https://fpf.org/wp-content/uploads/2023/11/OT-FPF-comformity-assessments-ebook_update2.pdf
DiBerardino/Stark	(Anti)-Intentional Harms: The Conceptual Pitfalls of Emotion AI in Education, FAccT '23: Proceedings of the 2023 ACM Conference on Fairness, Accountability, and Transparency, 2023, S. 1386 ff.
Domingos	A few useful things to Know about machine Learning, Communications of the ACM, Vol. 55, No. 12, 2012, doi:10.1145/2347736.2347755
Edwards	The Super Bowl's best and wackiest AI commercials, arstechnica, 12 February 2024 https://arstechnica.com/information-technology/2024/02/the-super-bowls-best-and-wackiest-ai-commercials/
Elish	Moral Crumple Zones: Cautionary Tales in Human-Robot Interaction, Engaging Science, Technology, and Society 5, 2019, S. 40 ff.
Enqvist	‚Human oversight' in the EU artificial intelligence act: what, when and by whom? Law, Innovation and Technology, 15(2), 2023, S. 508, https://www.tandfonline.com/doi/full/10.1080/17579961.2023.2245683
Everson et al.	The Role of Specialised Agencies in Decentralising EU Governance, 1999, https://www.academia.edu/103116487/The_Role_of_Specialised_Agencies_in_Decentralising_EU_Governance
Eyuboglu et al.	Model ChangeLists: Characterizing Updates to ML Models, in: FAccT '24: Proceedings of the 2024 ACM Conference on Fairness, Accountability, and Transparency, 2024, S. 2432 ff.
Feffer et al.	Red-Teaming for Generative AI: Silver Bullet or Security Theater?, Preprint, 2024, https://doi.org/10.48550/arXiv.2401.15897.
Finlayson/Swayamdipta/Ren	Logits of api-protected llms leak proprietary information, 2024, arXiv preprint arXiv:2403.09539

Francis/Wagner Towards more accurate and useful data anonymity vulnerability measures, Preprint: arXiv:2403.06595, 2024

Fredrikson et al. Model Inversion Attacks that Exploit Confidence Information and Basic Countermeasures, Proceedings of the 22nd ACM SIGSAC Conference on Computer and Communications Security 2015, 1322

Friedl/Gasiola Examining the EU's Artificial Intelligence Act, VerfBlog, 2024/2/07, https://verfassungsblog.de/examining-the-eus-artificial-intelligence-act/

Frost/Steininger/Vivekens Nutzen, Chancen, Risiken und Haftung bei der Verwendung von Künstlicher Intelligenz im Kontext der KI-Verordnung und KI-Haftungsrichtlinie, MPR 2024, 4, 10

Gadotti et al. Anonymization: The imperfect science of using data while preserving privacy, Science Advances, Vol. 10, Issue 29, 202

Galindo et al. Open Loop US program on Generative AI risk management: AI red teaming and synthetic content risk, 2024, https://openloop.org/reports/2024/01/red-teaming-synthetic-content.pdf

Ge et al. MART: Improving LLM Safety with Multi-round Automatic Red-Teaming, 2023, Proceedings of the 2024 Conference of the North American Chapter of the Association for Computational Linguistics: Human Language Technologies (Volume 1: Long Papers), p. 1927, https://aclanthology.org/2024.naacl-long.107.pdf

Gebru et al. Datasheets for Datasets, Communications of the ACM, 2021, S. 86 ff.

Geiger et al. Text and Data Mining in the Proposed Copyright Reform: Making the EU ready for an age of Big Data? (2019), International Review of Intellectual Property and Competition Law, Band 49, Ausgabe 7, S. 815.

Gerken DPD error caused chatbot to swear at customer, 19 January 2024, https://www.bbc.com/news/technology-68025677

Gornet/Maxwell	The European approach to regulating AI through technical standards, 2024, Internet Policy Review, 13(3)
Grill	Constructing Capabilities: The Politics of Testing Infrastructures for Generative AI, FAccT '24: Proceedings of the 2024 ACM Conference on Fairness, Accountability, and Transparency, 2024, S. 1838 ff.
Grote/Bogner	A Case Study on AI Engineering Practices: Developing an Autonomous Stock Trading System, 2023 IEEE/ACM 2nd International Conference on AI Engineering – Software Engineering for AI (CAIN), Melbourne, Australia, 2023, S. 145 ff.
Gröger	There Is No AI Without Data: Industry Experiences on the Data Challenges of AI and the Call for a Data Ecosystem for Industrial Enterprises, Communications of the ACM, 64(11), S. 98 ff., 2021, http://dx.doi.org/10.1145/3448247.
Gsenger/Sekwenz (Hrsg.)	Digital Decade: How the EU shapes digitalisation research, 2025
Guo et al.	Hardware Accelerator for Adversarial Attacks on Deep Learning Neural Networks, 2019 Tenth International Green and Sustainable Computing Conference (IGSC), 2019, S. 1 ff.
Hanif et al.	Robust Machine Learning Systems: Reliability and Security for Deep Neural Networks, 2018 IEEE 24th International Symposium on On-Line Testing And Robust System Design (IOLTS), 2018, S. 257 ff.
Hao	When algorithms mess up, the nearest human gets the blame, MIT Technology Review, 2019, https://www.technologyreview.com/2019/05/28/65748/ai-algorithms-liability-human-blame/
Hartley et al.	Neural networks memorise personal information from one sample, Nature Scientific Report 13, 21366, 2023
Hayes/Drury/Eichler	What Is Six Sigma? Concept, Steps, Examples, and Certification, Investopedia, 29.5.2024, https://www.investopedia.com/terms/s/six-sigma.asp

Hense Overfitting, MMR 2024, 449 ff.

Hense Informationsaskese vs. Meta – Perspektiven des EuGH auf datengetriebene Praktiken in der modernen Gesellschaft, K&R 2023, 556 ff.

Holland et al. The Dataset Nutrition Label: A Framework to Drive Higher Data Quality Standards, 2020

Hong A Sound Mind in a Vulnerable Body: Practical Hardware Attacks on Deep Learning, aufgezeichneter Vortrag auf der USENIX Conference 2021, https://www.usenix.org/conference/enigma2021/presentation/hong

Hooker Moving beyond „algorithmic bias is a data problem", Patterns, Volume 2, Issue 4, 100241, 2021.

Jain et al. Overview and Importance of Data Quality for Machine Learning Tasks, KDD '20: Proceedings of the 26th ACM SIGKDD International Conference on Knowledge Discovery & Data Mining, S. 3561 ff., https://doi.org/10.1145/3394486.3406477 (letzter Abruf: August 2024).

Janssen/Seng Ah Lee/Singh ‚Practical fundamental rights impact assessments', International Journal of Law and Information Technology, (30)(2), 2022, S. 208 ff., https://doi.org/10.1093/ijlit/eaac018

Jordan et al. Synthetic Data – what, why and how?, The Royal Society, 2022.

K. F. Chiu et al. What are artificial intelligence literacy and competency? A comprehensive framework to support them Computers and Education Open 6(6):100171, 2024, https://www.sciencedirect.com/science/article/pii/S2666557324000120

Kaularz/Merkle Handbuch Künstliche Intelligenz, Kapitel: Memorisierung von Trainingsdaten in Machine-Learning-Modellen, 2024

Kaur et al. Trustworthy Artificial Intelligence: A Review, ACM Computing Surveys (CSUR), Volume 55, Issue 2, 2022, Article No.: 39

Keller/Warso Defining Best Practices for Opting Out of ML Training, Open Future Policy Brief #5, 29.9.2023, https://openfuture.eu/wp-content/uploads/2023/09/Best-_practices_for_optout_ML_training.pdf

Kelly et al. Navigating the EU AI Act: A Methodological Approach to Compliance for Safety-critical Products, 2024 IEEE Conference on Artificial Intelligence (CAI), Singapore, 2024, S. 979 ff., doi: 10.1109/CAI59869.2024.00179.

Kennedy AI Literacy and the AI Literacy Framework, 2 of June 2024, AI Literacy Institute, https://ailiteracy.institute/ai-literacy-and-ai-literacy-framework/

Kilkenny/Robinson Data quality: „Garbage in – garbage out", Health Information Management Journal, Volume 47, Issue 3, 2018, S. 103 ff.

Klee A Complete Timeline of the Boeing 737 Max Disaster, RollingStone, 18.5.2024, https://www.rollingstone.com/culture/culture-features/boeing-737-max-disasters-timeline-1235007089/

Koch et al. Leveraging driver vehicle and environment interaction: Machine learning using driver monitoring cameras to detect drunk driving, CHI '23: Proceedings of the 2023 CHI Conference on Human Factors in Computing Systems, 2023, Article No.: 322

Koehrsen Overfitting vs. Underfitting: A Complete Example, 2018

Kriesel Xerox-Scankopierer verändern geschriebene Zahlen, http://www.dkriesel.com/blog/2013/0802_xerox-workcentres_are_switching_written_numbers_when_scanning

Krimphove/Rohwetter Regulatory Sandbox – Sandkastenspiele auch für Deutschland?, BKR 2018, 494

Krönke Das europäische KI-Gesetz: Eine Verordnung mit Licht und Schatten, NVwZ 2024, 529, 530

Kusche Possible harms of artificial intelligence and the EU AI act: fundamental rights and risk, Journal of Risk Research, 2024, 1

Laskiewicz et al.	Benchmarking the Fairness of Image Upsampling Methods, FAccT '24: Proceedings of the 2024 ACM Conference on Fairness, Accountability, and Transparency, 2024, S. 489 ff.
Laux	Institutionalised distrust and human oversight of artificial intelligence: towards a democratic design of AI governance under the European Union AI Act. AI & Soc, 2023, https://link.springer.com/article/10.1007/s00146-023-01777-z
Lee et al.	One vs. Many: Comprehending Accurate Information from Multiple Erroneous and Inconsistent AI Generations, 2024
Leibowicz	Why watermarking AI-generated content won't guarantee trust online, MIT Technology Review, 2023, https://www.technologyreview.com/2023/08/09/1077516/watermarking-ai-trust-online/
Li et al.	Security attack analysis using attack patterns, IEEE Tenth International Conference on Research Challenges in Information Science (RCIS) 2016, 1
Li et al.	Privacy in Large Language Models: Attacks, Defenses and Future Directions, Preprint: arXiv:2310.10383v1, 2023
Li/Zhang/Lee et al.	Systematic review and meta-analysis of AI-based conversational agents for promoting mental health and well-being. npj Digit. Med. 6, 236, 2023, https://doi.org/10.1038/s41746-023-00979-5
Liesenfeld/Dingemanse	Rethinking open source generative AI: open-washing and the EU AI Act, in: FAccT '24: Proceedings of the 2024 ACM Conference on Fairness, Accountability, and Transparency, 2024, S. 1774 ff., https://doi.org/10.1145/3630106.3659005
Liu et al.	Prompt Injection attack against LLM-integrated Applications, 2023, ArXiv abs/2306.05499
Liu/Wu	A Brief History of Embodied Artificial Intelligence, and its Outlook, 2024, https://cacm.acm.org/blogcacm/a-brief-history-of-embodied-artificial-intelligence-and-its-future-outlook/

Long/Magerko	What is AI Literacy? Competencies and Design Considerations, in: CHI '20: Proceedings of the 2020 CHI Conference on Human Factors in Computing Systems, Association for Computing Machinery, S. 1–16, 2, https://doi.org/10.1145/3313831.3376727
Lu et al.	Learning under Concept Drift: A Review, IEEE Transactions on Knowledge and Data Engineering, Volume: 31, Issue: 12, 2019, https://doi.org/10.1109/TKDE.2018.2876857
Ma et al.	You Sound Depressed: A Case Study on Sonde Health's Diagnostic Use of Voice Analysis AI, in: FAccT '23: Proceedings of the 2023 ACM Conference on Fairness, Accountability, and Transparency, 2023, S. 639 ff.
Maarseveen	Attention is All You Need: The Game-Changing Paper That Transformed NLP, 2023
Madiega/Van De Pol	European Parliamentary Research Service, Artificial intelligence act and regulatory sandboxes, June 2022
Malgieri/Santos	Assessing the (Severity of) Impacts on Fundamental Rights (25.6.2024), S. 4, https://ssrn.com/abstract=4875937
Manghani	Quality assurance: Importance of systems and standard operating procedures, Perspectives in Clinical Research, Januar–März 2011, (2) (1), https://www.ncbi.nlm.nih.gov/pmc/articles/PMC3088954/pdf/PCR-2-34.pdf
Mantelero	The Fundamental Rights Impact Assessment (FRIA) in the AI Act: Roots, legal obligations and key elements for a model template, Computer Law & Security Review, Volume 54, 2024, 106020, https://doi.org/10.1016/j.clsr.2024.106020
Mathai/Chen/Kirchmair	Validation strategies for target prediction methods, Briefings in Bioinformatics, 21(3), 2020, S. 791 ff.
Mehta et al.	A high-bias, low-variance introduction to Machine Learning for physicists, 2019

Meyer/Wachter-Boettcher	Design for Real Life, 2016
Mills et al.	AI Literacy: A Framework to Understand, Evaluate, and Use Emerging Technology (Juni 2024), https://digitalpromise.dspacedirect.org/server/api/core/bitstreams/c09bc1b5-a869-4fc3-b47b-c3bfd6575ca0/content
Mohseni et al.	Practical Solutions for Machine Learning Safety in Autonomous Vehicles, The AAAI Workshop on Artificial Intelligence Safety (Safe AI), 2020, https://ceur-ws.org/Vol-2560/paper40.pdf
Mosqueira-Rey et al.	Human-in-the-loop machine learning: a state of the art. Artif Intell Rev 56, 3005–3054, 2023, https://doi.org/10.1007/s10462-022-10246-w
Mustać	DON'T BE SO EMOTIONAL, Affective Computing under the AI Act and the GDPR, BvD-NEWS Ausgabe 1/2024, S 46, 49, https://media.licdn.com/dms/document/media/D4D1FAQFWzfmEL4v4BQ/feedshare-document-pdf-analyzed/0/1712741875811?e=1724889600&v=beta&t=Jw-sf_pzGWbg22P9hLrzLIX-2SQMUL522XTr6hPUPpZQ
Myllyaho et al.	On misbehaviour and fault tolerance in machine learning systems, Journal of Systems and Software, Volume 183, 2022, 111096
Natale	Extensions of ISO/IEC 25000 Quality Models to the Context of Artificial Intelligence, Proceedings IWESQ 2022, 4th International Workshop on Experience with SQuaRE series and its Future Direction, 2022.
Novelli et al.	Generative AI in EU law: liability, privacy, intellectual property, and cybersecurity, S. 4, 2024, arXiv preprint arXiv:2401.07348
Novelli et al.	AI Risk Assessment: A Scenario-Based, Proportional Methodology for the AI Act. DISO 3, 13 (2024), https://doi.org/10.1007/s44206-024-00095-1
Obermeyer et al.	Dissecting racial bias in an algorithm used to manage the health of populations, Science, 2019, S. 447 ff.

Oviedo et al.	ISO/IEC quality standards for AI engineering, Computer Science Review, vol. 54, 2024, https://doi.org/10.1016/j.cosrev.2024.100681
Pagan et al.	A Classification of Feedback Loops and Their Relation to Biases in Automated Decision-Making Systems, 2023
Parsani	Chatbot Case Study: Purchasing a Chevrolet Tahoe for $1, 20 June 2024, https://medium.com/cut-the-saas/chatbot-case-study-purchasing-a-chevrolet-tahoe-for-1-fc3a51ab2561
Pepe et al.	How do Hugging Face Models Document Datasets, Bias, and Licenses? An Empirical Study, in: ICPC '24: Proceedings of the 32nd IEEE/ACM International Conference on Program Comprehension, 2024, S. 370 ff.
Perez-Cherrolaza et al.	Artificial Intelligence for Safety-Critical Systems in Industrial and Transportation Domains: A Survey, ACM Computing Surveys“, 2024, Nr. 176, S. 1
Pimentel	An Analysis of ISO 26262: Machine Learning and Safety in Automotive Software, in: Safety of the Intended Functionality, SAE, 2020, S. 13 ff.
Pfülb	Continual Learning with Deep Learning Methods in an Application-Oriented Context, 2022
Priestley et al.	11 A Survey of Data Quality Requirements That Matter in ML Development Pipelines, ACM J. Data Inform. Quality 15, 2, Article 11, 2023), https://doi.org/10.1145/3592616.
Qi et al.	Fine-tuning aligned Language Models compromises safety, even when users do not intend to, in: International Conference on Learning Representations (ICLR), 2023, arXiv:2310.03693v1
Raji et al.	Closing the AI Accountability Gap: Defining an End-to-End Framework for Internal Algorithmic Auditing, in: FAT* '20: Proceedings of the 2020 Conference on Fairness, Accountability, and Transparency (FAT* '20). Association for Computing Machinery, S. 35, https://arxiv.org/pdf/2001.00973

Rao/Korolova Discrimination through Image Selection by Job Advertisers on Facebook, in: FAccT '23: Proceedings of the 2023 ACM Conference on Fairness, Accountability, and Transparency, 2023, S. 1772 ff.

Reisner These 183.000 books are fueling the biggest fight in publishing and tech, The Atlantic, 2023, https://www.theatlantic.com/technology/archive/2023/09/books3-database-generative-ai-training-copyright-infringement/675363/

Ribeiro et al. „Why Should I Trust You?“: Explaining the Predictions of Any Classifier, in: KDD '16: Proceedings of the 22nd ACM SIGKDD International Conference on Knowledge Discovery and Data Mining, 2016, S. 1135 ff.

Riley The FTC's biggest AI enforcement tool? Forcing companies to delete their algorithms, 5.7.2023, https://cyberscoop.com/ftc-algorithm-disgorgement-ai-regulation/

Robitzski ‚AMAZON IS TEACHING ALEXA TO ANALYZE YOUR EMOTIONS – WHAT COULD POSSIBLY GO WRONG?', The Byte, https://futurism.com/the-byte/amazon-alexa-analyzing-emotions

Rogers/Streeck The study of works councils: concepts and problems. In Works councils: Consultation, representation, and cooperation in industrial relations, 1995, S. 9

Rosati Copyright as an obstacle or an enabler? A European perspective on text and data mining and its role in the development of AI creativity, Asia Pacific Law Review, Volume 27, Issue 2, 2019, S. 206

Roth/Hense Risk-Assessment der Datenschutz-Folgenabschätzung und Einordnung im betrieblichen Risikomanagement, Teil 2, Compliance-Berater 2020, S. 330 ff.

Ruohonen — A review of product safety regulations in the European Union, Int. Cybersecur. Law Rev. (2022) 3:345–366, https://link.springer.com/article/10.1365/s43439-022-00057-8

Ruschmeier — ERA Forum (2023) 23, 361–376

Ruschmeier/Bareis — Searching for harmonised rules, Forthcoming in: Gsenger/Sekwenz (eds), Digital Decade: How the EU shapes digitalisation research, Preprint, 2024, S. 14 ff.

Salay/Queiroz/Czarnecki — An Analysis of ISO 26262: Using Machine Learning Safely in Automotive Software, 2017

Sale et al. — Label-wise Aleatoric and Epistemic Uncertainty Quantification, 2024, Preprint: arXiv:2406.02354v1.

Sambasivan et al. — „Everyone wants to do the model work, not the data work": Data Cascades in High-Stakes AI, in: CHI '21: Proceedings of the 2021 CHI Conference on Human Factors in Computing Systems

Sánchez-Modedero/Dencik/Edwards — What does it mean to ‚solve' the problem of discrimination in hiring?: social, technical and legal perspectives from the UK on automated hiring systems, in: FAT* '20: Proceedings of the 2020 Conference on Fairness, Accountability, and Transparency, 2020, S. 458 ff.

Schwartz et al. — NIST Special Publication 1270, Towards a Standard for Identifying and Managing Bias in Artificial Intelligence, https://doi.org/10.6028/NIST.SP.1270

Sculley et al. — Hidden Technical Debt in Machine Learning Systems, in: NIPS'15: Proceedings of the 28th International Conference on Neural Information Processing Systems – Volume 2, S. 2503 ff.

Seedat/Imrie/van der Schaar — Navigating Data-Centric Artificial Intelligence With DC-Check: Advances, Challenges, and Opportunities, IEEE Transactions on Artificial Intelligence, vol. 5, no. 6, 2024, S. 2589 ff.

Serban et al. Adoption and Effects of Software Engineering Best Practices in Machine Learn-ing, ESEM '20: Proceedings of the 14th ACM/IEEE International Symposium on Empirical Software Engineering and Measurement (ESEM), Article No.: 3, https://doi.org/10.1145/3382494.3410681.

Shafique et al. Robust Machine Learning Systems: Challenges, Current Trends, Perspectives, and the Road Ahead, IEEE Design & Test, 2020, S. 30 ff.

Shankar et al. „We Have No Idea How Models will Behave in Production until Production“: How Engineers Operationalize Machine Learning, in: Proceedings of the ACM on Human-Computer Interaction, Volume 8, Issue CSCW1, Article No.: 206, 2024.

Shokri et al. Membership inference attacks against machine learning models, in: Proceedings of the IEEE Symposion on Security and Privacy (SP) 2017, 3 ff.

Snoek/Barberà From Inception to Retirement: Addressing Bias Throughout the Lifecycle of AI Systems: A Practical Guide, 2024, https://rhite.tech/files/From-Inception-to-Retirement-Addressing-Bias-Throughout-the-Lifecycle-of-AI-Systems.pdf (letzter Abruf: August 2024).

Somepalli/Singla/Goldblum/Geiping/Goldstein Diffusion art or digital forgery? investigating data replication in diffusion models, in: Proceedings of the IEEE/CVF Conference on Computer Vision and Pattern Recognition, 2023, S. 6048 ff.

Soroiu The Fall of The Great Paywall for EU Harmonised Standards, 19.3.2024. https://verfassungsblog.de/eu-harmonised-standards/

Srivastava et al. Dropout: A Simple Way to Prevent Neural Networks from Overfitting, 2014

Stacke et al. Measuring Domain Shift for Deep Learning in Histopathology, IEEE Journal of Biomedical and Health Informatics, 2021, S. 325 ff.

Sterz et al.	On the Quest for Effectiveness in Human Oversight: Interdisciplinary Perspectives, in: FAccT '24: Proceedings of the 2024 ACM Conference on Fairness, Accountability, and Transparency, 2024, S. 2495 ff.
Stevens	Regulating AI: The Limits of FLOPs as a Metric, An Argument for (if one must) Regulating Applications, Not Math, Medium, 1.5.2024, https://medium.com/@ingridwickstevens/regulating-ai-the-limits-of-flops-as-a-metric-41e3b12d5d0c
Steward	The Olympics of AI: Benchmarking Machine Learning Systems, 2023, https://towardsdatascience.com/the-olympics-of-ai-benchmarking-machine-learning-systems-c4b2051fbd2b
Stutz	Understanding and Improving Robustness and Uncertainty Estimation in Deep Learning, Dissertation, 2022
Taeger/Pohle	ComputerR-HdB, Computerrechts-Handbuch Werkstand: 39. EL April 2024
Tang et al.	Multi-modality 3D object detection in autonomous driving: A review, 2023
Tellakrishnaprasad	Cross Validation & Evaluation Metrics, https://medium.com/@tellakrishnaprasad2002/cross-validation-evaluation-metrics-5e13a9fee7c5, 2024
The Danish Institute for Human Rights	Human rights impact assessment of digital activities, 2020, https://www.humanrights.dk/publications/human-rights-impact-assessment-digital-activities (letzter Aufruf: August 2024).
Thiebes/Lins/Sunyaev	Trustworthy artificial intelligence, Electron Markets 31, 2020, S. 447 ff.
Tirumala et al.	Memorization Without Overfitting: Analyzing the Training Dynamics of Large Language Models, in: NIPS'22: Proceedings of the 36th International Conference on Neural Information Processing Systems 2022, 38274.
Tiu	Understanding Latent Space in Machine Learning, 2020, https://towardsdatascience.com/understanding-latent-space-in-machine-learning-de5a7c687d8d

Tocchetti et al. A. I. Robustness: a Human-Centered Perspective on Technological Challenges and Opportunities, ACM Computing Surveys, 2024.

Truby et al. A Sandbox Approach to Regulating High-Risk Artificial Intelligence Applications. European Journal of Risk Regulation. 2022;13(2):270–294. doi:10.1017/err.2021.52 S. 279, https://www.cambridge.org/core/journals/european-journal-of-risk-regulation/article/sandbox-approach-to-regulating-highrisk-artificial-intelligence-applications/C350EADFB379465E7F4A95B973A4977D#

Tschider Humans outside the Loop, 26 Yale J.L. & Tech. 324, 2024.

Tsz Kit Ng et al. Conceptualizing AI literacy: An exploratory review, Computer und Bildung: Artificial Intelligence, Volume 2 (2021), https://doi.org/10.1016/j.caeai.2021.100041;

Van Bekkum/Borgesius Using sensitive data to prevent discrimination by artificial intelligence: Does the GDPR need a new exception?, Computer Law & Security Review, Volume 48, 2023, 105770

Varshney Engineering safety in machine learning, 2016 Information Theory and Applications Workshop (ITA), La Jolla, CA, USA, 2016

Vaswani et al. Attention Is All You Need, in: NIPS'17: Proceedings of the 31st International Conference on Neural Information Processing Systems, 2017

Veale/Binns Fairer machine learning in the real world: Mitigating discrimination without collecting sensitive data, Big Data & Society, 4(2), 2017

Veale/Binns/Edwards Algorithms that remember: model inversion attacks and data protection law, Philosophical Transactions of the Royal Society, 2018, A 376: 20180083

Veale/Borgesius Demystifying the Draft EU Artificial Intelligence Act, Computer Law Review International, 2021, S. 97 ff.

Wallace/Tramèr/Jagielski/ Herbert-Voss	Does GPT-2 Know Your Phone Number? (20.12.2020) Berkley Artificial Intelligence Research, https://bair.berkeley.edu/blog/2020/12/20/lmmem/
Wang et al.	A Comprehensive Survey of Continual Learning: Theory, Method and Application, 2024
Weerts et al.	Unlawful Proxy Discrimination: A Framework for Challenging Inherently Discriminatory Algorithms, in: FAccT '24: Proceedings of the 2024 ACM Conference on Fairness, Accountability, and Transparency, 2024, S. 1850 ff.
Wendehorst/Nessler/Aufreiter/Aichinger	Der Begriff des „KI-Systems" unter der neuen KI-VO, MMR 2024, 605
Werpachowski/György/ Szepesvári	Detecting Overfitting via Adversarial Examples, 2019
Whitney/Norman	Real Risks of Fake Data: Synthetic Data, Diversity-Washing and Consent Circumvention, in: FAccT '24: Proceedings of the 2024 ACM Conference on Fairness, Accountability, and Transparency, S. 1733 ff.
Wilkinson et al.	The FAIR Guiding Principles for scientific data management and stewardship, Scientific Data 3, 1, 2016, https://doi.org/10.1038/sdata.2016.18
Wyllie et al.	Fairness Feedback Loops: Training on Synthetic Data Amplifies Bias, FAccT '24: Proceedings of the 2024 ACM Conference on Fairness, Accountability, and Transparency, S. 2113 ff., https://doi.org/10.1145/3630106.3659029.
Wolfram	What Is ChatGPT Doing … and Why Does It Work?, 2023, https://writings.stephenwolfram.com/2023/02/what-is-chatgpt-doing-and-why-does-it-work/
Xiong et al.	It Is All about Data: A Survey on the Effects of Data on Adversarial Robustness, ACM Computing Surveys Vol. 56, No. 7, 2024
Xiu/Piranin/Yiang	Empirical Study of Overfitting in Deep Learning for Predicting Breast Cancer Metastasis, 2023

Yagoda Airline held liable for its chatbot giving passenger bad advice – what this means for travellers, 23 February 2024 https://www.bbc.com/travel/article/20240222-air-canada-chatbot-misinformation-what-travellers-should-know

Yi Establishing the concept of AI literacy: Focusing on competence and purpose, Jahr, 12 (2), 353–368, 2021, https://doi.org/10.21860/j.12.2.8

Zhou et al. Trustworthiness in Retrieval-Augmented Generation Systems: A Survey, Preprint, 2024, https://doi.org/10.48550/arXiv.2409.10102